高等院校公共管理类核心课程精品教材

社会救助与社会福利

第四版

钟仁耀 ◎ 主编

上海财经大学出版社

图书在版编目(CIP)数据

社会救助与社会福利/钟仁耀主编. —4版. —上海:上海财经大学出版社,2019.3
(高等院校公共管理类核心课程精品教材)
ISBN 978-7-5642-3181-1/F·3181

Ⅰ.①社… Ⅱ.①钟… Ⅲ.①社会救济-高等学校-教材②社会福利-高等学校-教材 Ⅳ.①C913.7

中国版本图书馆CIP数据核字(2019)第000623号

□ 责任编辑 廖沛昕
□ 封面设计 杨雪婷 贺加贝

社会救助与社会福利
(第四版)
钟仁耀 主编

上海财经大学出版社出版发行
(上海市中山北一路369号 邮编200083)
网 址:http://www.sufep.com
电子邮箱:webmaster @ sufep.com
全国新华书店经销
上海华业装璜印刷厂有限公司印刷装订
2019年3月第4版 2025年2月第7次印刷

787mm×1092mm 1/16 21印张 538千字
印数:50 201—50 700 定价:48.00元

序 言

我国的社会保障学科虽然起步较晚，历史很短，但发展非常迅速。现在许多高校已经开设这个专业。为了适应劳动和社会保障学科的发展，我们编写了《社会救助与社会福利》教材，并分别于2005年(第一版)、2009年(第二版)、2013年(第三版)由上海财经大学出版社出版。

自从《社会救助与社会福利》教材问世以来，许多高校都使用了该教材，广大师生对该教材反映良好。但从《社会救助与社会福利》(第三版)出版至今，已经过去了五年时间，不仅国内外的社会救助与社会福利制度及政策有了很大的发展，而且国内高校劳动和社会保障专业的师生对教材建设的要求也在不断提高。在这种背景下，原来的教材显然已经不能适应学科的发展。因此，我们组织华东师范大学等上海高校的师资力量对原来的教材进行了修订。

这次修订对原教材中每个章节做了较大的修改，增加了许多新的内容，以保证教材中的内容不脱离实际情况，适应社会经济发展的需要。

该教材具有以下两个基本特征：一是通俗易懂，以保证学生易学易懂，因此我们不仅要求语言表达简练，而且教材各章节的体例力求统一；二是内容的完整性和基础性，该教材中既有对社会救助与社会福利的一般概述，又包括对外国和中国的相关制度介绍，力求不带有笔者个人的观点，保证内容上的公正性和一般化，通过该教材的学习，让学生系统性地掌握该课程的基本知识。

虽然该教材主要是针对劳动与社会保障专业本科生的教学编写的，但由于以上两个基本特征，该教材也适用于相关部门工作人员和社会上一般读者的学习。

该教材由钟仁耀主编，并承担了最终统稿工作。该教材共十六章，具体分工如下：钟仁耀编写了第一章，钟仁耀和徐小言编写了第二章，朱善文和周富玲编写了第三章，郭庆和王建云编写了第四章，段培新和周富玲编写了第五章，孙守清和马昂编写了第六章，朱善文和马昂编写了第七章，刘苇江和侯冰编写了第八章，张萱和王建云编写了第九章，孙守清和侯冰编写了第十章，詹瑞媛和刘苇江编写了第十一章，詹瑞媛和徐小言编写了第十二章，段培新和徐埴编写了第十三章，徐埴和刘晓雪编写了第十四章，李文杰和刘晓雪编写了第十五章，郭庆和李文杰编写了第十六章。

该教材的出版得到了上海财经大学出版社的大力支持，在此表示衷心的感谢。

由于笔者水平有限，教材中难免存在一些问题，敬请各位专家和读者批评指正。

钟仁耀

2019年3月

前言

目　录

社会福利篇

社会救助篇

第一章
社会救助的理论基础

学习目的

通过本章的学习，了解社会救助产生的一些理论基础和思想，尤其要掌握社会救助理论产生的背景，以及这些理论对社会救助所产生的影响。

第一节　贫困理论

长期以来，不管是发达国家还是发展中国家都存在贫困问题，为了消除贫困，世界各国采取了各种各样的反贫困措施和政策，而其中社会政策尤其是社会救助政策被广泛地采用，并被视为反贫困的最为有效的政策之一。因此，贫困理论或者反贫困理论是实施社会救助政策的重要理论基础之一。

贫困不仅是一个极为复杂的社会经济现象，同时还被认为是一个政治现象，这是因为它涉及政治、经济、社会、文化、心理、生理等各个方面；而且，各个国家在不同时期对贫困的认识和解释是不同的，具有不同文化背景和传统习惯的人们往往从不同的视角来认识和解释贫困，即使在同一个国家或者同一个民族，随着时间的推移，对贫困问题的认识和解释也是在变化的。例如，我国基本上把贫困理解为衣、食、住等物质生活方面的困难，这实际上是一种绝对贫困的认识；而发达国家认为，贫困不仅应该包括物质生活方面的困难，而且更重要的还包括精神生活方面的困难，这实际上是一种相对贫困的理解和认识。而社会救助制度主要解决物质生活方面的困难，社会福利政策的重要目标之一则是解决精神文化生活方面的困难。

一、贫困的类型

从不同的视角，我们可以把贫困分为绝对贫困与相对贫困、狭义贫困与广义贫困、长期贫困与暂时贫困。

(一)绝对贫困与相对贫困

1. 绝对贫困

绝对贫困是指在某一个时期个人或家庭依靠劳动收入或其他合法收入，不能维持其基本生存需要的贫困或者生活状态。

绝对贫困是从人维持生命的角度出发，以维持人的最低生理需要为指标加以区分的。许多国家确定绝对贫困的方法，一般是采用绝对(生存)贫困线作为衡量标准。绝对贫困线就是购买基本的生活必需品或维持最低限度生理需要的最低收入水平,处在这个绝对贫困线以下的生活状态就被视为绝对贫困。而且,对绝对贫困的认识或者对绝对贫困线的确定,随着社会经济的发展而不断变化。目前世界银行确定的绝对贫困线标准是,每人每天的食品提供为2 150千卡热量,食品支出占总支出的比例农村为63%,城市为61%。我国政府确定农村绝对贫困线的标准是,每人每天的食品提供为2 100千卡热量,食品支出占总支出的60%。

2. 相对贫困

相对贫困是指在同一时期或者同一个国家,由于某一些人或者某些家庭的收入水平低于另一些人或者家庭而产生的不如一般人或者一般家庭的生活状况或者贫困状态。

由于相对贫困不是从最低生理需要出发而是从相对角度来认识和解释的,因此在任何一个社会或者任何一个国家,即使社会经济非常发达但也必然存在相对贫困。绝对贫困可能在某一个时期和某一个国家里并不存在;但相对贫困则不同。

确定相对贫困的方法,许多国家也是采用贫困线,但这是一种相对贫困线,即低于一般社会认定的某种生活水平的状况。许多发达国家把相对贫困线确定为社会平均工资的一定比例,如50%或者60%,处于这个相对贫困线以下的生活状况被视为相对贫困。

目前,发展中国家所面临的主要是绝对贫困问题,而发达国家所需要解决的主要是相对贫困问题。而且,解决绝对贫困是社会救助制度产生的重要原因之一,也是许多国家尤其是发展中国家长期以来把社会救助政策作为解决它的重要手段之一。因此,发达国家与发展中国家不同的是,它利用社会救助政策来解决相对贫困,发展中国家则把社会救助政策视为解决绝对贫困的重要工具之一。

(二)狭义贫困与广义贫困

如果说绝对贫困与相对贫困主要是从最低生理需要还是相对生活需要来区分的,那么狭义贫困和广义贫困则主要是从是否包括精神文化生活这个视角来区分的。

1. 狭义贫困

狭义贫困是指某一些人或者家庭的生活在物质(或者经济)方面的一种困难状况,它并不包括人们的精神文化生活质量如何。

狭义贫困与绝对贫困和相对贫困有交叉的地方,也存在不同的方面。狭义贫困中有可能包括绝对贫困,也有可能包括相对贫困,这是因为绝对贫困和相对贫困主要指的是物质生活方面的贫困。但两者之间也不尽相同,虽然狭义贫困与绝对贫困都是指物质生活方面的贫困,但并不等同,因为有时狭义贫困指的是一种相对的物质生活水平,即相对贫困。另外,狭义贫困也不能等同于相对贫困,这是因为在许多发达国家中的相对贫困往往包括精神文化方面的贫困。

2. 广义贫困

广义贫困是指某一些人或者家庭不仅在物质生活方面而且在精神文化生活方面也贫困的一种生活状态。

广义贫困与绝对贫困和相对贫困既有相同的一面,也有不同的一面。广义贫困与绝对贫困之间的共同之处在于两者都包括物质生活方面的贫困,不同之处在于广义贫困不仅包括物质生活而且包括精神文化质量。同时,广义贫困与相对贫困都包含了物质生活和精神文化生活这两方面,但广义贫困强调的是衡量一种生活状况时包括了哪些方面;而相对贫困则强调的是一种相对于另外一些人或者家庭的生活水平。

与绝对贫困和相对贫困一样,狭义贫困和广义贫困的含义也随着社会经济的发展而发生变化。而且，与先要解决绝对贫困后要解决相对贫困相同，一个国家或者某一社会先要克服的是狭义贫困，然后才是广义贫困。目前，发展中国家主要解决的是狭义贫困，而发达国家则主要解决的是广义贫困。

(三)长期贫困与暂时贫困

1. 长期贫困

长期贫困是指某一些人或者家庭长时间地处于贫困的一种状态。因此，如果某种贫困状态已经持续了很长时间或者经过长期努力仍不能摆脱，那么这种贫困即被视为长期贫困。

长期贫困与绝对贫困和相对贫困，以及狭义贫困和广义贫困之间存在着共同之处，也有不同之处。长期贫困既可能是绝对贫困也可能是相对贫困，既可能是狭义贫困也可能是广义贫困；但绝对贫困和相对贫困，以及狭义贫困和广义贫困，也可能是一种暂时贫困，它们之间的侧重点不同。

2. 暂时贫困

暂时贫困是指某些人或者家庭的生活不是长期而是暂时处于一种贫困状态。而暂时贫困往往是由于自然灾害、疾病或其他突发事件造成的。

暂时贫困与绝对贫困和相对贫困，以及狭义贫困和广义贫困之间存在着共同之处，也有不同之处。暂时贫困既可能是绝对贫困也可能是相对贫困，既可能是狭义贫困也可能是广义贫困；但另一方面，绝对贫困和相对贫困，以及狭义贫困和广义贫困，也可能是一种长期贫困，它们之间的侧重点不同。

暂时贫困有可能会转变为长期贫困。当消除暂时贫困的措施不当或者由于另外一些原因发生时，暂时贫困就会变为长期贫困。因此，当人们或者家庭发生暂时贫困时，我们要及时地采取有效措施，帮助他们克服暂时贫困，防止转变为长期贫困。这是因为长期贫困对人、家庭乃至整个社会的负面影响要比暂时贫困严重得多。

另外，还有农村贫困和城镇贫困，以及区域贫困与个体贫困等。

二、衡量贫困的指标

(一)贫困测度

1. 洛伦兹曲线

洛伦兹曲线是世界各国通常用来测量收入分配不均等程度的曲线，它的横线为累计相对人口，纵线为累计相对收入线。如果收入分配是绝对均等的，1%的人口得到1%的收入，累计收入分配曲线为图中的对角线。如果收入分配是绝对不均等的，99%的人完全没有收入，1%的人拥有全部收入，累计收入分配曲线为由横线和右边垂线组成的折线。实际收入分配介于二者之间的为洛伦兹曲线。洛伦兹曲线与对角线之间的区域面积越大，收入分配越不均等；反之，则越均等(见图1—1)。

2. 基尼系数

洛伦兹曲线不可能用一个确切的数值来表示收入差距的总体水平，而衡量这种水平最常用的是基尼系数。基尼系数是从洛伦兹曲线推导出来的，用以测定洛伦兹曲线背离完全平均状况的程度，表明不均等的比率(G)。其基本思路是，设 A 为洛伦兹曲线与绝对均等线(即对角线)围成的面积，B 为完全不均等线(折线)与绝对均等线围成的面积，基尼系数就是 A 与 B 的比率，即 $G=A/B$。

当收入分配完全均等时，$A=0$，则基尼系数为0；当收入分配完全不均等时，$A=B$，则基

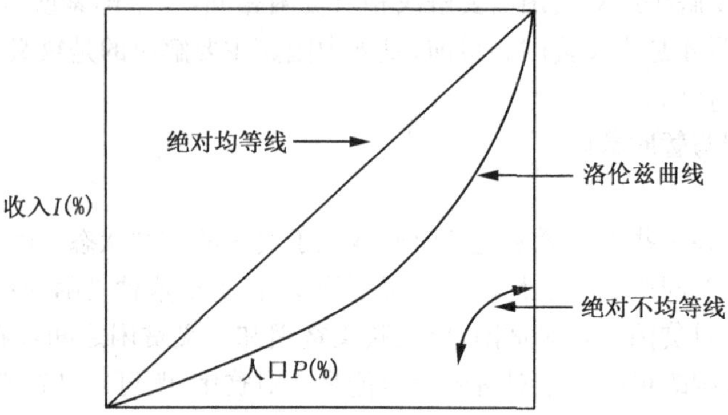

图 1—1 洛伦兹曲线

尼系数为 1。基尼系数越小，表明收入分配越趋于均等化；基尼系数越大，表明收入分配越不平等。在现实生活中，基尼系数总是大于 0 而小于 1。

根据国内外研究得出基尼系数的标准为：基尼系数在 0.2 以下为高度均等，在 0.2～0.3 的为相对均等，在 0.3～0.4 的为比较均等，0.4 以上的为不均等。

(二)贫困指标

1. 贫困发生率

贫困发生率又称绝对贫困指标，是指贫困人口与全部人口之比。它的基本特点是不考虑贫困线以下人口的收入变化和收入的分布，重在测定贫困人口比重。如果用 H 表示贫困发生率，用 N 表示全部人口，用 Q 表示贫困人口，那么，$H=Q/N$。

它的缺点是不能反映贫困人口的收入水平及其变化情况。

2. 贫困缺口率

贫困缺口率又称相对贫困指标，是指每个贫困人口的纯收入和贫困线差距总和的平均与贫困线收入之间的比率。贫困缺口率为 I，平均收入为 U，贫困线为 L，那么，$I=1-U/L$。

贫困缺口率与贫困发生率相比，对贫困人口的数量不是很敏感，而侧重于收入分布。它主要用来说明贫困人口的实际收入与贫困线之间的差距和贫困状况的变化情况。如果低于贫困线人口的收入上升，与贫困线的差距就会缩小，I 数值就会下降；反之，I 数值越高，说明贫困程度越高；当 I 为 0 时，表明贫困已经消除。

它的缺点是无法正确地反映一国贫困人数占总人数的比重。因此，它与贫困发生率各有千秋，在测定某一个国家或者地区的贫困状况时，应该同时使用它们。

3. 恩格尔系数

恩格尔系数是判定人们生活水平高低或贫富的差距。恩格尔系数是人们全年的食品支出与消费性支出的比率，公式为：

$$\text{恩格尔系数}(E)=\frac{\text{全年食品支出}}{\text{全年消费性支出}}$$

采用恩格尔系数划分贫富的标准是：E＞0.60 为贫困；0.50＜E≤0.60 为温饱；0.40＜E≤0.50 为小康；0.20＜E≤0.40 为富裕；E≤0.20 为最富有。

以恩格尔系数作为唯一的指标来比较与衡量一个国家生活水平或者一部分人贫穷状况时，往往因各国特殊的具体情况而与人们的实际生活状况产生差异。因此，仅用恩格尔系数无法准确反映一国人民的实际生活水平。

除了上述国际上通用的指标之外，另外还有一些其他指标，如人均国民生产总值、实际生活质量指数等。

三、社会救助缓解贫困的作用

(一)贫困恶性循环理论

一个人、一个家庭、一个地区乃至一个国家的贫困问题，往往存在一种循环现象，基于这样一种事实，经济学家纳克斯提出了"贫困恶性循环理论"。他认为，资本形成不足是贫困恶性循环的中心环节，他从资本的供给和需求两方面论述了贫困恶性循环的形成过程。

从资本的供给方面看，贫困人员的平均收入水平低下，由于生活需要，他们不得不把绝大部分的收入用于生活消费支出，几乎没有余钱用于储蓄，致使储蓄水平低下。事实上，低收入本身就意味着低储蓄能力。而低下的储蓄能力必然导致资本形成不足，从而导致生产规模和生产效率难以提高，经济增长也只能维持在一个很低的水平上，最终进一步导致居民的低收入。这样周而复始形成了"低收入→低储蓄→低资本形成→低生产率→低收入"这一恶性的子循环。

从资本的需求方面看，贫困人员的平均收入低下导致购买力水平低，而低水平的购买力又造成投资引诱不足，进一步造成资本形成不足，使得生产规模、生产率和产出都只能维持在低水平。这样周而复始又形成了"低收入→低资本引诱→低资本形成→低生产率→低收入"这一恶性的子循环。

贫困人员往往生存质量差，受教育机会少，在接受公共卫生和医疗服务等方面处于劣势地位，因而就业机会较少，竞争力差，贫困成为贫穷的根源。运用社会政策尤其是社会救助政策来打破贫困的恶性循环，是任何一个国家的重要目标之一。

(二)社会救助对贫困的作用

国家通过立法，采取强制手段对国民收入进行再分配，对基本生活有困难的社会成员给予经济扶助，实施社会救助政策，能在一定程度上缓解贫困。

一方面，社会救助制度的实施需要资金，这个资金一般来自财政。这就要求高收入者多缴纳税收，低收入者少缴纳甚至不缴纳税收。另一方面，富裕的家庭享受不到社会救助待遇，只有贫困家庭或低收入人群才能享受社会救助待遇。一般来说，越是贫困的家庭享受的社会救助待遇越高，收入再分配机制就越能发挥作用。

因此，通过这种收支的调整，将一部分社会收入集中起来进行再分配，客观上起到了缩小贫富差距的作用，使社会成员之间的不公平问题在一定程度上得到缓解，贫困人员的痛苦就能得到较大程度的减轻。

第二节　社会救助的思想基础

一、早期的社会救助思想

在现代社会救助制度形成之前，关于社会救助方面的思想就早已存在。作为社会保障的一个重要组成部分以及国民生活的托底机制，一般认为社会救助制度和政策比其他社会保障制度要产生的早。这是因为人类首先需要解决的是生存问题，即最低生活需要，而社会救助正好是解决人类生存问题的有效机制之一。在创立现代社会救助理论之前，就已经存在一些与社会救助有关的思想，甚至有些思想至今仍发挥着重大影响，成为当代社会救助政策和实践的理论基础。它们主要表现为以下三个方面：

(一)慈善或恩赐思想

与社会救助有关的思想最初表现为慈善或恩赐思想。最初人们从慈善或恩赐角度来研究和解决贫困问题或者生存问题。基于这种思想，政府和社会建立了各种各样的孤儿院、济贫院，并给贫困人员发放救济金等。其中，宗教中的一些教义成为社会救助思想的来源之一，尤其基督教中的一些思想对社会救助的影响最大。许多宗教机构根据宗教教义来举办各种慈善事业，而这些慈善行为又具有社会救助措施的一些特征。但由于这种具有部分社会救助特征的思想自身的局限性，基于这种思想的一些保障措施和对策也具有不彻底性和不完善性。

(二)人权思想

与社会救助有关的思想其次表现为人权思想。这种人权思想应该说比慈善或恩赐思想更加进步，或者说是更高层次的与社会救助有关的思想。随着社会经济的发展，人们有了进一步的自身权利保护意识，一些进步人士和开明人士开始认识到，每个人都有享受一定生活水平的权利，国家或社会有保护每个人的责任。因此，随着这种认识的产生，社会救助思想也随之发生变化，即从一种慈善或恩赐转变为一种人权。具有这种人权内涵的社会救助思想一直延续到现在，并成为当代社会救助理论的一个基石。

(三)温情主义论

温情主义论又被称为父爱主义论，它是指国家和社会对处于困境的社会成员以温情的态度来对待，而不是以严厉的眼光来看待，即国家和社会对这些人必须给予一定的救助。这是因为任何一个人并不总是充分理性的，他的行为往往是短视的，这使得他在将来很有可能陷入困境。一方面，人们由于短视，不对将来进行预见；或者即使预见到了，也不愿意以牺牲当前的消费为代价而为以后做出事先适当的安排。另一方面，由于复杂性和不可预测性，人们即使想预测自己的未来并做出适当的安排，但人们往往无法掌握充分的信息，难以对自己的未来进行精确估计。不管是由于个人的主观原因还是客观原因而陷入困境，国家和社会从温情的角度对这些人应该实行社会救助。

慈善或恩赐思想对社会保障制度的产生起到了一定的积极作用；而人权保护思想长期以来成为西方发达国家建立和完善社会保障制度尤其是社会救助政策的一个理论基础；温情主义思想则成为当代社会救助理论的一部分，并在现实生活中得到了实践。

二、马尔萨斯的社会救助思想

(一)贫困思想

马尔萨斯(1766～1834年)首先认为，人口增长模式与生活资料增长模式是不同的，人口是以1,2,4,8…这样的几何模式增长，而生活资料则是以1,2,3,4…这样的代数模式增长。由于存在这种差异，300年后，人口和生活资料之比将为4 096 : 16。

他进一步认为，当人口增长超过生活资料增长所能允许的范围时，就必然会导致贫困，这是一个自然法则。同时他指出，一个国家的幸福并非绝对取决于贫富等，而是取决于每年食物的增长与该年人口增长相接近的程度。

根据上面的判断，他得出结论：人口的增长必然会受到生活资料的限制，当生活资料增长时，人口也随之增长，但较强的人口生育能力被贫困和罪恶所抑制，因而实际上，人口同生活资料最终保持平衡。

根据上述理论，马尔萨斯认为，贫困的存在不仅是必然的，而且也是有必要的。他进一步指出，在人口增减的作用下，缺吃少穿者将永远存在，任何一个社会都不会使得每一个人都吃饱穿暖。富人对穷人的给予，不仅会导致富人的权利感，而且还会导致穷人的依赖感，这两种情况对人们的心理都会产生不利影响。他进一步指出，生活困难将有助于人们去获取技能，如男人必须为了养活全家而付出辛勤劳动。

而且，马尔萨斯进一步认为，虽然我们不能指望消除社会贫富差距，但如果存在这样一种政治制度，它能够缩小贫困差距，增加中产阶级人数，我们应该采用这种政治制度。可是，大大缩小贫富差距必然会削弱中产阶级的活力。

(二)对社会救助制度的批评

根据上述思想，马尔萨斯反对当时英国的社会救助制度，因为这种制度是以家庭人口数量为基础的。他认为当时的社会救助制度存在以下缺点：

第一，社会救助制度一般会导致人口增长，而食物并没有相应增加。因此，社会救助制度将导致分配给每个人的食物减少，包括那些不需要社会救助的人，最终使得更多的劳动者申请社会救助。

第二，在济贫院生活的贫困人员往往是一些相对没有价值的社会成员，但他们消费掉的食物必然会减少其他那些有价值的社会成员所应该享受的食物，从而使得更多人依赖社会救助为生。如果提高济贫院内贫困人员的生活水平，必然会使得济贫院外贫困人员的生活质量下降。

第三，社会救助制度侵害了国民的自由。他认为，为了实行社会救助制度，英国全体普通国民不得不受社会救助制度的负面影响，尤其对劳动力市场产生不良影响，给那些不依赖社会救助的自谋生计者带来很多麻烦。这违背了自由思想。

第四，社会救助制度阻碍了人们自立精神的发挥。他认为，社会救助制度正在消除人们的自立意识，应该把没有自立能力而陷入贫困看作一种耻辱。这种风气对个人来说是显得残酷了一些，但对全人类的幸福是绝对必要的。

第五，社会救助制度导致一些人的浪费现象，不利于勤俭节约风尚的发扬。他认为，社会救助制度大大削弱了贫困人员的勤俭节约精神，削弱了普通国民的储蓄意识。

第六，马尔萨斯提出了解决这些问题的方法和途径。他认为，英国各地可以为极端贫困人员建立济贫院，收容本地的贫困人员，并由全国统一征收济贫税来解决资金问题。但济贫院中的生活应该是相当艰苦的，凡是有劳动能力的人都应该被强迫劳动，不应把济贫院看作困难时期过着舒适生活的避难所，而应当视为暂时缓和艰苦困难的地方。他进一步指出，当时首先是要废除现行的社会救助制度。

三、福利经济学的社会救助思想①

(一)旧福利经济学的社会救助思想

1920 年英国经济学家庇古的《福利经济学》的出版标志着福利经济学的正式诞生。庇古以边际效用价值论为基础，确立了社会福利最大化的标准。庇古认为，实际收入的边际效用

① 福利经济学中的社会福利是广义上的，与本教材后面所描述的社会福利有根本区别。

是递减的，收入大则边际效用小，收入小则边际效用大；同样 1 英镑，富人与穷人的评价各不相同，穷人 1 英镑的效用比富人 1 英镑的效用要大，所以当 1 英镑从富人转给穷人时，社会福利就增加了，这是因为穷人的利得大于富人的损失。庇古从收入的边际效用递减原理得出了国民收入平均分配的结论。

他进一步认为，每个人获得的效用总计构成了全社会效用的总和，而效用总和也就是全社会的经济福利。而且，根据边际效用递减法则，要增进社会福利，就必须实现收入均等化。也就是说，如果政府把富人的一部分货币转移给穷人，将会增加一个国家的经济福利，因为市场机制对收入均等化无能为力。因此，国家应通过征收累进税的方法把富人的一部分收入用来举办社会救助事业，让低收入者享用，缩小贫富差距，以增大社会福利。当所有人的收入均等从而使货币的边际效用相等时，社会福利就会达到最大化。

庇古把国民收入量的增加和均等化分配看作福利经济学研究的主题，并且国民收入的大小和国民收入在社会成员中的分配情况是衡量社会福利的两个标准。他认为，凡是能增加国民收入总量而不减少穷人的绝对份额，或者增加穷人的绝对份额而不影响国民收入的总量，都意味着社会福利的增进。他把国民收入极大化和收入均等化这两个福利经济学的重要命题，在西方经济学说中做了一项开创性的工作，即首次将社会福利问题与国家干预收入分配问题结合起来作为一个重要的专门领域加以研究。

庇古以边际效用价值论为基础，主张通过国家干预来达到收入分配的均等化这一思想，应该成为每个国家实行社会救助的思想基础之一。这是因为，任何一个社会都会存在贫富不均，都会有一定数量的贫困人员，因而通过社会救助手段来缩小贫富差距，解决贫困人员的基本生活问题，可以增进整个社会的福利。

(二)新福利经济学的社会救助思想

20 世纪 30 年代末，卡尔多等人提出并论证了“假想的补偿原理”。补偿原理的实质是，如果一些社会成员经济状况的改善不会同时造成其他社会成员经济状况的恶化，或者一些社会成员的改善补偿了其他社会成员经济状况的恶化，社会福利就增加。根据这一原理，政府的某些措施或立法会使一些人得益而使另一些人受损，如果得利总额超过损失总额，那么政府使用适当政策向得利人征收特定税收，以补偿受损者，这样对任何人都没有不利而对一些人有利，因而增进了社会福利。

新福利经济学中的社会救助思想，应该比旧福利经济学更加进一步，更具有现实意义。在现代社会中，导致贫困问题的因素很多，有个人主观方面的，也有个人客观方面的，但主要是整个社会方面的原因。这种社会原因主要体现在国家所实行的社会经济政策上，因为任何一项政策对一些人是有利的，但对另一些人则是不利的。导致一些人不利的结果，很可能使得这些人处于困境，甚至陷入贫困。这就需要国家来实行社会救助，帮助这些人摆脱贫困；而社会救助的重要资金来源之一就是从得利人那里征收的各种税收，从而来补偿受到损害的人。

四、凯恩斯的社会救助思想

(一)边际消费倾向递减规律

凯恩斯认为，在影响消费的各种因素中，收入是消费的唯一决定因素，收入的变化决定消费的变化。他认为，存在一条基本心理规律，随着收入的增加，消费也会增加，但消费的增加不及收入的增加多。他把收入和消费两个经济变量之间的关系称为消费倾向。他把消费倾向区分为平均消费倾向和边际消费倾向。平均消费倾向是指在任一收入水平上消费在收入中所占的比例;边际消费倾向是指在增加的一个单位收入中用于消费部分所占的比例。他认为,随着就业和收入的增加,个人用于增加消费的部分越来越少,即边际消费倾向越来越低,这样,在有效需求和总供给价格之间就有一个逐渐增大的缺口不能弥补。要弥补这一缺口,必须增加个人或家庭收入以刺激社会总消费。

在现实社会中,社会各阶层具有不同的边际消费倾向,富裕阶层的边际消费倾向较低,贫困阶层的边际消费倾向较高。因此,国民收入分配的均等程度将直接关系到社会总消费的数量。国民收入分配越不均等,社会消费需求就会越小;反之则越大。也就是说,在边际消费倾向递减的前提下,如果政府能够通过政策修正国民收入的分配状况,使富裕阶层的财富向贫困阶层转移,那么就可能促进社会消费上升,从而刺激总需求。

(二)政策主张

凯恩斯刺激消费的政策主张有:

第一,力主消费支出。他认为,高消费可以和高投资并存,节俭虽然符合道德规范但对社会不利。他指出,政府举债支出虽然使财政出现赤字,但可以使社会走向富裕,并有利于解决就业问题。因此,他主张鼓励政府消费,进而认为政府的一切支出都是生产性的。一方面,政府可以增加其购买水平,扩大对商品和劳务的需求,举办公共工程;另一方面,政府可以提高其转移支付水平、社会救助金等社会保障费用。

第二,他主张实行高额累进税政策,以进行收入再分配,提高消费倾向。他认为,财富和分配不合理是现实社会的根本缺陷之一,分配不均会降低消费倾向,这样必然会减少有效需求,不利于经济发展和就业增加。

凯恩斯的边际消费倾向递减思想,可以成为各国实行社会救助的思想基础之一。任何一个社会的国民经济发展的主要动力之一就是社会消费。但贫富差距过大会严重影响该国社会消费的提高,只有缩小贫富差距和消除贫困问题,才能拉动整个社会需求。要达到这个目的,就必须实行社会救助政策。凯恩斯的边际消费倾向递减思想与庇古的边际效用递减主张之间有着一定的联系和类似性。

五、《贝弗里奇报告》的社会救助思想

1941 年,英国人威廉姆·贝弗里奇(William Beveridge)被任命为"社会保险和相关服务部际协调委员会"(Inter-departmental Committee on Social Insurance and Allied Services)的委员长。1942 年,作为委员会调查研究的成果,发表了《社会保险和相关服务》,简称《贝弗里奇报告》。由于当时英国保守党政府明确不支持这份报告,导致了 1945 年选举中保守党的失败和工党的胜利。结果,这份报告中的政策主张通过工党的立法和实施得到了落实与贯彻,英国成为世界上第一个建立"福利国家"的国家。这份报告对整个世界的社会保障发展和改革产生了重大影响,其中一些是正面的影响,但也有些负面的作用。但这份报告中一些有关社会救助方面的思想和基本理念至今仍具有重大的理论价值和实际意义。

(一)社会救助的地位和作用

贝弗里奇主张在实施社会保障计划时应该遵循一些原则,其中有:第一,所谓福利国家,就是国家应该消除国民的五大毒瘤,即贫困、疾病、失业、无知(教育)和陋隘(住房与环境)。国家至少应承担起保障最低生活水平的义务,而享受最低生活保障则是国民的权利。贝弗里奇进一步主张实行社会保障是国家的一种责任。第二,作为解决贫困对策的社会保障是一种

缴费型的社会保险方式，覆盖从摇篮到坟墓的所有风险，最终由社会救济来补充。

“下面以上述三个假定作为根据，概要描绘社会保障计划。计划由三个不同部分组成：社会保险满足基本需要；国民救助解决特殊情况的需要；自愿保险用于满足超出基本需要的额外需要。……尽管社会保险能够，而且应当是收入保障的主要手段，但并不能单靠这一手段。它还需要国民救助和自愿保险作为补充。”①。同时这份报告指出：“尽管与社会保险明显不同，但国民救助在管理上和操作上要与社会保险相结合。国民救助是社会保障部在重要程度上仅次于社会保险的一项工作。”②

《贝弗里奇报告》中的社会保障计划包括社会保险、社会救助和自愿保险，而后两者是对社会保险起补充作用。实际上，《贝弗里奇报告》在当时就提出了多层次的社会保障体系，其中社会救助的保障水平为最低，即社会救助为最低层次的社会保障。同时这份报告明确了社会救助仅仅是解决一部分特殊需要，如当某一些人或者家庭由于没有资格而无法享受到社会保险待遇并陷入贫困时，这时社会救助就发挥作用。

（二）社会救助的享受资格和资金来源

“国民救助在享受时只要经证明确实需要，就可得到现金给付，不需要事先缴费，并且待遇随个人情况而调整、变动，所需资金由国家财政提供。……社会保险和国民救助由国家组织并提供服务，用于确保基本生活。”③该份报告同时指出：“国民救助用于满足未被社会保险覆盖的所有保障需要。国民救助必须满足人们基本生活的需要，但标准必须比社会保险待遇要低，否则参保人就不会向社会保险缴费了。发放救助时须进行经济状况调查，且要有需要救助的证据，并且只能在救助对象希望尽快恢复劳动能力的情况下进行。”④

第一，关于社会救助的享受资格。该份报告认为，必须通过经济状况调查证明该人或者家庭确实需要社会救助，而不需要缴费。目前，许多国家在实施社会救助时基本上都采用了这一条件。同时指出，社会救助标准必须恰当，首先要能够满足贫困人员的基本生活；其次社会救助支付标准要低于社会保险待遇。只有这样，才能理顺社会保险和社会救助之间的关系，让社会保险和社会救助分别发挥它们各自的作用。

第二，关于社会救助资金来源问题。《贝弗里奇报告》认为，社会救助资金来源只能来自国家财政，而别无其他途径。从当前世界各国的实施情况来看，大多数国家的社会救助资金主要甚至全部来自国家财政。这是因为人们把解决贫困人员的最低生活问题普遍看作国家的一项义不容辞的责任。而且，既然资金来源是国家财政，那么社会救助的实施主体理所当然是国家或者政府。

六、新剑桥学派的社会救助思想

新剑桥学派（Neo-Cambridge School）是与新古典综合派激烈斗争中逐步形成的。它力

---

① 劳动和社会保障部社会保险研究所：《贝弗里奇报告——社会保险和相关服务》，中国劳动社会保障出版社 2004 年版，第 135～136 页。

② 劳动和社会保障部社会保险研究所：《贝弗里奇报告——社会保险和相关服务》，中国劳动社会保障出版社 2004 年版，第 160 页。

③ 劳动和社会保障部社会保险研究所：《贝弗里奇报告——社会保险和相关服务》，中国劳动社会保障出版社 2004 年版，第 136 页。

④ 劳动和社会保障部社会保险研究所：《贝弗里奇报告——社会保险和相关服务》，中国劳动社会保障出版社 2004 年版，第 160 页。

图在理论上与新古典学派彻底决裂，在李嘉图一马克思一凯恩斯理论之间架起一座桥梁，加以沟通，把凯恩斯革命进行到底。这个学派的主要代表人物有琼·罗宾逊(Joan Robinson)、尼古拉·卡尔多(Nicholas Kaldor)、皮罗·斯拉伐(Piero Sraffa)、卢杰·帕西内蒂(Luigi Pasinetti)等。由于他们都在英国剑桥大学任教，因此以新剑桥学派而得名。

(一)主要思想

新剑桥学派认为，改善资本主义社会收入分配结构和实行收入均等化，是经济政策的首要和绝对的目标，其他目标均处于从属地位。要实现收入均等化，主要依靠社会政策，而且有必要依靠社会的政治力量。它坚决主张政府干预来改善收入分配失调的弊端。它既反对新型自由经济论者那种听任市场机制充分发挥作用的观点，认为那样只会使不合理、不公平的传统收入分配格局长期延续下去，也反对新古典综合派关于调节总需求和实行工资—物价管制的收入政策。他们确信，现实社会中收入分配不合理、不公平的格局，不能用传统办法或新古典综合派的那些主张来加以打破，而必须采取以收入再分配为中心目标的社会政策，才能改变现有的分配格局，促进经济稳定增长。

(二)政策主张

第一，实行高额的遗产税和赠与税，以便消除私人财产的大量集中，抑制社会食利阶层收入的增加，同时政府用这一方式得到的资金用于社会公共目标和改善低收入贫困阶层的状况。

第二，通过政府的财政拨款对失业者进行培训，提高他们的文化程度和技术水平，以便使他们能有更多的就业机会，并能从事收入较高的技术性工作，从而改善一些收入上不均等状况，同时国家可以通过预算给低收入水平的家庭以一定的生活补贴，增加他们的收入。

七、马克思主义的社会救助思想

(一)贫困化思想

马克思主义者认为，在资本主义社会中无产者的贫困问题相当严重，并有越来越严重的趋势。

马克思认为："劳动者越是生产更多的财富，他的生产在威力和范围上越是增长，则他反而越来越贫困。"[①]马克思又指出："在一极是财富的积累，同时，在另一极，即在把自己的产品作为资本来生产的阶级方面，是贫困，劳动折磨，受奴役，无知，粗野和道德堕落的积累。"[②]

恩格斯指出："大城市里工人阶级的状况就表现为一个逐渐下降的阶梯：最好的情况是生活暂时还过得去……最坏的情况是极端的贫困，直到无家可归和饿死的地步。但是一般说来，是更多地接近于最坏的情况，而不是接近于最好的情况。"[③]他同时又认为："到处都可以看到经常的或暂时的贫困，看到因生活条件或劳动本身的性质所引起的疾病以及道德的败坏，到处都可以看到人的精神和肉体在逐渐地无休止地受到摧残。"[④]

列宁认为："'贫困等的程度不断增加'这句话……可以用来说明'社会贫困'的增长，说明无产阶级生活状况同资产阶级生活水平，同随着劳动生产率的大大增长而不断提高的社会消

---

① 马克思：《经济学—哲学手稿》，人民出版社 1963 年版，第 52 页。

② 《马克思恩格斯全集》第 23 卷，人民出版社 1965 年版，第 708 页。

③ 《马克思恩格斯全集》第 2 卷，人民出版社 1958 年版，第 357 页。

④ 《马克思恩格斯全集》第 2 卷，人民出版社 1958 年版，第 499 页。

费水平之间越来越不相适应。”[①]

同时，马克思主义者指出了造成这种贫困状况的根源。马克思指出：“在社会的前进状态中劳动者的没落和贫困化是他的劳动和他生产的财富的产物。所以贫困是从现在的劳动本身的本质里发生的。”[②]他同时又认为：“一切生产剩余价值的方法同时就是资本积累的方法，而资本积累的每一次扩大又反过来成为发展这些方法的手段。由此可见，不管工人的报酬高低如何，工人的状况必然随着资本的积累而日趋恶化。”[③]

(二)济贫思想

马克思主义者对英国当时的社会救助政策尤其是对新旧《济贫法》进行了批判，认为这种济贫制度无助于提高和保障贫困人员的生活水平。

恩格斯批判了旧《济贫法》制度，并引用了英国济贫法委员会报告的一些内容，“它阻碍工业发展，鼓励人轻率结婚，促使人口增长，抵消人口增长对工资的影响，这个制度是一种全国性的制度，它使勤劳而诚实的人不愿意工作，使懒惰、放荡和轻佻的人得到鼓励；它破坏家庭的联系，经常阻碍资本的积累，耗费现存的资本，并使纳税人破产；此外，它还给私生子发抚育费，这简直是在发私生子奖金”。[④]

并且，恩格斯又批判和揭露新《济贫法》制度。他指出：“实质上把穷人当犯人，把习艺所当作犯人的监狱，把住习艺所的人当作法律以外的人，当作人类以外的人，当作一切丑恶的化身。”[⑤]

同时，恩格斯指出了造成这种状况的根源。他认为：“从这里得出这样的结论：当前的社会关系是糟透了的；而绝不能得出像马尔萨斯派的委员会那样的结论：贫穷就是犯罪，应当用威胁的手段来对付它。”[⑥]

第三节　社会救助的一般理论

一、市场失灵理论和政府失灵理论

社会救助与经济发展之间的关系表现为政府与市场之间的关系。因此，市场失灵理论和政府失灵理论也成为社会救助的理论基础之一。正是市场失灵带来了贫富悬殊，使得一部分人沦为贫困人员；但随着社会救助制度的不断完善，政府在保障国民最低生活方面的干预过多，给社会经济的发展带来了一些负面影响，即产生了政府失灵。在社会救助方面，应该说先有市场失灵理论后有政府失灵理论。

(一)市场失灵理论

亚当·斯密的自由主义经济理论认为，各种经济矛盾等都可以依靠市场机制的调节来自

---

① 《列宁全集》第 4 卷，人民出版社 1958 年版，第 205 页。

② 马克思：《经济学—哲学手稿》人民出版社 1963 年版，第 12 页。

③ 《马克思恩格斯全集》第 6 卷，人民出版社 1961 年版，第 646 页。

④ 《马克思恩格斯全集》第 2 卷，人民出版社 1957 年版，第 574～575 页。

⑤ 《马克思恩格斯全集》第 2 卷，人民出版社 1957 年版，第 567～577 页。

⑥ 《马克思恩格斯全集》第 2 卷，人民出版社 1957 年版，第 575 页。

动解决。但随着资本主义经济的发展，许多矛盾并不是像亚当·斯密所说的那样，通过市场来消除，即产生了市场失灵。正是发生了市场失灵，就需要政府出面来干预社会和经济等各个领域。而社会救助制度也正是在市场失灵情况下建立和发展的，通过政府来举办社会救助制度等措施来弥补市场失灵，或者来解决市场无法解决的社会公平问题。

通过社会救助政策等手段，政府在社会成员之间实行二次收入分配。这时，政府根据公正原则，从高收入者那里征收一部分收入，转让给没有劳动能力的人和低收入者。在这个过程中，政府追求的是社会公平。政府在主持这次分配时，往往更是从社会公平来考虑，把社会各阶层之间的收入差距控制在一个合理范围，并保障全体国民的一定基本生活水平，从而使所有人都能够维持生存。

(二)政府失灵理论

这个理论并不是最近才产生的，但在20世纪70年代社会保障制度改革中，越来越受到重视。和公平与效率之间的关系一样，市场与政府之间的关系同样显得非常复杂，因此如何处理好这种关系成为正确对待社会保障与经济发展之间关系的关键。20世纪70年代之前，许多国家在建立和发展社会保障制度过程中，往往片面地强调政府的作用而忽视市场的作用，这样就产生了另外一个结果，即政府失灵。

在社会救助方面，政府失灵具体表现为政府对人们的生活领域干预过大，包揽太多。由于片面地强调政府在社会救助中的作用，结果导致了包括社会救助在内的整个社会保障的发展程度超越了经济发展水平并产生了社会保障对经济发展的消极影响。正是基于这种政府失灵理论，许多国家在改革社会保障制度时，注重缩小政府在社会救助中的功能，同时重新强调市场在保障国民生活中的作用。

具体政策措施表现为：第一，严格社会救助待遇的享受条件，取消一部分不应该享受社会救助待遇的享受资格；第二，降低社会救助的享受待遇，把社会救助的功能局限于一部分的最低生活保障上；第三，重新强调市场或者家庭的作用，在保障最低生活方面，让市场机制或者家庭承担起更多的责任。这种回归市场实际上是一种更好地协调和平衡政府与市场之间的关系，也就是说，在处理政府与市场在社会救助中的作用时更趋于理性。

二、社会救助与经济发展

(一)社会救助与经济发展之间的关系

社会救助制度的基本功能就是社会救助再分配效应和在国民经济发展中作用的延伸。在社会公平的基本目标下，与其他社会保障制度一样，社会救助具有社会安全网和社会稳定器的基本功能。同时，社会救助基金收支作为一种经济变量，通过总供给与总需求之间平衡的保持，对经济运行具有自动调节功能。具体来说，在经济萧条时期，失业人数增加，贫困状况加剧，税收减少从而使得社会救助基金收入减少，而基金支出增加，这种支出大于收入的状况既可以使劳动者的收入维持在一个相对稳定的水平上，又可以从增加购买力方面刺激和推动经济复苏，最终缓解经济萧条程度；在经济繁荣时，就业增加和贫困人口相对减少使得税收和社会救助基金的收入大于支出，相对减少了人们的货币收入，从而在需求过旺中起到一定的抑制需求的作用。

(二)社会救助与劳动力供给

社会救助制度作为现代社会成员的基本保障制度，为他们基本生活提供了有效的保障，保证了劳动者的生产和再生产。尽管社会救助对劳动力供给从整体上有积极影响，但其相对影响或个别影响可能是不确定的，甚至是消极的，会阻碍劳动力供给。

从理论上来说，社会救助费用的征收，虽然可以为劳动者提供一个长期稳定的工作环境，但对个人当期收入来说，是减少个人收入总量，降低了当期消费水平，劳动者会选择休闲替代劳动(替代效应)，减少工作，从而抑制劳动力供给。另一方面，由于征税使当期收入减少(收入效应)，影响到纳税人的生活水平，会使劳动者为弥补收入的下降而努力工作，从而增加劳动力的供给。至于最终会增加还是减少劳动力供给，则要看替代效应和收入效应之差。如果替代效应大于收入效应，则会减少劳动力供给；反之，则会增加劳动力供给。事实上，从各国的实践来看，许多国家的研究表明，社会救助费用的增加会减少就业人口。

而且，社会救助费用对劳动力供给影响的长短效应不同。从短期效应看，生产者把社会救助费用同生产成本一样处置，并企图通过涨价来弥补。提价后，销售量会受到影响，产出和就业会有下降趋势。如果政府通过货币政策和财政政策，把产品需求保持在原有水平上，这种作用就能抵消。

从长期效应看，社会救助费用的影响取决于职工对工资降低的反应。在生产技术一定的条件下，资本要素和劳动力要素都存在边际递减的问题，企业总是在劳动和资本的最佳组合中获取最低的生产成本。开征社会救助费用，并没有使劳动者发挥更高的生产力，因此企业没有理由在征税后支付较高的全部附加费用，除非某些工资收入者对其收入减少的反应是退出劳动力市场，这样，企业就不得不用较高的工资来增加或留住雇员。征税的结果是工资增长，成本中劳动对资本的比率提高。不过，在劳动力过剩和工资水平较低的国家，劳动力的总供给与对工资的期望值没有密切关系，较低的工资并不会导致很多职工离开劳动力市场，或是明显减少他们的工作时间。在这种情况下，劳动力供给不会因征收社会救助费用的影响而严重减少，但雇员将承受这种税的很大负担。虽然工资未必会实际减少，但比没有社会救助费用时增加得慢。

(三)社会救助与劳动力需求

社会救助支出会成为劳动力成本的一部分，因此社会救助必然会增加劳动力成本，从而影响雇主对劳动力资源的需求。

从理论上说，如果劳动力的成本低而资本的成本高，市场会选择劳动力而不是资本；相反，如果劳动力的成本高于资本，市场就会选择资本而不是劳动力。劳动力成本的高低取决于工资和社会保障费用的高低。随着社会救助支付水平的提高，雇主所承担的相应费用也增加。同时，社会救助水平具有刚性，雇主不能随意改变，他可以选择用资本替代劳动力。资本替代劳动力的结果是一部分劳动力被排挤出生产过程，失业率上升。近年来许多欧洲国家的失业率居高不下的重要原因之一，就是高福利引起的劳动力成本过高。

另外，对具有刚性的社会救助支出，雇主能采取的措施就是试图将其负担的社会救助费用转嫁给消费者，从而提高产品价格；但这对于面对竞争性市场经济，特别是国际竞争的雇主来说几乎是不可能的。因此，他们只能是减少产量或退出生产领域。结果是，如果社会救助费用不能通过提高价格转嫁给消费者或通过降低工资转嫁给雇员，那么整个社会所面临的问题是失业的增加。因此，对劳动力供给一样，社会救助对劳动力需求具有减少的影响作用。

三、负所得税理论

美国经济学家米尔顿·弗里德曼(Milton Friedman)于 1962 年最早提出了“负所得税”这一概念。负所得税的计算公式为：

负所得税＝法定最低收入－(个人实际收入×负所得税税率)

因此，

个人可支配收入＝个人实际收入＋负所得税

同时，负所得税可以被看成为政府补助支出。这种政府补助支出的一种重要形式就是社会救助支出。这是因为社会救助资金的来源主要是财政支出，而财政收入则来自各种税收。

国家财政分配由以下两个方面组成：第一，国家通过强制手段从纳税人那里征收各种税收，且不支付任何报酬。这种收入再分配机制可以限制不劳而获，缓解社会分配中的不公平现象，实现社会公平和公正的目标。第二，国家如何合理分配和使用财政。这种分配和使用的渠道一般有两种：一是部门和地区之间的再分配，通过教育、卫生等方面的支出，将财政的一部分转移到一些部门和行业，而将另外一部分资金转移和补贴给较为贫困的地区；二是实行个人之间的收入再分配，即将富人的一部分收入以社会保障形式转移和补贴给贫困人员及其家庭，通过这种方式，可以达到保障他们的基本生活水平，缓解社会分配中的不公平现象，实现社会公平和公正的目标。

世界各国实行个人所得税时都遵循纳税能力原则，即根据纳税能力大小来设计税收政策。这种税收政策主要对富人产生较大的再分配效应，把他们的一部分收入转移给国家；而对低收入者或者贫困人员并没有产生较大的再分配效应，这些人仅仅是少缴或者不缴纳个人所得税，从中并没有在原来基础上增加收入。世界各国主要通过社会保障机制来增加低收入者或者贫困人员的收入，提高他们的生活水平，但这种转移支付存在一个不足，即资金来源不足。这样就导致一些人无法充分享受社会保障待遇尤其是社会救助金。

解决这个问题的一个重要途径就是引进负所得税制度，这是因为负所得税可以将所得税制度和社会保障制度有机地结合起来。实行了负所得税制度以后，可以把所得税延伸到低收入者或者贫困家庭，通过负所得税向低于法定起征点的人和家庭转移支付，帮助他们提高生活水平。

虽然负所得税制度与社会救助制度并不完全一样，甚至可以说是两个性质不同的机制。但负所得税机制可以同样达到社会救助所要实现的目标，即在实现的目标上是一致的。因此，负所得税理论的基点与社会保障理论的基点是一致的，尤其是与社会救助理论更加接近。从这个意义上来说，负所得税理论可以被视为一种社会救助理论，即领取社会救助金的人们不但没有缴纳税收，反而得到了税收补助。

征收负所得税以后，政府与纳税人之间关系更加趋于公平。这是因为：当纳税人的收入超过法定最低收入时，需要缴纳税收，这种征所得税使得政府能够分享纳税人的收入；但另一方面，当家庭收入低于某一个法定最低收入时，政府将通过支付社会救助金的方式，分担家庭的损失。在负所得税机制下，贫困家庭会根据家庭人员数、所在地区以及年龄层次来享受社会救助金。

本章小结

1. 介绍了贫困理论，包括贫困的基本内涵和外延、衡量贫困的指标等。

2. 介绍了社会救助的思想基础，包括早期的社会救助思想、马尔萨斯的社会救助思想、《贝弗里奇报告》的社会救助思想、马克思主义的社会救助思想等。

3. 最后阐述了社会救助的一般理论，包括政府与市场的失灵理论、社会救助与经济发展之间的关系以及负所得税理论。

思考题

1. 简单区分绝对贫困与相对贫困。
2. 什么叫贫困缺口率?
3. 阐述《贝弗里奇报告》的社会救助思想。
4. 阐述马克思主义社会救助思想。
5. 描述市场失灵理论的主要含义。

第二章

社会救助概述

学习目的

通过本章的学习，掌握社会救助的一些基本概念，了解外国社会救助发展过程和现状，把握我国社会救助的改革背景及其改革的主要内容。

第一节 社会救助的内涵和外延

一、社会救助的基本概念

社会救助(social succour)是指通过立法由国家或者政府对由于失业、疾病、灾害等原因所造成收入中断或者收入降低并陷入贫困的人员或者家庭实行补偿的一种社会保障制度。

从上述定义出发，社会救助有以下几层具体含义:第一，社会救助的实施主体是国家，是由国家通过立法保护贫困人员，这也意味着实施社会救助是国家一项义不容辞的责任和义务。第二，社会救助的对象是贫困人员。虽然任何人或者任何一个家庭只要其家庭人均收入水平低于国家规定的某一贫困线，就可以享受社会救助待遇，但实际上只是有限的人群才可以享受到社会救助待遇，这也是与社会保险、社会福利等其他社会保障制度不同的地方，因为后者的实施对象具有广泛性，往往是所有社会成员。第三，享受社会救助的条件不是缴费而是低于贫困线，但对是否低于贫困线则需要进行经济状况调查，通过核实以后才可以享受。

社会救助制度是随着社会、经济、文化以及政治等要素的发展而不断发生变化的，它是社会进步和社会文明的一个重要标志。因此，社会救助是一个动态的、历史范畴的概念，随着社会救助制度的发展，其内涵和外延也在不断发生变化。而且，由于各国或某一国家在各个时期的社会经济、价值观念和文化传统上的差异，社会救助的内涵和外延也就有所不同。

由于社会救助制度是社会、经济、文化以及政治等要素发展到一定历史时期的产物，所以社会救助就必然涉及上述各个领域，是横跨多领域的一种综合性机制。这就决定了社会救助本身具有复杂性和多样性的特征，也决定了社会救助是横跨社会、经济、政治、管理、人口等多领域的一种制度。

尽管各国社会保障制度的具体内容各不相同，但凡是实行社会保障制度的国家或地区，其社会保障一般都包括社会救济、社会福利以及社会保险；而我国的社会保障包括了社会保险、社会救济、社会福利、社会优抚这四种制度。而这四种社会保障制度的内容也是随着社会经济等因素的变化而在不断更新和充实。

二、社会救助的主要内容

随着社会救助内涵和外延的发展，它的内容也在不断丰富。社会救助制度的主要内容，一般包括生活社会救助、医疗社会救助、住房社会救助、生产社会救助、教育社会救助和灾害社会救助。除此之外，有些国家还实行丧葬社会救助、护理社会救助、法律社会救助等。其中，生活社会救助在整个社会救助制度中处于核心地位，具有重要性，而其他社会救助项目是对生活社会救助起一个补充作用。而且，虽然这些社会救助项目仅仅是针对某一个方面而言的，但有时会具有重叠性，即某一些或者某一个家庭可能同时会享受其中的几项社会救助待遇，当然也有些人或者家庭仅仅是享受其中的一项待遇。

（一）生活社会救助

生活社会救助是指解决贫困人员吃穿等温饱问题的一种社会救助项目。这里所谓的生活是一个狭义的概念，并不包括居住、治疗、教育等方面的内容。因此，生活社会救助主要解决温饱上面临困难的一些贫困人员的生活问题。

生活社会救助是整个社会救助制度中最为重要的组成部分，其支付方式有现金支付和实物支付，但以现金支付为主。实物支付主要有食品支付等。政府首先确定一条贫困线，然后对申请者进行家庭经济状况调查，对家庭人均收入处于贫困线以下的人员和家庭给予生活社会救助待遇。

（二）医疗社会救助

医疗社会救助是指对低收入者患病时给予一定医疗费补助的一种社会救助项目。一般地，在实行基本医疗保险制度的国家中，参保者患病和看病时虽然可以享受一定的医疗保险待遇，但同时又要承担一定比例的自负费用。如果低收入者自负费用达到国家规定的一定标准时，政府给予他们一定的医疗救助，即他们的自负费用可以全部或者按照一定比例向政府有关部门申请报销，以便减轻其在医疗费用上的负担。

医疗救助可分为多种类型：按照救助病种，可以分为门诊救助、住院救助和综合救助；按照救助形式，可分为直接救助和间接救助；按照救助对象，可以分为城市医疗救助对象和农村医疗救助对象；按照救助时间，可分为医前救助、医中救助和医后救助。

有些国家即使对没有加入基本医疗保险制度的人员也给予一定的医疗社会救助。这可以分为以下两种情况：一种是某一些成员没有被纳入基本医疗保险制度或者根本没有基本医疗保险制度，有些国家对低收入者的高额医疗费用给予一定的补助；另一种是一些人虽然被纳入了基本医疗保险制度的实施范围，但由于某种原因没有缴纳医疗保险费，其结果无法享受基本医疗保险待遇，但由于患病时承担了高昂的医疗费用而陷入了贫困，这时国家有时也会给予一定的医疗社会救助。

（三）生产社会救助

生产社会救助是指政府给予低收入者提供生产上帮助的一种社会救助项目。由于陷入贫困或者成为低收入者虽然都是一些文化层次低和劳动技能低以及没有资金积累的人员，但基本上都是有劳动能力的人员；而且他们陷入贫困的主要原因是缺乏资金或者缺少劳动技能。如果政府对他们在生产上给予帮助的话，他们很容易摆脱贫困，从而提高收入水平，改善生活质量。

生产社会救助的形式主要有以下三种：第一，政府以低收费甚至免费给予劳动技能的培训，提高他们的劳动技能，如经营能力等，使得他们开展生产自救，提高劳动生产率，从而改善他们的收入水平;第二,政府给予低息甚至无息的小额贷款,帮助他们开展生产活动,如资助他们开一家小商店之类的;第三,政府以有偿或者无偿的方式给予实物上的帮助,从而提高生产效率,改善经济效益,如给予贫困农民优良种子等。

(四)住房社会救助

住房社会救助是指国家对低收入者在住房上给予一定帮助的一种社会救助项目。住房社会救助主要有以下三种形式:

第一,提供住房给低收入者和家庭居住,收取远低于市场价的房租。在这种情况下,政府首先要取得大量的住房,一般有以下两种方式:一是政府出资建造住房,然后提供给低收入者居住;二是从社会上以市场价购买住房,然后提供给低收入者。

第二,对低收入者给予住房补贴。这里又可以分为以下两种情况:一是如果低收入者居住的住房是租借的,那么政府每月直接发放房租补贴;二是如果低收入者居住的住房是自己所有的,那么政府给予一次性住房维修费补贴。

第三,以较低的价格卖给低收入者。在这种情况下,政府出资直接建造或者委托给房地产商建造住房,政府以远低于市场价的价格卖给低收入者,以便他们有房居住。

(五)教育社会救助

教育社会救助是指政府帮助贫困学生完成学业的一种社会救助项目。教育社会救助的对象是贫困家庭的学生,既包括中小学生,也包括大学生甚至研究生。教育社会救助的主要方式有现金救助和实物救助两种。现金救助又有给予学费减免、发放特别奖学金等形式;实物救助包括免费发放学习用品甚至校服等。

目前,中小学生的教育救助方式主要包括免费发放学习用品,提供免费的午餐和校服,实行学杂费减免以及给予特别奖学金。大学生的教育社会救助方式主要包括学费减免,优先提供勤工助学的工作岗位,给予一次性生活补助,发放教育贷款和针对贫困大学生的奖学金等。

(六)灾害社会救助

灾害社会救助是指政府对受灾者和家庭提供物质上帮助的一种社会救助项目。某一些人遇到各种各样的灾害,丧失一定劳动能力或者完全丧失劳动能力,其结果失去了收入来源,或者受到重大财产损失,最终导致贫困并陷入生活困境。如果政府不给予一定帮助的话,他们难以依靠自身力量渡过难关,这时就需要政府给予物质上的帮助。这里指的灾害既包括自然灾害,也包括各种人为的灾难。

灾害社会救助往往是一种临时性救助,这是它与生活救助和住房救助等不同的地方。灾害社会救助的方式主要有现金救助和实物救助,其中实物救助在灾害社会救助中占有重要地位,这也是与其他社会救助项目不同之处,因为其他社会救助项目主要是现金救助。

(七)护理社会救助

护理社会救助是指政府对需要护理的人员提供现金和实物上帮助的一种社会救助项目。由于随着人口的老龄化等原因,需要护理的人数大量增加,他们的护理费用往往很高,依靠自身力量难以承担。因此,政府对这些人提供护理社会救助。护理社会救助的主要支付方式有现金支付和实物支付,其中实物支付包括免费提供适合被护理人员需要的床和拐杖等特殊生活用品。

(八)法律社会救助

法律社会救助通常被称为法律援助。它是指政府对贫困家庭或者贫困人员给予法律上帮助的一种社会救助项目。由于法律诉讼费用较高,贫困家庭或者贫困人员自身没有经济能力来承担诉讼费用,从而很有可能导致他们无法维护自身的合法权益,因此,政府给予免除或者事前垫付相关的诉讼费用。另外一种法律社会救助的形式,是政府通过建立相关的制度,给予贫困家庭或者贫困人员免费或者收费低廉的法律咨询服务,切实帮助他们维护自身的合法权益。

有些国家还实行丧葬社会救助。丧葬社会救助是指政府对死者家属给予物质上帮助的一种社会救助项目。丧葬社会救助的支付标准往往根据死者是成人还是小孩不同而有所差异,小孩的丧葬救助标准要比成人低得多,这是因为小孩的丧葬费用要少于成人。

三、社会救助的基本特性

社会救助是社会保障制度中一个重要组成部分,除了与其他社会保障具有共性之外,也有一些自身的基本属性。

(一)权利与义务的不对等性

当某一些人或者一部分家庭依靠自身力量无法应付或者解决各种风险而陷入贫困时,国家通过社会救助手段对他们提供物质上的帮助。除了必须满足家庭人均收入低于国家规定的法定贫困线这一要求以外,国家为他们提供社会救助待遇可以说是无条件的。也就是说,享受社会救助待遇的人员和家庭无须尽自己的义务或者尽少量的义务就可以享受待遇,因此,社会救助中,就存在一个权利与义务不对等的属性。

(二)资金来源的单一性

由于实施社会救助是国家一项义不容辞的责任,它不具有权利与义务的对等性,因此社会救助资金来源具有单一性。社会救助资金的主要来源是国家财政,这里既包括中央财政也包括各级地方财政,只有通过财政支出才能保证社会救助资金来源的充分性和及时性,才能让贫困人员不需要支付任何相关费用就能够领取社会救助金。

从目前世界各国的实施情况来看,相当多的国家虽然实行中央财政与地方财政分担的方式,但往往中央财政负担比例相对于地方财政要高一些。这样可以保证各地贫困人员在享受标准上的统一和公平,但这里所说的统一和公平并不意味着各地之间的支付标准都相同。因为在任何一个国家都存在着地区发展不平衡的问题。生活水平较低的地区,它们的社会救助标准相对也低一些;反之,社会救助标准相对高一些。这种差异并不体现出不公平,相反,这是公平性的一种体现。

(三)享受对象的有限性

虽然社会救助的实施具有普遍性,即任何个人和家庭只要符合家庭人均收入低于国家法定贫困线以下的条件就可以享受社会救助待遇,任何一个社会成员都有可能成为社会救助的实施对象。但实际上,由于符合条件有资格享受社会救助待遇的人员和家庭在整个社会中仅仅是一小部分,因此从这个意义上来说,社会救助待遇享受对象具有有限性。

(四)保障水平的最低性

虽然与其他社会保障制度一样,社会救助是帮助国民应付或者解决各种经济风险以免其陷入贫困,但它们的保障水平是各不相同的。在各种社会保障制度的保障水平中,社会救助的保障水平是最低的,仅仅是维持贫困人员的最低生活水平;而社会保险制度是保障国民的基本生活水平;社会福利制度是保障国民较高的生活水平,因此后两者的保障水平都要比社会救助高得多。而且,社会救助、社会保险和社会福利三者的保障水平是呈现出逐步的递进,即社会福利的保障水平在这三者中是最高的。

决定社会救助保障水平最低的原因在于以下两个方面：第一，社会保障制度是从社会救助开始产生的。社会救助产生的根本原因在于当时由于产生了大量的贫困人员，社会面临动荡，为了解决社会危机问题，必须保证贫困人员的生活仅仅维持生存水平。在这种背景下，政府出资举办和管理社会救助。因此，当时社会救助制度产生时，它的保障水平仅仅是维持最低生活水平，以后对社会救助的这种最低保障水平一直延续下来。第二，凡是实行社会救助制度的国家在法律和法规上都明确规定，社会救助仅仅是保障贫困人员最低生活水平，在当代各国都是遵循这一基本原则来制定社会救助的支付标准。

但目前各国对最低生活水平的理解和解释是不同的，因而产生了对社会救助支付标准确定上的差异。有的国家，如一些发达国家认为最低生活水平除了维持生存以外，还应该包括一些精神文化娱乐活动，即不仅维持贫困人员的最低物质生活水平，还应该必须保证最低精神文化生活质量。而发展中国家中的最低生活水平概念一般不包括精神文化娱乐方面的内容，仅仅是指维持物质上的最低生活水平。由于对最低生活水平的理解不同，各国社会救助的保障水平的实际含义也是不同的。

(五)资格审查的严格性

贫困人员在享受社会救助待遇之前，首先向当地社会救助相关管理部门提出申请，当地管理部门对申请材料进行审查和核实，然后对经核实属实的申请材料提交给高一级社会救助行政管理部门做进一步检查。对申请材料审查和核实的主要内容是，申请人员是否符合国家规定的法定贫困线这一条件，经核实和批准后，才给予发放社会救助金。

对申请人员的审查一般需要经过当地社会救助管理部门(如社区的社会救助中心等)和高一级社会救助行政主管部门(如区县级社会救助政府管理部门)这两个程序，而且能否享受社会救助待遇的决定权则掌握在后者手里。因此，对是否具有社会救助待遇享受资格的审查是非常严格的。

四、社会救助的基本功能

社会救助对社会、经济和政治都会产生重大影响，具体表现在以下三个方面：

(一)对贫困人员的影响

在任何一个社会和任何一个时期，总是会存在一定数量的贫困人员。这些贫困人员首先面临的一个问题就是如何维持生存；但与此同时，这些贫困人员往往又难以通过自身的努力来克服这个困难。解决他们生活困难的最为有效的方法就是为他们实施社会救助政策。国家通过财政拨款，支付给他们社会救助待遇，使得他们有一定的收入，最终保证他们的最低生活水平。

除了解决贫困人员的生存问题之外，社会救助政策的另外一项重大功能就是提高贫困人员的生存能力。如通过免费的教育和培训，提高他们的劳动技能，帮助他们就业和找到收入较高的职业；另外还有通过发放小额无息或者低息贷款等方法，帮助他们提高生产效益，实行生产自救。

(二)对经济的影响

社会救助的根本目标是消除贫困，而贫困是收入差距扩大的结果，这导致了消费倾向的下降，不利于经济的长期稳定发展。

第一，贫困导致资金运行间断的恶性循环，贫困人员一方面自身积累资金的能力有限，扩大再生产的能力也非常有限；另一方面，如果国家财政资金匮乏，那么，国家就不能拿出大量资金帮助这些贫困人员进行生产自救。由于这样内外两方面的共同作用，使得贫困人口的资金供给经常被迫中断，从而导致贫困人员资金运行的恶性循环。

第二，贫困导致经济活动在低水平上恶性循环，并受到各种社会经济条件的限制。这就使得贫困人员只能凭借自身落后的生产工具进行简单粗放式的经营和劳动，从而导致社会资源浪费严重，效率低下，其最终结果是陷入低收入、低积累、低投入、低产出的怪圈，经济活动局限在低水平上恶性循环。

（三）对社会的影响

社会救助帮助贫困人员摆脱生活困难，不仅可以提高他们的消费水平，而且还可以消除他们对社会甚至对政府的不满，对社会产生重大影响。

第一，可以稳定社会。因为贫困的存在会威胁到社会的稳定，这也是社会救助乃至整个社会保障产生和存在的根本目的。正因为市场失灵、收入分配制度的不合理以及经济发展水平不高会导致一部分人贫困，因此社会救助就有存在的必要。

第二，社会救助可以提高人口质量。贫困与人口增长之间存在着一种恶性循环，在贫困地区，人口与经济呈现出一种逆向运动，即人口增长越快，经济增长就越慢，经济增长越慢，人口增长就越快地恶性循环。这意味着贫困可能会增加人口数量，从而使得这些人难以受到良好的教育和保证较好的生活质量，结果导致人口质量下降。如果有了社会救助，就可以克服贫困，提高人口质量。

第二节　社会救助的产生与改革

一、社会救助产生的社会经济条件

社会救助产生的条件，不仅有思想条件，而且还有经济条件和社会条件。经济条件就是指社会生产力发展到一定水平，社会有一定的剩余产品可供扣除和储存，并建立一个较为完善的调节收入的分配制度。而社会条件是指社会成员之间产生的对立和矛盾，这种对立和矛盾的发展已经影响到社会稳定。同时，随着经济条件与社会条件的不断具备，社会救助思想也就应运而生，即社会或国家应该承担应对社会成员所面临各种经济风险的责任。社会救助产生的条件具体表现为以下几个方面：

（一）实现了生产的社会化

生产的社会化表现为生产资料使用的社会化、生产过程的社会化以及产品生产的社会化。生产的社会化不仅带来了劳动方式、交际方式、分配方式、活动方式的变化，同时也导致社会结构、家庭结构等发生了一系列变化，还引起了许多新的社会问题和社会矛盾。在现代社会化生产过程中，由于机器的使用以及机械化程度的提高、化学工业等发展，职工的伤残、事故、职业病、中毒等事件经常发生。这些因素制约着劳动力本人及其家属再生产的继续。同时，劳动方式的变化、专业技术要求的提高等也促使劳动者退出生产领域，变成失业者和退休人员。这些都会导致劳动者失去生活来源，最终将会成为一个严重的社会问题。

（二）收入水平差距的不断扩大

随着市场经济的发展，社会成员之间在收入水平上的差距不断拉大。这是因为市场经济是遵循着优胜劣汰的竞争规律。但是，这种效率原则往往与社会公平相矛盾。而社会不公平程度的加剧，最终必然会导致社会的不稳定。为了保证社会公平，就需要采取某种机制来缩小社会成员之间收入水平上的差距。在这种情况下，社会救助制度就应运而生。

（三）家庭功能的弱化

生产的社会化促使家庭的生产职能开始退化，并导致家庭结构发生变化，核心家庭越来越多。在农业社会中，家庭既是消费单位，又是生产单位，同时也具有教育、养老等功能。伴随着生产的社会化，家庭由生产实体变为消费实体，家庭的功能大大缩小。工业化社会条件下的家庭，主要是依靠工资收入来维持生计，一旦收入中断，其生活就会陷入困境。因此，传统的家庭保障方式在不同程度上逐步失去了其存在的基础。同时，生活社会化的组织程度也在逐渐提高，教育、卫生等都逐步成为社会的公共事业，走上社会化发展道路。这些变化都要求救助的社会化。

（四）社会生产力的发展

社会生产力的发展促使社会财富大量增加，这就为社会救助提供了物质基础。同时，人们的需求呈现出内容多样化和需求水平不断提高的趋势。人们对基本生活需求已经不再单单指维持生命的生存要求，基本生活标准也是在不断提高并更新其含义。社会成员的保障也在制度内容、实施对象、支付标准等各个方面都必须和社会平均水平接近。因此，社会财富的增加不仅为社会成员的社会救助奠定了物质基础，同时也规定了必须采取社会救助方式来利用这些资源。

（五）社会稳定的需要

随着生产力的发展和生产的社会化，劳资矛盾和对立日趋激化。机器生产方式的采用，化学工业等对劳动者人体有害产业的发展，不仅带来了工作环境的恶化，工作安全性的下降，严重损害了劳动者的身体健康；而且也导致了失业人员的增加以及贫困问题的进一步加重。这些变化都使职工对工作单位乃至对整个社会产生不满，最终会引起社会动荡。为了稳定社会，从而使社会经济顺利得到发展，有必要实行社会救助。稳定社会也是社会救助产生的直接原因。

（六）社会救助思想的存在

社会救助思想渊源在社会救助产生之前就早已存在。随着社会经济的发展，从直接维护社会稳定需要出发，许多学者和专家开始从理论角度来探讨社会救助这一问题。最初是从慈善角度来分析国家举办社会救助的必要性，并从人权角度来研究这一问题，认为国家有责任保证每个公民维持一定生活水平的权利，即实施社会救助是国家保障每个公民的一种责任。此后，随着社会经济的发展，其他社会救助思想也不断产生。正因为存在着社会救助思想，社会救助才应运而生。

（七）救济机构的存在

首先是社会上的慈善救济，这主要是通过教会举办的慈善事业，其内容包括举办孤儿院、医院，给贫困者以经济与住房援助。其次是互助机构，劳动者之间也开始建立相互救济的互助会，如埃及维修金字塔的石匠中自发组织互助会，用会员缴纳的会费支付会员死亡后的丧葬费用。但无论是慈善事业还是互助互济，它们都具有自发性、被救济对象的局限性以及救济功能的有限性等特征，虽在一定程度上解决了贫困问题，但无法基于法律从根本上解决贫困问题。

二、社会救助的产生

(一)古代及中世纪社会中的社会救助萌芽

这个时代的救助内容具体表现为慈善事业。在古代社会和中世纪社会,对贫困人员等社会弱者的救济,主要是通过家族、亲属、部落、近邻社会等共同体内部的相互帮助,以及宗教人士等的慈善活动和国王、领主的恩惠活动进行的。当初的慈善活动具有缺乏组织性、连续性和规模小的特征。

1. 相互扶助

在古代社会和中世纪社会,在欧洲对无依无靠的幼弱者、伤病人员、残疾人员和高龄老人等人员的救济,通常在共同体内部实行相互扶助。这种相互扶助活动虽然是一种不存在金钱方面报酬的自发行为,但从长期角度来看,援助者与受援助者之间存在着一种互利互惠的关系。

尽管这种相互扶助并不是通过武力和强势地位强制执行而是一种自发性活动,但在以血缘、地缘为纽带的共同体内部,无法拒绝接受这种相互扶助。因此,从这个意义上来说,是一种具有强制性的活动。

这种相互扶助并不仅仅局限于消费性的生活领域,也经常发生在生产领域。这是因为这种相互扶助活动已经深深地打上了共同体行为原理的烙印。因此,古代社会和中世纪社会中的相互扶助即使成为今天社会保障的源流,但与当前的民间相互团体活动应该有很大的区别。

2. 慈善活动

虽然贫困人员依靠共同体内部的相互扶助能够维持生存,但不属于这种共同体的贫困人员,如行走不便者、流浪人员和乞讨人员等,则无法享受到来自相互扶助的救济恩惠。

对上述贫困人员实行救济的则是来自教会、慈善活动家等的慈善事业。慈善事业是以宗教性地爱他主义为基础的一种救济活动。慈善活动家们同情这些作为上帝子民们的处境,爱护他们,以奉献精神来报答上帝的恩宠。但另一方面,这种慈善活动也是为了获得信仰者的一种施教手段,或者意味着慈善活动家们为了能够去天堂的一种免罪行为。基于宗教动机的慈善活动中也经常夹杂着世俗动机。

3. 恩惠活动

在古代社会和中世纪社会中,当由于灾害、饥饿等产生大量受灾者和难民时,国王和封建领主会采取临时性救济措施。这是基于国王和封建领主带有政治性并具有父爱主义的一种恩惠性救济活动。在许多国家,发生灾害和饥饿时,领主经常作为一种善举给予一次性金钱,对于孤儿给予养育费。这种领主经常被称赞为明君。但另一方面,许多领主课征过重的年贡、税赋和劳役。

在国王和封建领主中,确实也有为改善国民生活和增进社会安定做出贡献的行为;但也有不少国王和领主是为了维护不直接参与生产的支配阶级的统治,作为一种获得国民的信赖和使他们服从的手段而实行恩惠活动的。

(二)社会救助的产生

1. 有组织的慈善事业的形成

从中世纪社会进入近代社会过程中,产生了不少的流浪人员和乞讨人员。这些人逐步流入发展起来的城市,并对法律和社会秩序产生了威胁。过去那种任意的、短期的、非组织性的慈善活动已经无法应对这种情况了。

因此，在处于形成期的近代社会中，传统的慈善活动在这个时期变得更加有组织性和连续性，这个时候就形成了慈善事业。同时，在这个时期产生了像英国这样的《济贫法》，由国王统治的政府制定法令，给予城镇、农村和教区等一定的权限来救济流浪人员和乞讨人员。通过法律对贫困人员实施救济，我们把它称为社会救济事业。虽然这种救济事业与民间的慈善事业有所区别，但实际上对救济对象的认定和运作组织方法上两者之间并没有存在太大的差异。

2. 英国的初期济贫事业

从中世纪社会向近代社会过渡过程中，城市、镇或者乡村中有势力者或者政府官员，在教会的协助下，通过各种方法来对付贫困人员。但是，随着贫困人员数量的增加，这种费用也相应地不断增大，采用统一的对付办法就成为必要。虽然贫困人员产生于各个城市、镇和乡村，但大多数是从附近的城市、镇和乡村流入的。面对这种贫困人员不断增加的局面，各个城市、镇和乡村开始减轻金钱和劳役的负担，同时为了维持社会秩序和安定，有必要采取全国统一的济贫对策。

在这种背景下，英国于1531年出台的《济贫法》规定，以称作“教区”的区域社会为单位，为了救济贫困人员开始选任贫民监督委员，所需费用通过征税由各个教区内的有势力者来负担。初期《济贫法》对贫困人员实施的措施是，对捕捉到的流浪人员和乞讨人员用鞭子抽打，强制遣返回出生地或者合法的居住地，对遣返途中逃跑者割掉半个耳朵，对重犯者用绳子套住脖子等。但此后，逐步了解到这种处罚和流放等措施的效果并不佳，为了防止流浪和乞讨，开始采取让具有劳动能力的贫困人员居住和从事工作的对策。

在1601年，英国又颁布了《伊丽莎白济贫法》。该法律的主要内容包括以下几个方面：第一，为有劳动能力的人提供劳动机会；第二，资助老人、盲人等失去劳动能力的人，为他们建立住所；第三，组织贫困者和儿童学习技术；第四，建立特别征税机关，从比较富裕地区征税补贴贫困地区；第五，提倡父母与子女的社会责任。

这种济贫政策一直延续到产业革命，从那时起英国对《济贫法》进行了根本性调整。该期间的某一个时期，英国制定了限制贫困人员移动的居住制度、强制收容贫困人员的制度，以及设立让他们劳动的工作场所。而且，在18世纪末，对没有收入者以及即使有收入但收入少于最低生活费的贫困人员，开始实行支付居家生活费的薪酬补助制度。这种优厚的薪酬补助制度导致了救济费的急速增加，以此为契机，济贫事业受到了有史以来最强烈的社会批评。

3. 慈善事业与博爱事业

近代社会初期发生的流浪人员、乞讨人员、孤儿和行走不便者等大量贫困人员，一方面促使城市、镇、乡村和教会等举办社会救济事业，另一方面导致了传统慈善活动的组织化和体系化。慈善事业虽然是基于宗教的理念、目的和动机而实行的一种救济事业，但与古代社会和中世纪社会中的慈善活动相比较，从近代社会开始的慈善事业中，在设置主体的名称、功能等方面存在着若干变化，有些设施一直存在至今。

在近代社会初期，除了慈善事业以外，产生了不仅仅局限于贫困人员而实施范围更加广泛的以一般市民为对象的救济事业、教育启蒙事业。这些事业主要由地主、神学家以及此后的资本家实施。由他们举办的事业或者活动通常被称为博爱事业。

4. 父爱主义济贫

近代社会初期对贫困人员实行的举措，基本上是由国王及其政府，以及地主、实业家和神学家等基于父爱主义而采取的一种镇压和救济的措施。为了维持地方社会秩序，强制地使贫困人员在某一个地方长期居住，强迫他们劳动，在他们服从的前提条件下，给予贫困者最低限度的救济。

三、社会救助的发展

从18世纪中期到19世纪中叶，以产业革命为契机，以资本主义经济为基础的近代社会诞生，随之基于勤勉、努力、节约和节制等各种规范性价值观念的生活意识、生活习惯和生活方式也开始确立下来。其中在产业发展过程中产生的失业人员、贫困人员、流浪人员和乞讨人员被视为无能人员和性格怪异者，随之形成了道德主义和个人责任主义的贫困观念，否定和极力抑制对贫困人员的救济成为这个时期特有的济贫事业和慈善事业。

（一）新《济贫法》体制的确立

19世纪初，在英国的农村地区，农业劳动者对低工资和农业机械的引进越来越不满，不断发生破坏劳动场所和农业机械的事件，极力想逃避济贫税负担的新兴中产阶级更加强烈地批评薪酬补助制度。这种新兴中产阶级的利害关系，通过1832年选举法的改革直接反映在议会中，与1834年《否定济贫的济贫法》即新《济贫法》的制定息息相关。

新《济贫法》规定，第一，为了建立全国统一的济贫行政体制，在设置作为中央行政机构的济贫法委员会的同时，在每个教区设立贫民救济委员会，并把它作为济贫行政体制的基层地方机构；第二，重新设立劳役制度，严格限制对具有劳动能力的贫困人员的救济；第三，为了提高求援抑制效果，开始引进劣等待遇原则，把劳役场所的救济水准设定在最底层劳动者的生活水准以下。

随着资本主义经济的确立而带来的个人责任主义和自由放任主义，新《济贫法》作为彻底抑制求援的对策在发挥作用。此后，贫困被视为个人的罪行，“劳动贫民”被分解成低工资劳动者和被救济的穷人两种。

（二）世俗性慈善事业的发展及其危害

整个19世纪，社会救助事业成为被抑制的对象，其规模有所缩小。但19世纪中期以后，工会、生活协同组织、友爱会和慈善组织得到了显著发展，政府也鼓励它们发展。其中，政府保护和奖励友爱会的发展，并试图削减社会救助费用的支出。

这一时期慈善事业的一大特征就是具有世俗性。在始于产业革命的产业资本主义发展中，获得巨大财富和社会地位的新兴中产阶级，作为一种义务，作为象征财富和地位的一种活动，并为了减轻对由于残酷的自由竞争而牺牲人们福祉的罪恶感，从事慈善事业或者提供资金。这些人中的一部分被称为“具有慈善心的贵妇人”。

在这种慈善事业中，实施一方的动机和兴趣处于优先地位，而对被救济一方的影响与结果的考虑甚少，从而产生了滥救、漏救以及为了能够得到救济的职业乞讨人员等弊病。

在这种情况下，英国于1869年公布了《关于首都贫民救济的备忘录》。在这个备忘录中，把社会救助限定于已处于贫困状态人员的救济，同时把慈善事业的救济用于防贫，不应该给予那些属于社会救助对象的人，从而明确了慈善事业和《济贫法》各自所承担的作用。1869年在从事慈善事业的团体组织中开始交换“被救济者名册”，设立了以消除滥救、漏救以及乞讨生活的弊端为目的的“慈善组织协会”。

（三）个人责任主义与贫困人员的感化

英国新《济贫法》的制定意味着济贫政策上经济自由主义的胜利。根据新的济贫政策，失业人员和贫困人员的生活必须依靠自立和自助，对社会救助进行了严格限制。

这种济贫政策强化了道德主义或者自由主义的贫困观并把它一般化，认为贫困的原因在于个人性格的不正常和能力的缺乏，把被救济者看作脱离健全市民生活的人员。同时，虽然在这个时期，为了尽量少负担社会救助费用，鼓励友爱会、慈善事业等自发组织的壮大，但基本的救济原则还是道德主义和个人责任主义的贫困观。慈善事业的救济目的无非是提高贫困人员的道德水准，也就是说，感化和纠正贫困人员的性格和生活习惯，把他们提高到善良市民的水准。

这时期英国救济事业的特征是，基于道德主义和个人责任主义的贫困观，一方面限制社会救助事业的发展，而另一方面鼓励民间救济活动。在该时期，许多国家的救济事业具有这种特征，成为当时世界的一般发展潮流。

四、社会救助与社会保险的并存

(一)社会救助事业的进一步发展

19 世纪末至 20 世纪初，对待贫困问题的英国社会政策有了飞跃发展，英国社会进入了一个自由社会改良的时代。在该时期，许多专家对贫困问题进行了调查，其结果是，贫困人员的人数超出了预期，导致贫困的更多的是社会方面的原因。以此为契机，在英国，原来的个人责任主义贫困观转化为社会责任主义贫困观，从而制定了新的防贫政策，传统的济贫事业和慈善事业也发生了巨大变化。

1. 防贫政策的形成与社会事业

19 世纪至 20 世纪初，英国面临着长期的经济萧条，失业人员大量增加，以老人和儿童为主要对象的贫困迅速扩大。根据相关的贫困调查，当时城市人口的大约 1/3 处于贫困状态。在这种情况下，统治阶级比劳动阶级更加意识到大英帝国已经陷入严重的动荡局面。以此为背景，在自由党与工党的合作下，英国开始实行自由社会改良政策，制定了各种防贫政策。

1908 年建立了非缴费型的养老制度，1909 年设立了职业介绍所，1911 年制定了健康保险制度和失业保险制度。在儿童社会保障方面，颁布了诸如 1906 年的《学校给食法》、1907 年的《学校保健法》和 1908 年的《儿童保护法》等多部法律，而且为了改革原来的《济贫法》而设立了济贫法委员会。这些都是以防贫为目的的政策。但与此同时，19 世纪后期发展起来的慈善组织协会的相关人员，以及济贫法的有关人员仍保留着传统的抑制性想法，强烈反对济贫事业的改革。

1905 年设立的济贫法委员会，于 1909 年提出了多数派报告和少数派报告这两份报告。在实践中以优先发展传统慈善事业和稍微改革《济贫法》为内容的多数派报告并没有产生影响，但要求废除《济贫法》的少数派报告却取得了实质性的进展。其结果是，该时期虽然没有实现《济贫法》的根本性改革目标，但在设立居家保护制度和改善劳役场所上进行了试点，其改革缓慢地向前推进。同时，由于作为防贫制度开始实施社会保险制度，慈善事业中通过现金支付而对贫困人员救济的功能大幅度缩小，此后以家庭关系的协商与调整为内容的家庭保障事业、儿童保护事业和残疾人员保护事业等被保留下来。

2. 慈善事业的组织化、科学化、专业化

1870 年以后大约 40 年间非常活跃的英国慈善组织协会，由于无法摆脱个人责任主义和道德主义的贫困观和援助观，第一次世界大战临战之前从社会保障历史舞台中消失了。但另一方面，慈善组织协会实施的慈善事业的组织化、科学化和专业化大大促进了社会救助的发

展。慈善事业的组织化直接是以消除慈善事业的弊端为目的而实施的,它的发展导致慈善事业运作的社会性、连续性和安定性,并为它的科学化、专业化打下了扎实的基础。

慈善事业的科学化是从慈善组织协会的友爱访问活动开始的。但慈善事业的科学化以及援助活动的专业技术化,在慈善组织协会的发源地英国并没有取得巨大的成果,而是通过转移到纽约、波士顿等美国东海岸各城市后的慈善组织协会的活动来实现的。

慈善事业的专业化属于慈善事业的组织化、科学化潮流中的一部分,也是这种潮流发展的结果。慈善事业的组织化和科学化的发展,使得在友爱访问等方面需接受系统教育的专业活动家成为必需,从而代替当时作为友爱访问员而进行活动的中产阶级的家庭妇女们。同时,慈善事业的专业化大大促进了慈善事业中专业教育制度的发展。

3. 社会事业的基本特性

社会事业与以前的感化救济事业的区别主要体现在以下几个方面:

第一,感化救济事业的最大特征在于个人责任主义、道德主义的贫困观和援助观;而社会事业则克服了这方面的缺陷,它是以社会责任主义的贫困观和援助观为前提条件的。

第二,社会事业是以作为防贫政策的社会保险的存在为前提,从而规定自身的内容,并试图进行自身改革。原来的济贫事业以作为防贫政策的社会保险的存在为前提,并成为对社会保险起补充作用的事业。慈善事业转换成把非金钱性援助作为自身工作的内容,开始参与从济贫事业中分离出来的儿童保护事业和残疾人员保护事业等,从而成为一种新的社会事业。

第三,社会事业继承了慈善组织协会活动所带来的慈善事业的组织化、科学化和专业化,创造了如案例库等支撑社会事业发展的社会技术。

(二)社会保险的产生

1883 年,德国颁布了《疾病社会保险法》,率先在世界上建立了社会保险制度。社会保险制度首先在德国创立并不是偶然的,而是历史发展的必然产物,即是由当时德国的社会经济状况等因素所决定的。

第一,德国工人运动的迅速发展。到 19 世纪中叶,随着资本主义市场经济的发展,劳动条件和环境日益恶劣,工人对此非常不满,从而加深了劳资矛盾。同时,随着马克思主义思想在工人中的广泛传播,工人运动迅速发展,那时的德国已经成为欧洲的政治中心之一。当时德国的俾斯麦政权在镇压工人运动失败之后,转而采用胡萝卜的软化政策,以缓和劳资矛盾。

第二,德国新历史学派的产生。当时在德国由于劳资矛盾已经成为最严重的社会经济问题,为了解决这个问题,德国新历史学派应运而生。它的基本思想是主张劳资双方合作和实行社会改良政策。该学派主张国家必须通过立法,实行包括社会保险在内的一系列社会政策,自上而下地实行经济与社会改革。但是,该学派同时又认为,包括劳资矛盾在内的经济问题必须同伦理道德联系起来才能解决。俾斯麦政权认同并采用了该学派的基本政策主张。

德国于 1884 年颁布了《工伤事故保险法》,1889 年又颁布了《老年和残疾社会保险法》。此后,奥地利、瑞典、匈牙利、丹麦、挪威、英国、法国等欧洲国家也先后实施了社会保险制度。瑞典于 1891 年开始实行疾病保险,英国于 1911 年制定了《国民保险法》等。英国于 1911 年颁布的《国民保险法》是世界上第一部社会保险方面的综合性法律,它把英国以前实行的单项社会保险法律统一起来。

随着社会保险制度的建立,社会保障制度基本上由社会救助与社会保险构成,从此社会保险与社会救助在保障国民基本生活上有了明确的分工。具体来说,国民的基本生活首先通过社会保险机制来解决,尽量通过社会保险实施范围的扩大及其支付水平的提高来保障国民的基本生活水平，满足他们的基本生活要求。而社会救助仅仅是对社会保险无法解决基本生活问题而陷入贫困的国民支付社会救济金，保障他们的最低生活水平。

因此，社会保险制度产生以后，社会救助的保障功能相对来说有所弱化。这主要表现为，以前的贫困问题在社会保障中只能通过社会救助机制来解决，社会救助在保障国民的最低生活和解决贫困方面承担了主要责任；而现在国民的基本生活保障主要由社会保险来承担，大部分国民的基本生活问题通过社会保险能够解决，贫困问题有所缓和，社会救助的作用相对来说有所下降。

五、现代社会救助体系的形成

在每个社会成员都具有利用社会保障权利的认识前提下，现代社会保障的实施范围不再局限于贫困阶层和低收入阶层，而是给予包括一般阶层在内的所有社会成员都能利用它的机会。社会保障脱离社会保险与社会救济的并存阶段的一个必要前提，就是生存权作为一种社会权利的形成以及国家观念的转变。

(一)作为社会权利的生存权的形成与国家观的转变

近代市民社会的发展，是以市民权为主要的基本权为前提的。这种基本权是由每个市民拥有私有财产权，法律面前人人平等，宗教信仰、思想、交通、居住和职业的自由等权利所构成。但事实上，能够享受这种市民权利的仅仅是贵族、地主、实业家等拥有家产和家业的一小部分人，对于一般市民来说仍然束缚了他们的手脚。其中在产业革命中担任主力军的工资劳动者在"劳动合同的自由签约"下，反而在更加严酷的劳动条件下生存。

针对这种状况，19 世纪后半期以后，英国通过制定最低工资制度和劳动基准，部分地修改了市民的基本权，其中包括对劳动者的普通选举权的承认，以及结社权、集体交涉权、罢工权的保障。这些权益终于作为社会权益的基本权得到了承认。所有权益中处于最后的是作为社会权的生存权。

作为社会权的生存权在宪法中最初得到承认的是第一次世界大战后制定的德国宪法。此后，这种权益思想通过美国新政策改革的经验和英国的《贝弗里奇报告》，渗透到世界各国，第二次世界大战后成为各国制定社会保障法律的基本依据。

虽然西方发达国家都是通过国家立法来推行社会保障制度，但真正具有综合性特征的社会保障法律是美国 1935 年颁布的《社会保障法》。这部法律不仅对美国而且对整个世界的社会保障发展产生了重大而积极的影响。此后，社会保障制度进入了多层面发展时期，在这个时期，在社会救助和社会保险的基础上，诞生了社会福利制度。这样，社会保障制度就由社会救助、社会保险和社会福利组成，现代社会保障制度的基本框架由此形成。

(二)福利国家体制与社会救助

第二次世界大战之前，虽然社会保障在资本主义各国发展很快，但仍然是不完善的。这主要表现为社会保障项目少，支付标准相对较低。第二次世界大战以后，在资本主义各国，社会保障事业发展迅速，进入了一个崭新阶段，即黄金阶段，在此期间，社会救助也得到了迅猛发展。第二次世界大战后，以战争时期 1942 年提出的《贝弗里奇报告》为基础，英国在世界上率先建立了福利国家。

成为福利国家理论基础的《贝弗里奇报告》，在时间上要晚于美国于 1935 年制定的《社会保障法》。但从其内容来看，是具有划时代意义的，它终止了传统社会保险与《济贫法》之间的抗争。由 1946 年的《国民保险法》和 1948 年的《国民扶助法》构成的新型社会保障体系，是为了对付 5 大毒瘤[贫困、疾病、失业、无知(教育)和陋隘(住房与环境)]的一种收入保障制度，是以社会保险为中心、国民救助为辅助的一种制度。社会救助迅猛发展的背景主要有以下几点：

第一，第二次世界大战以后，资本主义各国的经济飞速发展，进入了一个所谓的“黄金时期”。在这个阶段，在资本主义各国，包括农业生产在内的整个社会生产的社会化程度明显提高，整个国民经济保持着持续高速增长，国家财政收支状况得到很大改善，国力大大增强。这种经济的高速增长为社会救助的发展打下了扎实的物质基础。

第二，《贝弗里奇报告》的影响。英国自由党人贝弗里奇于 1942 年提出了《社会保险和相关服务》，即《贝弗里奇报告》。该报告提出了在第二次世界大战以后英国如何改革社会保障制度的基本理念和具体措施，对整个世界在发展和完善社会保障制度方面产生了重大影响。

第三，社会主义阵营的形成。第二次世界大战以后，出现了一批社会主义国家，社会主义思想在整个资本主义世界得到了广泛传播，并且社会主义各国都以保障全体国民生活利益作为立国的基本目标。这对资本主义社会的生存构成了很大威胁；而且在资本主义各国，整个国民经济的危机周期越来越短，资本主义社会内部的矛盾越来越为政府和公众所认识。这些都促使资本主义各国政府重新思考本国的社会保障制度。

第二次世界大战以后，许多资本主义国家受到《贝弗里奇报告》的影响，开始完善本国的社会保障制度，其中西欧和北欧各国纷纷建立了以“福利国家”为特征的社会保障制度。《贝弗里奇报告》中提出，英国的社会政策应该以消灭贫困、疾病、失业、无知(教育)和陋隘(住房与环境)这五大祸害为目标，主张建立一个包括所有社会成员的社会保障制度，对每个公民提出了儿童补助、养老金制度、残疾津贴、失业救济、丧葬补助、妇女福利和贫困救济这七个方面的社会保障。并且，这份报告还提出了根据公民需要建立社会保障制度的基本理念。

在这一阶段，包括社会救助在内的社会保障的发展具有以下一些特征：

第一，社会保障的理论基础从“劳资斗争说”转向“社会功能说”。第二次世界大战之前，基本上是从“劳资斗争说”角度来研究资本主义社会保障，解决劳资矛盾是研究社会保障的一个基本出发点。但第二次世界大战后，坚实的物质基础和社会民主党的政治立场，改变了传统认识并转向从“社会功能”角度来看待社会保障，并明确提出社会保障是现代文明社会应具有的一种制度。

第二，实施对象从原来的城市劳动者扩大到全体社会成员。在这一阶段，社会保障已经成为国家的一种社会发展目标，许多国家提出了满足公众“从摇篮到坟墓”的社会保障计划，并强调社会保障增长与经济增长应有机地保持平衡。因此，社会保障不仅为有特殊困难的群体提供现金和进行实物救济，而且还发展成为为公众福利服务的各项制度。随着社会保障项目的不断扩大，社会保障的实施对象也从原来的一部分人转向所有社会成员。

第三，社会保障项目的全面性。第二次世界大战之前，资本主义各国的社会保障制度虽然发展迅速，但总的来说，在内容上是比较零星分散的，主要是以劳动者为实施对象。但第二次世界大战以后，随着其基本理念的变化和实施对象的普遍化，社会保障制度开始走向全面化、体系化，其内容包括了老年、遗属和残疾养老保险，以及失业保险、工伤保险、家属津贴、医疗和保健服务、教育等各类项目。

(三)对福利国家的批评

在 20 世纪 60 年代至 70 年代前半期，福利国家已经达到了顶峰时期。进入 70 年代后半期，在以石油危机为导火线的世界性经济萧条中，新自由主义或者保守主义思潮开始抬头，人们重新看待福利国家，开始批评福利国家。

对福利国家的批评主要从两个侧面展开。第一，福利国家导致了租税的扩大、储蓄的减少、政府职能的强化及对政府的依存、民间活力的低下以及资本主义经济发展的停滞。第二，福利国家强化了中央集权主义和官僚主义，并使得这种倾向不可避免，随之导致了整个社会经济发展的停滞与非效率，民间活动缩减，从而无法实现预期目标。

对福利国家的这种批评中，第一侧面的批评带来了市场原理的复活、民间活力的活用和个人责任的强化。第二侧面的批评，主张重新开展在福利国家发展过程中被国家主导体制所压制的自主性的、非营利性的民间活动。

六、社会救助改革和调整

从 17 世纪初社会救助制度产生起，资本主义社会救助制度的发展基本上是处于一个上升时期，无论是在保障项目上还是在支付标准上都在不断得到提高和完善。但从 20 世纪 70 年代末以后，资本主义各国开始对本国的社会救助制度进行改革或调整，也就是说，进入了一个崭新的阶段。

1. 改革或调整的原因

一是经济萧条的发生。20 世纪 70 年代的二次石油危机直接给主要发达资本主义国家带来了经济危机，而这一时期的经济萧条又是以经济发展停滞与通货膨胀并存为特征。这种经济萧条给整个资本主义世界在经济、社会以及政治方面带来了很大冲击。人们开始寻找产生这种经济萧条的根源，最终认为当时包括社会救助在内的社会保障制度是其中一个重要原因。这是因为当时过高的支付待遇以及过于充分的保障项目，给国家财政、单位以及公众个人都带来了沉重负担。当时的社会保障制度已经阻碍了国民经济的发展，或者说这种社会保障制度已经超越了经济的承受能力。

二是劳动积极性下降。由于过于完善的社会救助制度，助长了一些人所谓“人人为自己，国家为人人”的思想，直接造成了一部分人的懒惰行为。一部分人即使具有劳动能力并能够找到工作，但仍依赖于较高的社会救助待遇。这种状况给正在工作的人也带来了很大的负面影响。过于完善的社会救助制度使得国家财政不得不负担较重的费用来养活一批懒汉，这又使得现役劳动者对整个社会产生不满，导致他们的劳动积极性下降。这不仅加深了现役劳动者与依靠社会救助生活的人之间的对立情绪，而且对整个经济的发展也产生了非常消极的影响。

三是社会救助管理效率低下。一方面，随着社会救助项目的增加和社会救助实施范围的扩大，参与社会救助管理的人数也在不断增多，社会救助管理机构规模日趋扩大。这些都造成了用于社会救助管理费用的迅速增长。另一方面，社会救助管理效率则逐步下降，社会救助管理人员的服务质量也在日趋恶劣。这种状况导致了整个社会的不满，人们要求改革社会保障管理体制的呼声日趋高涨。同时，这种状况又导致了人们对投资和储蓄热情的下降，加重了国内已存在的严重失业，加深了贫困问题；从而反过来又要求增加社会救助支出，加重国家财政对社会救助费用的负担。这种恶性循环阻碍了国民经济的发展。

2. 改革和调整的基本理念

第一，支援国民的自立生活。具体来说，每个人应保持人的尊严，在家庭和地方社会中支援每个人的自立生活。

第二，推进受保人员的民主主义。具体来说，保护和尊重受保人员的权利，如受保人员对社会救助服务的选择和决定，对认定和决定不服的申诉，再审查的请求以及不满的申诉等各种权利。

第三，提高服务质量。具体来说，社会救助服务质量要达到受保人员满意，同时不断提高服务效率。

第四，建立区域性福利社会。具体来说，首先充分利用各个地区的特性；其次，促使区域社会中的各个主体如居民、志愿者、民间非营利组织、生活协同组织、单位等积极参加；最后，推进居民自身的建议和活动。

今后的社会救助改革至少具有以下两个特征：第一，社会救助中应该充分发挥民间部门的重要作用。第二，随着经济与文化正在逐步走向全球化和一体化，社会等方面的全球化和一体化不可避免，其中社会保障的全球化和一体化也将在未来逐步实现。

综上所述，社会救助的发展可以概括为以下几个阶段（见表 2—1）：

表 2—1　　社会救助发展的几个阶段

时　代	时　期	援助原理	事　业	内　容
古代社会与中世纪社会	萌芽期	驯服主义	慈善事业	宗教与政治的驯服和支配
近代社会	形成期	父爱主义	社会救助	抑制性的救济和社会秩序的维持
	发展期	个人责任主义		求援的抑制和国民的感化
	成熟期	社会责任主义		社会和谐与人口资源的开发
		国家责任主义		社会发展和生存权的保护
现代社会	转换期	社会合作主义		社会统合和自立生活的支援

第一，从社会救助的历史就是人类发展史的角度出发，社会救助的发展跨越了古代社会与中世纪社会、近代社会和现代社会这三个阶段，而且它所遵循的是共同原理，即援助原理。当然，在这三个阶段中，社会救助所表现的具体形式是不同的，援助原理的具体表现形式也不尽相同。

第二，在近代社会中，现代社会保障的发展经历了形成期、发展期和成熟期。具体来说，这三个时期分别是资本主义社会发展初期的社会救济制度的产生和发展，以 1883 年产生的《疾病社会保险》为标志的社会保险制度的形成和发展，以及以 1935 年的美国《社会保障法》颁布为标志的社会福利制度的形成和发展。

第三，20 世纪 70 年代以后，随着以“滞胀”为特征的世界性经济危机的发生和社会主义与资本主义两大阵营对立的终结，社会救助的发展进入了一个转换时期。从它的产生起到 20 世纪 70 年代，社会救助的发展一直处于一个上升时期，而且呈现出越来越快的趋势。但进入 70 年代后，社会救助的发展则进入一个调整和改革的阶段，基本上处于一个平行发展或者表现出略有下降的倾向。这种倾向一直延续到今天。

第三节　我国社会救助的发展与改革

一、社会救助的发展过程

长期以来，我国由于经济发展水平低等宏观因素，一部分社会成员由于自然灾害、残疾等原因丧失劳动能力，而且自身无法维持基本生活，只有依靠政府和社会的救助才能得以生存。同时，由于我国社会保险制度的不完善及其保障功能的不够强大，这就使得需要社会救助来帮助的人数大量增加。因此，在我国的社会保障制度中，社会救助的地位和功能不容忽视，其在保障国民的基本生活中发挥着很大的作用。

(一)萌芽阶段(1949 年以前)

我国的社会救助思想早已存在，一直可以追溯到 2 000 多年以前的春秋战国时期。其中影响最为深远的是儒家思想，其主要内容是“大同”“仁政”和“民本”。长期以来，这些思想对我国救助贫困人员和解决贫困问题产生了重大影响。

我国古代解决贫困的主要措施是储粮制度，在粮食丰收年时储备粮食，当粮食歉收时从储备的粮食中拿出来救济贫困人员。另外，还成立了各种救助贫困人员的设施，如养老机构、助残机构和济贫设施。

中国近代的社会救助思想既继承和发扬了儒家思想，又受到了外国尤其是西方国家在社会救助方面的基本理念和具体措施的影响，逐步形成了以中西结合型为主要特征的社会救助模式。效仿英国的《济贫法》，当时的政府于 1915 年制定和公布了《游民习艺所章程》；1929 年公布了《监督慈善团体办法》；1930 年在全国范围内推广救灾准备金制度。1943 年颁布和实施了《社会救济法》，1944 年颁布了《社会救济法施行细则》和《救济院规程》等。

这些法规和法律的颁布与实施，标志着我国当时试图依靠法律工具来规范和实行社会救助，尤其是 1943 年的《社会救济法》是我国历史上第一部社会救助法律。这部法律及其 1944 年的《社会救济法施行细则》对社会救助的实施范围、实施标准等内容做出了具体而明确的规定。

但是，我国当时处于长期战争状态，国民经济发展的低迷和社会的不稳定使得这些法律没有发挥应有的作用，社会救助事业也没有得到顺利发展，贫困问题依然严重而深刻。

(二)形成阶段(1949～1952 年)

中华人民共和国成立时，由于长期的战争，我国的国民经济受到了很大的破坏，社会不稳定，解决以前遗留下来的贫困问题相当严重。因此，在实施社会救助方面，当时我国面临着一个两难的局面：一方面，存在着大量的贫困人员需要政府组织救助，解决严重的贫困问题；另一方面，国民经济实力很差，国家没有财力来解决大量贫困人员的生存问题。

在这一时期，我国把社会救助的目标主要定位于：医治战争创伤，安定人民生活，稳定社会秩序，促进国民经济的恢复。当时，社会救助的主要对象有灾民、难民、贫民、烟民、无业游民和无依无靠的孤老残幼等。

1950 年 2 月，我国成立了中央救灾委员会，同年 4 月又成立了中国人民救济总会，以应对当时发生的特大洪水灾害，对受灾人员进行社会救助，解决他们的生存问题。而且，当时发生了中华人民共和国成立以后的第一次失业高峰，这是过去长期的战争所带来的国民经济萧条和社会动荡遗留下来的问题。为了解决大量失业人员的生存问题，国家成立了失业救济基金来帮助他们渡过难关。但当时的失业救济基金是以实物形式(主要是粮食)构成的，而并非是货币形式，对失业人员支付实物而非现金。

在进行社会救助的同时，还帮助救济对象医治疾病，安家落户，创造条件就业，使他们的生产、生活有切实可靠的保障。如为了解决贫困人员的基本生活问题，国家采取以工代赈的办法，组织许多有劳动能力的贫困人员参加基本建设；把烈军属和贫困人员组成生产单位，帮助他们从事手工业和简单工业生产。

这一系列社会救助措施基本上解决了贫困人员的生存问题，迅速稳定了社会，恢复了社会秩序，保证了社会经济稳定而健康的发展。

（三）发展阶段（1953～1956年）

在这个时期，整个社会经济环境大有改善。经过三年的恢复和发展，我国国民经济有了较大的发展，国家财力大大增强，社会也日益处于稳定。在农村组成了合作社，农民的基本生活问题主要依靠集体力量来解决；城市的经济发展很快，社会秩序稳定，城市大部分居民都能够安居乐业。这种状况为社会救助的发展创造了良好的物质基础和社会环境。

在这一阶段，通过前一阶段的社会救助，以前成为社会救助的对象如灾民、难民、贫民、烟民、无业游民，通过改造或者帮助，大多数已经能够自食其力，不再需要政府的社会救助，只有无依无靠的孤老残幼由于没有生活来源，成为社会救助的主要对象。这是因为，农村集体组织每个有劳动能力的农民一起劳动和生产，使得他们的基本生活问题得以解决，对一些完全丧失劳动能力的农民主要依靠家属来抚养，而对无依无靠无劳动能力的孤寡老人、残疾人和孤儿，实行"五保"供给制度。在城市，随着经济的快速发展，具有劳动能力的绝大部分城市居民都得到了就业，保证了一定的劳动收入，解决了他们的基本生活问题。

随着"社会主义改造"的逐步完成，农村出现了家庭人口多、劳动力少的困难户，城市出现了年老体弱、不能维持基本生活的个体劳动者等，这些人又成为新的社会救助对象。这样，社会救助的对象与过去相比发生了一定的变化，而且社会救助对象处于固定化，需要社会救助的人数也大为减少。

（四）调整阶段（1957～1965年）

"社会主义改造"完成以后，原来的私有经济和公私合营经济已经被消灭，国民经济全部变成公有制经济。公有制经济主要有国有经济和集体经济——在城市主要是国有经济；在农村主要是集体经济，1958年成立了人民公社。因此，在这个阶段，政府对劳动者的就业加强了管理，劳动者就业的权利越来越集中到政府手中，即形成了普遍就业和低报酬的劳动就业制度。

这种劳动就业制度具有以下两个特征：一是统包统配，即政府依靠行政手段分配劳动者的工作，而且所有劳动者的工作分配都由政府承担下来；二是终身雇佣，即用人单位没有选择和解雇劳动者的权利，劳动者没有选择工作的权利。这种劳动就业制度保证了城乡劳动者每人都有一份工作，从而更加保证了城乡居民的基本生活质量。这样，大部分城乡居民依靠自身的劳动基本上能够解决生存问题，也不再需要社会救助，从而使得社会救助的对象大为减少。

在这个时期，我国的社会经济政策产生了变化，发生了"大跃进"以及各种政治社会运动，再加上20世纪60年代初发生的"三年困难时期"，使得我国的国民经济受到了很大的负面影响，出现了相当多的失业人员和贫困人员。这就需要加强社会救助政策来解决他们的基本生活问题。同时，国民经济不得不进入了调整阶段，调整的重要手段之一就是让来自农村的城市居民大量返乡，从根本上来解决城市的劳动就业问题，保证城市经济的恢复和健康发展。

这个时期贫困问题更加严重，社会救助不仅有所加强，而且不再是一种简单的救助手段，而是成为改造社会成员思想意识的措施。与政治思想教育直接挂钩是该时期社会救助的一大特征。

这个时期社会救助的具体措施表现在以下几个方面：第一，组织群众进行生产自救，当时全国生产自救组织有28万个；第二，广开就业门路，组织社会待业人员自谋职业；第三，社会救助对象趋于稳定。在农村，主要是由于天灾人祸造成的困难户，人口多、劳动力少的困难户和无依无靠的老弱病残人员。“大跃进”和人民公社化运动以及“三年困难时期”，使国民经济不得不进行调整，大批城市职工被精简回乡。被精简职工成为农村社会救助的新对象。

(五)萧条阶段(1966～1976 年)

1966 年爆发的“文化大革命”(以下简称“文革”)，不仅给整个社会经济造成了严重的后果，而且对社会救助也带来了很大的破坏。在这个阶段，社会救助事业不仅没有发展反而有所倒退。这主要是受到了当时“极左”思想的影响，社会救助事业被视为给社会主义抹黑，因而主张取消社会救助。这种“极左”思想给社会救助工作带来了严重的破坏，1969 年内务部被撤销，社会救助因而受到了很大的削弱。

由于受“文革”的影响，国民经济遭到了很大的破坏，国家财力大为削弱，社会救助的资金来源无法得到保证。同时，城市许多工厂的生产停业，人民公社无法进行正常生产。城乡存在许多贫困人员需要社会救助。

这个时期的社会救助事业虽然受到了“文革”的影响而遭到了破坏，但由于存在着贫困问题而需要社会救助，实际上社会救助事业并没有被完全取消或者停顿，对贫困人员的社会救助工作还在继续进行。该阶段的社会救助事业分为两大部分：第一是无灾地区的贫困农民，由生产队给予社会救助；第二是遭受重大自然灾害的地区，由国家拨给一定数量的救灾钱物给予社会救助。

二、社会救助的改革过程

改革开放以后，我国对整个社会保障事业进行了根本性的改革，使之顺应社会主义市场经济体制的建立和完善，同时更加注重社会保障在实现社会经济协调、城乡协调、地区之间协调等和谐社会目标中的作用。但是，由于社会保障改革是一项庞大的事业，尤其是社会保障如何符合社会主义市场经济体制，对我国来说是一项全新的事业，因此，在改革社会保障制度时，虽然对社会保险、社会救助、社会福利和社会优抚是同时进行的，但在不同时期它的侧重点是不同的，其中社会救助是整个社会保障改革中的重点之一，尤其在 20 世纪 90 年代中期以后更为突出。

(一)改革背景

改革开放以后的较长时期内，我国对传统社会救助制度尤其是对贫困人员的生活救助制度没有作根本性的改革，原来的基本制度到 1993 年开始实施城镇居民最低生活保障制度之前一直被延续下来。随着改革开放政策的实施，我国传统的社会救助事业已经不符合社会经济形势的发展，许多弊端开始暴露出来。这种缺陷已经不能顺应甚至阻碍了社会主义市场经济体制的建立和完善，具体表现在以下几个方面：

1. 社会救助范围窄

1978 年改革开放初期，我国贫困人口有 2.5 亿，大约占了总人口的 1/4，但当时实际能够享有社会救助待遇的人数只有几千万。虽然我国各种法律中明确规定每个公民都享有社会救助的权利，但在实际管理中，社会救助主管部门仅仅把社会救助的对象局限于“三无”人员(无法定扶养人、无生活来源和无劳动能力)。城市的社会救助对象主要是孤老残幼、困难户等特殊人员，从事工作的劳动者及其家庭发生生活困难时，则由所在工作单位来解决。农村的社会救助范围主要是“五保户”，绝大部分农民的生活困难则由集体来解决。

这种社会救助实施范围窄的状况主要是由于当时财政实力有限、社会救助资金来源不充分所决定的。在实行最低生活保障制度之前的 1992 年，全国得到国家定期定量救济的城镇困难户人数只有 19 万人，占城镇人口的比重为 0.06%，不合理的限制条件使许多有实际困难的城镇居民成为“三不管”对象，他们的困难程度甚至远远超过民政救济对象。

随着经济体制改革的不断深化，城市贫困人员依靠单位帮助解决其生活困难的模式很难开展下去，这是因为许多单位都实行了自负盈亏和自我核算的财务制度，难以承担这个责任。农村实行联产承包责任制以后，集体的力量尤其是经济实力有所削弱，原来主要依靠集体力量来帮助解决贫困农民生活问题的制度难以进一步发挥作用。而且，无论是在城市还是在农村，所有制成分由原来单一的公有制变成了多种所有制并存的局面，改革开放以后出现的外资企业、私营企业等单位本来就没有一套救助机制。

随着国有企业改革的进一步深化，在城市产生了大量的新贫困人员。这些人员随着失业和下岗，基本生活发生了困难。而传统的社会救助制度并没有把这些人员纳入进来，他们无法享受社会救助待遇。在这种背景下，传统社会救助制度的实施范围窄这个问题更加显得突出，必须得到解决。

2. 社会救助水平低

传统社会救助制度的另外一大弊端就是社会救助水平偏低，难以满足广大贫困人员的实际生活需求。如 1992 年用于城镇居民困难户的定期定量救济经费是 8 740 万元，救助对象人均月救济金额为 38 元，仅为当年城镇居民人均生活费收入的 25%，还不到当年城镇居民人均食品支出的 1/3。农村的社会救助水平更低，20 世纪 80 年代初期的农村月平均社会救助水平为 3～9 元。

改革开放以后，我国居民的收入水平和生活标准提高很快，而城乡贫困人员的社会救助水平并没有呈同步增长，社会救助水平偏低问题日益突出。并且，20 世纪 80 年代后半期和 90 年代中期，我国发生了两次比较严重的通货膨胀，物价水平上涨过快使得原来就偏低的社会救助水平更加难以保障贫困人员的基本生活问题。

导致社会救助水平偏低的根本原因，在于社会救助资金来源不足。长期以来，无论是中央财政还是各级地方财政，它们的经济实力过低，导致用于社会救助的财政支出太少。另一个原因在于社会救助管理不善，资金使用效率太低，甚至出现挪用、截留社会救助资金等现象。这就使得社会救助资金更加缺乏。

3. 社会救助管理的不规范

社会救助管理的不规范问题，首先表现在社会救助的实施范围和支付标准方面。哪些人可以享受社会救助待遇、享受标准多少，全国没有一个统一的标准，各地主要是根据本地的实际情况来具体操作。具体来说，除了考虑当地的物价水平和基本生活水准以外，往往取决于当地的经济实力和领导的重视程度。这种主观性很强和随意性很大的管理状况很容易产生各地贫困人员之间的不公平问题。

在城乡，由单位或者乡镇集体代替国家来实施社会救助的现象依然存在，这种状况不仅反映了社会救助定位的不明确，而且更加容易导致不公平问题。这是因为，各单位给予贫困职工补助多少，或者乡镇集体给贫困农民补助多少，没有一个明确统一的规定，随意性很大。在经济实力比较强而且领导比较重视的单位或者乡镇集体，补助标准往往比较高；反之，就比较差。

由于社会救助管理体制的不完善，在一些地方，社会救助资金被挪用、截留甚至被侵吞的现象屡有发生。这严重影响到社会救助工作的顺利开展，已经对需要社会救助制度帮助的贫困人员的基本生活问题和整个社会的稳定产生了不良的影响。

4. 社会救助经费严重不足

综上所述,社会救助资金不足是导致社会救助实施范围窄和社会救助水平低的根本原因。与国外一样,我国的社会救助资金的主要来源同样是国家财政。而使得社会救助资金来源不足的原因很多,主要有以下几个方面:第一,由于经济发展水平不高,国家财力有限,拿不出更多的资金来从事社会救助事业,这是一个根本原因;第二,由于领导重视不够,使得在做出财政预算安排时,社会救助资金无法得到充分的保证;第三,由于社会救助管理体制的不完善,使得有限的社会救助资金并没有充分地落实到贫困人员手中,而是被层层截留、挪用,被用于与解决贫困人员基本生活无关的事情上。

这必然使得社会救助的功能很难充分地被发挥出来,社会救助资金不足一直是阻碍我国传统社会救助事业发展的一大"瓶颈"因素。

(二)改革的主要内容

改革开放以后,我国进一步完善了社会救助体系,国务院于 2014 年 2 月 21 日公布了《社会救助暂行办法》(国务院令第 649 号),该办法分总则、最低生活保障、特困人员供养、受灾人员救助、医疗救助、教育救助、住房救助、就业救助、临时救助、社会力量参与、监督管理、法律责任、附则共 13 章 70 条,自 2014 年 5 月 1 日起施行。目前,社会救助体系主要有最低生活保障(生活救助)、医疗救助、住房救助、教育救助、灾害救助、特困人员供养、就业救助(生产救助)和临时救助 8 项制度,并强调社会力量参与,已经构建起"8+1"社会救助制度体系。这"8+1"形成了以生活救助为核心、其他救助为辅的基本框架。

1. 社会救助基本理念的调整

1978 年召开的第八次全国民政工作会议,明确提出了农村社会救助的基本方针:"依靠群众,依靠集体,生产自救,互助互济,辅之以国家必要的救济和扶持。"它明确规定了实行社会救助时,个人、集体和国家三者之间的关系,强调先个人,后集体,再国家。

由于国家财力有限,农村社会救助对象严格界定,救济款、物资主要用于灾后救济,春夏荒灾救助,扶助贫困户发展生产,对贫困户、五保户等实行定量定期救助或临时救助。农村定期定量救助又分为两种:一是国家的定期定量救济,其主要救济对象是贫困地区集体供给有困难的五保户,全家痴呆盲或无劳动能力,只能靠救济而临时救济又不能解决生活困难的贫困户;二是以集体供给为主的形式,除了贫困地区之外的其他五保户,以集体供给为主。

城市社会救助的方针是,"依靠基层,生产自救,群众互济,辅之以政府必要的救济"。具体来说,以生产自救为中心环节,依靠基层广开门路,自行就业;积极动员社会力量,捐款捐物,在通过生产自救和群众互济仍不能解决困难的情况下,国家给予社会救助。

城市社会救助对象包括无生活来源或只有部分生活来源的残疾人和鳏寡孤独者,无固定收入的城市居民,无生活来源的返城精简职工,无生活来源的冤假错案改正人员以及劳改释放人员,生活困难的老红军、老八路等,生活困难的国民党投诚起义人员,遭受重大天灾人祸生活困难的居民,破产造成生活困难的人员,生活困难的归国人员,生活困难的刑事犯罪人员家属。

城乡社会救助的主要方式有:一是定期定量救助,二是临时救助。定期定量救助一般以半年以上为限,救助数额、对象都比较固定,按月领取。城市的定期定量救助的对象是无依无靠的孤老残幼、生活无着的精简职工和无经济来源而生活困难的居民以及无生活保障的复员军人。

临时救助是目前使用范围最广、对象最多的一种救济方式。其主要办法是通过困难户的申请,经民政部门研究批准,根据情况给予一定数量的救助。临时救助的期限一般为半年以下。临时救助主要适用于下列几种情况:因自然灾害或不可抗拒的人为因素引起生活困难的救助;因病丧等造成生活暂时困难的救助;不享受定期定量救济而无依靠的老弱病残和没有脱贫能力的困难户;季节性的救助;无固定收入的个体劳动者因经营困难而影响其基本生活的困难户。

随着基本理念的变化,社会救助事业发生了很大的变化。第一,改变了过去由国家统包统揽的做法,实行个人、集体和国家三者相结合的救助政策,采用了以个人为主、集体和国家为辅、互帮共助的方式。第二,由过去的济贫型向防贫型转变,在保障贫困户基本生活需要的前提下,帮助贫困户发展生产。第三,在加强社会救助的同时,大力发展社会保险制度和社会福利事业,从而支援和促进社会救助事业的发展。

2. 生活社会救助

随着国有企业改革的不断深化,城镇居民中出现了新贫困问题。并且,城市新贫困问题越来越严重,不仅影响到他们的基本生活问题,而且已经对社会稳定产生了负面作用。根据国际经验,应对经济与社会结构调整而导致的较大规模的贫困问题,最有效的社会保障制度是社会救助而不是社会保险。然而,我国传统的社会救助制度却难以承担这个责任。我国的社会救助制度是在 20 世纪 50 年代形成的,在当时的计划经济体制下,中国以“低收入”为前提实现了城镇人口的“高就业”,而高就业又是与国家统包的保险福利制度相联系,因此,社会救助只是对极少数保险福利制度“漏出”的人而言的。

但另一方面,传统社会救助制度的缺陷无法帮助城镇新贫困人员解决生活问题。这是因为,传统社会救助制度的实施范围非常窄,其实施对象仅仅局限于“三无”人员。换言之,“三无”人员以外的贫困人员不属于传统社会救助的实施对象。国有企业的失业人员和下岗人员都有劳动能力,并且许多人都有法定扶养人,他们缺少的仅仅是工作,由于没有就业而陷入贫困,传统社会救助制度对实施对象的严格界定,使这些人员无法属于它的实施对象,因而他们及其家属的基本生活问题无法得到基本解决。

在这种情况下,需要一种新的社会救助制度来帮助他们解决基本生活问题。以此为背景,城市居民最低生活保障制度应运而生。1993 年 6 月 1 日,上海市率先建立了城市居民最低生活保障制度。在 1994 年召开的第十次全国民政会议上,民政部肯定了上海市的经验,提出了“对城市社会救济对象逐步实行按当地最低生活保障线标准进行救济”的改革目标,并部署在东部沿海地区进行试点,1995 年 5 月,民政部决定将这项制度推向全国。1996 年初召开的民政厅局长会议重点研究了这项工作,决定进一步加大推行最低生活保障制度的力度。根据中央的指示,建立城市居民的最低生活保障制度,成为 20 世纪 90 年代中期以后各省市地方政府的一项主要工作。2001 年 11 月 12 日,国务院办公厅又发出了《关于进一步加强城市居民最低生活保障工作的通知》,针对城市低保制度发展不平衡的情况,加大财政投入、建立法规制度、加强组织领导等方面规范了城市居民最低生活保障制度,以促使这一制度进一步发展。之后十六届三中全会决议提出了“要完善城市居民最低生活保障制度,科学规范其标准与方式”。根据这一精神,2004 年全国民政厅局长会议提出“进一步完善城市居民最低生活保障制度,切实做到应保尽保,分类施保”。目前,所有城市都建立起了居民最低生活保障制度。

除此之外,20 世纪 90 年代以来,一些地方在定量救助的基础上,开始探索农村地区的最低生活保障。实施这项制度的主要理由与建立城市居民最低生活保障制度基本相同，传统社会救助制度已经无法解决农村的贫困问题。如上海不仅于1994年开始为农民建立最低生活保障制度，而且农村最低生活保障支付标准与城市最低生活保障支付标准实行联动，郊区农民和海岛农民的最低生活保障支付标准分别为城市居民最低生活保障支付标准的70％和50％，并随着城市居民最低生活保障支付标准的不断调整而相应地做出调整。2007年，中国政府决定在全国范围内建立农村低保制度。

3. 生产社会救助

我国还大力发展生产社会救助，帮助具有劳动能力的贫困人员摆脱生活困难。我国的生产社会救助主要有生产自救和扶贫这两种形式。生产自救和扶贫在我国是早已存在的两种社会救助项目，改革开放以后，各级政府加大力度发展和完善这两种社会救助。

生产自救是灾区群众和困难户通过自力更生，恢复和发展生产来达到克服困难、增加收入的目的。农村生产自救主要有两个方面：一方面是发生灾害之后，主要依靠自己的力量，解决灾害所带来的困难；另一方面是贫困地区尤其是劳动力过剩的地区，开发本地资源，开展多种经营活动，进行多种形式的生产自救。并且，政府部门对生产自救也采取一些倾斜政策，如对重灾户分别减免征购任务和集体提留，农业银行对灾区增加贷款指标，税务部门适当减免重灾区的农业税以及乡镇企业、村办企业的工商税，教育与卫生部门适当减免灾区的学费和医疗费。城市生产自救是由民政部门组织城市中的无依无靠、无固定收入、生活困难的人员进行各种生产活动，克服困难，改善自己的生活。

扶贫是扶持贫困户脱贫致富，即根据贫困户的家庭状况及脱贫能力，国家和集体有计划地在物资资金方面给予政策上照顾，使他们在国家、集体和社会的扶持下，通过自力更生，发展生产，增加收入，摆脱贫困。同时帮助贫困户掌握科学种田、科学管理、从事多种经营、副业生产的技术技能。

1978年第七次全国民政会议决定在全国推广扶贫，1983年第八次全国民政会议明确决定将扶贫作为民政工作的一项重要内容来发展，1986年国务院成立了贫困地区经济开发领导小组，安排了专项扶贫贴息贷款，重点扶持集中连片贫困地区。1994年出台的《国家八七扶贫攻坚计划》提出力争用7年左右时间基本解决全国农村8 000万贫困人口的温饱问题，这是我国第一个有明确目标、明确对象、明确措施和明确期限的扶贫开发行动纲领。2001年制定的《中国农村扶贫开发纲要(2001～2010年)》标志着我国扶贫工作进入巩固扶贫成果、提高发展能力、缩小发展差距的综合开发阶段，并把贫困人口集中的中西部少数民族地区、革命老区、边疆地区和特困地区作为扶贫开发的重点。2011年出台的《中国农村扶贫开发纲要(2011～2020年)》又提出建立健全扶贫对象识别机制，做好建档立卡工作，实行动态管理，并明确把连片特困地区作为主战场。2013年，习近平总书记在湖南考察时首次提出了“精准扶贫”这一概念，同年国务院制定出台了《建立精准扶贫工作机制实施方案》，由此在全国范围内拉开了精准扶贫工作的序幕。2014年初，中共中央办公厅、国务院办公厅印发《关于创新机制扎实推进农村扶贫开发工作的意见》(中办发〔2013〕25号)，把精准扶贫工作机制确立为国家新阶段扶贫开发工作的六大机制之一。因此，我国开始在全国范围内推动精准扶贫工作，精准扶贫政策也成为我国现阶段应对贫困问题而采取扶贫、脱贫、开发的核心。2015年，党的十八届五中全会召开并提升“十三五”规划，进一步提出全面实施精准扶贫、精准脱贫政策，并做出“打赢脱贫攻坚战”的决定，明确“到2020年现行标准下贫困人口全部脱贫，贫困县全部摘帽，解决区域性整体贫困”的目标，全面实施精准扶贫精准脱贫方略。

所谓精准扶贫，就是粗放扶贫的对称，是指针对不同贫困区域环境、不同贫困农户状况，运用科学有效程序对扶贫对象实施精确识别、精确帮扶、精确管理的治贫方式。在精准扶贫没有提出之前，扶贫对象是由于主要劳力死亡、病残、痴呆和遭受意外不幸事故，以及劳力少、人口多造成生活困难不能维持基本生活，导致年人均纯收入低于国家规定的农户。精准扶贫提出后，对扶贫对象进行了更加严密和精准地识别，针对扶贫对象的贫困情况定责任人和帮扶措施，确保帮扶效果。

扶贫的形式主要有六种：一是建立扶贫经济实体。二是建立救灾扶贫周转金。从 1983 年开始民政部门对部分救灾款实行有偿使用，同时面向社会集资。救灾扶贫周转金的管理，一般分为乡、县、地市、省几个层次，以县为主，实行分级管理。三是县、乡、村三级包户扶贫，以层层责任制的形式，落实到每个乡、村。四是扶贫与国家基本建设相结合，优先照顾吸收贫困户参加国家基本建设。五是科技扶贫，提高贫困户的技术和文化水平。六是建立救灾扶贫互助储金会，救灾扶贫互助储金会是以救灾扶贫为宗旨，农民自愿集资、自我管理、自我服务、互助互济的新型经济组织。

4. 住房社会救助

计划经济时代的城镇居民福利分房制度，自改革开放以后逐步被打破，20 世纪 90 年代末我国完全停止福利分房，全面开始实行货币分房制度。从此以后，城镇居民主要依靠购买商品房来取得和改善住房。虽然这种住房制度改革是大势所趋，但对低收入者和贫困家庭来说，很难有经济能力从市场上购买住房，他们的住房难问题日益突出。这就需要国家出台新的政策来解决他们住房困难问题。

正是在这种背景下，我国开始对低收入者和贫困家庭实行住房救助政策，从而解决他们的住房困难问题，改善其住房条件。目前，住房救助制度主要包括廉租房和经济适用住房。

廉租房是指国家以远低于市场价的价格出租给住房困难的低收入者居住，以便解决和改善其住房条件的一种住房救助项目。实际上，国家实行这种政策意味着对这些家庭实行了财政补助。当然，能够享受廉租房的家庭或者个人必须同时满足以下两个条件：第一，家庭收入低于国家所规定的法定金额以下；第二，原来的住房面积必须小于国家所规定的面积。同时，国家对廉租房的面积也有具体的规定，原则上保证他们的最低住房条件，满足他们的最低住房要求。

经济适用住房是国家以远低于市场价的价格卖给低收入者或者贫困家庭，以便解决和改善他们住房条件的一种住房救助项目。经济适用住房的价格一般是住房建设的成本价，国家在相关税收及费用等方面都给予优惠，实际上国家给予了财政补助。当然，与廉租房一样，能够购买经济适用住房的家庭或者个人必须同时满足以下两个条件：第一，家庭收入低于国家所规定的法定金额以下；第二，原来的住房面积必须小于国家所规定的面积，同时，国家对经济适用住房的面积也有具体的规定，原则上保证他们的基本住房条件和基本住房要求。

5. 医疗社会救助

中华人民共和国成立初期到改革开放期间实行的医疗保障制度主要适用于国家机关的公职人员，全民所有制企事业单位的国家工作人员的公费医疗；适用于国有和集体所有制企业职工的一种企业劳动保险性医疗制度；在我国农村地区实行但是未能完全推广和实施的农村合作医疗制度。后来随着城市经济体制改革的进行，为了适应市场经济和所有制形式多元化等方面的要求，必须要建立起独立于企事业单位之外的医疗保障体系，所以 1994 年国家决定采用个人账户与社会统筹为基础的社会医疗保险制度；1998 年起在全国进行城镇职工医疗保障制度改革,改革的实质是改变以往国家和企业大包大揽的医疗制度,减轻国家和企业的负担,增加职工个人自付比例。改革初步建立起社会统筹和个人账户相结合的基本医疗保障制度。

这种医疗保险制度由于自身的局限性,对生大病、重病的居民来说必然导致很重的负担,尤其低收入者或者贫困家庭很难负担得起昂贵的医疗费用,必然会陷入贫困或者加深贫困的程度。这就需要一种新的制度来弥补基本医疗保险制度的不足。在这种情况下,我国针对"看病贵"和"看病难"当前两大社会问题,进行了医疗体制改革。2008 年 9 月 10 日,国务院总理温家宝主持召开国务院常务会议,提出了要健全城乡医疗救助制度。

医疗社会救助是指国家和社会针对那些因为贫困而没有经济能力进行治病的公民实施专门的帮助和支持。这里需要指出两点:第一,享受医疗救助的个人和家庭的收入必须低于国家规定的法定金额以下;第二,自己负担的医疗费用必须达到某一个国家规定的金额,在这以上的医疗费用才可以享受医疗社会救助。

6. 教育社会救助

在教育制度改革前,我国一直把教育作为一项公益性福利事业,基本上实行的是免费教育的政策,如初等教育免收学费,只是收取少量杂费。大学本科教育学费、杂费均免缴,研究生教育不仅学、杂费免缴,而且事实上是拿工资上学。这是由我国当时实行的高度计划经济体制所决定的。但由于我国人口众多、地区经济发展不平衡、整体经济发展水平较低的现实国情表明了教育福利化的做法在普及义务教育的过程中必定会受到制约。随着我国不断建立和完善社会主义市场经济体制,长期以来我国教育管理体制的僵化、缺乏竞争激励、应试教育制约创新等诸多弊端日益显现。教育产业化就是在这样特定的背景下提出的,旨在改变我国当前教育,尤其是高等教育事业公益化的局面,借鉴世界各国公立、私立以及其他社会力量办学的先进经验,按照市场机制配置教育资源,扩大教育供给能力,提高教育资源的使用效率。与此同时,教育费用的大幅度提高在所难免。以此为背景,教育社会救助就应运而生。目前,我国中小学教育社会救助政策主要有生活困难补助、杂费等学习费用的减免、助学金;而高等教育的社会救助政策主要有五大帮困措施,即助学贷款、奖学金、补助金、勤工助学和学费减免。

除了上述社会救助内容以外,我国最近又开始实行了法律社会救助。具体来说,当低收入者或者贫困家庭由于交不起一定的费用而上法庭申诉难时,国家将给予一定的法律援助,从经济上帮助他们,以便维护和保证其法律权益。

本章小结

1. 阐述了社会救助的基本内涵和外延,以及社会救助的主要内容、基本特性和基本作用。

2. 叙述了社会救助产生的原因及其发展过程,以及当前社会救助改革的主要内容。

3. 介绍了我国社会救助发展的几个阶段及其主要内容,重点阐述了我国改革开放以来社会救助改革的基本情况,尤其是分析了我国城市居民最低生活保障制度产生的背景及其主要内容。

思考题

1. 社会救助主要有哪些基本特性？
2. 阐述社会救助产生的背景。
3. 社会救助发展有哪几个阶段？
4. 阐述我国传统社会救助的主要特征。
5. 论述我国城市居民最低生活保障的主要内容。

第三章

生活社会救助

学习目的

通过本章的学习，了解生活社会救助的内涵及其基本理论，掌握我国生活社会救助的发展历程和现行制度的主要内容，学习和借鉴发达国家几个典型的生活社会救助制度。

第一节　生活社会救助概述

一、基本内涵

生活社会救助是社会救助中最重要的内容，是指国家和社会对生活在最低生活保障标准之下的贫困人员，按法定标准给予现金和实物等帮助，以满足其最低生活需求的一项社会救助项目。

生活社会救助制度是整个社会救助制度中最主要、最基本的救助制度，它在各国的社会保障体系中起着"保底"的作用，具有不可替代的地位。生活社会救助的目的是维持贫困人员最低生活水平，达到保障全体公民基本生存权利的目标，最终消除贫困。世界各国都有这方面的救助制度，但在不同的国家，其具体内容有所不同；而总的目标都是要对陷入生活困境的个人和家庭提供满足其最低生活需要的现金和实物资助，以帮助他们维持最基本的物质生活。

二、主要内容

（一）救助对象

一个国家之内，凡属于生活水平等于或低于法定最低生活水平线的个人和家庭，均被列入社会救助对象。一般来说，生活社会救助的对象有以下几类：

第一类，无依无靠又没有生活来源的国民。这类国民绝大多数属于长期救助对象，多半指孤儿、无社会保险津贴的劳动者、长期患病者、未参加社会保险且又无子女和配偶的老人，及享受失业保险金期满后仍未找到工作、无收入来源的居民。对孤儿的生活社会救助期限是整个未成年期间，一旦成年，找到工作，有收入来源后，便会停止对他的救助。但孤儿中有严重残障的，则需长期救助，并借助收容形式救助。

第二类，有收入来源，但生活水平低于或仅相当于国家法定最低标准的国民和家庭。这里包括的国民,类别不少。比如,有一类国民,其工资收入过少,不能使家庭每个成员过上法定最低的生活。又如,有失业津贴的失业者,在享受津贴期满之后仍未找到工作,这多系上了年岁的老工人。再如,有退休养老金的老人,或是因为要供养配偶和未成年子女,或是因为长期患病而支出沉重。残疾人也属于这类救助对象,其中,一是从小就严重致残而需长期救助的;一是成年后致残享受残疾津贴,但生活仍困难,仍需救助的。

由于各国情况不同,在救助对象上有不同的划分和偏重。在我国,由于特殊的二元社会经济结构,生活社会救助的对象主要分为:(1)城市困难户;(2)农村贫困户。前者还包括了流浪乞讨人员和特殊救助对象。

(二)责任主体

生活社会救助作为各国社会救助乃至整个社会保障体系必不可少的一部分,既是一种政府行为,也是一种社会行为。

政府对贫困居民的最低生活保障负有不可推卸的责任,政府一般通过专门的法律法规来建立和规范生活社会救助制度。政府不仅对生活社会救助的实施负有直接的财政责任,也负有直接的管理与实施的责任。

在我国,国家对生活社会救助事务的主管部门是民政部。各级民政部门均设立了相应的管理生活社会救助事务的职能机构,各职能机构依法行使职能,确保相关法律、法规、政策的贯彻实施。在民政部门主管生活社会救助工作的时候,同时应该充分发挥物价、统计、财政等部门的协助管理作用,以及村(居)民委员会对整个救助事务的基层管理、监督作用。因为村(居)民委员会是管理的第一层次,其在基层的日常监督管理是生活社会救助最重要的环节,可以确保救济金的公平、及时发放。

民间或社会团体对生活救助对象通常表现为一种自发性救助,主要以自发性的募捐和其他慈善活动来实现,带有自发性、不确定性的特点。与政府组织相比,民间组织在资源传递方面具有一些重要的优势。其中,有些优势是政府组织所不具备的,但是恰恰又为社会救助工作所必需。这些优势包括:

(1)在民间组织的活动中,人占据了核心位置。民间组织认为,生活救助必须以人为中心,这种思想使得民间组织更能了解穷人的需要,更能恰当地提供穷人所需要的帮助。

(2)许多民间组织直接接触社会的最底层,这是政府组织所不及之处。由于深入最底层,所以他们的工作更准确、更有效率,传递渠道更为畅通,信息也能得到及时反馈。

(3)由于民间组织的工作范围一般较小,因而能够集中精力,采取最有效的方法开展工作,同时还能严密监控工作情况,及时调整工作策略。

(三)生活社会救助的资金来源

生活社会救助的资金来源在各个国家存在不同程度的差异;但是,一般来说,都比较强调政府的责任,主要由政府出资,只有少数几个国家的资金主要来源于社会。归纳起来,主要有以下几种:

(1)有些国家比较强调国家责任,所以生活社会救助的资金来源,主要由政府财政支出。例如,在丹麦,用于最低收入保障的救助支出,一半由国家预算承担,另一半由地方政府支付;在荷兰,国家负担90%的支出;在英国、爱尔兰等,则100%由国家负担;在日本,救助所需资金也全部由财政拨款。

(2)有些国家,如德国,政府和慈善机构负责救助资金的1/3,另外2/3的开支则由具有法人地位的各种社会保险管理机构承担,它是一种社会自治形式。美国的救助资金由联邦政府与州政府共同提供，但州政府有较大的自主权决定救助金额的多少。

(3)有些国家，如新加坡等，由政府通过公共援助计划对公民实施生活社会救助，同时社会团体也通过各种基金对贫困家庭给予一定的经济补助。

在我国，生活社会救助的资金主要是由政府财政承担，并且纳入救助专项资金支出项目，专项管理，专款专用。

(四)生活社会救助的救助形式

生活社会救助主要采取现金救助、实物救助和服务救助等形式。

现金救助是指国家直接给受助者发放现金，帮助社会成员解决生活困难的一种救助形式，发放的现金由被救助者根据自己的实际需要安排使用。此种救助手段起源于古代的赈灾救荒，在当代社会则是生活社会救助的主要形式，它可以使受助者有较大的自我选择空间。

实物救助是指国家以发放实物的形式，帮助社会成员摆脱生存困境的一种救助手段。它不直接给被救助者发放现金，而是根据其实际生活状况和需要，无偿发放一些必需的生活资料和部分生产资料，主要包括粮食、衣被、食物和农作工具等。

服务救助是对救助对象的特殊需要提供的生活照顾和护理等服务，主要指对高龄老人的护理服务、对失去依靠儿童的关爱和照顾等。

各国主要采取现金救助和实物救助的形式，而且一般把实物救助作为一种辅助的救助手段。

三、主要特征

与其他社会救助项目相比，生活社会救助具有以下几个主要特征：

(一)救助对象的全民性

生活社会救助的对象是面向全民的，不论身份地位，任何生活陷入困境的居民，都有资格申请生活社会救助。

(二)最低保障性

生活社会救助是为生活困难的居民提供的一种救助，目的是保证贫困者的最低生活需求标准，维护公民的基本生存权。各国制定的贫困标准一般都低于社会的平均收入水平及相应的社会平均消费水平。在确定贫困标准时，应该考虑：既要保证居民的基本生活，又要有利于克服其依赖思想。

(三)适时调整性

贫困标准随着生活必需品价格的变化和人民生活水平的提高需要适时地进行调整，才能为贫困居民及时地提供保障。

(四)长期救助与临时救助结合

所谓长期救助，是指长期陷入贫困的居民及其家庭可以无限期地获得生活社会救助；所谓临时性救助，是指居民及其家庭暂时陷入贫困时在短期内获得的生活社会救助。

(五)选择性

生活社会救助一般实行救助申请制，而且会有一套称为“家庭经济情况调查”的法定工作程序来审核申请救助的公民的收入状况。具体是指申请救助者应当向有关政府机构递交书面申请，如实填写表中的有关内容，然后政府主管部门会对申请者的收入和生活状况等进行审查，这包括个人申请、机构受理、立案调查、社区证明、政府批准。符合国家规定的救助条件的居民才有资格享受生活社会救助，并且要接受社会和群众的日常监督。家庭经济情况调查是公民的权利和国家的义务这一对法律关系是否应该发生的必要前提，这种“选择性”是各国生活社会救助制度的一个明显特点，它能保证有限的生活社会救助经费切实地用到最需要保障的人身上。

四、实施原则

各国建立和实施生活社会救助制度应该遵循一定的原则，只有在这些原则的指导下，才能建成有效的“社会最后一道安全网”。这些原则具体如下：

（一）生存权保障原则

人人都有生存的权利。但在工业化以前，往往把对贫困者的救助视为一种恩赐、施舍、怜悯，是一种消极性的救助，接受救助历来被视为一种迫不得已、不光彩的、降低人格的行为。直到20世纪初，人们才逐渐意识到，贫困的原因不能主要归结于个人，尤其是在现代社会、经济转型的变革时期。从总体来看，造成贫困的原因中社会因素大于个人因素。

对于国家和社会来说，对贫困者给予救助是其不容推卸的责任，是一种由政府运作的最基本的再分配或转移支付制度。对于每一个公民来说，生活社会救助是他们应该享有的受法律保护的基本权利，在我国《宪法》中也可以找到依据。《宪法》第四十五条明确规定：“中华人民共和国公民在年老、疾病或者丧失劳动能力的情况下，有从国家和社会获得物质帮助的权利。”所以有关政府机构在进行救助审核工作时，不能抱着怀疑、挑剔、盘查、防范的态度，损害申请救助者的尊严，而是应该用友善、帮助的态度和行为，给予受助者实际的物质支持和精神鼓励。其他公民，也不能用歧视的态度对待受助者。

（二）保障最低生活需求原则

保障最低生活需求原则，是指生活社会救助是国家对贫困者实行的一种生活费用或生活资料的补贴，这种补贴仅限于满足社会成员最低的生活需求。

虽然生活社会救助体现了人道主义精神，不问致贫原因，只看受助者是否是真实贫困；也没有别的什么资格限定，是社会保障制度中的最后一道安全网，极力使每一个公民不至于在生活困难时处于无助的困境；但同时，它的责任又仅限于使受助者的生活相当于或略高于最低生活需求，着眼点是实行基本生活的“保底”，保障水平不能过高，以防止受助者产生依赖的思想。况且，过高的保障水平会给政府财政带来沉重的负担。

保障标准的制定要与当地的经济发展水平和人们的生活水平相适应，因地制宜，在有关部门的深入调查研究、分析测算的基础上合理确定，既要保障好居民的最低生活水平，又要有利于调动劳动者勤奋工作和发展生产的积极性。只要受助者的收入超过最低生活标准，救助行动即告一段落。同时，我们应该注意，生活社会救助制度“能上不能下”的“刚性”比较突出，所以，制定最低生活保障标准要把握适度。

（三）不断调整原则

随着人们生活水平的普遍提高和物价水平的上升，原来的生活社会救助标准无法保障贫困人口的最低生活水平，所以最低生活保障标准应该随着人们生活水平和物价水平的提高而不断调整。具体来说：

首先，应该与居民生活水平相挂钩。随着社会经济的发展，及时调整最低生活保障标准，可以让贫困人员也能够分享社会经济发展的成果，同时也体现对社会稳定、和谐和社会公正的追求。

其次，应该与物价相挂钩。物价指数是收入转化为实际消费能力的最重要的制约因素，在收入水平一定的情况下，物价指数高，同样的收入所能转化为消费的能力就弱一些，相反，就强一些。因此，最低生活保障标准必须与物价相挂钩，同一标准的保障待遇，在不同的物价水平下，享受到的物质生活资料和服务是不同的。为了维持被救助者的最低生活标准，使之不受物价波动的影响，必须按照物价上涨的幅度，主动地、适时地调高最低生活保障标准。如果面对物价迅速上涨而不相应地调整最低生活保障标准，将使受助者的生活更加困难，难以达到保障他们最低生活需求的目标。因此，把最低生活保障标准与物价挂钩，是完善生活社会救助制度的表现和要求。

（四）与其他社会保障政策相协调原则

首先，按最低生活保障标准对贫困居民或家庭进行救助，是解决居民生活困难的主要措施。但贫困居民的困难往往是多方面的，仅靠有限的生活社会救助很难从根本上解决问题。因此，在进行生活社会救助工作时，既要安排现金和实物救助，又要对有劳动能力的贫困居民，帮助他们开拓生产门路，提高生产技能，解决就业问题，从根本上摆脱贫困。这可以与再就业工程、以工代赈、扶贫开发等结合起来，提高救助对象自力更生、生产自救的能力，增加其收入，同时也减轻了国家的负担。

其次，要与最低工资制度，以及养老、失业、医疗等社会保险制度相协调，它们之间的保障标准不能相互矛盾，一方面节约国家资金资源，另一方面防止钻漏洞现象的发生，影响制度的规范实施。

最后，要与对贫困者的各项优惠政策和扶贫济困活动相结合，解决他们的特殊困难，帮助其尽快摆脱贫困。

（五）法制化原则

所谓法制化原则，是指依靠法律手段来保护社会贫困者的权利和权益，维护社会稳定，促进生产发展。要使最低生活保障制度得以平稳实施，就必须通过法律的形式将各项规则加以确定和依法管理。比如生活社会救助的范围、标准、资金来源以及管理体制等，都需要有明确的法规、条例来约束。只有这样，才能增强工作的稳定性、系统性和权威性。

法制化原则的另一层含义在于确立了获得救助是符合资格条件者的一项法定权益，从而彻底消除了历史上救助措施的恩赐与怜悯色彩。

五、功能与作用

生活社会救助是世界各国社会救助体系中的重要组成部分，它作为一种保障社会成员基本生存权利的社会保障形式，在保障贫困人员获得基本的物质生活、克服贫困、稳定社会等方面都发挥着重要的作用。其功能作用主要表现在以下几个方面：

（一）促进机会公平

生活社会救助可以促进机会公平。完善的社会救助制度是面向全体社会成员的，任何社会成员只要符合法律统一规定的条件，不论其地位、职业、民族、性别、信仰、年龄等均被强制性地纳入社会保障范围，因此，每一个社会救助项目对于其适用范围内的社会成员而言，是一种机会公平的保障。

生活社会救助可以一定程度地促进起点与过程的公平。生活社会救助为社会成员提供基本的生活保障，免除了他们的后顾之忧，不至于因先天不足或某些社会风险的侵害而陷入生存困境，导致发展起点和过程的不公平。社会救助通过补偿功能，可以恢复社会成员的基本生存能力，重新投入社会生活之中。

生活社会救助可以一定程度地促进结果的公平。生活社会救助不仅在一定程度上调节了高收入者和低收入者的收入再分配，而且能解决好社会善款的募集和资助，是社会资源的第三次分配，在客观上起到了调节收入差距的作用，使社会成员在社会发展中的不公平得到了缩小。

（二）安定社会、缓和社会矛盾

生活社会救助承担了保证社会成员生存所需基本条件的责任，同时对安定社会、缓和社会矛盾有着重要的意义。各个国家和地区都存在着社会的弱势群体，他们依靠自身能力难以摆脱生活困境，譬如，因身体、年龄乃至政策歧视等原因而在生活及就业中处于显著不利地位的社会成员；有生理严重缺陷者；等等。生活社会救助制度可以有效地保证贫困居民的基本生活，保护劳动力的再生产，保障公民的生存权，是国家不容推卸的责任。生活社会救助对贫困居民来说是最直接、最有效的救助方式，他们最主要的衣食问题可以得到尽快解决。

在如今市场经济体制下，各国的贫富差距在不断拉大，市场经济体制不能自发地实现社会公平，更不能自发地保护弱者的生存和发展。当低收入家庭的基本生活受到影响时，如果国家不通过一定的生活社会救助制度帮助其解决困境，他们的生存将难以维系，此时贫困就不仅是一个经济问题，也可能转化为政治问题，产生严重的社会矛盾。

因此，国家建立一定的生活社会救助制度，为居民在最起码的生活条件上进行保底，解除他们的后顾之忧，可以使更多人在经济上具有安全感，从而起到缓和社会矛盾、维护社会稳定的重要作用。

（三）促进社会经济的发展

生活社会救助制度使有劳动能力的贫困人员的基本生活暂时得到了保障，有了良好的生存环境，可以使之有信心、有能力再寻找新的就业机会，重新燃起生活的勇气，这不仅保护了劳动力的再生产，而且也保护了下一代的健康成长。

生活社会救助制度是各国社会经济发展的一项重要的配套工程，可以通过收入的分配和再分配缓解贫富差距的矛盾，促进社会成员的共同富裕，从而使该国的经济、社会得以健康发展；而且从长期来看，社会保障费用中用于生活社会救助的部分将逐步下降，也有利于社会保障制度自身的可持续发展。

（四）健全社会保障体系

尽管近年来各国政府在社会保险制度方面下了很大功夫，逐步建立和完善了养老、医疗、失业等保险项目，但仍有一部分居民存在生活困难，因为社会保险制度强调权利与义务的对等，并且有些社会保险制度又有一定的享受时间限制。

而生活社会救助制度是社会保障中层次最低的保障方式，它的保障对象范围较广，且不强调义务的履行，是政府为居民设立的最后一道安全网。因此，生活社会救助制度使那些不能享受社会保险或者享受后仍然处于贫困状态的居民及其家庭得到了最起码的保障，使他们不至于陷入生活无着的困境。

可见，社会保障体系必须有这种保底措施，它是广大群众的“民心工程”，是建立、健全各国社会保障体系的首要前提。

六、生活社会救助标准的确定方法

生活社会救助的目的，是维持贫困人员最低生活水平。我们需要对最低生活水平有个科学的理解和界定，一方面可以防止遗漏应该救助的对象，另一方面避免把不该救助的也列入生活社会救助的范围，以节约国家的人力、物力资源。

最低生活水平包含两层含义：一是“绝对贫困”，二是“相对贫困”。目前，有些国家的最低生活水平是解决绝对贫困，保障生存水平；另一些国家则是解决相对贫困问题，保障相对较高的生活水平。

国际上常用的确定最低生活保障标准的方法有四种：市场菜篮子法、恩格尔系数法、收入比例法和生活形态法。

(一)市场菜篮子法

市场菜篮子法又称标准预算法，它是所有测定最低生活保障线方法中最古老，也最易为人们所接受的一种方法，最早由英国人朗特里(Rowntree)1901年提出。它首先要求按照营养学标准确定一张能够使人维持体力恢复的生活必需品清单，内容包括维持最起码生活水准的必需品的种类和数量，然后根据市场价格来计算拥有这些生活必需品需要多少现金，以此确定的现金金额就是贫困线，一般包括食物、穿着、居住、燃料、文化娱乐、交通、卫生保健等。

我国各地大多采取了“菜篮子法”来确定自己城市的最低生活保障线，但用作依据的生活必需品清单不是主要由专家根据营养学标准开列，而是通过对贫困居民的实际调查确定，专家的意见只作为参考。在具体测算前，应充分考虑三个前提条件：其一是生活必需品品种选择的准确性；其二是生活必需品价格指数的可靠性；其三是贫困家庭及其消费特征选择的可代表性。

(二)恩格尔系数法

恩格尔系数法源自恩格尔定律，又称为“最低饮食费用测算法”。19世纪，德国统计学家恩格尔经过大量调查研究发现，一个家庭用于食物支出的比例越大，表明这个家庭生活水平越低，因为其家庭收入的绝大部分只能用于糊口度日，不可能满足更多更高的需求；反之，则表明该家庭收入水平越高，可有较高的生活水准和满足更高的生活需求，应属于富庶家庭。

一般地，首先可确定饮食基本项目及必需消费量，然后根据当时的价格计算出最低饮食费用，最后用该费用去除以恩格尔系数0.6，则可得出最低生活水平的标准。

恩格尔系数法为现代社会救助中的保障线的确立提供了理论依据，为世界所公认，世界各国纷纷以此确定自己的救助标准。美国规定，凡支出中有1/3和1/3以上用于购买必要食物的，便被列为救助对象。可见，美国政府公布的贫困线标准，已不是恩格尔系数为0.6或以上了。我国城乡居民的恩格尔系数随着社会经济的发展呈现不断下降趋势，据国家统计局数字表明，近年来，我国居民用于吃穿等基本生活消费的支出在逐年下降，文化娱乐、住房、教育和服务性消费的比重在逐年提高。

(三)收入比例法

收入比例法，是指从城市贫困居民的收入低于其他大多数居民收入这个相对概念出发，把一定比例的最低收入居民定义为需要救济的贫困居民，并把他们的收入水平定为贫困标准。这种方法是世界经济合作组织在调查其会员国的社会救助标准时发现的。他们发现，大多数国家的社会救助标准相当于这些国家社会中等收入的2/3，于是建议以此来确定最低生活的标准。一般以一个国家或地区社会中等收入或平均收入50%～60%作为这个国家或地区的贫困线，德国、法国、英国等国家使用的都是这一种方法。这种方法简便易行，我国把它作为一种参照，在1997年后使用得比较普遍。

(四)生活形态法

生活形态法又称“指标剥夺法”，由英国人汤森首创。他认为每个社会都有为人们所普遍认同的生活需求，这些需求都有一个“剥夺门槛”，当人们的需求项目减少到这个“剥夺门槛”时，该家庭就很难维持原有的基本生活方式，这个“剥夺门槛”就是最低生活保障线。

这个方法首先从人们的生活方式、消费行为等生活形态入手，提出一系列有关贫困家庭生活形态的问题，让被调查者回答，然后选择出若干剥夺指标，再根据这些剥夺指标和被调查者的实际生活情况来确定哪些人属于贫困者，然后来分析他们的需求以及消费和收入，求出贫困线。

该方法以当地大多数人的主观判断来确定哪些人生活形态上是属于贫困的，并在此基础上做进一步的调查确认，进行基本生活社会救助。这一方法过于复杂，计算过于抽象，不易为非专业人士所掌握，因此主要在学术研究中运用。

以上四种方法各有千秋，一个国家、一个地区，需要根据这个国家或地区的实际情况来决定到底使用哪种方法，或者还是兼用几种方法更适合自己。

另外，国际劳工组织认为，在工业化国家，所谓享有最低生活水平，是指收入相当于制造业工人平均工资的30%的家庭和个人；而欧洲经济合作委员会认为，一个成年人，若属于自己可支配(缴纳所得税和保险税后)的收入低于平均水平的50%，则属于被救助对象。

第二节　外国的生活社会救助

一、英国的生活社会救助

(一)产生和发展

1601年，伊丽莎白女王颁布了《济贫法》，将原来应急性的济贫事务转化为国家的一项基本职能。法案规定全国普遍设立收容贫民的济贫院，收容和救济那些没有劳动能力的老人、孤儿和残疾人等。进入17世纪，英国工商业迅猛发展，引发了大规模的圈地运动，广大农民被迫离开土地，成批地沦为乞丐、盗贼和流浪者。1834年，维多利亚女王对旧《济贫法》进行了修正，通过了新《济贫法》，严格限制对贫民的救济津贴，在济贫院或习艺所实行更加严格的苦役制度，设立济贫法专员署，对贫民和救济基金进行管理。新《济贫法》把原来分散管理的济贫工作改为集中管理，对贫民来说没有实质上的变化，反而限制更加严格，因而引起了贫民的强烈反对和改革者的抗议。

20世纪初，随着工业化进程的不断发展，英国社会救助制度的功能与形态也逐渐发生了变化。人们开始认识到贫困问题的根本原因并不在于贫民的“懒惰”和“放纵”，而是由一些社会因素造成的。

两次世界大战期间，英国采用完善社会保险和社会救助的方法来克服严重的社会经济危机，尤其是为战后的失业者提供了基本的生活保障，英国的福利国家制度也初见雏形。1942年贝弗里奇的《社会保险和相关服务》的发表，为战后英国社会保障制度的全面建设提供了理论基础。1948年，英国通过并实施了《国民救助法》，从而完善了国民救济制度。该法规定，凡是没有收入或收入太低、没有缴纳国民保险费者，可以领取国民救助金。救济资金由议会批准的拨款承担，并且国家专门建立国民救济局为英国民众提供帮助与救济。1976年，该法经过修订，更名为《补充津贴法》，因而生活社会救助制度也被称为“补充津贴”制度。

(二)主要内容

1. 救助对象

凡是16岁以上的英国公民,收入来源不足以满足最低生活需要者,都可以申请生活社会救助;已得到充分就业的人,需要牙科治疗、配眼镜等,但又付不起这些费用,可以申请救助;失业者重新获得工作时,也可获得少数几天的救助,以暂时渡过难关。除此之外,还有一些处在社会保险计划之外的人,如被丈夫遗弃并有小孩要抚养、不能出去工作的妇女,被监禁的犯人的妻子和儿女,未婚的母亲及其孩子,无权领取退休金的70岁以上的老年人和40岁以上的盲人,以及到处流浪的无业游民。

现在,在英国,下列贫困人员都有资格申请生活社会救助,以解决他们的生活困难:第一,凡是没有固定职业或就业不充分、无力上缴保险费而领不到社会保险金的人;第二,虽然可以领取社会保险金,但数额不足以维持最低生活水平的人;第三,领取社会保险金期限已满仍无其他收入来源的人;第四,未参加社会保险只能领取微薄社会补贴的人。

2. 救助内容

救助内容主要包括低收入家庭生活社会救助、老龄生活社会救助和失业者生活社会救助等。

(1)低收入家庭生活社会救助主要是对家长有全日制工作、有子女,但收入低于官方贫困线的家庭进行生活社会救助。救助的金额随政府规定的贫困标准而变化。低收入家庭还可取得一部分取暖费,有子女的可取得学校的免费牛奶和免费膳食以及免缴国民保险费等,还可以享受房租补贴等。

(2)老龄生活社会救助主要是对那些只有少量补助金的老年人进行的生活社会救助。

(3)失业者生活社会救助是对那些领取失业保险金期满后的继续失业者进行的一种生活社会救助。救助金额按个人收入多少、被抚养的成年人及儿童的多少来领取;而且目前英国法律规定,凡领取失业救助金的失业者,必须到职业介绍部门登记待业,并准备接受提供的任何工作机会,否则将降低或取消其失业救助金。

3. 救助待遇

英国的救助待遇可以分为三大类:对“正常需要”通过经常性贫困补助的办法提供收入支持;对“住房需要”则从支出角度提供支持,例如,房租折扣、津贴,代缴房租、水费等;对“特殊需要”则按照政府制定的需要目录提供实物或现金补助。

“特殊需要”在制度上比较复杂,大体上可以分为三种:一是经常性项目,例如取暖费、保健食品、洗涤、洗澡开支以及老年人和残疾人补助。绝大多数贫困者都享有这种补助,它与正常需要并没有什么太大的区别,因而实际上没有多少“特殊”含义,往往可以被看成对正常需要补助的附加。二是一次性的单项补助,例如,家具、家庭设备、季节性衣被等。三是受益人在遇到经济危急情况时,还可以申请一次性补助。享受后两种一次性补助的受益人大约占全部受益人的40%,其中老年人依赖这种一次性补助的很少,在全部领取长期补助的老年人当中,只有约10%的人另外申请一次性补助。其他群体如失业者、残疾人、单亲家庭则较多地依赖一次性补助,比例高达60%左右。

一次性补助的管理制度是非常复杂的。首先,法律必须制定一个补助目录,规定哪些项目可以给予一次性补助,对每个项目,还必须规定其标准,例如“必要的家具”,必须具体规定其种类、档次和价格水平,仅种类规定,法律就列出86项之多。其次,还需要大量的管理人员专门从事相应的家庭调查,证明申请人确实需要这方面的帮助。由于法律在这方面的规定具有很大的弹性，在执行过程中工作人员与申请者往往有不同的理解，造成矛盾，因此，一次性补助的成本是相当高的，管理效率也较低。

4. 保障标准

英国的救助资金也是来源于政府的财政拨款，而且保障标准根据不同的救助对象的实际情况会有所不同。

首先，会考虑年龄的差异。例如，5岁、16岁和18岁属于待遇不同的年龄段；60岁、65岁以及85岁保障标准也是有差异的。其次，考虑的一个因素是户型。有“家长”和“非家长”之分，因为“家长”对家庭各方面的开支负有更大的责任，而“非家长”主要是未成年人及其他的一些家属，他们对全家的开支不负有主要责任，因此他们的救助金较少，只涉及个人的生活费用。最后，还有“单身户”和“家庭户”之分，对有未成年子女需要抚养的家庭，按照子女的数量和年龄确定保障标准。

如果接受生活社会救助的个人或家庭取得另外收入，救济金就要随之下降；另外还有一些条件的限制，如参加劳资纠纷的雇员，本人不得享受救助，只能领取其家属的救助部分。当然，如果遇物价波动，国家会随时调整救助金额，保证受助者不因物价变动而降低生活水平。

(三)领取条件

为了妥善实施生活社会救助，既要使救助对象应保尽保，又要节约国家的资金。英国实行救助申请制与调查制相结合的制度。所谓救助申请制，就是申请救助的家庭应当向补充津贴委员会递交申请书，把家庭人口数、无劳动能力人口、工作人口以及收入和支出等情况作为申请救助的依据填写清楚。补充津贴委员会收到申请后，会派出专业人员，向申请者家庭及所在的社区和工作单位进行烦琐的收入和生活状况调查，审核其实际情况是否符合官方制定的贫困线标准，这就是救助调查制度。根据调查结果和核实情况，委员会便可做出是否批准申请的报告。一经批准，受助者即可依法按期领取救济金，以维持最低生活标准。

为了严格控制申请，防止欺骗、冒领等行为的发生，委员会每年都会出版一本《申请须知》式的手册，让申请者按规定申报。《申请须知》内容十分庞杂，如1980年版的就多达125页。加上工作人员的态度不善，使许多申请者望而却步，宁愿不申请。因此，英国的救助调查制度在一定程度上违背了它的初衷，损害了贫困者的尊严，增加了他们对政府的不满和敌视。

二、美国的生活社会救助

(一)产生和发展

1601年英国颁布的《济贫法》为北美殖民地的救助制度做了范例。美国在建国初期，政府把侧重点放在了建造一批收养所和感化院上；在工业化时代，又把救助儿童、改善穷人的居住条件等作为主要的救助工作。

20世纪30年代的经济大危机猛烈地袭击了美国，给美国社会带来了苦难，广大人民处境悲惨。而当时的美国总统、共和党人胡佛并没有深刻意识到社会救助对维护社会稳定的作用，认为社会救助不应该主要依靠政府，而应该依靠慈善组织和私人捐赠。1933年罗斯福当选美国总统并推出了“罗斯福新政”，旨在恢复和改革经济、缓和社会矛盾。新政把救济贫民和失业者摆在了重要位置，罗斯福政府在美国历史上第一次把确保不让任何人挨饿的责任承担起来。1935年罗斯福总统颁布了《社会保障法》，开始更加积极地帮助贫穷家庭和个人，保障他们的基本生活。新政把救助重心放在老人、盲人、失依儿童及残疾人身上，尤其偏重对老人的生活社会救助，因为老人构成美国现代社会生活中最贫穷的人群。

第二次世界大战结束后，美国确立了头号资本主义强国的地位，但战后几届民主党政府由于受到了美国政治意识形态与文化传统观念的顽强抵抗，并没有建立起西欧式的“福利国家”制度，而是建立了强调“针对性”与“社会需求”的社会保障制度。

在美国社会保障制度的发展过程中，约翰逊总统的“伟大社会”计划起到了根本的推动作用。在此后的十几年间，美国政府扩大了对社会生活干预的范围和深度。政府制定了各项保障政策，尤其是完善了对贫困人口的救助措施。

相对于其他发达国家来说，美国的社会保险制度相对不健全，而它的救助制度则十分完备，补助项目较多，保障标准很高，这与美国更强调自由和个人责任的保障理念有关。

(二)主要内容

美国根据“恩格尔定律”推出“贫困线”，规定支出中有 1/3 及以上用于购买食物的家庭，即被视为贫困家庭，应给予救助。相对于一般规定的食物支出占 59%以上的贫困线标准，可以看出，美国的贫困标准相对较高。

美国的生活社会救助项目更强调“针对性”，为确保生活社会救助确实提供给了最需要帮助的人群，美国采取了比较严格的条件限制和资格审查制度。凡领取救助的，事先均需进行经济调查。经济调查分为资产调查和劳动收入调查。申请者被调查的收入包括现金、支票、养老金和一些非现金收入，如食品等。同时救助的发放尽可能采用非现金支付形式，避免国家资源的浪费。

下面详细介绍美国现行生活社会救助的主要内容。

1. 食品券计划(FSP)

此项计划于 1961 年开始试验，1964 年正式推广，是美国为低收入家庭提供的规模最大、范围最广、最为重要的一项食品援助计划。食品券费用全部从联邦总税收收入中支出，但是管理费用则由各州负担。食品券计划由联邦农业部和州及地方政府的社会福利机构共同管理。食品券通常用于在指定的商店或货架上免费或低价购买基本食品，如面包、牛奶、鸡蛋等。食品券不能用于购买现场加工的食品，除少数无家可归者之外，食品券也不得用于购买餐馆或快餐店的食品。而且，食品券不能兑换非食品类，如家庭用具、酒精或香烟等。每月食品券的数量是根据家庭的规模和收入来发放的。

有资格接受食品券的人，必须是其家庭毛收入低于联邦贫困线的 130%；或者净收入(适当扣除某些收入、与工作有关的必要开支、自己掏钱的医疗费用以及超出的住房开支)低于贫困线；或者不动产的价值不足 2 000 美元(如果家庭成员有一人年纪在 60 岁以上则为 3 000 美元)。

2. 补充性保障收入(SSI)

补充性保障收入是为盲人、残疾人和 65 岁以上的老人等低收入者提供最低收入保障，是一项联邦资助(州补充)的救助计划。这项计划始于 1972 年，1974 年之前由联邦政府提供基金，州政府具体管理。1974 年以后，这部分政府支出归入联邦政府的补充性保障收入计划，由联邦政府统一筹款(来源于总税收收入)并根据全国统一标准进行发放，各州可以根据自己的情况予以适当追加。2008 年，联邦政府给予的个人补助金为每月 637 美元，约为 74%的贫困线水平，夫妻的补助金为每月 956 美元，约为 82%的贫困线水平。大多数的州政府会在联邦政府的补助金上，再增加本州的生活补助金，为弱势的老人、盲人与残障者提供更多的保障。另外，社会安全生活补助金每年随着消费物价指数(CPI)的上升而全额调整，以确保领取者的购买力。

由于领取这种救助的人是盲人、残疾人以及老人，都是社会最苦难的人群，所以受制度改革的冲击不大，该计划运行一直比较稳定。

3. 对有需要的家庭的临时援助(TANT)

此项目原来的全称是“抚养未成年子女家庭援助计划”(AFDC)，于 1935 年立法，旨在帮助“父母一方丧失劳动能力、死亡、长期离家出走或失业的家庭”里的孩子，通常救助到 18 岁，如果是全日制学校的学生，可以补助到 19 岁。该计划由联邦政府与州政府共同出资，联邦政府承担的金额由各州对该项目的实际支出和州人均收入来决定，一般在总开支的 50%～79.61%。人均收入较低的州，联邦政府负担的比例就高；反之，负担的比例就低。此外，联邦政府还承担各州 50%的项目管理费。尽管联邦政府支付此项救助资金的一半以上费用，但该项目的行政管理权却委托给了州政府。

1996 年，克林顿政府将其更名为“对有需要的家庭的临时援助”。不考虑政府鼓励的自救，家庭收入不超过州贫困标准 185%的家庭都有资格受助于该计划。除了房屋、汽车或一块价值 1 500 美元以上的墓地，或者按照各州的标准，基本的衣物和家具之外，该计划受助者的财产价值不能超过 1 000 美元。取得该计划受助资格的人，通常也有资格获得医疗补助和食品券。

该计划一般包括支付食品、衣着、住所、设备和其他必需品补助。给付标准由各州根据受益人的家庭收入和事先规定的补助限额决定，即等于家庭生活所必需的费用与各州规定的补助金之间的差额。由于各州收入及消费水平的不同，实际给付的标准有很大差异。

作为该计划的一部分，各州都必须制定一项“就业与基本技能培训计划”(JOBS)(该计划于 1988 年立法)，旨在帮助那些受助于“对有需要的家庭的临时援助”计划的人有条件和机会获得教育、培训和就业，避免长期依靠社会福利和救济。“就业与基本技能培训计划”由联邦政府和州政府共建，所需资金主要依靠各州政府承担，联邦政府只提供非常有限的补贴。该计划的服务项目包括知识和技能教育、岗位培训、就业指导和安排等，并允许人们接受第二次以后的再教育和再培训。同时，还提供孩子日托、交通工具、书本和一些必要的费用等，以支持该计划。

“对有需要的家庭的临时援助”计划由负责家庭和儿童的联邦健康和人文服务部与州的人文服务局协同管理。该联邦机构审批州计划和拨款、提供技术支持、评估各州的救助标准、运作情况等，并收集和分析有关数据。受助资格由各州制定，并且每月寄支票。每隔一段时间之后，受助者就需要重新申请，以防有人境遇改善后仍然领取补助。

4. 低收入家庭能源补助计划(LIHEAP)

该计划首次立法于 1979 年，是美国政府为应付能源价格上涨而采取的临时性应急措施，由各州负责能源补助方案的实施与管理。根据规定，该计划补助那些收入低于联邦贫困线 150%，或收入在州中等收入 60%以下的家庭冬天取暖夏天制冷所需的费用。救助物包括现金、燃料、预付公共社会事业公司寄来的账单、房屋越冬御寒所需的加固材料或可兑换成能源的票券。同时，接受 SSI、TANT、食品券和老兵津贴(经财产和收入调查后)的社会成员也有权享受此项待遇。

能源补助资金由联邦政府筹集。申请该项计划的贫困者须到指定的地方机构，如社区行动计划办公室(CAP)去申请。20 世纪 90 年代中期以后，随着美国原油的上涨，美国家庭的取暖费用也在上涨，在接受 LIHEAP 援助的家庭中，大约有 2/3 年收入低于 2 万美元，由于有越来越多人要求帮助，平均援助金额从 2006 年的 451 美元下降到了 2010 年的 314 美元。

5. 一般援助(GA)

该计划由州和(或)地方资助,它被看作是最后的救济手段。主要是根据家计调查结果确定救济金的财政帮助或其他帮助,受助者往往是那些无家可归者和没有资格受助于上述救助计划的穷人。

各州的救助标准有差异,但通常都很小、非常严格且时间短。典型的GA受助者是30～40岁、独自生活的单身成年人。有就业能力的单身成年人和没有孩子的夫妇不能受助于该计划。GA由州和地方政府的社会福利局管理与实施。

6. 三个营养计划

这里指全国学校午餐计划、全国学校早餐计划和暑期食品服务计划。它们在防止和减少美国儿童饥饿方面起到了重要作用。1946年,《全国学校午餐法案》就是"一项全国性的社会保障措施,以保证美国儿童的健康和幸福"。1975年,"全国学校早餐计划"被永久性授权通过,国会在其声明中表明,该计划旨在使"所有需要为在校生提供足够营养的学校得以通行"。"暑期食品服务计划"是为学校放假期间的儿童提供营养餐。

家庭收入低于联邦贫困线130%的儿童可以享受免费早餐和午餐。那些家庭收入在联邦贫困线130%～185%的儿童可享受低价伙食。如果某地一半以上的孩子的家庭收入低于贫困线185%,那么该地区所有孩子都可以享受暑期免费就餐。

学校营养计划由联邦总税收收入资助,美国农业部食品营养司通过州教育部门管理,管理费用由各州自己负担。

三、日本的生活社会救助

(一)产生和发展

日本把社会救助制度通称为生活保障制度,即对贫困者进行最低生活水平保障的制度。由于属于政府行为,国家出资救助,又称为国家救济制度。

日本社会救助制度是在1868年(明治维新)之后逐渐建立起来的。1932年颁布实施《救护法》(即救助法),确立了现代日本社会救助制度。为了救助战后处于贫穷状态的人们,缓解社会矛盾,美国占领军于1946年12月向日本政府提交了备忘录,提出社会救助四原则:第一,国家的救济要无差别地、平等地进行;第二,国家有责任对生活贫困者实施保护;第三,这种责任不得向其他个人或团体转嫁;第四,用于救护的国家预算对于防止贫困是必要的,而且必须充足,不得加以任何限制。上述四项原则,是日本战后社会救助政策的最高原则。在此基础上,1950年5月日本制定了《生活保障法》,使这项制度进入了一个新的发展阶段。

生活保障制度属于政府行为,由各级政府负责实施,各个城市的市长负责城市贫民享有最低生活,町村则由都道府县的知事负责。在实际生活中,各地的福利事务所具体承担生活保障制度的实施。1956年,日本颁布《社会福利事业法》,规定各市必须普设福利事务所,对需要救助的儿童、残疾人、弱智者、老人、寡妇等实行生活保障。

除了国家负责生活保障制度外,日本还广设民生委员会制度,即一些热心救助的人士自愿组织的松散团体。民生委员会制度的产生比国家救济制度早,20世纪初就出现于日本列岛,1948年被正式法制化,以《民生委员会法》形式再现,变成国家救济制度的协助单位,不仅参加生活救助,还广泛参与城乡居民的福利事宜。

(二)主要内容

1.《生活保障法》的基本内容

今天,指导日本生活保障制度的基础是经过12次修订的《生活保障法》。它共有11章86条,是根据日本《宪法》制定的,是《宪法》关于生存权条款的具体化,也就是《宪法》第二十五条的具体化。它规定,日本一切国民都具有获得健康的和最低限度的生活权利。《生活保障法》最基本的条款有四则:

第一,生活保护目的。

国家保障一切国民享有最低生活水平。

第二,促进自立。

国家救济重在帮助被救助者自立,这是根本宗旨。从各个方面促进被救助者自立:

(1)人格自立。帮助被救助者认清救助只是暂时的,独立富足生活的关键还是靠自力更生,自食其力。

(2)生活自立。促使被救助者生活自理,在吃穿睡等日常生活上都尽量自己解决,不靠或少靠他人帮助。

(3)劳动自立。尽可能地就业,靠劳动获得收入,实现自立。

(4)经济自立。尽可能地不靠慈善机构施舍,靠自身构造自己的生活。

第三,最低生活。

把最低生活保障概括为"维持健康的有文化的生活水平",作为各地确定最低生活标准的理论依据。

最低生活保障采取两种形式:一种是现金形式,也是主要形式;另一种是实物和服务形式,表现为一些救护设施、医疗保护、助产等设施服务的提供。

第四,生活保障。

包括日常生活保障、受义务教育保障、居住保障、医疗服务保障、生育保障、丧葬保障等。

2. 生活保障制度的基本原理

按照日本《生活保障法》,最低生活保障的基本原理有三条,即平等原理、最低生活原理和补助性原理。

(1)所谓平等原理,是针对日本原有的旧《生活保障法》而言的。旧《生活保障法》规定,对不良分子以及懒惰者不实行保护,这样,生活保护的实施与造成生活贫困的主观原因有关。现行的《生活保障法》规定,任何人不问其陷于贫困的原因,只要在贫困线之下,一律成为生活保护的对象。此外,按照过去的旧法,生活保护是由国家从上到下实施的,被保护者只能被动地接受;现行的法律则规定,任何人均有请求保护的权利。

(2)所谓最低生活原理,着眼于最低生活必须是"健康的、文明的",其标准由政府决定。

(3)所谓补助性原理,则意味着得到生活保护必须以个人尽了最大努力为前提,在个人尽了最大努力仍不能保证最低限度生活时,才实行生活保护。

在决定给予生活保护之前要进行所谓"自立调查",对贫困者当前拥有的所有财产进行评估,看其是否充分利用了自己的能力和潜力来克服目前的贫困状态。举具体的例子来说,虽然某人处在生活贫困线之下,但却拥有汽车等比较高价的财产,这时,原则上这些财产必须变卖或加以利用,只有在经过自主努力之后才有资格接受生活保护。

(三)生活保障实施的基本原则

1. 申请保护原则

法律规定,凡日本国民均有申请生活保护的权利。生活保护的实施必须由个人提出申请,称为申请主义。在特殊情况下,个人无法或无能力行使申请权时,可从上到下实施生活保护,称为职权保护。

2. 保护基准原则

生活保护的实施是否必要,以及给予生活补助的程度,不能由实施机关主观决定,而应有统一客观标准。为此,由厚生大臣指定最低生活基准,申请保护人的财产收入与该基准相比的不足部分就是生活补助的范围,由此来保持平等性和客观性。

3. 保护的应即性原则

生活保护还必须根据被保护人的年龄、健康状态等加以判断,以期有效、及时地实施,尽量避免官僚式的机械运用。

4. 家庭单位原则

与养老金制度不同,生活保护的对象以家庭为单位,不是以个人为单位。因此,申请生活保护的人是否陷于贫困线之下,以及对其生活补助的程度的判断,是以本人所属的整个家庭进行判断的。

四、智利的生活社会救助

(一)产生和发展

智利在社会保障领域中的发展是美洲国家中最为先进的。1924 年,智利率先在拉美国家中根据当时欧洲流行的体系创立了自己的现代社会保障制度。在这种制度下,智利政府专门为贫困者设计或针对某些特殊需要而制定的社会救助计划,通常与社会保险计划混合在一起,无论资金来源还是管理体制都难以自成体系。1980 年,智利推行社会保障制度改革,成功地完成了养老金计划由现收现付制向强制储蓄制的转化,建立了个人基金制,并将分散的社会救助措施从社会保险中剥离出来,形成了一个相对独立系统的社会救助制度。

(二)主要内容

智利政府的主要生活社会救助计划有养老救济金、统一家庭津贴、生活用水补贴、失业补贴。养老救济金(现行的)、失业补贴和统一家庭津贴计划中的贫困家庭补贴,是专门为贫困者设立的非缴费性社会救助计划,面向所有收入不足以维持生活且不能从社会保险制度中获得生活保障的人。生活用水补贴和住房补贴虽以贫困者或中低收入者为受益目标,却不是专门为贫困者设计的,因此,一些并非真正贫穷的人也有可能得到这两种补贴。

1. 养老救济金

65 岁以上生活贫困的老年人和 18 岁以上生活贫困的残疾人,是这项社会救助计划的受益人。弱智者(不分年龄)只要生活来源不足,不管其家庭收入状况如何,也有权领取养老救济金。残疾人和弱智者需由相关医疗服务部门或残疾预防委员会进行残疾程度评定,并出具相应证明。领取条件规定,领取者必须至少在智利连续居住 3 年,无个人收入或领取的养老金低于法定最低养老金的 50%,生活来源不足以维持基本生活。此外,如家庭人均收入在这个百分比之下的,也有资格获得此种养老津贴。领取者在证明其子女或其他后代要靠其养活时,可以领取最高津贴。该项养老金的领取者还有权享受免费医疗,领取人死亡后,受益者可享受有关法规规定的相当于 3 个月最低工资的抚恤金。申请养老救济金的人向居住地的市政府提出申请，由市政府根据 CAS-2 档案，对申请人的社会经济状况进行核查。大区区长依据市政府社会发展部提供的申请人的有关社会经济状况的报告做出审批，然后大区政府向福利标准委员会发出通知，福利标准委员会接到通知后向申请者支付养老救济金。

2. 统一家庭津贴

这项法律是专门为以下四种贫困人口制定的：18 岁以下的未成年人和任何年龄的残疾人；领取了家庭补助的未成年人，其母亲也可领取；怀孕妇女；不领取救助养老金的弱智者。受益人为未成年人的，由抚养他的母亲领取；母亲死亡，由其父亲领取。无父母的，由其监护人领取。弱智人由监护人及抚养人领取。统一家庭津贴的申请人向当地市政府提出申请，由市政府根据有关规定对其资格进行认定，然后由市长做出决定并送交社会标准委员会。所属大区区长可以对市长的决定提出反对意见。

3. 失业救助

现行失业保险的资金完全由国家财政解决，工人和雇主均不需缴费，是一种社会救助计划。该制度理论上覆盖所有劳动者，凡符合条件的失业者（失业前两年中至少就业 52 周，进行就业登记，能够并愿意工作，不是因个人原因失业）都可以领取失业津贴。受保人失业期间仍有资格领取家庭津贴和疾病妊娠津贴。目前正在进行的失业保险改革，准备建立个人失业账户，由个人、雇主和政府三方分担失业保险资金。

4. 生活用水补贴

生活用水补贴政策的目标以占全国人口 20%的最贫困阶层为补贴对象。由联邦政府将资金划拨到各大区，然后再分配到各个城市；如果某个城市的资金不能解决所有的申请者，可以根据该市的申请者的社会经济状况调查中的分布情况，确定不同的补贴数额。

（三）资格认定

智利使用了一种被称作 CAS-2 的方法对申请政府社会救助计划的人进行资格认定。这种资格认定方法是在 20 世纪 70 年代形成的城镇社会救助委员会体系的基础上建立的。70 年代，政府在全国各地建立了许多城镇社会救助委员会（CAS），以便贯彻和落实政府的社会政策和社会计划。在实施社会计划的过程中，政府感到有必要创立一种统一方法进行资格认定。于是，从 1980 年开始为社会救助计划的申请者建立档案，称作 CAS-1 档案。1984 年政府在对社会开支进行的研究中发现，社会开支中只有 14%的资金发放到真正需要它的贫困人口手中，其原因之一与该方法存在缺陷有关。1987 年政府开始用另一种新的方法建立档案，即 CAS-2 档案。从 1999 年 9 月 1 日起，全国所有的城镇都采用这一新的资格认定体系。对向市政府提出要求社会补助的人，都要根据该体系的方法进行调查。该体系依据调查的情况对申请人的社会经济状况打分，对社会家庭进行分类。分数在 350～750 之间，分数越小，表明越需要取得社会救助。评估和打分要依据 13 种指标，包括住房、教育、职业和收入（财产）4 个方面。调查取得的信息有效期为 2 年，2 年后有关信息必须更新。CAS-2 档案实行分散管理与使用，由各市政府根据本地区的情况，组织专门小组进行信息收集、登记和档案的计算机处理工作，由省政府、大区和中央政府领导和监督。建立该档案的目的是为了对社会计划补助的可能的受益人群进行鉴别、优先考虑和挑选。通过该体系获得的补助包括统一家庭津贴、养老救济金和生活用水补贴三种货币补贴。在申请住房与城市建设部的基本住房计划、阶段住房计划和农村住房计划的补贴时也要使用这种档案。

第三节　我国的生活社会救助

一、城市生活社会救助

(一)传统的城市生活社会救助

城市生活社会救助是我国生活社会救助制度的重要组成部分,它对于经济发展和社会稳定发挥了巨大的作用。中国传统的城市生活社会救助制度,是20世纪五六十年代在计划经济体制下形成的。

中华人民共和国成立初期百废待兴,城市中工厂关闭,大批工人面临失业,无依无靠的孤老残幼饥寒交迫,广大居民生活十分困难,衣食无着落。针对这些情况,各级政府在恢复生产的同时,结合当时我国社会的实际,进行了大规模的紧急救助工作。主要有:发放工贷、农贷粮食;收容游民;对失业工人和知识分子给予临时救济;通过改造后的帝国主义慈善团体,安置孤老残幼,给予经常性救济;等等。据不完全统计,在中华人民共和国成立后一年多时间里,武汉、广州、长沙等14个城市紧急救助了100多万人。当时,有的城市享受社会救助的人口竟达20%～40%。

随着"社会主义改造"的完成,我国逐步建立了社会主义计划经济体制,到50年代后期,与计划经济相配套的传统救助制度框架基本确立。国家保证了城镇中适龄的、有劳动能力的居民充分就业,实现了充分就业,劳动者及其家庭的生活就得到了基本保障。每个有劳动能力的城市居民都可以依靠所在单位保障生活。因此,在城镇,只有极少一部分人成为救助对象。在这种体制下,各种企事业单位主要承担了职工家庭生活困难的救助工作。

从20世纪60年代到1978年改革开放之前,城市生活社会救助制度并未有实质性的变革。但"三年困难时期"造成一大批被精简的城市职工回乡参加农业生产,许多人由于缺乏生产经验,家中无积蓄,生活就遇到了困难,成为新的救助对象。十年"文革",救助工作遭受了严重的挫折。"文革"后,"上山下乡"的城市知识青年陆续返回城市,其中有些因伤因病致残造成生活困难,有些人员在"文革"中遭受迫害,有些是"右派"摘帽人员等。这些人员在"文革"后,都需要政府的生活救济,所以又新增了许多救济对象。在这段时期,城市中由于生活困难而需要救济的人数急剧增加,政府进行生活社会救助的范围不断扩大。

(二)城市居民最低生活保障制度

1. 城市居民最低生活保障制度建立的背景

我国现行的城市生活社会救助主要是指城市居民最低生活保障制度。城市居民最低生活保障制度的具体含义是,法律赋予每一个公民在不能维持最低生活水平时,由国家和社会按照法定的标准向其提供满足最低生活需要的物质援助的社会保障制度。

城市居民最低生活保障制度建立的背景主要包括:

第一,传统城市生活社会救助存在很多弊端。传统城市生活社会救助制度在计划经济体制下虽取得了一定的成绩,但存在的缺陷也是十分明显的,救济范围极其有限,救济标准过低,救济经费严重不足,救助工作随意性大等问题都严重阻碍了这种传统救助方式的发展。

第二,城市出现了新贫困问题。自20世纪80年代改革开放以来,我国城镇居民生活水平得到了很大提高。但是,在从计划经济向市场经济转变的过程中,激烈的经济变革和社会变迁带来了一些诸如通货膨胀等的负面问题。下岗失业职工增加，隐性失业显性化，社会保障社会化和贫富差距进一步拉大，从而导致城市出现了新贫困问题。

由于以上两个主要原因，一方面造成城市新贫困群体不断增加，另一方面传统城市生活社会救助制度又难以保障新增贫困职工的基本生活。因此，为了维护社会稳定，保障居民基本生活，使城市生活社会救助制度真正成为与市场经济配套的最后的安全网，必须动大手术，改革势在必行。

2. 城市最低生活保障制度的建立和发展

1993 年 6 月，在经过细致的研究论证后，上海市在全国率先建立起了城市居民最低生活保障制度，在全市范围内按最低生活保障线标准救助生活困难的居民，拉开了我国城市生活社会救助制度改革的序幕。

这项制度的建立和发展大致可以分为 6 个阶段：试点阶段、推广阶段、普及阶段、落实阶段、提高阶段和完善阶段。具体的发展过程为：

(1)试点阶段(1993 年 6 月～1995 年 5 月)。1993 年 6 月 1 日，上海市率先建立了城市居民最低生活保障制度。随后，民政部肯定了上海的经验，并部署在东部沿海地区进行试点。到 1995 年上半年，已有上海、厦门、青岛、大连、福州、广州 6 个大中城市相继建立了城市居民最低生活保障制度。在这一阶段，这项制度的创建和实施基本上是各个地方政府的自发行为。

(2)推广阶段(1995 年 5 月～1997 年 8 月)。1995 年 5 月，民政部在厦门、青岛分别召开了全国城市最低生活保障线工作座谈会，号召将这项制度推向全国。到 1995 年底，建立这项制度的城市发展到 12 个。1996 年初召开的民政厅局长会议决定：进一步加大推行最低生活保障线制度的力度。此后，形势发展得更快，到 1997 年 5 月底，全国已有 206 个城市建立了这项制度，约占当时全国城市总数的 1/3。在这一阶段，制度的创建和推行已经成为中央政府的一个职能部门——民政部门——的有组织行为。可以说，在 1997 年 8 月之前，全国城市居民最低生活保障制度的建设工作已经取得了历史性的进展。

(3)普及阶段(1997 年 8 月～1999 年 10 月)。1997 年 9 月，国务院颁发了《国务院关于在各地建立城市居民最低生活保障制度的通知》，同时召开全国电视电话会议做出工作部署，要求到 1999 年底，全国所有的城市和县政府所在的镇都要建立这项制度。自此，这项制度的创立和推行成为中共中央、国务院的一项重要决策，推进的速度明显加快。

(4)落实阶段(1999 年 10 月～2001 年 6 月)。1999 年 9 月，国务院颁布了《城市居民最低生活保障条例》，并于 10 月 1 日正式实施。该条例的颁布和实施，标志着我国的城市居民最低生活保障工作走上了法制化的轨道，也标志着这项工作取得了突破性的进展。

(5)提高阶段(2001 年 6 月～2003 年)。最低生活保障真正取得突破性的进展是在 2001 年下半年，国务院终于下决心要解决最低生活保障制度的资金“瓶颈”问题，在年初做出的 8 亿元预算的基础上，下半年又新增预算 15 亿元，共计 23 亿元。省级财政也在年初 9 亿元预算的基础上，下半年又新增预算 3 亿多元，共计 12 亿元。此后，中央财政不断扩大低保资金的投入。

全国低保制度保障在这段时间有了超常规的增长，从 2000 年的 403 万人增加到 2003 年的 2 247 万人。低保对象的迅速增加并不表明我国城市贫困人口在迅速增加，它直接说明的是越来越多的已经存在的贫困人口得到了有效的生活保障，表明初步实现了应保尽保的目标。

(6)完善阶段(2003 年至今)。从 2003 年起,城市低保已进入稳定、完善时期。城市低保制度的重点走向了"配套措施"和"分类救助",从为解决低保对象在医疗、子女教育、住房等方面所面临的实际转向对低保家庭中有特殊需要的家庭成员,如老人、未成年人、残疾人、重病人等采取的特殊政策。2003～2009 年,城市低保人数一直在不断增加,至 2009 年已达到 2 345 万人,从 2009 年开始,城镇低保人数有所减少,至 2016 年减少至 1 480 万人。但是政府对城市低保制度资金的投入却持续增加,至 2016 年,民政部统计城市最低生活保障预算安排当年达到 1 208 亿元。这为城市居民最低生活保障制度的迅速发展提供了强有力的资金支持。

3. 城市居民最低生活保障制度的主要内容

(1)保障对象。1999 年 9 月 28 日,《城市居民最低生活保障条例》(国务院令第 271 号)规定,城市居民最低生活保障制度的保障对象是"持有非农业户口的城市居民,凡共同生活的家庭成员人均收入低于当地城市居民最低生活保障标准的,均有从当地人民政府获得基本生活物质帮助的权利"。城市居民最低生活保障制度的保障对象主要包括:

第一,无生活来源、无劳动能力和无法定赡养、抚养、扶养义务人的居民,或者有法定赡养、抚养、扶养义务人但法定赡养、抚养、扶养义务人无赡养、抚养、扶养能力的居民;

第二,领取失业救济金期间或失业救济期满仍未能重新就业,家庭人均收入低于最低生活保障标准的居民;

第三,在职人员和下岗人员在领取工资或最低工资、基本生活费后以及退休人员领取退休金后,其家庭人均收入仍低于最低生活保障标准的居民;

第四,因天灾人祸造成暂时生活困难的居民;

第五,国家有关政策规定的特殊保障对象。

第一类、第五类人员主要是指原有传统的社会救济对象;其他几类人员都是在市场经济条件下新增的保障对象。其中,第三类人员是在足额领取最低工资或退休金后,由于赡养、抚养系数高等原因,造成家庭人均收入低于当地最低生活保障标准。可见,城市居民最低生活保障制度大大突破了原来生活社会救助的对象范围,扩大了覆盖面,更好地保障了城市居民的基本生活。

需要指出的是,《城市居民最低生活保障条例》(以下简称《条例》)中所称的"收入",是指共同生活的家庭成员的全部货币收入和实物收入,包括法定赡养人、抚养人或者扶养人应当给付的赡养费、抚养费或者扶养费,但不包括优抚对象按照国家规定享受的抚恤金和补助金。

(2)保障标准。《条例》规定:"城市居民最低生活保障标准,按照当地维持城市居民基本生活所必需的衣、食、住费用,并适当考虑水电燃煤(燃气)费用以及未成年人的义务教育费用确定。""对无生活来源、无劳动能力又无法定赡养人、扶养人或抚养人的城市居民,批准其按照当地城市居民最低生活保障标准全额享受。""对尚有一定收入的城市居民,批准其按照家庭人均收入低于当地城市居民最低生活保障标准的差额享受。"

科学地确定最低生活标准,是实施居民最低生活保障制度的一项重要工作,这项工作比较复杂,技术性强。由于我国地域辽阔,社会经济文化发展水平很不平衡,各地生活水平差异较大。因此考虑到各地的差异,国家对最低生活保障标准只提出了原则性要求,具体标准由各地民政部门会同财政、劳动保障、统计、物价等部门,根据当地的消费水平、物价水平、生活习惯和财政能力而定。

确定最低生活标准主要应把握好以下四点:第一,各地区应实事求是、量力而行,不盲目攀比。第二,对优抚对象、无劳动能力的老弱病残人员予以适当倾斜。第三,实行动态管理。

随生活水平的提高及物价的上涨，每年或两年应调整一次，但一次调整幅度不易过大。第四，保障标准应与企业最低工资、下岗职工基本生活保障费、失业保险金等标准拉开距离，分清层次，相互衔接，形成合理配套的标准。

我国各地大多采用了"市场菜篮子"法来确定最低生活保障标准。

(3)资金来源。我国在开始建立城市居民最低生活保障制度时，各省筹集经费主要有两种办法：一种是由市、区两级财政负担。另一种是由市、区财政和企事业单位共同负担，也就是"谁家的孩子谁抱走"，单位解决不了的，由单位主管部门解决；单位主管部门也解决不了的，再由民政部门解决。相比较而言，第一种办法比较理想，消除了传统救助体制的弊端。

对此，国务院1999年颁布的《条例》做出了明确规定："城市居民最低生活保障所需资金，由地方人民政府列入财政预算，纳入社会救济专项资金支出项目，专项管理，专款专用。"从而肯定了第一种筹资方式。同时，《条例》还规定："国家鼓励社会组织和个人为城市居民最低生活保障提供捐赠、资助；所提供的捐赠、资助，全部纳入当地城市居民最低生活保障资金。"以上规定，明确了财政和社会捐赠资助是城市居民最低生活保障制度资金来源的两个渠道，明确了地方政府是城市居民最低生活保障资金的主要责任者。

我国传统的城市救助制度的财政负担全在基层政权，也就是在城市(包括直辖市、省辖市和地级市)中的区和不设区的市(县级市)。自建立最低生活保障制度以来，各地大多采用了市、区两级财政分级负担的办法。

然而，这种资金负担方式最终导致资金不落实，使最低生活保障制度在很长一段时间内没有发挥出它应有的作用。所以从2001年下半年开始，在资金问题上，中央政府开始做出很大的调整——1999年以前，最低生活保障资金全部由地方财政开支，中央财政基本上不出钱；1999年，中央在30%"调标"时，对中央企业比较集中的地区、经济不发达的西部地区实行了资金补助，拨出了4亿多元，约占当年总支出15亿多元的27%；到2009年，中央补助城乡最低生活保障资金已经达到614.6亿元，这为城市居民最低生活保障制度迅速扩大覆盖面提供了有力的资金支持。现在，除了北京、上海、江苏、浙江、广东5省(市)(中央财政不投入资金)外，其余省市中央财政与地方财政均以1 ∶ 1的比例负担低保资金。

(4)待遇领取程序。《条例》规定："申请享受城市居民最低生活保障待遇，由户主向户籍所在地的街道办事处或者镇人民政府提出书面申请，并出具有关证明材料，填写'城市居民最低生活保障待遇审批表'。""申请人及有关单位、组织或者个人应当接受调查，如实提供有关情况。"

因此，需要救助者必须经过申请和接受家庭经济状况调查两道程序。一般是经过个人申请—居委会核实—街道办事处审核—区民政部门审批—市民政部门复核备案几个环节。一经批准，便可依法给予贫困者生活补助。虽然"家庭经济状况调查"往往会损害申请者的尊严，引起他们的反感，但是通过向申请者所在街区的管理部门或其工作单位进行有关经济状况的调查，可以防止欺骗、冒领行为的发生，节约国家财政资源。

(三)城市流浪乞讨人员的生活救助

城市居民最低生活保障制度的对象是具有城镇户籍的常住居民。但在中国城市，还有一项针对非常住的流浪乞讨人员的生活救助制度。

1. 城市流浪乞讨人员生活社会救助制度的建立

改革开放之后，大量流动人口、流浪乞讨人员涌入大中城市，带来了许多社会问题。为了加强城市管理，国务院在1982年颁布了《城市流浪乞讨人员收容遣送办法》。在此后的20年间，收容遣送站在配合城市管理、帮助流浪乞讨人员解决困难方面还是功不可没的。

但是在实践过程中，收容遣送制度逐步异化，突出表现在：

第一，社会救助的功能逐步淡化，社会管理的功能逐步强化。后来的收容遣送制度更加强调维护社会秩序，加强社会管理，其对象已经远远不只是流浪乞讨人员了，收容遣送的主要目的也不再是提供救助，而是服务于整顿治安和其他目的了。

第二，收容遣送对象随意扩大化。特别是20世纪90年代以来，各地收容遣送对象迅速增加。这种收容数量的迅速增加，并不是因流浪乞讨人员突然增加了，而是大量进城流动就业的农民被当成了收容遣送的主要对象。

第三，执法人员打骂、侮辱被收容遣送人员的情况日益普遍化。收容遣送制度原本就是具有强制性的制度，在制度执行过程中，由于缺乏有效的监督和制约，一部分收容遣送逐步演变成滥用公权，导致公民的人身自由和权利受到极大的损害。

第四，收容遣送利益化。由于缺乏有效监督，负责收容遣送的公安部门、民政部门，特别是一些基层执行机构往往借收容遣送之名牟部门或个人之私利。

与此同时，随着依法治国理念的提出，执政党的执政方式也在不断转变与成熟，确定社会救助、保障基本人权的价值目标，剔除其他额外负担，使基本人权保障的价值优越于稳定秩序，也成为国家追求的目标。在这一背景下，新的社会救助制度呼之欲出，大学生孙志刚在收容站被殴致死所引发的强烈社会震动，成了政府顺应民意、实现制度转变的催化剂。新制度的出台过程甚至呈现了一种政府与民意之间的良性互动模式。《城市流浪乞讨人员收容遣送办法》在2003年6月被废止；同时，《城市生活无着的流浪乞讨人员救助管理办法》经过2003年6月18日国务院第12次常务会议通过，自2003年8月1日起施行。

2.《城市生活无着的流浪乞讨人员救助管理办法》的主要内容

2003年6月20日国务院公布，8月1日起施行的《城市生活无着的流浪乞讨人员救助管理办法》(以下简称《救助管理办法》)，取代了原有的收容遣送制度，对救助的宗旨、范围、措施、管理等作了大幅调整。新制度以“自愿受助，无偿救助”为基本原则，为城市生活无着的流浪乞讨人员提供生活救助，被认为是一种制度上的进步，体现了政府对弱势群体的关怀，也体现了创建服务型政府、责任型政府的宗旨。

(1)《救助管理办法》第一条开宗明义确定了救助的宗旨，是对在城市生活无着的流浪、乞讨人员实行救助，保障其基本生活权益，完善社会救助制度。

(2)在机构设置上，要求县级以上城市人民政府应当根据需要设立救助站，并应当采取积极措施及时救助流浪乞讨人员，将救助工作所需经费列入财政预算，予以保障，强调了政府的救助责任；明确了民政部门作为本办法的执法主体，负责流浪乞讨人员的救助工作，并对救助站进行指导、监督；公安、卫生、交通、铁道、城管等部门承担各自职责范围内的责任；行政机关对发现的流浪乞讨人员应当告知其向救助站求助，对其中的行动不便人员还应当引导、护送到救助站。

(3)规定了对流浪乞讨人员的救助措施。救助站应当根据受助人员的需要提供符合食品卫生要求的食物，提供符合基本条件的住处，在站内发急病的，及时送医院救治，帮助与其亲属或所在单位联系，对没有交通费返回其住所地或者所在单位的，提供乘车凭证。

(4)对救助站的管理提出要求。救助站为受助人员提供住处，应当按性别分室住宿，女性受助人员应当由女性工作人员管理；救助站应当保障受助人员在站内的人身安全和随身携带物品的安全，维护站内秩序；不得向受助人员、亲属或所在单位收取费用，不得以任何借口组织受助人员从事生产劳动;救助站应当建立健全各项管理制度,实行规范化管理。

(5)详细列举了救助工作人员的禁止性行为,如不准拘禁、变相拘禁受助人员,不得打骂、体罚受助人员,不准敲诈、勒索受助人员,不得限制受助人员离开救助站等。

(6)明确了受助人员的权利和义务。对受助人员明确这是一项临时性措施,接受救助应当如实提供本人基本情况,并应遵守法律法规和救助站的各项规章制度,救助站不履行救助职责的,求助人员可以向当地民政部门举报,由民政部门查处。

(7)其他规定。受助人员住所地政府应当采取措施,帮助受助人员解决生活困难;国家鼓励、支持社会组织和个人救助流浪乞讨人员;等等。

收容遣送制度与救助管理制度的比较如表 3－1 所示:

表 3－1　　收容遣送制度与救助管理制度的比较

项　目	收容遣送制度	救助管理制度
宪法依据	缺乏	充分
制度对象	各类流动乞讨人员	生活无着的流浪乞讨人员
制度预设	人员自由流动不具合理性	人员自由流动具有合理性
救助方式	强制救助、有偿救助	自愿受助、无偿受助
救助内容	不清晰	清晰
救助期限	15～30 天	一般不超过 10 天
救助机构	收容遣送站	救助管理站
出站方式	强制遣送	自愿离站、救助期满出站
负责部门	公安、民政	民政

资料来源:洪大用:《转型时期中国社会救助》,辽宁教育出版社 2004 年版。

《救助管理办法》实施十余年来,救助管理工作稳步发展,成效显著。

(1)据民政部统计,自 2003 年 8 月 1 日至 2012 年底,全国共救助生活无着的流浪乞讨人员 1 564.5 万人次,其中未成年人 135.8 万人次,危重病人、精神病人 64.1 万人次,残疾人 103.8 万人次,老年人 165.3 万人次,跨省接送 83.3 万人次。(2)救助管理在工作创新方面不断推进,救助工作呈发展和上升趋势。目前,很多救助管理站通过执行 ISO 国际质量认证体系、建立未成年人保护中心和妇女庇护所等措施,创新救助方式,完善救助体制。例如,上海市发挥民间组织在救助流浪乞讨人员中的作用,引入慈善救助服务社参与救助管理工作。河南省郑州市流浪儿童救助保护中心作为民政部—联合国儿童基金会流浪儿童合作项目执行单位,运用现代社会工作的科学理念和方法,尝试设立街头全天候救助点和"类家庭"救助保护模式。

(3)救助管理在政策落实上不断完善。救助管理实施以来,新情况、新问题不断涌现,尤其是对流浪儿童的救助问题,有关部门给予了高度重视。针对流浪儿童的救助保护问题,民政部于 2007 年发布了《流浪未成年人救助保护机构基本规范》,加强流浪未成年人救助保护机构规范化建设,促进流浪未成年人救助保护事业健康发展。随后,民政部于 2008 年编制的《流浪未成年人救助保护中心建设标准》,更加科学地确定了流浪未成年人救助保护中心的建设规模与水平,规范建筑布局,完善配套设施 ,从而全面提升流浪未成年人救助保护中心的救助能力、工作质量和服务水平,使流浪未成年人救助保护工作落到实处。随着流浪儿童关爱性救助保护理念的深入,流浪儿童保护的力度也开始向纵深扩展。2011 年,民政部、中央综治办、教育部等8部门发布《关于在全国开展"接送流浪孩子回家"专项行动的通知》，指出要通过开展"接送流浪孩子回家"专项行动，帮助流浪未成年人回归家庭、告别流浪，力争到2012年底基本实现城市街面无流浪未成年人的目标。2013年5月，民政部、中央综治办等10部门联合下发了《关于在全国开展"流浪孩子回校园"专项行动的通知》，在全国联合开展以"合力保学、快乐成长"为主题的"流浪孩子回校园"专项行动，帮助流浪未成年人回归校园，融入社会，健康成长。该通知又从流浪儿童源头防治和返家返校后的关爱帮扶方面提出了具体要求，强调要"加强流浪未成年人摸底排查、调查回访、需求与家庭监护评估、返校复学和教育转化、关爱帮扶和源头预防工作"。送流浪儿童回家返校所进行的一系列摸底排查、评估预防等举措，有力减少了儿童外出流浪乞讨和重复流浪现象。根据民政部2016年社会服务发展统计公报，截至2016年，共有能够提供住宿的儿童收养救助服务机构705个，床位10.0万张，年末收留抚养各类人员5.4万人。其中儿童福利机构465个，床位9.0万张；未成年人救助保护中心240个，床位1.0万张，全年共救助流浪乞讨未成年人5.2万人次。

3. 城市流浪乞讨人员生活社会救助制度尚存在的问题

虽然救助管理制度实施一年多来取得了一些成效，但是也暴露出一些问题。主要可以分为以下几个方面：

第一，自愿求助者少。《救助管理办法》规定了自愿求助的原则。但是，据了解，全国各地多家救助站几乎无一例外地存在着"门前冷落鞍马稀"的情况，很多流浪乞讨人员宁睡街头也不愿进救助站。自愿求助者少，有多种原因。对于一些真正长期流浪乞讨、生活无着的人来说，救助站的临时救助不能持续地解决问题，送回原住所或原单位更不能解决问题，因为他们本来就是在原住所或原单位无法谋生的人。对于另外一些长期流浪乞讨人员来说，乞讨本身已经成为一门职业，甚至是回报比较丰厚的职业，他们已经成为职业化乞丐，自然不会去自愿接受救助，更不愿意被送回流出地。

第二，求助者中很多人并非是所谓"生活无着的流浪乞讨人员"。一些研究表明，实际到救助站申请救助的人，多数是来自农村的，暂时还没有流浪乞讨的投亲不着、务工不着、无钱看病、被偷盗、从家里走失等有临时困难的人。

第三，临时救助无法满足特殊求助对象的需求。《救助管理办法》第二条规定，救助站对流浪乞讨人员的救助是一项临时性社会救助措施。《实施细则》第十二条规定，救助站应当根据受助人员的情况确定救助期限，一般不超过10天；因特殊情况需要延长的，报上级民政主管部门备案。这种临时性救助很难满足长期流浪乞讨人员的需求，因为他们往往是因为一些长期困难而陷入乞讨困境的。特别是对一些残疾人、危重病人、精神病人和流浪儿童，救助站的临时救助只是杯水车薪，根本无济于事。他们所需要的实际上是长期的住养式的福利照顾，但是这种照顾恰恰供应不足。

第四，受助人员返回住所地或所在单位非常困难。《救助管理办法》第十一条规定，救助站应当劝导受助人员返回其住所地或者所在单位。救助站对受助的残疾人、未成年人、老年人应当给予照顾；对查明住址的，及时通知其亲属或者所在单位领回；对无家可归的，由其户籍所在地人民政府妥善安置。但是，在实际工作中，受助人员返回住所地或所在单位非常困难。2004年5月28日，民政部、财政部发布的《关于做好城市生活无着的流浪乞讨人员中特殊困难救助对象跨省返乡工作的通知》（民函〔2004〕128号）指出，救助管理实施以来的突出问题是：受助人员中没有自主返乡能力的残疾人、未成年人和其他行动不便者等特殊困难救助对象，由于一些流出地迟迟不予接回，导致其长期滞留在流入地救助管理站内，不能得到及时返乡安置,影响了救助管理工作的开展。事实上,不仅是这些人,就是一般救助对象的返乡也很困难。

第五,街头流浪乞讨人员有增多的趋势。在实施救助管理制度以后,很多地方反映街头流浪乞讨人员有骤然增多的趋势。在一些城市,甚至到了所谓"五步一岗,十步一哨"的程度。这事实上不是救助管理制度本身的问题,而是部分地由其引发的问题。因为救助管理制度主要面向"生活无着的流浪乞讨人员",这就在实际上承认了可以谋生的流浪乞讨人员的存在,或者说在一定程度上承认了乞讨的职业化。而在现实生活中,有时乞讨确实可以获得收入,甚至是比较高的收入。这样就吸引了一些贫困地区的人们以及其他一些"别有用心"的人们。

第六,部分地区落实救助管理经费有困难。在旧的收容遣送制度下,收容遣送站只是在大城市、中等城市、开放城市和其他交通要道流浪乞讨人员多的地方设立,而且允许收容遣送站组织收容人员劳动以获取收入,因此很多收容遣送站的财政能够得到保障,日常运转没有问题,甚至还是很富裕的机构。实施救助管理制度以来,要求县级以上城市人民政府都根据需要设立流浪乞讨人员救助站,同时明确规定救助站不得向受助人员、其亲属或者所在单位收取费用,不得以任何借口组织受助人员从事生产劳动。实施救助管理的经费一般由地方政府予以保障。

二、农村生活社会救助

现有的农村生活社会救助制度主要包括农村五保供养、农村居民最低生活保障制度等多种救助形式。

(一)农村五保供养

1. 农村五保供养制度的建立与发展

农村五保供养是指对符合《农村五保供养条例》(以下简称《条例》)规定的村民,在吃、穿、住、医、葬方面给予的生活照顾和物质帮助。

农村五保供养是中国农村生活社会救助工作中的一个主要内容。1956 年 1 月,经最高国务会议通过,中央以草案的形式发表了《农业四十条》,后于 1960 年 4 月 10 日第二届全国人大第二次会议通过,其中第 30 条规定:"农业生产合作社对于社内缺乏劳动力、生活没有依靠的鳏寡孤独的社员,应当统一筹划,指定生产队或者生产小组在生产上给予适当的安排,使他们能够参加力能胜任的劳动;在生活上给予适当的照顾,做到保吃、保穿、保烧(燃料)、保教(儿童与少年)、保葬,使他们的生养死葬都有依靠。"同年 6 月 30 日,第一届全国人大第三次会议通过的《高级农业生产合作社示范章程》也明确规定:"农业合作社对于缺乏劳动力或者完全丧失劳动力、生活没有依靠的老、弱、孤、寡、残疾社员,在生产上和生活上给予适当安排和照顾,保证他们的吃、穿和柴火的供应,保证年幼的受到教育和年老的死后安葬,使他们生养死葬都有依靠。"这两个文件是最早提出关于农村"五保"供养工作的法规性文件,自此,初步建立起了具有中国特色的农村五保工作制度的雏形。

在这之后,五保供养制度随着我国社会的发展而变化,经历了合作社、人民公社、"文革"、农村经济体制改革后等几个重要历史阶段,它的形式、办法和内容在不同的时期体现出不同的特点。主要的改变是随着农村经济体制的变化,五保的内容由集体化时期的"保吃、保穿、保烧(燃料)、保教(儿童与少年)和保葬"逐步演变为"保吃、保穿、保住、保医、保葬(未成年人保教)"五个方面。五保供养逐步实现了由集体福利事业转型为现代社会保障制度,所需资金由农民分摊转由国家财政负担。到 2010 年底,全国农村得到五保供养的人数为 534 万户、

556.3 万人，基本实现“应保尽保”，全国各级财政共发放农村五保供养资金 96.4 亿元人民币。截至 2017 年底，全国共有农村五保供养人员 466.9 万人，当年各级财政共支出农村五保人员救助供养资金 269.4 亿元。

2. 五保供养制度的主要内容

五保供养是我国传统农村生活社会救助的主要内容，它从 20 世纪 50 年代建立后延续至今。现行的五保供养制度是根据 2006 年 3 月 1 日国务院颁布的《农村五保供养工作条例》建立的。该条例在原有五保供养制度的基础上，对五保供养的对象、内容、形式以及财产处理和监督管理重新做了明确的规定，同时取消了对农村五保供养对象的财产处理问题的规定，为处理供养对象的财产问题留下了空间。

(1)供养对象。《条例》规定：“五保供养的对象是指村民中符合下列条件的老年、残疾或者未满 16 周岁的村民：第一，无法定扶养义务人，或者虽有法定扶养义务人，但是扶养义务人无扶养能力的；第二，无劳动能力的；第三，无生活来源的。

只有同时具备上述三个条件的老年人、残疾人或未成年人才有资格成为五保对象，三个条件缺一不可。”

(2)供养内容。《条例》规定：“五保供养的内容是：(一)供给粮油和燃料；(二)供给服装、被褥等用品和零用钱；(三)提供符合基本条件的住房；(四)及时治疗疾病，对生活不能自理者有人照料；(五)妥善办理丧葬事宜。五保对象是未成年人的，还应当保障他们依法接受义务教育。”可见，对五保对象的各个方面进行了全面的保障。

(3)经费来源和标准。《条例》统一了五保经费来源，规定农村五保供养资金，在地方人民政府财政预算中安排。有农村集体经营等收入的地方，可以从农村集体经营等收入中安排资金，用于补助和改善农村五保供养对象的生活。农村五保供养对象将承包土地交由他人代耕的，其收益归该农村五保供养对象所有。中央财政对财政困难地区的农村五保供养，在资金上给予适当补助。

“五保供养的实际标准，不应低于当地村民的一般生活水平。具体标准由省、自治区、直辖市人民政府制定。”“灾区和贫困地区的各级人民政府在安排救灾救济款物时，应当优先照顾五保对象，保障他们的生活。”有的地方把五保对象的供给标准具体化为不低于当地上报的上年度人均纯收入的 2/3。

(4)五保供养的形式。《条例》明确了五保供养的基本形式，即农村五保供养对象可以在当地的农村五保供养服务机构集中供养，也可以在家分散供养。农村五保供养对象可以自行选择供养形式。集中供养的农村五保供养对象，由农村五保供养服务机构提供供养服务；分散供养的农村五保供养对象，可以由村民委员会提供照料，也可以由农村五保供养服务机构提供有关供养服务。其中，集中供养是指把五保对象集中在敬老院供养，而分散供养是指由亲属或邻居等在家供养五保户。选择哪种供养形式，各地根据实际情况，因地制宜。

(5)监督管理。对违反《五保供养条例》者，将依法处分。“对符合农村五保供养条件的村民不予批准享受农村五保供养待遇的，或者对不符合农村五保供养条件的村民批准其享受农村五保供养待遇的，贪污、挪用、截留、私分农村五保供养款物的，有其他滥用职权、玩忽职守、徇私舞弊行为的，依法追究刑事责任。”

(二)农村居民最低生活保障制度

1. 农村居民最低生活保障制度的发展

1992 年，我国农村最低保障制度率先在山西省左云县试点。1994 年，民政部决定在农村初步建立起与经济发展水平相适应的层次不同、标准有别的最低生活保障制度。同年,在上海3个区和山西省阳泉县建立农村最低生活保障制度的试点。1994年,国务院召开的第十次全国民政会议提出,到20世纪末,要"在农村初步建立与经济发展水平相适应的层次不同、标准有别的社会保障制度"。山西、山东、浙江、河北、湖南、河南、广东等省被列入开展农村社会保障体系建设试点的首批名单。1996年,民政部总结了试点地区的经验,制定了农村社会保障制度建设指导方案,印发了《关于加快农村社会保障体系建设的意见》,明确提出在全国范围内积极探索建立农村最低生活保障制度的任务,确定在山东烟台、河北平泉、四川彭州和甘肃永昌这四个经济发展水平分别处于不同层次的地区进行试点。同年底,全国试点县、市扩大到了256个。但是1997年以后,政府对社会保障工作的重点日益转向城镇,各地农村最低生活保障制度试点工作从最初的大面积作战进入了各自为政的阶段,有条件的地区纷纷开始建立农村居民最低生活保障制度,但很多地方却陷入了停顿。相对城市最低生活保障制度由试点到落实、基本实现应保尽保的成功进展,农村低保制度显得进展缓慢。

针对农村最低生活保障制度的缺陷,民政部决定调整农村最低生活保障政策。2003年4月,民政部要求中西部没有条件的地方不再实行有名无实的最低生活保障制度,只在沿海发达地区和大城市郊区继续实行最低生活保障制度。北京、上海、天津和浙江、广东、江苏、辽宁决定继续推行农村最低生活保障制度,并且尽快做到应保尽保。

2007年6月,国务院召开全国建立农村最低生活保障制度工作会议,研究部署农村最低生活保障工作。会议强调,各级政府和有关部门要充分认识建立这项制度的重大意义,准确把握这项工作的目标原则和关键环节,逐步将符合条件的农村贫困人口全部纳入保障范围,切实把这项利民惠民的德政办好办实。同年7月,国务院发布关于在全国建立农村最低生活保障制度的通知,要求切实解决农村贫困人口的生活困难,决定2007年在全国建立农村最低生活保障制度。农村最低生活保障制度自实行以来,到2016年底,已覆盖4 586万人,全国农村低保预算安排也从2008年的233亿元增加至2016年的634亿元,年人均低保标准也由2008年的987元增加至2016年的3 744元。

2. 农村居民最低生活保障制度的目标和总体要求

建立农村最低生活保障制度的目标是:通过在全国范围建立农村最低生活保障制度,将符合条件的农村贫困人口全部纳入保障范围,稳定、持久、有效地解决全国农村贫困人口的温饱问题。

建立农村最低生活保障制度,实行地方人民政府负责制,按属地进行管理。各地要从当地农村经济社会发展水平和财力状况的实际出发,合理确定保障标准和对象范围。同时,要做到制度完善、程序明确、操作规范、方法简便,保证公开、公平、公正。要实行动态管理,做到保障对象有进有出,补助水平有升有降。要与扶贫开发、促进就业以及其他农村社会保障政策、生活性补助措施相衔接,坚持政府救济与家庭赡养扶养、社会互助、个人自立相结合,鼓励和支持有劳动能力的贫困人口生产自救,脱贫致富。

3. 农村最低生活保障标准和对象范围

农村最低生活保障标准由县级以上地方人民政府按照能够维持当地农村居民全年基本生活所必需的吃饭、穿衣、用水、用电等费用确定,并报上一级地方人民政府备案后公布执行。农村最低生活保障标准要随着当地生活必需品价格变化和人民生活水平提高适时进行调整。

农村最低生活保障对象是家庭年人均纯收入低于当地最低生活保障标准的农村居民,主要是因病残、年老体弱、丧失劳动能力以及生存条件恶劣等原因造成生活常年困难的农村居民。

4. 农村最低生活保障管理

农村最低生活保障的管理既要严格规范，又要从农村实际出发，采取简便易行的方法。

（1）申请、审核和审批。申请农村最低生活保障，一般由户主本人向户籍所在地的乡（镇）人民政府提出申请；村民委员会受乡（镇）人民政府委托，也可受理申请。受乡（镇）人民政府委托，在村党组织的领导下，村民委员会对申请人开展家庭经济状况调查，组织村民会议或村民代表会议民主评议后提出初步意见，报乡（镇）人民政府；乡（镇）人民政府审核后，报县级人民政府民政部门审批。乡（镇）人民政府和县级人民政府民政部门要核查申请人的家庭收入，了解其家庭财产、劳动力状况和实际生活水平，并结合村民民主评议，提出审核、审批意见。在核算申请人家庭收入时，申请人家庭按国家规定所获得的优待抚恤金、计划生育奖励与扶助金以及教育、见义勇为等方面的奖励性补助，一般不计入家庭收入，具体核算办法由地方人民政府确定。

（2）民主公示。村民委员会、乡（镇）人民政府以及县级人民政府民政部门要及时向社会公布有关信息，接受群众监督。公示的内容重点为：最低生活保障对象的申请情况和对最低生活保障对象的民主评议意见，审核、审批意见，实际补助水平等情况。对公示没有异议的，要按程序及时落实申请人的最低生活保障待遇；对公示有异议的，要进行调查核实，认真处理。

（3）资金发放。最低生活保障金原则上按照申请人家庭年人均纯收入与保障标准的差额发放，也可以在核查申请人家庭收入的基础上，按照其家庭的困难程度和类别，分档发放。要加快推行国库集中支付方式，通过代理金融机构直接、及时地将最低生活保障金支付到最低生活保障对象账户。

（4）动态管理。乡（镇）人民政府和县级人民政府民政部门要采取多种形式，定期或不定期调查了解农村困难群众的生活状况，及时将符合条件的困难群众纳入保障范围；并根据其家庭经济状况的变化，及时按程序办理停发、减发或增发最低生活保障金的手续。保障对象和补助水平变动情况都要及时向社会公示。

5. 农村最低生活保障资金

农村最低生活保障资金的筹集以地方为主，地方各级人民政府要将农村最低生活保障资金列入财政预算，省级人民政府要加大投入。地方各级人民政府民政部门要根据保障对象人数等提出资金需求，经同级财政部门审核后列入预算。中央财政对财政困难地区给予适当补助。

地方各级人民政府及其相关部门要统筹考虑农村各项社会救助制度，合理安排农村最低生活保障资金，提高资金使用效益。同时，鼓励和引导社会力量为农村最低生活保障提供捐赠和资助。农村最低生活保障资金实行专项管理、专账核算、专款专用，严禁挤占挪用。

本章小结

1. 生活社会救助是社会救助中最重要的内容，它是国家对生活在当地最低生活保障标准之下的贫困人口进行现金和实物等救助的社会保障制度。

2. 生活社会救助的概述，包括内涵、特点、救助对象、责任主体、资金来源、主要原则及作用等基本理论。

3. 从制度的产生和发展以及现行制度的主要内容这两个方面，详细介绍了英国、美国、日本及智利的生活社会救助制度。这几个国家的生活社会救助制度都比较完善,有助于我们学习和借鉴。

4. 从制度建立的背景、过程及主要内容等方面,详细阐述了我国城市生活社会救助制度。

5. 我国现行农村生活社会救助主要包括五保供养、最低生活保障、特困户救济和临时救济等救助形式。

思考题

1. 简述生活社会救助的内涵和特点。
2. 简述生活社会救助的对象及原则。
3. 我国现行的城乡生活社会救助主要有哪些措施?
4. 简述我国城市居民最低生活保障制度的主要内容。
5. 谈谈对几个典型发达国家生活社会救助制度的认识和了解。

第四章

医疗社会救助

学习目的

通过对本章的学习，了解医疗社会救助的概况，以及国外医疗社会救助的内容，重点掌握中国医疗社会救助的含义、地位和功能、内容以及发展和改革。

第一节　医疗社会救助概述

一、医疗社会救助的基本内涵

医疗社会救助是社会救助的主要形式，它是指由政府从财政、政策和技术上为贫困人群中的疾病患者提供某些或全部基本的医疗健康服务，以改善贫困人群健康状况的一种社会救助项目。

随着社会的不断发展，人们的生活水平不断提高，健康水平也得到改善。但是市场经济的发展不可避免地带来了贫富差距问题，公平与效率之间的矛盾日益突出，政府的责任就在于保证高效率的同时，兼顾社会公平。除了利用税收等政策减少高低收入者之间的收入差距之外，还可以通过补助等形式保障低收入者的基本生活水平。在基本生活保障中，医疗服务是重要的组成部分。世界卫生组织(WHO)在《组织法》中提到：政府对其人民的健康负有责任，只有通过适当的卫生保健和社会措施才能履行其职责。可见，改善贫困人群的健康状况是政府义不容辞的责任，因此，必须在政府的主导下，对贫困人群实行医疗社会救助，以保障他们的基本生存权。

二、医疗社会救助的主要内容

(一)救助对象

通常来讲，医疗救助对象的确定必须具备三个条件：一是贫困人口；二是贫困人口中的病患者；三是上述人员在实施了医疗保险等医疗保障之后仍不能支付医疗费用。不同的国家在具体细则上有不同的规定。但由于各种原因，医疗社会救助常常无法覆盖所有贫困人口，所以确定救助对象是医疗社会救助的首要难点。

在医疗救助对象的认定方法上通常采用“客观经济指标评估法”和“参与性评估法”确定医疗社会救助的对象。前一种方法是按经济收入或支出作为划分是否贫困以及贫困程度的标准,其中一个常用的指数是人均纯收入;后一种方法打破了仅仅从救助者角度出发确定救助对象的传统,考虑了被救助者的意见和观点。贫困者对自身医疗状况的评价,可以加强医疗社会救助对象确定的客观性。所以后一种方法在一定程度上更符合实际情况。

无论采用哪种方法确定救助对象,都应该注意以下问题:

1. 比例问题

不同地区的贫困程度是不同的,即使是同一个贫困地区,其贫困人群的贫困程度也有很大差别,贫困人群也不会很平均地分布在特定的地区。因此,在确定不同经济地区贫困人员的比例时,应该考虑比例问题。经济条件相对较差的地区救助对象的比例应该高一点。

2. 性别公平性

医疗社会救助的对象必须充分考虑性别的公平性,确保贫困的成年男女、女孩和男孩都有同等的权利和机会享有医疗社会救助。对更具有脆弱性的妇女及女孩、女婴,应当考察其特殊的一些要求,才能确保她们与贫困男子、男孩、男婴享有同样的服务,达到同样的健康水平。

3. 量入为出

在社会医疗救助资金总额既定的情况下,盲目增加救助对象的数量会造成救助资金的缺口,对以后需要就医得更加贫困的人员造成不公平。因此,应该以能够提供的财政能力,即救助资金总量为基础和前提确定救助对象的数量。

(二)救助标准

实施医疗救助的可能性标准要依据财政支付情况来设定政府的救助能力。政府救助能力的强弱决定了救助水平的高低。

救助能力的缺口是一个地区医疗救助水平和能力的标志。比如一个被救助者,治愈其病情需要 1 万元,而政府财力提供的救助只能达到 2 000 元,8 000 元就是缺口。

可见病人的医疗需求与政府财政形成的救助能力是两个概念。由于各地的经济社会水平,特别是财政收入状况存在差异,因此,医疗救助水平也存在差异,不可能执行全世界统一认可的医疗救助标准,即使一个省内救助标准也有可能不同。救助标准一般以政府财力可承担的医疗救助费用表示。

(三)救助办法

医疗社会救助办法是救助实现的途径和措施,是政府部门、社会有关单位(包括社会组织在内)在医疗社会救助中履行职责或发挥优势而采取的各种方法的汇集。各医疗救助主体具有一定的替代性和互补性,通过不同的途径开展医疗社会救助,以不同的运行方式达到救助的目的。医疗社会救助方法的多样性,增大了不同救助对象获得救助的几率,扩大了医疗社会救助的普遍性和可及性。

各国都根据本地经济、社会发展水平和财政收入状况,采取多种医疗救助方式和途径。大致有以下几种:

第一,对医疗费用进行一定比例的减免或完全减免。

第二,设立专项资金,专款专用。

第三,行会、工会等社会组织对会员进行互济互助,费用从该组织的储备金或者是从单位福利费、工会经费、个人缴费中提取。

第四,社会或慈善组织为病贫人员组织开展义诊、义捐和无偿义务医治活动。大体有以下形式:(1)慈善医疗机构、福利医院,免费对持医疗救助卡的贫困人口进行医治服务。(2)慈善募捐。由慈善组织或其他社会组织发起，对特定贫困病人开展献爱心募集资金活动，所筹资金专款专用、所剩部分再去救治新的对象。(3)定期义诊。医院与社区达成协议，定期轮流派医护人员或医疗救助志愿者到社区，对符合医疗救助条件的人员进行义诊，上门服务。

(四)救助的申请和审批

医疗社会救助一般实行属地化管理原则，其申请和审批流程由当地政府的相关部门等制定。因此不仅是各个国家的申请和审批程序不同，即使在一国之内，不同的地区之间也是有差异的。但基本过程还是一致的。

首先，贫困人群提出申请，提供所需病史材料、身份证明、财产证明以及已经接受地方相关部门医疗救助情况等资料。

其次，行政部门收到申请，对申请人的经济收入、病情、已享受政府财政之外的医疗救助等情况进行核实，对其是否具有享受资格进行审查。对救助对象要严格把关、严格审核，防止因审核把关不严出现错漏情况，使真正需要救助的人及时得到有效救助。

再次，在核实无误之后，对符合条件者进行审批，给予其某种形式的认定，比如颁发“社会医疗救助卡”。

最后，通过审核并获批的贫困者享受医疗社会救助待遇。

(五)救助资金的筹集和管理

1. 资金的筹集

从全球来看，绝大多数发达国家和若干发展中国家对贫困人群实行了减免费医疗制度，即利用国家财政总收入的一部分作为贫困人群实施医疗社会救助的资金。

2. 资金的管理

资金若是使用不当，比如说资金管理者因为照顾亲朋好友而徇私舞弊，将会破坏医疗社会救助的质量和效果。地方各级政府要将社会医疗救助金纳入政府预算，及时足额到位。在筹资问题解决后，将筹得的资金管理好，也是一个值得重视的问题。要成立独立的资金管理委员会进行管理，以专门的账户存储，实行专账专项管理，由专人负责报销补偿，制定严格的会计和审计制度，并实施群众监督，防止挪用和挤占。

三、基本功能

医疗社会救助是对贫困人员进行的救助，既有物质的也有精神的，解决了贫困人员的疾病之忧；更重要的是，它还是医疗保障制度的一个重要组成部分，覆盖了医疗保险所不能及的一部分贫困人群。缺少了医疗社会救助的社会救助制度是不健全的，医疗保障制度也是不完整的。

从图 4—1 可以看出，医疗保障制度主要由三部分组成：医疗社会救助、基本医疗保险和补充医疗保险。基本医疗保险是通过立法形式强制推行的，是法定的医疗保险制度。它保障了大多数人的看病难的问题。补充医疗保险对发生概率相对较小的疾病，以及特殊人群不同层次的医疗需要具有保障功能。而对于经济困难无力支付医疗费用的贫困人员，只有依靠医疗社会救助得以保障。医疗社会救助在整个医疗保障制度中起托底作用，只有解决好贫困人群的最基本的医疗保障问题，才能保证他们的生活基本需要。

就功能来讲，医疗社会救助不仅具有社会功能，还具有经济功能。

(一)促进社会公平

一般来说，在公平和效率两个方面，社会救助往往更多地从公平角度考虑。医疗社会救

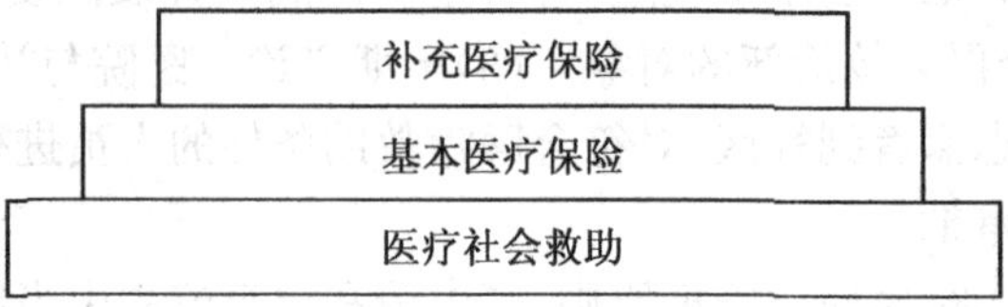

图 4—1　医疗保障体系

助能保障贫困人群的看病问题，具有稳定社会的功能。具体反映在以下两个方面：

1. 有利于医疗卫生服务中的机会公平

机会公平是医疗卫生服务产品在各个地区、各个人群中得到合理的分配，每个需要基本医疗服务的人都能够得到满足。简言之，社会中的每个人同样享有基本医疗服务的机会。

一般来说，越是贫困的家庭，需要长期支付医疗费用的可能性就越大，易陷入"因困致贫，因贫致困"的恶性循环。医疗社会救助的目的，是让这些有需要的家庭及时地享受医疗服务，尽快地恢复健康。一个健全的医疗社会救助体系，保证了医疗服务的可及性，可以覆盖到每个地区的每个人，帮助那些陷入困境的家庭。

2. 有利于医疗卫生服务的结果公平

医疗卫生服务中的公平，不仅是说机会的公平，更强调结果的公平。这里的结果一方面是指健康，另一方面是指收入分配。社会普遍认同个人健康情况与其收入水平成正相关。医疗社会救助缓解了贫困人群高额医疗费用压力，减少了由于贫困导致的无钱就医情况，促进了社会的健康公平。

由于经济收入的巨大差异，导致贫富差距不断拉大，又因为医疗卫生服务资源的分配不均，贫困人群所拥有的医疗卫生资源相对其他人群少，使得贫困者的生活状况不尽如人意。医疗社会救助对贫困人员给予一定的援助，使他们有能力支付需要的医疗卫生服务费用，从而保障了他们能够得到一定质量的卫生服务。从这个角度来讲，医疗社会救助在一定程度上改善了居民收入分配的公平。

(二)提高社会效率

医疗社会救助不仅符合公平原则，同时还符合效率原则。具体体现在以下几个方面：

1. 维持劳动力再生产

社会再生产是由物质产品再生产和劳动力再生产共同构成的，而劳动力的再生产是关键。生产的发展和劳动生产率的提高，一刻也离不开劳动力的维持和延续。

医疗社会救助对劳动者特别是贫困人群的身体健康、家庭经济、生活稳定以及恢复和保护劳动力方面都起着重要的作用。因为没有足够的经济收入，贫困劳动者一旦患病，会影响到自身劳动能力的发挥和恢复，严重的甚至会丧失劳动能力。

2. 合理分配医疗卫生资源

任何可行的调整都不能使得调整之后一些人的境况变好，而其他任何人的境况至少不变坏的资源配置状态称为帕累托最优。也就是说，在技术条件给定的条件下实现社会福利最大化，必须没有资源的闲置和浪费。有效的医疗社会救助不仅可以保证医疗卫生服务的可及性，促进社会健康的公平，还能在一定程度上提高有限卫生资源的使用效率。

医疗支出符合边际效用递减规律。如果国家不制定向贫困人群倾斜的医疗社会救助政策，就整个社会来说，医疗卫生服务由较富裕的人群享受，就会使医疗支出的边际效用递减。

所以,对贫困人员实施医疗社会救助,不仅可以缓解他们的收入压力,也能给全社会带来更高的健康状况的边际效用,从而提高整个国家的医疗支出的使用效率。

(三)维护社会稳定

疾病不仅使弱势群体经济上陷入困境,还会给他们的心理造成很大的影响,会引起他们的焦虑和对社会的不满,甚至威胁社会稳定。医疗社会救助制度能有效预防和及时发现因病致贫,有效地缓解贫困人群的焦虑和不满。政府和社会对贫困人员实施专项救助,能够有效保障无经济来源、经济贫困、遭遇不幸和失去工作能力或工作岗位的患病贫困人员享有基本的医疗卫生服务,满足其基本的健康需求,消除其不安全感,维持社会稳定发展。

(四)预防贫困,保证人权

“因病致贫,因贫致病”是一种恶性循环。经济困难已成为贫困人口患病就医的最大障碍,因此国家和社会应保证贫困人群拥有获得必要的医疗救助的权利,使生命权和健康权得到保证。《世界人权宣言》第二十五条规定:“人人有权享受为维持他本人和家庭的健康和福利所需的生活水准,包括食物、衣着、住房、医疗和必要的社会服务;在遭到失业、疾病、残废、守寡、衰老或在其他不能控制的情况下丧失谋生能力时,有权享受保障。”健康作为人权的重要组成部分是公民生活幸福的基本保障,获得医疗社会救助是公民的基本权利。目前,世界各国政府十分注重人权保障,对贫困人群进行医疗社会救助,是各个国家政府人道和人权的充分体现。

(五)体现了一些国家目前的卫生体制改革需要

建立医疗社会救助体系,能促进卫生体制的配套改革。医疗社会救助必须通过医疗机构来进行。医疗机构的设置、服务水平、价格等因素,直接影响医疗社会救助的规模、时间和效果。医疗社会救助体制的建立,将推动多层次、满足不同需求的医疗机构的建立,有利于卫生服务投入从以供方为导向转向以需方为导向,促使医疗机构提供更好的服务,进而增加其收入,同时也可以改变基层卫生机构人员大量闲置、低效率的现状。

第二节　外国的医疗社会救助

世界上几乎所有国家在建立医疗保障制度的时候,都经历了先建立医疗社会救助制度,再慢慢过渡到基本医疗保险体系的过程。

一、美国的医疗社会救助

美国是采取混合性医疗保障制度的典型国家,没有统一的医疗保险制度,私人和公共医疗保险计划同时存在,私人医疗保险是主流的保障系统,大多数工人及其家属由雇主购买的私人保险所覆盖;政府仅向没有私人保险的人提供公共保险计划;医疗保健大多由私人医院和医生提供。虽然美国医疗保障强调个人负责,但针对贫困人群的医疗援助制度是比较完善的。以穷人为对象的医疗救助制度是美国医疗保障体系的重要组成部分。它的产生,是美国卫生保健制度渐进式改革的结果。

(一)美国医疗社会救助制度的产生

1965 年是美国卫生保健历史上一个重要的里程碑,两项公共健康保障项目——老年医疗照顾计划和穷人医疗援助计划诞生了。这两项计划的提出标志着美国政府全面干预医疗保障事务的开始，是美国医疗保障历史的一个分水岭。

20 世纪上半叶，美国的卫生保健主要是私人行为（包括慈善医疗、私人保险和自费就诊），没有政府主办的公共保险项目。

20 世纪 30 年代的大萧条促使美国政府于 1935 年通过了历史上第一部社会保障法典——《社会保障法》，其中该法规定联邦政府要给各州拨款，用于建设公共医疗服务设施，还要给贫病的母亲、儿童和残疾人以医疗援助。联邦政府从此进入医疗领域。

1950 年的《社会保障法修正案》授权联邦政府拨款资助州政府，用于支付公共援助对象的医疗费。1960 年，国会通过了《科尔—密尔斯法案》(Kerr-MillsAct)。该法案增加了联邦政府用于资助州政府支付医疗费的配套经费。更为重要的是，该法案扩大了州政府的援助对象，将有医疗需求的低收入者，包括将低收入的老人、盲人和残疾人等都纳入进来，而不仅限于以前的公共救助对象。但是，当时许多州没有充分执行这个法案的规定，所以效果并不明显。

1965 年，有关医疗照顾和医疗援助的立法正式生效，这个法律旨在帮助穷人和弱势人群，但归根结底，它们是国会两党妥协的产物。医疗改革计划被分成两个部分：一部分是针对老年人的医疗照顾计划，另一部分是针对穷人的医疗援助计划。这两项计划的基本目标就是向老年人、残疾人和穷人，提供平等的就医机会。这两个计划极大地增加了美国卫生保健的可及性，缓解了平等就医所带来的财政压力。

其中，医疗援助（以下统称“医疗救助”）是直接针对贫困者的救助计划，根据联邦政府的要求和指导，州政府进行管理，费用由州及联邦政府共同承担，各州支付费用的 50%～78%，联邦政府支付 25%～50%。医疗救助的范围包括提供住院、门诊、化验、X 光检查、专业护理、内科医生和家庭医疗服务等。低收入者从门诊到住院，从简单的检查到手术治疗，大部分不要自己花钱。

2010 年奥巴马医疗改革，按照参议院通过的医疗改革法案的规定，所有美国人都应拥有医疗保险，联邦政府会向低收入人群提供医保补贴。

（二）美国医疗社会救助制度的具体内容

对医疗援助对象、服务项目、医疗援助的申请、申请者的财产标准和收入计算法等各州都有十分详细而复杂的规定。但以下内容方面基本相同。

1. 救助对象

一般而言，医疗救助的受益对象包括由联邦政府强制性规定的特困人群以及各州政府自主决定的选择性贫困人群。州政府决定的受助标准相对较为宽松。

具体来讲，美国医疗援助的对象主要包括五类人：

(1)未成年儿童家庭救助计划(AFDC)和补充保障收入计划(SSI)的援助对象。前者主要救助贫困的单亲家庭和有一方失业的双亲家庭。后者旨在救助穷人、盲人和残疾人。AFDC 和 SSI 的救助对象是医疗援助的主要对象。

(2)低收入家庭的小孩和孕妇。具体标准为：孩子不到 6 岁、家庭收入处于联邦贫困线(FPL)133%及以下的家庭。处于该贫困线下的孕妇可得到妊娠、生育、产后保健相关服务的资助。

(3)低收入的医疗照顾对象。1988 年的医疗照顾大病费用法案(Medicare Catastrophic CostAct，MCCA)规定，部分医疗照顾对象，包括低收入的老年人和残疾人的医疗照顾保险费与医疗费的自费部分可以由医疗援助项目支付。这部分人被称作特定的医疗照顾对象，对这些人群的救助是强制性的。

(4)有较大医疗开支的人。虽然这些人的收入远远高于医疗援助的标准，但巨额的医疗费和长年的护理费将耗尽他们的收入和财产。

(5)接受机构护理的人。《医疗援助法》规定，各州可以将收入超过 SSI 标准 300%、正在接受机构护理的人纳入医疗援助的范围。

按照联邦法律，前面三类人，各州必须予以援助。后面两类人，各州可以有选择地进行援助。医疗救助是一项“权利”项目，尽管这种权利非常有限，但参与对象没有缴费的义务。

2. 医疗救助的服务范围和申请

在美国，以联邦政府的政策为蓝本，各州可以自行决定医疗救助的数量和期限。但是，为了获得美国联邦政府的配套经费，各州必须向医疗援助对象提供一系列基本的医疗服务，包括医院和医生的服务、家庭健康计划咨询、专业护理机构的照顾、诊断服务、小孩各种疾病的检查和治疗等。各州还可以有选择地提供一些服务，例如处方药、牙的护理、弱智者的护理、老人和小孩的精神疾病治疗等。在各州提供的选择性服务中最普遍的是：诊断服务、临床服务、智力缺陷者照料、处方药、假肢、验光和配镜、21 岁以下人群的专业护理服务、交通服务、康复和理疗、慢性病患者的家庭和社区保健。

在美国，要想接受医疗救助的援助，必须提出申请，并由主管部门对申请者的财产和收入进行调查，即家庭经济状况调查，通过财产调查来确定是否进行救助。通常医疗救助资助最早可以从申请前三个月开始享受，在个人不再符合任何医疗救助受助条件的当月底结束。

3. 经费来源和管理

美国医疗援助的资金采用联邦和州两级供款模式，即联邦政府和各州分担医疗援助的费用。这一模式自医疗援助制度产生之日起一直没有改变。支付方式可以直接支付也可以预付，各州可以按服务直接向医疗服务提供者支付卫生保健费用，或者通过各种预付方式[比如健康维持组织(HMOs)]支付医疗救助(医疗救助)费用。美国各州在费用支付上有较大的自主权，可以自行决定偿付方式和偿付比率，但是不能超过联邦规定的范围。联邦政府拨给各州的配套经费是以各州的人均收入为基础的。

医疗援助的管理也分联邦和州两级。在联邦政府内，医疗援助由卫生和人力服务部中的健康照顾财政署(Health Care Financing Administration，HCFA)管理。在州一级，医疗援助的管理机构各不一样，一般为卫生或人力服务部门。

4. 实施情况

对于美国人来说，运行近半个世纪以来的医疗救助制度是医疗费用偿付的主要机制，1992 年以来医疗救助对象范围不断扩大，从 1 760 万人增加到了 2011 年的 6 900 万人。但是，它的费用在不同类型受益者间的分布是参差不齐的，老年人和残疾人的费用比例过高，儿童费用比例较低，2005 年联邦和各州政府总费用 3 290 亿美元中 70%用于老年人和残疾人。此外，中长期照料费用居多，2001 年，医疗援助(医疗救助)计划为护理之家或家庭健康服务的患者支付的保健费用已经超过总费用的 41%。而根据预算和政策优先事宜中心(Center on Budget and Policy Priorities)的预测，美国 2011 财政年度预算短缺 1 250 亿美元，各州可能削减医疗补助以平衡预算。

二、英国的医疗社会救助

英国是一个具有社会救济传统的国家。今天英国覆盖全民的国家卫生服务保障制度，也是在最初的医疗救助制度上发展和完善的。英国的社会保障模式都属于福利型,其医疗保障是"健康服务型",强调政府的责任。

(一)产生和发展

1. 产生

1536 年英国颁布了《亨利济贫法》,标志着英国政府开始承担解决社会贫困问题的责任。法令虽然对身体健全而不愿意工作的人实施更加严厉的惩罚,但同时规定,地方官员有义务分发教会收集的志愿捐赠物资,用来救济穷人、残疾人、病人和老年人。

1601 年,英国颁布了世界历史上著名的《伊丽莎白济贫法》,又称"旧《济贫法》"。其中包括了对穷人提供医疗救济和医疗服务的内容。

1834 年,英国又根据新的社会经济情况,颁布了新《济贫法》。它的主要特点是实行院内救济。新《济贫法》规定,对病人因疾病造成的收入损失给予生活救助并提供医疗服务,同时改善城市医疗卫生条件,提高劳动者的健康水平。

在这个时期,英国对患病者及身体不健全者所提供的救济,包括健康救济和医疗服务两部分。健康救济严格依照院内救济原则执行。

医疗服务主要在救济医院内实施。救济医院向那些收入较少、无力支付其他医院较高费用以及接受院内救济的贫民提供医疗服务。但是,因提供医疗服务需要大量的人力、物力和财力,为了降低救济支出,各教区在济贫医院床位、医疗人员数量、医疗人员工资、医疗设备购置、医药供应乃至就诊人员的个人品行方面都进行了严格限制。这就必然影响济贫医院在提供医疗服务方面所发挥的作用。除济贫制度之外,一些组织自发成立医疗救助委员会,如工会组织、慈善组织也为其他的困难人群提供医疗救助。为了使更多贫困病人得到及时的医疗救助,英国政府于 1885 年颁布了《医疗救济法》。

19 世纪末 20 世纪初英国政府实施的各种医疗保健和促进健康措施,不仅在一定程度上改善和提高了英国民众的健康水平,而且为健康保险制度在英国的实施奠定了基础。但是无论是济贫法制度提供的医疗保健还是慈善机构提供的医疗服务,都存在缺陷。主要表现为医院床位严重不足、救济医院的药品供应不足和医护人员严重不足。

1908 年,以劳合·乔治为代表的自由党社会改革派制定和实施了健康保险制度。1911 年,国民保险法制度开始正式建立。1911 年英国颁布了《国民健康保险法》,总的来说,仍延续《济贫法》的一些缺点和不足,不能很好地解决困难群体的医疗救助问题。

2. 初步发展

第二次世界大战期间,英国基本的国民保健制度初步建立。1942 年 12 月,一份对英国现行社会保障制度进行全面研究和对未来的社会保障制度进行全面设计的报告发表,这就是著名的《社会保险与相关服务》,也称《贝弗里奇报告》。贝弗里奇认为,应该通过建立一种崭新的、更加完善的社会保障制度来改变现状,具体就是对每个英国公民,不分贫富,一律提供包括子女补贴、失业津贴、残疾补贴、生活困难救济、妇女福利以及退休养老金等"从摇篮到坟墓"的完备的社会保障项目,最终将英国变为一个"福利国家"。在《贝弗里奇报告》的基础上,1944 年英国政府拟定了《国家卫生服务法》,并于 1948 年在全国实施。该项法律的实施,标志着英国全民享受医疗保障制度的开始,也标志着困难群体享受医疗救助有了法律依据。

3. 快速发展

进入 20 世纪 70 年代,英国社会经济发生了很大变化,社会保障制度也发生了一定的变化。保守党取代工党上台执政,既希望能给国民充分的社会保障,又希望能控制保障支出。

这一时期，残疾人护理方面得到了一定的进展。1972 年 10 月，英国实施了一项“护理津贴”制度，对那些为残疾人提供护理服务的人支付护理津贴。第二年又成立了一个家庭基金会，由政府提供 300 万英镑的基金，对 16 岁以下患有严重先天性残疾儿童的父母提供津贴。

1974 年工党再次上台，虽然政府对于医疗救助的绝对投入有所增加，但相对总的社会救济支出比例却并没有增加，20 世纪 80 年代末甚至逐年下降。1976 年，工党政府发表了《英格兰保健与个人社会服务的优先权白皮书》。由于英国政府出现财政危机，提出了用最低的成本满足最需要者的医疗服务方针，以使医疗保健服务能在政府资金不足的状况下正常运行。1989 年 1 月，当时保守党执政的英国政府发布了《医疗制度改革白皮书》，这也是英国政府免费医疗制度实施四十多年来最重要的一次改革，其根本目的是减少政府财政压力，提高国有医疗机构工作效率，确保医疗保障资源公平享用。这样，英国的医疗救助制度逐渐发展起来了。

(二)现行的医疗社会救助

1979 年，以撒切尔为首的保守党上台以后，强调市场对经济的作用，减少政府对经济的干预，对社会福利的投入也减少了，所以这个时期的医疗社会救助方面没有什么起色。1997 年，工党执政，布莱尔指出：必须对社会保障进行改革。社会保障由提供救济转变为为民众创造和发展机会。

在国民保健方面，基本宗旨是：建立真正为全体英国公民健康负责的国民保健制度，而不应该是缺乏社会责任感的制度。工党政府国民保健制度改革的目标是，逐步将医疗保健由普遍的权利向个人责任转变，有效降低政府用于医疗保健方面的财政支出，同时，也能为民众提供充分优质的医疗保健服务。

在英国社会保障补贴规定中，“疾病和残疾”通常被视为同一个群体。很多重度残疾和长期病患的人丧失劳动能力，终生都不能参加工作，因此他们得不到缴费型补贴。而轻度残疾人和短期病患的人在几个星期或者几个月的时间就能恢复健康，只是在短期内需要补贴。因此，这两种人需要的补贴权利是不一样的。

接受医疗救助通常需要先提出申请，并且接受生活状况及医疗需求状况的调查。官方负责机构对是否给予救助做出判断。判断的标准由国会制定且每年作动态调整。该标准通常按照贫困群体的医疗需求水平制定，主要包括常规医疗需求和特殊医疗需求。英国目前的救助项目主要包括法定病假工资、重残津贴、残疾生活津贴和护理津贴。

1. 法定病假工资

法定病假工资是一种向因病不能工作的全职或兼职的雇员支付最多 28 周病假工资的非缴费型、不需要财产调查的补贴。但必须符合以下四个申请条件：(1)身份是雇员；(2)申请人“不能工作”；(3)有一段“不能工作”的时间存在；(4)申请人的收入等于或低于“较低收入标准”。

2. 重残津贴

重残津贴是免税的、不需要财产调查的补贴，向由于残疾或疾病而在工作年龄阶段至少连续 28 周不能工作，但又因为没有缴纳足够的国家保险费而无权领取“丧失工作能力补贴”(缴费型的国民保险)的人支付。该津贴于 1984 年代替非缴费型的残疾年金开始实行。获得重残津贴必须符合以下申请条件：(1)年龄在 16～65 岁；(2)住所条件：申请人必须在大不列颠有正常的住所并实际在此居住，在最近一年里至少要居住 26 周；(3)丧失工作能力，且目前该不能工作的情形已经持续了 28 周；(4)合格途径。如果申请人既不能工作，同时又满足“合格途径”的任何一项要求，就有权领取重残津贴。合格途径是指：第一，在 20 周岁以前丧失工作能力；第二，申请人严重残疾；第三，原先享受领取非缴费型残疾年金的权利。

3. 残疾生活津贴

这是一种非缴费型、不需要财产调查的补贴，是对残疾人补贴的扩展，由照管部分和行动部分组成。

(1)照管部分。为需要照顾的人提供帮助。支付水平分三档。

根据《1992 年社会保障缴费和补贴法》第七十二条规定，申请条件如下：

第一，住所条件：申请人必须在大不列颠有正常的住所并实际在此居住，在最近一年里至少居住 26 周。

第二，申请人有严重的身体或精神残疾，以致他在一天中的某段时间，需要他人的照顾，或者即使他有原料，也不能为自己做饭。

以下两条符合任意一条，可以享受中级支付水平，同时满足可以享受高级支付水平。

第三，申请人有严重的身体或精神残疾，以致在白天需要他人全天对其身体进行照顾或监护。

第四，申请人有严重的身体或精神残疾，以致在夜间需要他人对其一直不间断地进行照顾；或者为了避免他给自己或其他人造成实质性的危险，需要他人对其一直不间断地进行监护。

(2)行动部分。为那些行动有困难的人提供帮助。支付水平分两档。

根据《1992 年社会保障缴费和补贴法》第七十三条规定，申请条件如下：

第一，住所条件。申请人必须在大不列颠有正常的住所并实际在此居住，在最近一年里至少居住 26 周。

第二，年龄为 5～65 岁。

第三，能够容易地、不时地从“帮助行动的工具”中获益。

第四，必须满足照管部分规定的残疾情况之一。

4. 护理津贴

这是为年满 65 周岁，因精神或身体严重残疾而需要其他人照顾或监护，而又没有资格领取残疾生活津贴的人设立的补贴项目，也是免税、不需要财产调查、非缴费型的补贴。

支付水平分两档。较低支付水平为每周 37.60 英镑，较高支付水平为每周 56.20 英镑。较低支付水平适用于白天或夜间需要照顾或监护的申请人，较高支付水平是适用于白天和夜间都需要照顾或监护的申请人。获得护理津贴必须符合以下条件：

(1)住所条件：申请人必须在大不列颠有正常的住所并实际在此居住，在最近一年里至少居住 26周。

(2)满足“残疾生活津贴”中所述的残疾情况之一的，可以享受较低支付水平的护理津贴，如果两者同时满足，能够享受较高支付水平的护理津贴。

(3)不在某种类型的机构中居住。这些特殊机构是指医院、病贫者收容所以及当地官方招待所或由公共或当地官方资金举办的机构。

第三节　我国的医疗社会救助

一、改革开放之前的医疗社会救助

从中华人民共和国成立以后到职工医疗保险制度改革之前，我国医疗保险制度主要是城市职工的公费医疗、劳保医疗制度和农村合作医疗制度。

(一)公费医疗和劳保医疗制度

20 世纪 50 年代初为保障国家工作人员(包括机关事业单位职工)健康,公费医疗制度正式建立,政府通过卫生部门向享受人员提供制度规定范围内的免费医疗服务,费用完全由政府承担。

劳保医疗制度是我国劳动保险制度的重要组成部分,其实施对象是企业职工。1951 年 2 月 26 日正式颁布的《中华人民共和国劳动保险条例》标志着我国劳保医疗制度的诞生。

(二)农村合作医疗制度

农村合作医疗制度是在各级政府的支持下,按照参加者互助共济的原则组织起来,为农村社区人群提供基本医疗卫生保健服务的医疗保健制度。合作医疗在保障农民健康、提高全民素质方面发挥了极其重要的作用,是世界农村社区医疗保障制度的典范。

不论是公费医疗、劳保医疗制度还是农村合作医疗制度,都是计划经济的产物,都带有"大锅饭"的特点。尤其在城镇,由于实行了免费医疗制度,从某种意义上说,也就没有必要建立医疗社会救助制度。

二、医疗社会救助的建立和完善

(一)建立的背景

由于"文革",合作医疗制度基本瓦解,改革开放后公费医疗制度向医疗保险制度转变,城乡贫困人口和特殊人群(主要是优抚对象中的老红军、老退伍军人、伤残军人)的医疗难问题凸显,医疗救助成为我国社会救助体系建设的重要任务。2003 年,由政府组织、引导、支持,农民自愿参加,个人、集体和政府多方筹资,以大病统筹为主的农民互助共济的新型农村合作医疗制度建立。

20 世纪 80 年代,传统的医疗社会救助主要用于农村扶贫工作和加强农民基本卫生保健工作中,具有很大的随意性。我国如今的医疗社会救助的基本内涵是:由政府主导,全社会广泛参与,通过医疗机构实施的以贫困人员中的患病者为对象,旨在恢复其健康,维持其基本生存能力。中央政府以及地方政府采取各方面措施加强对医疗救助体系的投入和制度的建设。在资金投入方面,中央财政投入从 2003 年为 3 亿元,到 2009 年,中央财政安排的医疗救助资金已达到 80.53 亿元,增长了 27 倍;地方各级财政的投入也连年增长。在制度建设方面,我国的医疗救助不断扩大保障范围;逐步降低或取消起付线,合理设置封顶线,提高救助比例;进一步简化救助程序,缩短办理时限;进一步加强对医疗救助定点医院的监管,规范基本药物目录和诊疗目录,建立定点医院准入和退出机制等。

2013 年,民政部下发了《关于加强医疗救助与慈善事业衔接的指导意见》,提出要积极探索建立医疗救助与慈善事业的衔接机制,鼓励引导慈善力量参与医疗救助。

2015 年 4 月,国务院办公厅转发民政部等部门《关于进一步完善医疗救助制度全面开展重特大疾病医疗救助工作意见的通知》(国办发〔2015〕30 号)强调要将城市医疗救助制度与农村医疗救助制度整合,推进城乡统筹;完善医疗救助制度;全面开展重特大疾病医疗救助;健全筹资机制、一站式结算机制、监管机制和社会参与机制等工作机制,加强组织领导。

2016 年 9 月,《慈善法》对网络募捐进行了明确规定,慈善组织通过互联网开展公开募捐的,应当在国务院民政部门统一或者指定的慈善信息平台发布募捐信息,并可以同时在其网站发布募捐信息。民政部指定了腾讯公益平台、新浪微公益平台、支付宝公益平台,以及轻松筹公益平台等13家互联网募捐信息平台，实现了医疗救助线上线下无缝对接有效地将病人、医院、慈善组织、互联网公开募捐平台衔接起来。

2016年，根据国务院扶贫办建档立卡统计，我国因病致贫、因病返贫贫困户占建档立卡贫困户总数的42%，患大病和患长期慢性病的贫困人口疾病负担非常重，医疗救助已经成为一项关乎民生发展的大事。国务院发布的《"十三五"脱贫攻坚规划》强调，在基本医疗保险报销范围基础上，减轻贫困人口医疗费用负担，加大医疗救助力度，将贫困人口全部纳入重特大疾病医疗救助范围。对突发重大疾病暂时无法获得家庭支持、导致基本生活出现严重困难的贫困家庭患者，加大临时救助力度。

（二）主要内容

1. 救助对象

我国医疗社会救助的受助者主要有以下几类：

（1）民政部门给予定期定量救济的"三无"人员和其他特殊对象中的患病者。

（2）享受城乡居民最低生活保障家庭中丧失劳动能力的无业人员病患者；因自然灾害而致病的农村灾民。

（3）享受城乡居民最低生活保障，有医疗保险但因患大病重病在享受基本医疗保险待遇和有关其他补助后，个人负担医疗费用仍有困难的人员。

（4）享受城乡居民最低生活保障的年满60周岁的无业老人和年龄在16周岁以下未成年人中的患病者。

（5）伤残军人、孤老复员军人及孤老烈属等重点优抚对象中的病患者。

（6）因患大病重病，经各种救助帮困措施后，个人自付医疗费仍有困难且影响家庭基本生活的低收入家庭中的特困人员或未享受医疗保险的人员。

2. 救助方式

医疗社会救助方式多样，这种多样性增大了救助对象获得救助的可能性，体现了社会救助的社会化，代表着社会的进步和文明。

具体来看，救助方式主要有以下几种：

（1）医疗费用减免。这是医疗社会救助的基本形式。符合享受医疗社会救助条件者在公立医院看病时，凭救助证可享受20%～30%（甚至更高比例的折扣）医疗费用减免。医疗服务的成本由公立医院和医疗社会救助资金分担。国家对公立医院有较大的资本投入，且是免税的，因此应该通过让利的形式承担部分社会责任。

（2）社会救助基金。政府为解决特困职工经济收入过少但负担医疗费用过重而难以保障基本生活的问题，由政府筹集资金，建立特困人员医疗社会救助资金，对鳏、寡、孤、独及发生特殊困难或特殊疾病的人员因医疗费用支出负担过大造成的困难给予救济，以减轻他们就医的直接经济负担。

（3）慈善救助。包括社会或慈善组织为贫困人员组织开展的义诊、义捐和无偿义务的医疗治疗活动。虽然政府对贫困人群的医疗社会救助工作有着不可推卸的责任，但要将政府财政投入覆盖到所有的贫困人群并长久坚持下去，就我国目前的国力来看是不现实的。因此，依靠社会力量就显得尤为重要。

（4）"平民医院"。以低于服务成本的价格为贫困人群提供低费用的医疗服务。

（5）临时救济。临时救济是为了缓解贫困人员医疗难的问题，解决医疗保险不能解决的问题，一些地方政府增大临时救济费解决贫困户患病不能支付医药费的困难。临时救济费由市、县、乡财政和村级经费列支。

(6)专项补助。即由财政每年根据救助对象的治病需求，拨付一定的经费，专项专用，小病包干，大病补助。

(7)团体医疗互助。各行业、单位及工会内部组织职工建立医疗互助互济组织。

(8)互联网医疗救助。互联网医疗救助为公众参与公益事业提供了便利，更为弱势群体的救助提供了多重保障，弥补了现阶段社会保障体系的不足。

三、城镇医疗社会救助

20 世纪 80 年代前，城镇贫困人员的医疗社会救助由政府拨款。此后政府不再安排专款，许多医院虽对贫困人员进行了医疗救治，但拖欠费用问题较为严重。1998 年起，各地开始逐步建立职工基本医疗保险制度，但未覆盖全部城镇人口，因病致困和因困致贫的状况比较突出。1999 年起，医院按照医院财会制度建立了住院病人坏账准备金，但由于医院能力有限，核销数额较小。近年来，医疗社会救助制度逐步完善，各地都进行了医疗社会救助实践的探索。

(一)北京市

北京市颁布了《医疗优惠办法》和《医疗社会救助暂行办法》。1997 年 7 月，市卫生局实行总量控制、结构调整的医疗改革。对北京市户籍的家庭月人均收入低于城市低保标准的特困户和五保户居民，凭北京市“低保金领取证”及有关证件享受普通住院床位费 50%、基本手术费 20%、CT 及核磁共振、大型设备检查费 20%的优惠。

2002 年，《北京市城市特困人员医疗救助暂行办法》开始实施，具体内容包括救助对象(城市居民最低生活保障人员、家庭月人均收入高于城市低保标准但低于最低工资标准的北京市城镇职工基本医疗保险对象、北京市规定的其他特殊生活困难人员)、救助方式和救助标准(城市低保对象享受减收基本手术费和 CT、核磁共振大型设备检查费 20%、减收普通住院床位费 50%的优惠；“三无”人员治疗疾病和照护者费用实报实销；退职老弱残职工凭医疗单位收费凭证由民政部门补助 2/3，本人负担 1/3；“三无”人员和因公致残返城知青享受免收门诊挂号费和诊疗费、减收基本手术费和普通检查费 30%、减收普通住院床位费 60%的优惠；低保对象患危重病在指定医院就医，个人当年负担医疗费用累计超过 1 000 元，可按照个人负担医疗费用 50%的比例标准享受医疗救助，全年个人累计享受医疗救助支付额原则上不超过 10 000 元)。

2009 年 1 月 1 日起，北京市将城乡社会医疗救助方案分为门诊、住院两类救助。其中，患常见病、慢性病的医疗救助定义为“门诊救助”；对患危重病且享受城镇大病医疗保险和新型农村合作医疗报销后的住院有关费用的补助将被定义为“住院救助”；将针对低保、低收入群体的医疗救助报销比例由 50%提高到 60%，并取消住院救助报销起付线。民政部门管理的城市“三无”对象、农村五保供养对象和因公致残返城知青的医疗救助，可以“实报实销”。

北京市陆续颁布了《关于调整完善我市城乡医疗救助制度的意见》(京民社救发〔2014〕219 号)、《关于调整规范城乡社会救助对象医疗救助申请审批程序有关问题的通知》(京民救发〔2015〕346 号)、《关于开展因病致贫家庭医疗救助有关问题的通知(试行)》(京民社救发〔2015〕403 号)等文件。

2017 年 3 月，《关于调整社会救助对象医疗救助相关标准的通知》(京民救发〔2017〕76 号)对医疗救助的标准做出了修改如下：

1. 调整对象

特困供养人员、最低生活保障人员、生活困难补助人员和低收入救助人员的医疗救助适用此次标准调整。

2. 调整内容

(1)门诊救助比例从70%调整到80%,全年救助封顶线从4 000元调整到6 000元(享受城镇职工基本医疗保险的救助对象除外)。

(2)住院救助比例从70%调整到80%,全年救助封顶线从4万元调整到6万元。承担住院押金减免和出院即时结算的定点医疗机构,住院押金减免比例和减免额度参照调整后的住院救助标准执行。

(3)重大疾病救助比例从75%调整到85%,全年救助封顶线从8万元调整到12万元。

(4)民政部门管理的享受原工资40%救济的20世纪60年代初精减退职老职工的门诊救助和住院救助比例从70%调整到80%;重大疾病救助比例从75%调整到85%。

(5)特困供养人员、民政部门管理的因公(病)致残返城知青的医疗救助按原有政策执行。

3. 经费来源

因调整标准增加的经费由各区财政负担。

4. 相关政策衔接

(1)与临时救助的衔接。社会救助对象发生的医疗费用,在享受医疗救助后,个人负担仍然较重、超出家庭承受能力,导致基本生活出现困难的,可向户籍所在地乡镇(街道)申请临时救助。

(2)与慈善救助的衔接。在加强政府救助的同时,我市还持续推动慈善救助与医疗救助的衔接,对于政府救助之后或不符合社会救助政策但确因患病导致基本生活出现困难的,可以由乡镇(街道)协助向慈善组织申请慈善救助。

(二)上海市

2002年初,上海市制定了《关于做好本市医疗社会救助工作的实施意见》等六个操作性文件,规范了审批程序,加强了归口管理,按照"一口上下"的原则,在全市范围内积极组织实施医疗社会救助工作。在上海设有264个社会救助事务管理所,居委会全部设有兼职社会救助协理员。在社区这个平台上,社会各方的救助信息资源得到了整合:困难对象可通过街道、乡镇的"社会救助事务所"这个"口子"申请救助;政府救济和社会互助的所有款物,都通过这个"口子"向下发放;社会救助所工作人员、居委会社会救助协理员,工作更加深入,使信息闭塞、行动不便的困难居民都能及时得到救助,尽量在对象上基本实现了全员覆盖。

2008年1月,扩大医疗救助的救助对象范围,并且调整救护病种、提高医疗救助的标准。其中家庭人均收入低于农村低保标准150%以下的农村低收入家庭中患有尿毒症透析、精神病、恶性肿瘤等大病重病的人员,在享受新型农村合作医疗待遇和其他补贴以及各种互助帮困措施后,个人负担医疗费仍有困难,且影响家庭基本生活的,可以纳入医疗救助范围。为了鼓励和支持社会慈善公益团体积极参与社区医疗帮困,上海市还采用了"社区医疗帮困一卡通"形式,为社区无医疗保障困难人员提供门诊医疗困难救助。

2017年1月,《上海市城乡医疗救助资金管理办法》对城乡医疗救助资金做出有关规定。

1. 救助对象

(1)享受本市民政部门定期定量生活补助的特殊救济对象;

(2)本市城乡最低生活保障家庭成员;

(3)本市城乡低收入困难家庭成员(依据本市民政部门公布的城乡低收入困难家庭标准);

(4)散居孤儿;

(5)经市政府批准的其他符合城乡医疗救助条件的对象。

2. 资金筹集

市、区人民政府按 1∶1 的比例筹集、建立城乡医疗救助资金。市级财政部门每年根据上一年度开展城乡医疗救助工作的实际支出,将市级城乡医疗救助资金(含中央下拨城乡医疗救助补助资金)纳入当年市对区专项转移支付,区级财政部门将城乡医疗救助资金纳入本区财政预算。

医疗救助资金的来源主要包括:

(1)市、区财政部门公共财政预算中安排的资金(包括一般公共预算和福利彩票公益金);

(2)中央下拨的城乡医疗救助补助资金;

(3)社会各界捐赠收入。

3. 资金使用范围

(1)住院医疗救助(包括住院、急诊观察室留院观察、门诊大病和家庭病床治疗);

(2)门急诊医疗救助;

(3)资助本市低保、低收入等困难群众家庭成员参加城乡居民基本医疗保险和其他补充医疗保障计划;

(4)城乡居民基本医疗保险门急诊(住院)起付线减免。

2018 年 7 月起,上海市调整完善医疗救助政策,进一步减轻困难群众医疗负担。调整完善后的本市医疗救助政策:

1."住院救助"领域

城乡低保家庭成员、散居孤儿、低收入困难家庭成员的住院自负医疗费用救助报销比例在原有基础上分别提高了 10 个百分点,个人全年最高救助限额调整为 13 万元,而且将两类"因病致贫"的困难家庭纳入救助对象范围。

2. 在"门(急)诊救助"领域

在原有的救助低保对象、特殊救济对象的基础上,将低收入困难家庭也纳入了救助范围,这类家庭门(急)诊自负医疗费用按 50%比例给予救助,全年最高救助限额为每人 2 500 元。调整完善后的医疗救助政策还明确,对本市特殊救济对象和低保对象免收住院押金,对低收入困难家庭和因病支出型贫困家庭对象的住院押金则减半收取。

(三)武汉市

2001 年武汉市实施《关于对本市最低生活保障对象实行基本医疗救助办法的通知》,对低保对象和"三无"人员就医实行优惠政策。低保对象到挂牌定点医院就医,享受统一规定的减免收费。此外,提倡各医院根据就医者当时病情和费用情况,在统一减免的范围外增加减免项目、扩大减免幅度。

2005 年武汉市又出台了专门的《武汉市贫困群众医疗救助办法》,规定低保人员医疗救助付线为 1 500～2 000 元,经区以上人民政府批准的特殊困难对象的医疗救助起付线为 3 000 元,城市城镇"三无"和农村"五保"对象均不设起付线。规定了六种重大疾病的救助对象,对当年个人实际负担的住院费用超过起付线的超出部分给付医疗救助。救助金额在 2 000～4 000 元之间。

2007年，武汉市对贫困群众医疗救助政策进行较大的调整，对医疗救助实行分级救助，救助封顶线从5 000元提高到10 000元，并取消原来的救助门槛，增加大病救助病种；变事后救助为事前或事中救助；缩短救助审核办理时间；提高农村五保对象医疗救助水平等。

2011年，武汉市已将救护病种扩大至13类重病，同时扩大了医疗救助定点医院范围，建立了城乡贫困群众医疗救助即时结算平台，提供“一站式”医疗救助服务；并且规定救助对象因住院发生的医疗费用，经城镇职工、居民医保、新农合医保及商业保险结算后，其个人自付医疗费用的部分（不含自费项目部分），将按一定标准和比例给予救助。体现了将医疗救助与基本医疗保险制度相衔接的原则。

2017年1月，武汉市人民政府实施《医疗救助实施办法的通知》（武政规〔2016〕32号）。

1. *救助对象*

（1）重点救助对象，是指城乡最低生活保障对象和特困供养人员（含城市“三无”人员、农村“五保”对象、城乡孤儿）。

（2）低收入困难对象，是指低收入困难家庭中的老年人（年满65周岁）、未成年人、重度残疾人（持有第二代《中华人民共和国残疾人证》的一级、二级残疾人）和重病患者。

（3）建档立卡精准扶贫对象，是指2016～2020年间市扶贫办建档立卡的精准扶贫对象。

（4）因病致贫救助对象，主要指因发生高额医疗费用，自付合规医疗费用超过家庭上年度收入的2倍，家庭财产符合本市最低生活保障认定条件，家庭基本生活出现严重困难的重病患者。

（5）区人民政府认定的其他困难对象。

2. *救助方式和标准*

医疗救助包括资助重点救助对象参加城乡居民基本医疗保险、门诊医疗救助和住院医疗救助3种方式。

（1）对重点救助对象参加城乡居民基本医疗保险的个人缴费部分，给予全额资助。

（2）重点救助对象、低收入困难对象、建档立卡精准扶贫对象因患有慢性疾病需要长期服药或者患有重特大疾病需要长期门诊治疗，且办理了我市基本医疗保险门诊重症（慢性）疾病审批手续的，可以申请门诊医疗救助。

（3）住院救助

一般疾病医疗救助。对重点救助对象和建档立卡精准扶贫对象因患有一般疾病而住院治疗产生的自付合规医疗费用，按照70%的比例给予救助，年救助封顶线为2.6万元（含门诊救助金额）；对低收入困难对象，按照60%的比例给予救助，年救助封顶线为1万元（含门诊救助金额）。

重特大疾病医疗救助。对重点救助对象和建档立卡精准扶贫对象因患重特大疾病而住院治疗产生的自付合规医疗费用，按照70%的比例给予救助，年救助封顶线为5万元（含门诊救助金额）；对低收入困难对象，按照60%的比例给予救助，年救助封顶线为2万元（含门诊救助金额）；对因病致贫救助对象，当其自付合规医疗费用达到统计部门发布的上年度城镇（农村）常住居民人均可支配收入的1.5倍时，对超出1.5倍的部分按照50%的比例给予救助，年救助封顶线为1万元；对区人民政府认定的其他困难对象，参照因病致贫救助对象标准给予住院医疗救助。

四、农村医疗社会救助

新型农村合作医疗的能力有限，医药费的上涨超过了农民经济收入的增长，因此在我国农村地区，疾病成为致贫、返贫的主要因素之一。农村医疗社会救助制度是政府拨款和社会各界自愿捐助等多渠道筹资，对患大病农村五保户和贫困农民家庭实行医疗社会救助的制度。我国农村贫困人员医疗社会救助实践有民政部门的农村低保制度、五保制度和贫困农民家庭供养救济、社会自发的医疗社会救助、世界银行贷款项目中的贫困救助。

(一)五保户和贫困农民家庭供养救济

1. 建立过程

据民政部的抽样调查，农村贫困家庭中，绝大部分是由大病造成的。2002 年 10 月，党中央、国务院下发的《关于进一步加强农村卫生工作的决定》指出："要建立和完善农村合作医疗制度和医疗救助制度。"2003 年 9 月，民政部、财政部、卫生部发布《关于实施农村医疗社会救助的意见》指出"农村医疗救助制度是通过政府拨款和社会各界自愿捐助等多渠道筹资，对患大病农村五保户和贫困农民家庭实行医疗救助的制度"，同时对医疗救助的内涵、目标原则、救助对象和救助办法作了更为具体的规定。我国的农村医疗社会救助在各地开始逐步推行，农村医疗救助工作取得了初步成效。但在发展过程中，由于城乡二元结构导致的城乡医疗救助体制不统一，严重制约了农村医疗救助有效运行。为此，2009 年，民政部、财政部、卫生部、人力资源和社会保障部联合发布了《关于进一步完善城乡医疗救助制度的意见》(以下简称《意见》)，要求建立城乡统一的医疗救助体制，提高农村医疗救助标准和救助水平。在国家民政部门及相关部门的不断努力下，中国医疗救助资金投入和医疗救助对象的数量不断增加，救助水平也不断提高。在民政部发布的《2009 年民政事业发展统计公报》中显示，到 2009 年，国家投入农村医疗救助资金为 58.6 亿元，比 2005 年 5.7 亿元投入多了将近 10 倍。

2. 主要内容

(1)目标。《意见》要求进一步完善农村医疗救助制度，筑牢医疗保障底线，用 3 年左右时间，在全国基本建立起资金来源稳定，管理运行规范，救助效果明显，能够为困难群众提供方便、快捷服务的医疗救助制度。

(2)救助对象。农村医疗社会救助的救助对象为农村五保户、农村贫困户家庭成员和地方政府规定的其他符合条件的农村贫困农民。救助对象的具体条件由地方民政部门会同财政、卫生部门制定，报同级人民政府批准。

(3)救助方法。开展新型农村合作医疗的地区，资助医疗社会救助对象缴纳个人应负担的全部或部分资金，参加当地合作医疗，享受合作医疗待遇。因患大病经合作医疗补助后个人负担医疗费用过高，影响家庭基本生活的，再给予适当的医疗社会救助。尚未开展新型农村合作医疗的地区，对因患大病个人负担费用难以承担，影响家庭基本生活的，给予适当医疗社会救助。国家规定的特种传染病救治费用，按有关规定给予补助。

(4)申请、审批程序。农村医疗社会救助的程序是：申请人(户主)向村民委员会提出书面申请，填写申请表，如实提供医疗诊断书、医疗费用收据、必要的病史资料、已参加合作医疗按规定领取的合作医疗补助凭证、社会互助帮困情况证明等，经村民代表会议评议同意后报乡镇人民政府审核。乡镇人民政府对上报的申请表和有关材料进行逐项审核，对符合医疗社会救助条件的上报县(市、区)民政局审批。县级人民政府民政部门对乡镇上报的有关材料进行复审核实，并及时签署审批意见。医疗社会救助金由乡镇人民政府发放，也可采取社会化发放或其他发放办法。

(5)资金的筹集和管理。农村医疗社会救助基金主要通过各级财政拨款和社会各界自愿捐助等多渠道筹集。资金来源主要有:地方各级财政每年在年初财政预算中合理安排的农村医疗社会救助资金;地方各级民政部门每年从留归民政部门使用的彩票公益金中提取一定的比例或一定数额的资金;社会各界自愿捐赠资金;农村医疗社会救助基金形成的利息收入;按规定可用于农村医疗社会救助的其他资金。同时,中央财政通过转移支付,对中西部贫困地区农村医疗社会救助给予适当支持。医疗社会救助资金必须纳入社会保障基金财政专户。各级财政、民政部门对医疗社会救助资金实行专项管理、专款专用。

(二)其他医疗社会救助

其他的医疗社会救助行为是指各种慈善捐赠或者国际医疗救助项目。慈善机构也是社会救助的主要参与力量。慈善机构通常是指热心参与和支持公益事业的企业、个人等社会力量在国家或各地方合法成立的各种机构。这些机构也可以对贫困人群进行医疗社会救助行为。对于是否符合受赠条件,国家都颁布了条例或者下发了通知,对于重要资金的管理和使用方面,也有相关的规定。但是由于医疗社会救助制度的区域性很强,所以各地方也都是因地制宜,根据实际情况制定不同的政策。

1. 慈善机构的医疗社会救助

慈善机构一般会建立医疗救助基金,它的运作情况如下:

第一,资金来源及用途。医疗基金全部来源于社会捐款,捐款人不限民族、国别、地区以及信仰,不限法人或自然人。医疗基金捐款人应有一贯热心参与和支持公益事业的社会形象以及为社会公认的经济成效。医疗救助基金在慈善机构内设专门账户,凡使用资金须在资金母本中提取一定比例,实行专款专用。医疗基金主要用于对特困家庭患严重疾病人员无力支付医疗费的援助性补助,以帮助他们暂渡难关。

第二,基金增值部分用途。一是用于特困家庭患严重疾病无力支付医疗费用人员的援助性补助;二是用于慈善机构开展医疗补助活动的工作开支。

第三,捐赠者权利。对自愿为医疗基金捐款的人,不论国内外企业单位、社会团体或个人,凡一次性捐款数额达到一个比较高的水平(比如 30 万元),就可以取得医疗基金的冠名权。没有达到这个数额,在这个额度以下,而在某个额度以上(比如 10 万元),就可以成为该慈善机构的创始会员或创始人,并可以参加医疗基金管委会,对基金使用进行监督和管理。个人捐赠满一定额度,就可以成为机构会员。医疗基金捐款人有权选择捐赠对象,了解资助对象基本情况,与资助对象见面,并关心他们的身体和生活情况;有权以会员身份参与慈善总会组织的有关活动;有权隐匿姓名;有权委托其他人代为处理有关事宜。

第四,资金的运营和监督。医疗基金在运作过程中,坚持低风险、高回报的原则以保证基金本金的保值增值。医疗基金的管理使用由慈善总会有关人员及捐款人代表组成的医疗基金管理委员会负责监督实施。医疗基金增值部分的使用管理,需经常务理事会批准或授权批准,按照年度预算计划实施。

2. 世界银行贷款项目中的贫困救助

世界银行贷款项目中的贫困救助包括以下几方面内容:

(1)西南扶贫项目卫生子项目的贫困人员医疗费用补偿。

(2)世界银行贷款综合性妇幼卫生项目对贫困人员中妇女儿童的医疗社会救助。

(3)秦巴贷款项目的贫困人员医疗社会救助。

(4)特困人口医疗社会救助,该项目覆盖范围包括河南、山西、安徽、青海、甘肃、贵州和重庆6省1市的71个国家级、省级贫困县,覆盖3 178万农村人口。该项目致力于加强中国农村贫困地区卫生服务提供能力,提高居民对卫生服务利用水平,保证当地居民获得基本医疗卫生保健服务,从而改善贫困地区人民群众的健康水平,为非项目地区和国家制定贫困人员医疗社会救助政策提供实践依据。

五、我国社会医疗救助存在的问题

(一)体制不明,职责不清

医疗社会救助在实践中存在着一些体制性障碍。一是把医疗社会救助混同医疗保险。参加医疗保险的人员,只有在享受医疗保险后仍有困难的特困人员,才能申请医疗社会救助。但是现实中越过医疗保险这道界限,直接进入医疗社会救助的现象时有发生,加重了医疗社会救助的压力。二是以互助性救助混同医疗社会救助。凡有单位的贫困人员,应先由单位对其进行互助性救助,当所实施的互助性救助不足以支付医疗费用的,才能申请医疗社会救助,直接就接受政府的医疗社会救助会使政府不堪重负。三是职能主体不明确。医疗社会救助本应由民政部门主管,但现实中却存在主管部门缺位或争当主管部门的现象,使求助者或求助无门,或不知找谁。

(二)医疗社会救助资金不足,救助标准较低

医疗社会救助资金如果能够得到保障,那么医疗社会救助的规模、水平和有效性也就能得到保证。在我国,不论是在城市还是在农村,都面临医疗救助资金不足的困境。

造成医疗社会救助资金不足的原因:一是贫困人员中患病者多,医疗总量不断扩大。农村特困户大多是无法靠"造血性"扶贫而脱贫的病老孤残者,加上农村落后的医疗条件,使不少贫苦人口处于贫病交加的状态。这些都是使医疗社会救助对象有增无减的原因。二是医疗费价格上涨,救助对象病情变数难料,使医疗社会救助费用增加。三是医疗社会救助经费不能足额及时到位,该用钱的时候没有用,加剧了经费供求矛盾和紧张情况。目前,一些地方的政府在进行医疗社会救助时采用临时救济金的形式,由当地政府定额包干下拨给下级政府,由其对患病贫困者的治疗根据支出情况进行补助性救助。出现的问题是,如果上一级财政资金不能及时下拨,下一级政府辖属的救助对象就不能及时得到救助。四是对优抚对象等特殊群体的医疗政策待遇落实的不够,加重了医疗社会救助这最后一道防线的压力。某些贫困地区如果当地财政困难,就难以执行国家关于二等乙级以上革命伤残军人实行公费医疗的规定,而采取将医疗费包干的办法。但是包干的标准很低,无法解决重点优抚对象的基本医疗费用。例如,广东饶平县二等乙级以上的伤残军人医疗包干费用每人每月仅20元,看一次门诊也不够。

我国目前城市医疗救助资金总体水平的不足,筹集的医疗救助资金本身并不能够满足所有城市贫困人群解决所有的疾病经济问题,所以只能将资源首先提供给贫困人群最急需的大病医疗救助。但是目前大部分地区在病种范围、封顶线和补偿比例等方面设置了种种关卡,这些关卡必然会将一部分有需要的贫困人群排除在医疗救助之外,使真正需要救助的人难以得到救助。因此,要解决这种可及性障碍,只能加大筹资力度、拓宽筹资渠道;同时还要设计合理的救助方案,扩大病种范围,逐步取消起付线,适度提高救助的比例,并重视在事前和事中的救助。

本章小结

1. 总述医疗社会救助的概念、内容和功能。

2. 介绍两个具有代表性的国外医疗社会救助制度——美国的医疗援助制度和英国的医疗社会救助制度,其中有对它们形成、发展和改革的过程的描述,也有对现行制度的描述。

3. 着重介绍我国医疗社会救助制度,重点阐述了城市和农村的具有中国特色的医疗社会救助制度。最后,探讨了目前国内该制度的不足之处。

思考题

1. 什么是医疗社会救助? 它有哪些社会功能?
2. 确定医疗救助对象时应该注意哪些问题?
3. 美国、英国在医疗社会救助方面有什么特点? 与我国有什么异同?
4. 我国农村医疗社会救助的主要内容是什么?
5. 谈谈你对我国现行医疗社会救助体系存在的不足之处的认识,以及如何改革。

第五章

生产社会救助

学习目的

通过本章的学习，了解生产社会救助的特点与原则，以及我国与国外相关制度的主要内容，从而对这项救助制度有大致的认识。

第一节 生产社会救助概述

一、基本内涵

生产社会救助是指对有一定生产经营能力的贫困户，从政策、资金、技术、信息等方面给予扶持，使其通过生产经营活动，摆脱贫困的一种社会救助项目。生产社会救助是一种更为积极的救助形式。

由于造成贫困的原因不同，贫困户或贫困人员的实际情况也是千差万别的，有的是丧失劳动能力，有的是具有劳动能力。对无劳动能力的贫困户和贫困人员，国家应给予一般的生活社会救助，保证其生存权，实行无偿提供现金救助或实物救助；而对于那些有劳动能力，但由于社会的一些客观因素，无法就业或生产经营、取得收入来源的贫困户和贫困人员，国家应该采取扶持的方法，也就是通过对他们采取生产社会救助的形式，依靠他们自身的力量发展生产，从而从根本上摆脱贫困。总之，生产社会救助是生产救助的主要内容。

二、主要特征

生产社会救助作为社会救助的方式之一，相对于其他的救助方式有几个显著的特征，尤其是区别于生活社会救助制度。概括起来，生产社会救助的特征主要体现在以下几个方面：

(一)救助对象

生产社会救助的对象一般是有一定生产能力的贫困者，不包括那些没有劳动能力的群体。因为有一定生产能力的贫困者可以通过外界的帮助而自食其力，但对于那些没有劳动能力的老人、儿童、残疾人等社会弱势群体，就无法向他们提供生产社会救助，而只能采取直接发放现金或实物的生活救助形式，解决这部分人的生活困难。

(二)救助资金偿还性

生产社会救助的资金可以采取“贴息有偿”“低息有偿”的方式，因而具有一定的偿还性。

而其他的救助方式一般都是救助资金由财政拨款，贫困户无偿使用、无须偿还。生产社会救助的对象许多是由于缺少进行生产经营的资金，因而可以采取“有偿有还”的方式进行救助，一方面可以把有限的救助资金从死钱变活钱，建立救助周转基金，保证资金的保值增值，循环使用；另一方面可以发扬受助者自力更生、艰苦创业的精神。

（三）救助资金来源多渠道

由于生产社会救助的资金可以采取“有偿有还”的方式，因此可以鼓励各种社会经济组织，一起参与扶贫开发工作，丰富救助资金的来源渠道，使救助工作有更庞大的资金支持，减轻国家的财政负担。

（四）救助手段多样化

对贫困户的生产社会救助，可以采取提供资金、提供物资或提供科技、信息的方式，也可以采取政策优惠的方式，只要达到可以帮助贫困户发展生产的最终目的。而一般的生活社会救助、医疗社会救助等是采取现金救助、实物救助或服务救助的救助手段，给予基本的生活保障，保障方式相对单一。

（五）救助方式特征

生产社会救助是一种更为积极的救助方式，能够帮助贫困户从根本上解决贫困问题。生活社会救助等救助方式带有一定的被动消极性，而生产社会救助则是救助工作由被动辅助到主动开发，由“输血”到“造血”的实质性改变，因而是社会救助制度改革和完善的一项成果。生产社会救助更侧重于“助”，即帮助贫困者获得生产条件和生产技能，为其脱贫致富创造环境，相对于其他救助而言，生产社会救助更具有长远可持续的反贫困效果，能从根本上帮助受助者摆脱贫困。

三、实施原则

国家在实施生产社会救助的过程中，必须遵循一定的原则，才能发挥生产社会救助应有的作用。具体原则如下：

（一）坚持救助治本的原则

治贫不仅要治标，更要治本。生产社会救助就是要通过对贫困户在生产经营方面的各项政策扶持，帮助他们逐步形成自我积累和自我发展的能力，从而通过他们自己的劳动解决温饱，逐步脱贫致富。实践证明，这个方针是成功的、正确的，必须长期坚持这个原则。

（二）坚持扶持对象到户的原则

解决贫困人口的温饱问题必须落实到户。生产社会救助更强调要面向贫困人口，使更多的贫困户能真正得到受益，直接解决他们的温饱问题。这就要求每个贫困地区都要逐村逐户进行调查，了解贫困现状，实行县建簿、乡造册、户立卡，做到工作到户、项目到户、服务到户、效益到户。只有采取具体、有针对性的措施，集中力量一户一户地帮，才能使没有解决温饱问题的贫困户更快、更多地受益。

（三）坚持救助方式多样化的原则

要想在生产经营方面帮助贫困户，就不仅需要资金的扶持，而且需要在技术、物资、信息、优惠政策等多方面给予扶持。贫困地区的贫困人口一般科学文化素质较低，观念落后，更缺乏一定的生产技能，所以需要向他们积极推广先进实用技术，传递市场信息等，在投入救助资金的同时，提高贫困户的生产能力，多方面结合起来，才能真正地发挥救助作用。

(四)坚持动员社会各界力量参与的原则

生产社会救助涉及的面较广,除了动员政府进行救助外,社会各界力量的参与也是生产社会救助工作顺利开展的保证。在我国,社会各界对贫困户援助的热情越来越高,"光彩事业""幸福工程""贫困农户自立工程"等救助活动给予了政府的生产社会救助制度强大的支持和帮助,解决了许多贫困人口的温饱问题。

(五)坚持自力更生、艰苦奋斗的原则

国家的救助是外因,贫困人口的自身努力是内因,外因要通过内因起作用。贫困户要想解决温饱,改变面貌,走上脱贫致富的道路,就需要其在政府和社会的扶持帮助下自强不息、苦干实干,提高自身的素质和技能,防止滋生依赖思想,靠自己的努力真正地战胜贫困。

(六)坚持生活社会救助与生产社会救助相结合的原则

生活社会救助只是从生活方面进行现金和实物的补助接济,使贫困人口维持最基本的生活;而生产社会救助是以消除贫困为宗旨,从根本上帮助贫困人口提高生产经营能力,通过生产自救获得收入来源,摆脱贫困状态,有利于调动贫困者的生产积极性。但是,生产社会救助并不排斥生活社会救助的方式在社会的广泛推行。因为,生产社会救助主要针对的是有一定生产能力的贫困者,并不能解决那些老、弱、病、残等社会弱势群体的困难,更不能解决因为意外事故或自然灾害而造成贫困的受难者的困难。因此,应该坚持将生活社会救助和生产社会救助相结合的原则,才能切实地保障好因各种客观原因造成生活困难的贫困者的基本生活。

四、主要内容

生产社会救助的内容比较广泛,可以说,只要是有助于贫困人口进行生产自救的各种扶持措施,都应该包括在生产社会救助内容之中。概括而言,大致涵盖以下主要内容:

(一)政策扶持

政策扶持是指国家通过放宽政策、实行优惠等,支持贫困户和贫困人员的生产发展。主要体现在税收优惠、贷款优惠、价格补贴或支持、进行有利于贫困户发展生产的制度改革等。各国政府一般都会通过法律法规的形式,对贫困户的生产经营进行政策上的倾斜,以此促进其生产积极性,保障其从生产经营中获得更多的收入。政策扶持的措施一般有:

(1)在制度改革方面,保障农民拥有土地使用权是各国政府普遍采取的措施。因为在农村,土地是农民进行农业生产的基础,是最基本的生产资料,没有土地,农民谈不上通过发展农业达到生产自救。像印度、中国这样的农业大国,都进行过彻底的土地改革,从根本上消除了农村贫困人口没有土地的现象,保障其能拥有最基本的生产资源。同时各国政府积极地开展大规模的农村基础设施建设,改善农村灌溉设施和交通条件,为农民的生产创造条件。

(2)在税收优惠方面,各国普遍实行减免农业税、耕地占用税、企业所得税等措施,间接地帮助了贫困人口提高生产经营收入。

(3)在贷款优惠方面,一般适当延长贷款的使用期限、降低贷款利率,或者放宽抵押和担保条件。这样大大降低了贫困人口的贷款成本,使其能有更充裕的资金投入生产。

(4)在价格补贴或支持方面,政府有时会根据市场情况,提高农副产品的收购价格,降低农业生产资料的销售价格,从而增加农民的收入。

(二)资金扶持

资金扶持是指中央和地方各级政府通过低成本或无偿的资金投入,解决贫困户生产资金短缺的问题,改善其生产条件。资金是生产社会救助工作中最基本的投入要素,各国政府都在不断地加大投入量，同时加强资金的管理，以提高资金使用效率。

各国政府的资金投入主要包括两方面：财政资金和信贷资金。同时，社会各界以及国外的贷款或赠款也加大了资金扶持的力度。

财政资金一般是指国家为了某些特定的扶贫工程的实施，或为了改善某些特定地区的生产条件等设立的专项资金。这部分资金一般是国家无偿投入的，而且作为专项资金不能被挪作他用。各国普遍设立的财政资金有以工代赈资金、发展资金等，这些专项资金的投入在改善贫困地区的基础设施条件，为贫困户创造良好的物质基础和生产条件方面有着不可替代的作用。

信贷资金又可细分为贴息贷款和小额贷款资金。为了解决一般市场经济体制下贫困人口进入正规信贷市场难的问题，许多国家实施贴息贷款计划，即由财政对生产社会救助贷款与正常贷款的利差进行补贴，以低于正常贷款的利率贷款给贫困户，解决其资金短缺的难题。贴息贷款的扶持方式从某种程度上抓住了贫困恶性循环的主要根源，通过向贫困户注入资金，来帮助贫困户发展生产。

但这种贷款方式存在着资金使用低效率、财政补贴难以持续等缺陷，因此小额信贷模式作为一种制度的创新在各国迅速发展了起来，也由此产生了小额信贷资金。小额信贷已经成为一种主要的生产社会救助手段。

(三)科技扶持

科技扶持是指发挥科技在生产社会救助中的作用，多途径地给贫困户送技术、送管理知识，以提高贫困户的素质及生产经营能力，帮助其开拓新的生产门路、促进商品生产的发展、增强贫困者自我发展的能力，从而增加贫困户收入，达到脱贫致富的目的。可以说，缺少科技知识是造成许多贫困户治穷无门、致富无路的一个重要因素。因此，科技的投入是生产社会救助的关键，它能够有效地促进生产社会救助获得更大的效果。生产社会救助离不开各国政府对科技的投入，只有依靠科学技术，才能更有效、更快捷地发挥救助作用。

归纳起来，科技扶持一般包括以下主要内容：

(1)向贫困户推广和普及适合当地自然条件的先进的农业科学技术成果，改善农产品的质量，稳定提高粮食产量。

(2)组织政府有关部门、院校的干部到贫困地区挂职任教，组织科研机构的科技人员到贫困乡、村宣传普及农业技术。选择合适的方式和方法，在不同层次上开展对贫困户的教育和培训，改变他们落后的传统观念，提高其科技致富意识、科学生产水平及市场竞争能力。

(3)大力推广和应用节能、节水、降低消耗的技术，减少因为生产发展可能给当地自然环境带来的破坏，缓解地区经济发展和生态环境恶化的矛盾，有助于生产经营的可持续发展。

(4)根据当地资源优势，帮助贫困户科学地选择出有竞争优势的经营项目，增强市场竞争力。

(四)信息扶持

信息既是一种特殊商品，又是一种生产要素，如同劳动和资本一样，具有价值和使用价值。信息扶持是指通过电视、电话、广播以及现代信息网络，及时地向贫困户传播生产技术、提供市场信息，以指导其生产、销售。信息扶持是现代生产社会救助工作中的一个重要内容，不可缺少。而且，从各国的实践来看，信息扶持的建立和完善将使贫困人口的信息意识、利用信息能力以及劳动技能和科技素质得到普遍提高，它正在从整体上逐步改变贫困人口，特别是贫困农民的生存状态。信息扶持的主要内容有：

(1)建立乡村信息服务站。边远地区、贫困山区信息比较闭塞,农户所需要的信息,如农副产品的市场价格、产品销售等,难以获得有效传播,所以由地方政府组织建立乡村信息服务站是一条有效的途径。

(2)利用计算机技术,建立信息网站。贫困人口常常会因为信息的不确切、不实用或滞后而失去脱贫致富的机会。随着计算机技术和网络的迅猛发展,政府越来越注重利用互联网,向贫困地区或贫困户广泛发布报纸、广播等媒体上的各种致富信息,并且通过网络建立远程沟通的平台,建立产品供求和推介服务、产品价格信息、市场监管等信息服务系统。

(3)建立高素质的信息服务队伍。政府通过培训等方式,建立一支既掌握计算机技术,又懂得农业、经济知识的信息服务队伍,依靠他们把信息传递到千家万户。

(五)能力培训

能力培训主要是针对由于失业而造成生活困难的贫困人口。它是指在政府的支持和鼓励下,发挥社会各界力量,组织开展多种形式的再就业培训,通过对失业人员的职业指导、职业技能培训、创业能力培训等,帮助其提高生产技能、掌握经营管理办法、了解国家的有关政策和法规,从而切实提高失业人员从事个体、私营经济或创办小企业的能力,有助于其创业成功。通过能力培训,帮助失业人员自谋职业,进行生产自救,是解决城市贫困的有效手段。

能力培训的主要内容包括以下几点:

1. 职业指导

建立职业指导制度,帮助失业人员认清就业形势,更新就业观念,树立起自主就业意识。职业指导的具体实施,可在职业培训机构中开设专门的职业指导课,或由职业指导人员深入企业,提供咨询服务;也可采取让再就业成功者介绍经验或组织巡回演讲等多种形式。

2. 职业技能培训

职业技能培训机构根据劳动力市场需求和失业人员的特点,确定培训项目,制定培训计划,开展对失业人员的适应性职业技能培训。在学制上,分为全日制、非全日制、学时制或学分制等。在培训方式上,可利用现有培训机构组织集体办班,或采取企业与职业培训机构联合办班,也可利用广播电视、函授等现代化教学手段进行培训,还可鼓励个人自学。为了突出培训的针对性和实效性,一般以短期和以掌握实际操作技能培训为主,使失业人员较快地提高再就业技能。

3. 创业能力培训

为了鼓励和引导失业人员积极开展创业活动,切实提高其从事个体、私营经济或创办小企业的能力,各国政府积极组织对失业人员的创业能力培训。

创业能力培训的具体内容,就是对有自谋职业和有创办小企业意向的失业人员开展有关工商管理、金融保险、财务税收、经营管理、公共关系、经营策略、商品知识等方面的培训,并使其熟悉国家相关政策和法规,了解开业或创办企业必备的知识和程序,掌握经营管理方法,提高适应市场的能力,而且还指导失业人员制定切实可行的创业方案,帮助他们解决实际中的问题,在其开业后继续进行必要的咨询服务和业务指导。

4. 提供创业服务

对于愿意自谋职业者,则积极与有关部门联系,帮助其落实开办手续、经营场地、减免税费等。

五、功能和意义

由于生产社会救助是一种积极的救助方式,更强调国家对贫困人口脱贫致富的“扶”和

“帮”的作用，所以它对于促进贫困人口的生产积极性，对于实现社会的共同富裕更有积极的意义。生产社会救助的功能和意义主要表现在以下几个方面：

(一)主要功能

1. 扶助功能

生产社会救助的受助者并非是缺乏劳动能力，而是因为失业、缺少资金积累、科学文化水平较低、自然条件恶劣等因素而使其无法施展劳动能力。因此，生产社会救助以“扶”“帮”为出发点，解决贫困户在生产过程中碰到的各种问题，积极扶持其发展商品生产，最终实现自救的目的，因而，生产社会救助具有扶助的功能，而不是单一地给予生活资料的救助。

2. 稳定功能

有些贫困者是由于制度因素、历史因素或环境因素而陷入贫困，他们并不是没有勤劳苦干的精神，只是遭遇不幸的弱势群体，应该得到国家和社会的尽力扶持，否则会影响到整个社会的安定与团结，影响到政府的执政威信。因此，对贫困者进行生产社会救助是国家和社会的一种责任和义务，应该给予他们平等的生存权。生产社会救助制度有利于稳定社会秩序。

3. 激励功能

广大贫困人员有着改变贫穷落后面貌的强烈愿望，在他们中间蕴涵着极大的脱贫致富的积极性，这是生产社会救助工作的内在动力。政府希望通过一系列的政策取向和必要的扶持与投入，唤起人们积极参与生产自救、谋求自我发展的积极性，激励贫困者主要依靠自身努力，和恶劣的生存环境做斗争，改变自己的命运。因此，生产社会救助相对于其他救助方式而言，对受助者有强大的精神上的激励功能。

(二)实施意义

1. 有助于克服受助者的依赖性和懒惰性

单纯的生活救助，会诱发受助者对国家的依赖心理，造成年年救济年年穷，始终无法摆脱贫困状态。生活救助往往在解一时之困时，使贫困者养成了“等、靠、要”的思想，滋长了依赖性、懒惰性，丢掉了宝贵的勤劳作风和自力更生、艰苦奋斗的优良传统，结果不利于真正解决贫困问题。

2. 有利于缩小贫富差距，实现共同富裕

生活社会救助的保障标准是维持贫困者基本生活水平，是最低的生活需要。因此，只能使贫困者解决温饱，勉强度日，长期生活在社会的底层。而生产社会救助可以使贫困者通过自己的勤劳双手，不仅脱贫，而且致富，使其走出社会底层。如果大家都能通过生产自救，脱贫致富，那么社会的贫富差距就可以缩小，国家实现共同富裕，经济获得更大的发展，从而提高整个国家的综合国力和社会福利。

3. 有利于发扬团结互助的精神

生产社会救助可以使贫困户之间联合起来，组成各种经济实体，聚集个体的力量、携手发展。一个人的力量是有限的，尤其是贫困地区的贫困户，在生产技术、经营管理、市场意识方面还是十分欠缺的，他们需要相互团结起来，集大家的智慧于一体，出谋划策，共同分担经营风险，使成功更有保障。

4. 有利于建立起贫困者的生活信心和自信、乐观的心态

生产社会救助可以使贫困者享受到靠自己努力实现成功的喜悦，从而克服对生活的悲观情绪，重建对美好生活的憧憬；也有助于对自身能力的肯定，维护自尊心和自信心，而不再觉得生活得没有尊严。

第二节　外国的生产社会救助

一、孟加拉国的生产社会救助

小额信贷模式是对传统的资金扶持模式的一种创新，如今在世界各国得到广泛的推广与发展，成为一种主要的生产社会救助方式。由于各国的社会、经济及文化背景条件以及所处的发展阶段不同，其乡村社会经济的具体实际、贫困程度和贫困原因也不尽相同，因而小额信贷救助方式的具体内容、具体形式、具体要求和目的也自然有所不同。不过，孟加拉国的乡村银行模式(GB 模式)出现最早、规模最大、制度最完善，被誉为世界上规模最大、效益最好的扶贫项目和扶贫方法之一。因而，对孟加拉国的生产社会救助制度，主要是介绍 GB 模式。该项目自 1976 年开始运作以来，一共向 700 多万的穷人妇女提供了逾 70 亿美元的贷款，成功帮助 65%的贷款者走出贫困，并成为其他国家效仿的榜样。

(一)GB 模式的产生

孟加拉乡村银行又称作“Grameen Bank(乡村银行)模式”。其创立者是孟加拉吉大港大学经济系教授穆罕默德·尤诺斯博士。这个研究项目提出的目的，是为了探讨穷人能进入适宜的金融信贷服务的途径，以消除孟加拉农村的绝对贫困。

(二)GB 模式的理论基础与目标

GB 模式的理论基础是:“相信穷人的能力，挖掘和发挥他们的潜力。”

基于这种理论认识，GB 模式提出了如下的目标:第一，向贫困者贷款无须担保;第二，消除高利贷剥削，为该国广大没有利用和尚未充分利用的人力资源创造自我就业的机会;第三，将穷人以他们能够理解和运作的方式组织起来，并使他们相互支持，且从中发现自身的社会、政治和经济力量;第四，将长期的“低收入→低储蓄→低投资→低收入”恶性循环转变成良性的发展循环，即“低收入→贷款→投资→更多收入→更多投资→更多收入”。

(三)GB 模式的主要特征

1. GB 是贫穷农民的股份制银行

GB 作为一家股份制银行，政府为其提供 60%的初始股份资本金，另外的 40%由 GB 的借贷者即贫穷农民提供。随着信贷事业的发展，GB 自有资金不断增加。由于政府以后再未增加投入，GB 自有资金的增加主要来自贷款农户。

2. GB 只向贫困户贷款，尤其是贫穷妇女，贷款无须抵押担保

贫困户常因家境贫寒，没有足够的财产作抵押，也没有足够的信誉请人担保，因此，无法从正规金融机构获得贷款。而他们又恰恰需要一定量的生产资金帮助其摆脱贫困。小额信贷的这个特征体现了“扶真贫、真扶贫”的宗旨。其目的是向贫困户提供自我就业和自我发展的机会，旨在使成千上万的穷人真正走上自我生存和发展的道路;同时利用了妇女节俭、自尊心强的特点，向妇女贷款可以保证贷款的使用性质不变，并使其产生较好的效益，增加还贷的可能性，从而提高妇女在家庭中的地位和社会地位。

3. GB 提供小额度、短期贷款，贷款回收实行分期偿还

贷款必须是小额的，尤其是第一次和第二次贷款。小额度贷款符合穷人，一般比较适于从事风险小、易操作、见效快的小型项目的实际情况，也有助于分散贷款风险。实行按周还贷制，每周还本金的1/50，这样缩短了每周贷款额的贷款时间，使资金在运行中快借快还，滚动使用，提高了资金的周转速度和使用效率。分期偿还既可以减轻贫困户一次拿出大笔资金还贷的压力，同时可以培养其积累意识和储蓄意识。

4. 提供连续贷款服务

其作用主要有两个方面：一是1年或更短期的小额信贷难以彻底缓解贫困，应连续不断地满足贫困户的信贷需求并完善其脱贫条件；二是以贫困人口连续贷款的期望来约束其行为、强化其还贷意识，保证小额信贷在"无抵押"条件下的高收回率。

5. 联户贷款，联户担保

贷款无须担保，但贷款户必须组织起来，5人一个小组，6个小组建一个中心。贷款发放到小组。小组长从5名组员中选出，负责日常事务并确立组员得到贷款的顺序，通常是"2—2—1"式，即小组内两人先得到贷款，如果还贷良好，3～4周后，另两人再得到贷款，小组长最后得到贷款。还贷中同一小组成员负有连带责任，一人不能正常还贷会影响到其他成员的借款。通过组织内的互帮、互助、互督、互保，加强贫困户对风险的承受能力。获贷农户在选择贷款项目时互相咨询，在经济活动中遭到困难时能获得其他成员的帮助，同时，当组内某成员违反小额信贷规定时，其他成员有义务对其进行劝说，以形成成员间的压力。

6. 每周中心会议制度

小组每周聚会一次，一是进行借贷资金的发放与收回；二是交流经验，讨论困难和问题，互帮互助，改变贫困户单独进行生产决策的局限性。

7. 建立必要的小组储蓄基金

小组成员在获得贷款时，将一定比例的款项作为小组基金交由小额信贷机构保管。同时，借款者每周还要向小额信贷机构存入一点钱。这是为了应对小组成员暂时还款困难或出现紧急状况临时用款的情况，同时也能积累资金、滚动发展。

8. 市场利率化

较高的利率能够补偿成本，实现小额信贷财务上的持续性，乡村银行的利率为年利率2%。

9. 程序简单化、活动公开化

考虑到多数穷人文化水平较低，因而采取简单的程序、培训和测试。贷款项目的选择、贷款的发放和回收等活动完全在公开状态下进行，主要是在村里的中心会议上进行，没有任何可保密的或私下进行的活动，参加贷款的穷人能够相互进行平等的监督。

10. GB不仅重视贷款的发放与回收，还特别重视培训，强调自愿、互助、信任和平等

GB通过培训，进一步开发穷人的综合能力，提高其经营管理能力。在自愿基础上建立的小组、中心及其开展的一系列活动，有助于培养成员的互助、合作精神，加强成员间的相互信任，提高成员的平等意识。

(四)GB模式的优势

第一，GB模式瞄准的是真正的穷人群体，能够有效地达到"救助到户"的目标。

第二，GB模式的建立与运行是超越政府的，带有自下而上的性质，区别于传统救助的自上而下方式，所以贫困户的积极性与参与程度是非常高的。

第三，其具有良好的组织和运作系统，以小额信贷为突破口，以救助项目为切入点，来打破贫困的恶性循环链条，效果明显优于传统的救助方式。

GB实践的结果表明，穷人可以认真行事并在小组中工作，能有效地利用贷款和其他收

人。实证显示，在两年时间内，接受GB贷款的贫困户，人均收入大约可以增加32%，而整个孟加拉国的人均收入只增加了2.6%；并且，识字率和生产经营水平等明显提高。银行已经能用比较容易的条件将稀缺的资金传递给缺少资金的贫困户，他们也看到了面前打开的有无限可能性的大门。

二、印度的生产社会救助

自20世纪六七十年代以来，印度政府实施了一系列针对农村贫民的生产社会救助计划，帮助其脱贫致富。主要有以下几个方面：

(一)进行土地改革，增强资源基础

对于印度这样一个人口众多的农业大国，土地是农民生产的一项基本要素。印度政府在开始的三个"五年计划"期间极力通过取消机构约束来促进经济增长，解决贫困问题。其中，土地改革就是一项彻底的改革。这项改革的主要内容有：(1)废除中介组织；(2)改革租地制度，以保障实际耕作者的利益；(3)土地重新分配；(4)土地整治；(5)更新土地记录。土地改革保障了贫民拥有最基本的生产资源，使其能够进行生产经营。

(二)农村综合开发计划

1979年，印度开始实施农村综合开发计划(IRDP)。该计划是在对第四个"五年计划"(1969～1974年)时期实行的"目标组导向计划"修改完善的基础上进行的，最初在2 300个开发区(以下简称"区")试行，1980年10月扩大到5 011个区。这个计划的目标是通过资本补贴和提高贷款渠道等方式，使农村贫民能获得生产资料及适当技能，并改善其生产环境，提高农业生存率，为农村贫民的生产发展创造条件。计划所需要的资金分别由财政和贷款两方面解决。

农村综合开发计划的执行机构是国家发展署。它通过三个环节与受助户相联系：地区乡村发展局，负责制定计划、领导与协调；社区级派出机构，负责计划的实施，包括与金融部门的协调等；村级派出员，负责验证受助户，提供具体救助方案并控制过程。

该计划的主要内容是：(1)向生活在贫困线以下的小农和农业劳动者提供补助和贷款，同时向他们供应种子、化肥、农药等生产性投入，提供各种技术性服务；政府投资兴办一些水利设施，免费(或低费)给农村贫民供水，以帮助其发展生产，提高生产率。(2)在农村开办各种职业培训中心，给无地者提供职业培训，在此基础上通过提供一定数量的补助和贷款，帮助其发展畜牧业、农村工业、商业和服务业，使这些无地少地的贫民有条件从事种植业以外的其他生产活动。

农村综合开发计划改变了多头机构分别实施各种计划的做法，用单一的全国性计划替代以前的多种计划，并且在每个行政区设立单一的机构检查计划的完成情况。新的计划重点集中在农户中最贫困的部分——赤贫户，做到救助到户。

(三)农村青年自谋职业培训计划

印度政府于1979年8月开始实施农村青年自谋职业培训计划。这个计划是农村综合开发计划的补充。计划的目的是以必要的技能和改良的传统技术武装农村青年，使他们能在农业、工业、商业和服务业方面自行创业。这个计划的培训对象只能是农村综合开发计划目标组家庭中18～35岁的青年，一户只能参加一人，而且规定至少有1/3的受训人是农村女青年。培训结束后，受训青年得到地方当局的许可和银行贷款即可开业。

(四)农村妇女和儿童开发计划

该计划始于1982年9月,它是在试验的基础上,在从各部选出的50个落后县中试行。这个计划是农村综合开发计划的特殊组成部分,主要是为农村妇女的生产经营提供便利条件。之所以实施这个计划,是因为在第六个"五年计划"的前三年中,农村综合开发计划的利益没有令人满意地流入妇女手中。

根据这个计划,对从事有生存能力的经济活动的每个妇女团体,给予15 000卢比援助,作为一次性拨款,用作周转金。

(五)农村无地者就业保证计划

该计划相当于我国的以工代赈计划,于1983年8月开始实施,资金完全由中央政府提供。实行这个计划是因为,长期失业需要救济的农村贫民,尤其是无地者在农闲期间的就业问题,必须以更直接、更有效的方式加以解决。

同以工代赈计划类似,该计划的目的主要有两个:(1)提供农村无地者就业机会,打算为每户无地家庭中的1名成员每年至少提供100个劳动日的就业。(2)增加农村基础设施建设,以改善农村贫民的生产条件,为其创造良好的生产环境。该计划实施的主要工程包括:(1)在流域地带开发土地;(2)建造公共设施。在提供就业方面,该计划重点放在:(1)至少每户无地家庭有1名成员得以就业;(2)在无地家庭中,妇女优先就业。

(六)全国农村就业计划

印度政府于1980年10月开始实行全国农村就业计划,并于1981年4月正式列入政府的计划项目。该计划的经费由中央政府和邦政府均摊,各负担一半。计划由县农村开发机构负责执行,但是,项目的选择和项目的检查,则是由地方评议会机构进行,在没有评议会机构的地方,村民可以执行这个工作。民办组织也有机会参加这个计划的活动,不允许承包商介入全国农村就业计划的任何活动。

这个计划的目的:(1)为农村贫民创造就业机会,每年达到3亿~4亿劳动日;(2)为农村创造永久性的社会资产,如建造饮水井、营造公共森林、保持水土等。

(七)农村工资就业计划

1989年,农村无地者就业保证计划和全国农村就业计划合并成单独的"工资就业计划",并在全国开始实施。该计划的经费由中央政府承担80%,邦政府承担20%。中央政府的拨款根据各邦直辖区的农村贫民占全国农村贫民总数的比例,分配给邦政府。这种拨款从邦分配到县,是根据指数化了的各县贫困程度拨付的。

这个计划包括印度农村4 400万户家庭,按平均计算,拥有3 000~4 000人的村,每年可获得10万卢比的拨款。①

三、美国的生产社会救助

近年来,突出的失业问题一直困扰着美国政府和国民。失业会产生许多贫困人口,给经济和社会带来严重的影响,所以美国政府长期以来十分关注就业情况,实施了各种培训项目,以促进失业人员的生产自救,缓解贫困状况。

美国在促进失业人员进行生产自救方面的生产社会救助内容主要有:

---

① 王廉、崔健:《世界的扶贫实践与政策方向》,暨南大学出版社1996年版,第83~89页。

(一)就业培训

1960年在美国参议院劳工和公共福利委员会下，成立了就业和人力附属委员会。政府的专门机构有劳工部和就业委员会等。各州也设立了就业培训协调委员会，州机构的主要职能是研究制定年度就业培训项目计划，并报当地劳动局批准实施。

20世纪六七十年代，美国颁布了三个法案，即《人力发展和训练法案》(1962年)、《经济机会法案》(1964年)、《全面就业法案》(1973年)。法案确认：促进并以财力支持培训计划，提高劳动者的工作技巧，帮助其就业。

美国目前人力政策的基本框架和精神是在1967年总统人力报告中提出的，主要有4点：(1)教育为工作服务，教育为工作开辟通道；(2)集中力量帮助最低级劳动力；(3)把军事性服务变成通向生产性职业的渠道；(4)提高人力措施效率，建立更全面的人力计划，从总体上克服劳动者在全面参与劳动市场中碰到的社会的、政治的和制度上的障碍。

人力计划大致可以分为三类：一是技巧训练计划，二是职业开发计划，三是就业能力发展计划。就业与培训主要通过政府主持的项目实现，联邦政府在这方面的项目就有190多个，其中比较重要的有5个：(1)就业服务(1993年)，由联邦政府与各州合作举办；(2)工作培训合作行动(1982年)，由联邦政府举办；(3)职业教育(1968年)，由联邦政府、州政府以及地方政府合作举办；(4)成人教育(1963年)，由联邦政府与州政府合作举办；(5)工作机会和基础技能项目，由联邦政府与州政府合作举办。

(二)再就业培训

美国国会和政府为再就业培训制定了一整套法律，《就业训练合作法》就是最早的主要法律之一。该法规定，由各州、地方政府和私人机构共同合作进行培训项目的开发、实施和管理。

为了保证就业训练计划的顺利实施，各州设有由企业、州有关局、地方政府及失业者代表组成的就业训练协调委员会，就训练内容提出建议；同时，还成立了私人工业委员会(由地方选举产生，其成员包括企业、教育界、劳工组织、社区组织、经济发展机构和公共服务组织等的代表，主席必须是企业代表)，负责指导和监督就业训练计划的执行。1988年美国国会通过的《工人调整和再就业训练通知法》要求企业在关闭工厂和大量裁员时提前发出通知，让有关当局能及时得知裁员的信息，及时对失业人员进行培训。

克林顿总统对《工作培训伙伴法》进行了修订，制定了《美国再就业法案》，主旨是要“促进被永久性解雇的工人得到他们所需的有效而高质量的培训”。美国的再就业培训对增加就业，包括自谋职业，从而减少贫困人口起到了重要作用。据估计，最近几年中，美国政府拨款资助的再就业培训计划每年使100万左右的失业人员接受了培训，为他们的再就业创造了条件。

第三节　我国的生产社会救助

一、农村生产社会救助

我国农村生产社会救助主要体现在农村扶贫工作上。改革开放以来，我国大力推进扶贫开发，特别是随着《国家八七扶贫攻坚计划(1994～2000年)》《中国农村扶贫开发纲要

(2001～2010年)》和《中国农村扶贫开发纲要(2011～2020年)》的实施,扶贫事业取得了巨大成就。但扶贫工作不仅仅指对农村贫困户的生产社会救助,还包括劳务输出、移民开发等扶贫方式。

(一)农村贫困户生产经营水平低下的原因

我国农民生产经营水平低下与农村的许多客观条件密切相关,这些因素造成了农村贫困户难以脱贫致富。归纳起来,主要有以下几个方面:

1. 自然环境因素

区域性贫困是我国农村贫困的主要特征,这是由自然条件所决定的。我国的许多贫困地区,土地贫瘠,农业初始资源极端匮乏,且存在水、土、有效积温等重大资源匹配缺乏,气候多变,灾害频繁。所有这些恶劣的条件,直接导致农业生产水平的低下与不稳定。现有的贫困人口大多分布在深山区、干旱区、水库区、高原区、边境区等,独特的区域自然条件是生产力落后的根本原因。这些地区地处偏远、交通不便、信息闭塞、资源匮乏、生态环境恶劣,有的甚至被认为是不适合人类生存的环境。20世纪80年代中期,我国664个贫困县中,有16.1%的乡不通公路,许多农副产品的运输主要靠人力;22.2%的乡不通电;绝大多数村不通电,许多村不通广播。交通和通信落后必然造成信息闭塞,由于信息不畅,许多贫困地区年复一年保持着原有的生产和生活方式。

2. 政策因素

政策因素也是冲击贫困地区的重要方面。从宏观上看,新中国成立以来实行的农业支持工业、以乡村支持城市的政策,强化了历史上原来就存在的二元经济结构。改革开放后,先富裕的地方主要是那些能够接受到工业和城市辐射的地区。目前,二元经济结构并未解体,城乡割据、地方封锁的局面尚未被根本打破,仍然制约着农村的社会经济发展,各方面的政策、制度都优先考虑城市的发展,而忽视了农村,造成城乡贫富差距进一步扩大的结果。

3. 文化因素

农村低收入人群在长期的历史进程中,逐步形成了一种贫困文化。(1)难以打破传统和习惯,接受新的生产方式。在贫困地区,大多数群众习惯于将收入的绝大部分用于铺张浪费,如红白喜事、迷信活动等。(2)生产与生活中的独立性、主动性较差,有较重的依赖思想和听天由命的观念,即使贫困,也安于现状、乐于守成。(3)商品经营意识和市场竞争意识薄弱,风险承受能力较低,不愿冒险。(4)科学文化素质较差,导致了许多愚昧现象,制造着贫困;而且计划生育政策难以贯彻,形成"越穷越生,越生越穷"的恶性循环。持续的人口增长,给家庭和社会都带来了沉重的负担,使得脱贫步履维艰。

(二)实施意义

我国贫穷人口主要集中在农村。当地人民不仅生活贫穷,很多还存在温饱问题,也难以得到生活、医疗等其他形式的救助,因此,生产社会救助对于他们来说有更加特殊和重要的意义。

1. 通过扶持农民发展生产,能够从根本上解决贫困问题

对贫困户进行生产社会救助,就是扶持和帮助经济上贫困的农民发展商品生产,改变落后面貌,走共同富裕的道路。帮助贫困户生产经营,摆脱困境,缩小贫富之间的差距,是走共同富裕的道路、实现小康水平的应有之责。做好救助工作,对于进一步密切党群关系、增强民族团结、维护国家统一等,都具有重要意义。

截至2017年年底,我国目前农村贫困人口在3 000万左右,他们主要聚居在18片贫困

地区,其中大多是中西部资源丰富的革命老区和少数民族地区、边远山区。这种较大面积的区域性贫困,本身就是一个潜在的不稳定因素,如果得不到有效的解决,无疑会严重妨碍社会进步和民族团结,削弱党和人民群众的联系,给社会主义制度造成不良影响。

2. 有利于驱动贫困户和贫困地区的经济活力

低投入、低产出和低商品率,是贫困户的基本特征。长期以来,贫困户陷入了一种“低收入→低投入→低生产率→低商品率→低产出→低收入”的恶性循环圈中,难以自拔。贫困户的生产水平低,不利于有效利用当地丰富的自然资源,阻碍当地的经济发展;反过来也影响贫困户的生产环境。通过生产社会救助,使贫困户获得了外部资金、物资、人才、科技、政策诸方面的大力资助,帮助其艰苦创业,同时也有助于贫困地区改变封闭、落后的贫穷面貌,使我国的经济建设更有推动力。

3. 有利于提高贫困户和贫困地区的科学文化水平

随着救助工作的深入开展,人们越来越感受到文化贫困的掣肘和智力投资的迫切重要性。通过采取创办职业学校、短期培训、科技培训、请大专院校代培人才等多种方式,向在职干部传授管理知识,向贫困群众传授科学技术和生产知识,向劳动后备军提供早日成才的机会,对救助工作起到了“吹糠见米”的效果,也使贫困户树立了尊重知识、尊重人才的新观念。

4. 对促进社会稳定与协调发展起着重要作用

贫困户的生产自救,是维持其生活水平最有效、最长远的解决方式,也是党和政府解决贫困问题、促进社会稳定与协调发展的大政策。没有社会的协调发展就不可能有真正的持久的社会稳定,而实现这一目的的根本途径是促进生产发展。只有站在促进社会稳定与协调发展的高度,才能深刻理解生产社会救助的意义和作用,从而自觉地、创造性地做好这项工作。

5. 能有效地加强精神文明建设,推动社会进步

在生产社会救助过程中,我们不仅注重资金的投入,而且坚持科技、信息等全方位的扶持,这样才能有助于更新贫困户的思想观念,掌握新技术,并由传统农业转向社会主义市场经济的现代农业,同时弘扬自力更生、艰苦奋斗的精神,这实际上是对贫困户传授知识和进行社会主义思想教育,有效地加强了精神文明建设,推动了社会进步。

(三)主要内容

我国在帮助农村贫困人口发展生产经营上给予了政策、资金、科技、信息等方面的扶持,内容很多、很具体。下面仅就现行的一些主要内容加以概括叙述。

1. 政策扶持

我国的政策扶持也体现在税收优惠、制度保障等方面,具体内容如下:

(1)国家保障农民拥有土地使用权。我国 2003 年 3 月 1 日开始实施的《农村土地承包法》,进一步给家庭承包以法律保障。2008 年推行的集体林权制度改革,将林地承包经营权和林木所有权,通过家庭承包方式落实到本集体经济组织的农户,确立农民作为林地承包经营权人的主体地位。

(2)政府通过对资源的有效控制,在全国范围内开展大规模的农村基础设施建设,改善农村的生产经营条件。

(3)国家在全国范围内建立了农村信用合作社,改善农村的金融服务。

(4)农民联办企业、家庭工厂、个体商贩的所得税,可以获得一定程度的减免。具体减免的数额和时间,由当地政府自定。

(5)在 2001 年党中央、国务院制定的《中国农村扶贫开发纲要(2001～2010 年)》中制定

的针对贫困户的优惠政策有:①对尚未解决温饱问题的贫困户,免除粮食定购任务;②根据实际情况,适当延长扶贫贷款的使用期限,放宽抵押和担保条件。

(6)由于少数民族地区多为贫困地区,因此税收部门还专门制定了针对少数民族地区的优惠政策:①在农业税收上,对少数民族生产、生活困难的地方,按照社会减免的办法给予优惠。②对民族贫困地区的耕地占用税、能源交通重点建设基金、口岸建设、边疆贸易等实行优惠照顾政策。③对民族贸易企业的自由资金、价格补贴和上缴利润方面实行优惠政策。民族贸易企业的自由流动资金 80%由国家拨款,民族贸易批发企业自由流动资金的 50%由国家拨款,对西藏商业企业的资金全部由国家拨款。对民族贸易企业利润留成的 20%不征调节税。

(7)国家相继取消牧业税、生猪屠宰税和农林特产税,尤其是 2006 年 1 月 1 日起正式废止了《农业税条例》,并以法律形式固定下来,让中国广大农民彻底告别了缴纳农业税的历史。这项措施使亿万农民深得其惠,全国粮食连续四年增产,2007 年产量超过 1 万亿斤,从而提高了农民的收入。

(8)在 2011 年发布的《中国农村扶贫开发纲要(2011~2020 年)》中也制定了一些新的针对贫困户的相关专项扶贫政策,主要有以下几个方面:①易地扶贫搬迁。对生存条件恶劣地区扶贫对象实行易地扶贫搬迁。引导其他移民搬迁项目优先在符合条件的贫困地区实施,加强与易地扶贫搬迁项目的衔接,共同促进改善贫困群众的生产生活环境。②就业促进,完善雨露计划。以促进扶贫对象稳定就业为核心,对农村贫困家庭未继续升学的应届初、高中毕业生参加劳动预备制培训,给予一定的生活费补贴;对农村贫困家庭新成长劳动力接受中等职业教育给予生活费、交通费等特殊补贴。

(9)在以 2020 年全面建成小康社会为目标的大背景下,中国扶贫开发逐渐进入了精准扶贫和精准脱贫阶段。精准扶贫是建立在"建档立卡"工作的基础上的。要求扶贫部门对农村地区的贫困户进行精准识别,将贫困户的信息汇入电子信息档案,以便"精准施策"。

(10)2015 年 12 月,《中共中央国务院关于打赢脱贫攻坚战的决定》(以下简称《决定》)目标要求"到 2020 年,稳定实现农村贫困人口不愁吃、不愁穿,义务教育、基本医疗和住房安全有保障。实现贫困地区农民人均可支配收入增长幅度高于全国平均水平,基本公共服务主要领域指标接近全国平均水平。确保我国现行标准下农村贫困人口实现脱贫,贫困县全部摘帽,解决区域性整体贫困"。此外,《决定》阐述了精准扶贫的内涵、外延,形成了一系列政策安排。精准扶贫这一思想和方法论被放到了扶贫开发工作,乃至国家新时期发展战略中的最核心位置。新的扶贫开发工作除了延续片区攻坚外,着重强调通过"六个精准"的方式,动员全社会的力量,采取综合性的脱贫手段帮助贫困户、贫困村和贫困县的"脱贫摘帽"。

国家对贫困户以上的各项政策扶持,极大地促进了贫困农民的生产积极性,保障其从生产经营中获得更多的收入。

2. 资金扶持

我国政府无论是在财政资金还是信贷资金上,都投入了大量的救助款。在财政资金方面,根据不同的用途,设立了若干个专项资金,用于特定的地区或项目;在信贷资金方面,长期实行贴息贷款政策。为了弥补贴息贷款的某些缺陷,又引进和推广了小额信贷模式,更有效地解决了贫困人口生产资金短缺的问题。各项资金的主要内容如下:

(1)财政资金投入

①支援经济不发达地区发展资金(简称"发展资金")

1980年，为了改变革命老区、少数民族地区、边远地区和贫困地区的农牧业生产条件，帮助贫困户发展生产经营，财政部设立了此项资金。该项资金主要用于脱贫致富的项目，如推广科学技术和进行技术培训，发展农村文化教育事业等。“发展资金”是国家预算内的专项资金，其使用和分配按照《预算法》的管理规定执行。

②“三西”地区农业建设专项资金

“三西”地区是指甘肃河西、定西和宁夏西海固干旱地区，素以干旱、缺水、贫穷、落后、“苦瘠甲于天下”而著称。为了促进这里的贫困户发展农业，1982年国务院建立了“三西”地区农业建设专项资金。资金投放总量自2009年起从每年2亿元增加到3亿元，并再次延长“三西”农业建设专项补助资金使用期限，即从2009年起延续至2015年。

(2)信贷资金投入

利用信贷手段帮助贫困人口发展生产，提高收入，是发展中国家最为普遍的救助方式。

① 贴息贷款

我国政府从1986年开始实施贴息贷款计划，最初是由中国农业银行系统组织发放；在1994年中国农业发展银行建立后，改由中国农业发展银行系统组织发放。1998年3月以后，又重新划归已经进行商业性银行体制改革的中国农业银行管理。

1994年以前，贴息贷款瞄准的主要是贫困地区的生产性企业，其中很小一部分瞄准的是贫困户。《国家八七扶贫攻坚计划》出台后，要求贴息贷款主要瞄准贫困户，帮助贫困户发展生产、提高收入。国家每年从扶贫资金当中拿出一定的比例对扶贫龙头企业、农业专业合作组织和贫困农户进行贴息。2014年国家394亿专项扶贫当中包含5.6亿贴息资金，每年能引导500多亿的贷款用到扶贫开发的项目上。但是，在实践中这项要求执行得并不彻底，贫困地区的企业甚至农业基础设施建设仍然属于贴息贷款的扶持范围，而且占有较高的比例。

这种资金投入方式的缺陷主要在于：

第一，贷款资金不能准确指向贫困户。银行信贷扶贫，从贷款的申请到发放，都是政府、银行和企业的活动，大部分贫困人群没有资格直接申请贷款，结果是贴息贷款政策产生的利益相当多一部分为非穷人所攫取。

第二，贴息贷款的到期还款率很低。由于经营采取贴息方式，很容易形成受益穷人对扶贫资源的依赖，会挫伤贫困户自身为摆脱贫困进行努力的积极性。

第三，资金使用低效率。现有的机制使中央和地方目标、政府和贫困户目标、行政干预与市场机制在资金的管理和使用这个具体问题上混在一起，结果是银行贴息贷款资金的使用低效率。

第四，财政补贴难以持续。中央财政提供的贴息随贷款总量的增加而不断上升，而这些贴息贷款又没有充分发挥救助效益，因此贴息贷款不可能成为解决贫困户资金短缺的可持续的经济方式。

②小额信贷

《国家八七扶贫攻坚计划》，把“扶贫到户”工作摆到了突出位置，而农业银行的贴息无法满足将信贷资金直接贷给贫困户的这一基本要求。孟加拉乡村银行的小额信贷作为一种制度的创新，则能够很好地解决这一问题，因此，小额信贷模式得以在我国试点和推广。

2000年4月，国务院扶贫办公室与中国农业银行联合组织了小额信贷扶贫到户培训班，结合学习陕西省商洛地区规范化运作小额信贷的经验，加快了小额信贷的推广工作，成效更加显著。近年来，为了助力精准扶贫、精准脱贫，“扶贫小额信贷”迎来进一步政策规范。2017

年中国银监会、财政部、中国人民银行、中国保监会、国务院扶贫办联合对外发布《关于促进扶贫小额信贷健康发展的通知》，明确了6个政策要点，即“5万元以下、3年期以内、免担保免抵押、基准利率放贷、财政贴息、县建风险补偿金”。同时，鼓励开展农业保险保单质押贷款等银保合作模式试点。该通知还从贷款发放对象、资金使用、风险管理等方面做出了严格规范。

小额信贷项目在我国的推广实施，已经取得了一定成效，主要表现在贷款资金到户率高、项目效益高、贷款回收率高等，截至2017年10月底，全国扶贫小额信贷总量已达3 931亿元，支持建档立卡贫困户近1 000万户(次)，户(次)获贷率达到36%。但由于其成立和运作时间还较短，必然还存在着许多不成熟、不完善的地方，需要政府和社会的努力，使其更本土化和规范化，在生产社会救助工作中发挥更大的作用。

3. 科技扶持

1985年民政部、中国科协发出了《关于开展科技扶贫工作的通知》，要求各级民政部门和科协组织密切配合，积极采取可行的措施送科学技术上门。30多年来，有关部门、团体纷纷参与到生产社会救助工作中来，为贫苦地区和贫困人口输送了许多技术人才，帮助贫困户运用先进的技术发展生产，走上脱贫致富的道路。概括起来，主要是：

(1)科技部每年向贫困地区提供技术人员，建立各种科技示范点，帮助贫困人口解决关键性的技术，并且向贫困户推广使用新技术。据统计，2016年中央财政投入科技扶贫经费5.15亿元，实施科技扶贫项目105个，在贫困地区建设72家星创天地；国家农业科技园区培训农民超过85万人次，“三区”人才计划全年带动农民增收超过100万人，4个定点扶贫县精准带动建档立卡户脱贫人数达9 280人。

(2)各级政府及有关组织依靠科学技术开发贫困地区的优势资源，帮助贫困户因地制宜地大力发展包括油、果、烟、茶、中药材、食用菌、花卉、芳香植物等的生产经营；利用草场资源发展以草食为主的畜禽养殖业；利用山地、丘陵，结合水土保持，发展经济林木；开发利用一切可供养殖的水域，发展水产养殖业等。通过对贫困户的科学指导和技术培训，使其掌握和应用先进技术，从而促进贫困户在农、林、牧、渔业等方面的生产经营。

(3)抓好技术培训，提高农民素质。文化部于1993年12月成立文化扶贫委员会，开展文化扶贫活动。文化扶贫委员会成立后，实施了一系列的文化扶贫系列工程，如万村书库工程、手拉手工程、电视扶贫工程、报刊下乡工程等。各项工程进展顺利，切实提高了贫困人口的文化素质，帮助其掌握了更多的知识和技能。通过几年的努力，已使贫困地区每个村、组都有自己的技术骨干。绝大多数农民掌握了1～2门实用技术，使农民成为科技扶贫的真正参与者，保证了科学技术在贫困地区的大规模推广。

通过科技支持，贫困户的科技文化素质有了很大的提高，思想观念和精神面貌发生了极大的变化，“治穷先治愚”的观念深入人心，唤起了大家学习科学技术的热情和进行生产经营脱贫致富的积极性。通过各种形式的培训班的学习，许多贫困户基本掌握了至少一门生产实用型技术，其生产能力不断提高，竞争意识逐步增强。

4. 信息扶持

在生产社会救助中开展信息扶持，解决信息传递过程中的不对称问题，是救助工作的一项重要任务。让先进的通信技术为贫困农民提供有效的信息，是各级政府进行生产社会救助工作的当务之急。主要可以从以下几方面来加大信息扶持的力度：

(1)加强贫困地区的信息基础设施建设，为信息进入乡村创造条件。

(2)加强救助帮困的数据库建设，有效地为贫困人口提供各种信息服务。

(3)大力普及信息知识,加强信息技术、信息开发、信息利用的培训工作,提高信息贫困者的信息素质,确保信息贫困者能够收集和利用各种信息。

(4)进一步加强国际合作,争取联合国和信息富国的帮助。

信息扶持工作自开展以来,已经取得了明显的成效,这在传统的救助项目中是不可想象的,它为贫困户的自我发展和根除贫困打下了良好的基础。

(四)社会各界开展的各种救助活动

各社会组织、民间团体、私营企业和海外团体也积极开展了幸福工程、贫困农户自立工程、青年志愿者支教扶贫接力计划等多种形式的救助活动,为贫困户提供资金、技术、文化等各方面的生产要素,帮助其发展生产,解决温饱问题。

1. 幸福工程

中国人口福利基金会、中国计划生育协会和中国人口报社于 1995 年初共同发起实施了幸福工程——救助贫困母亲行动。通过向海内外募集资金,建立幸福工程专项基金;并开展一系列卓有成效的救助行动,唤起社会各界对贫困母亲的关注和支持。

治穷——以"小额贷款,直接到人,滚动运作,劳动脱贫"的方式扶助贫困母亲发展家庭经济,提供就业机会,通过劳动增加收入,脱贫致富,提高经济和社会地位。

治愚——扶持村一级兴办母亲学校及各类培训班,帮助贫困母亲扫盲,学习科学文化知识,掌握一两门致富实用技术,达到生产自救的目的。

截至 2017 年底,幸福工程已在 29 个省(区、市)的 825 个县落地开花,累计投入资金 16.6 亿元,救助贫困母亲 33.2 万人,惠及人口 142.7 万人,脱贫率 85%以上,还款率 90%以上。幸福工程——救助贫困母亲行动以独特的扶贫对象和低成本、高效率的扶贫模式,在扶贫和开发实践中取得了有益的成绩。

2. 贫困农户自立工程

中国扶贫基金会自 1989 年成立以来,实施了各种救助活动,其重点投资的项目是贫困农户自立工程,主要由西南搬石造地项目和西北饮水项目构成。西南搬石造地项目通过工程方式,炸石垒埂,运土造地,将石头山改造成为基本农田,解决了贫困农户发展农业生产最需要的土地资源的缺乏问题,使农户的生产得到基本保障。西北饮水项目主要是从 1998 年开始,扶贫基金会在甘肃省通渭县、陕西省榆林市、横山县实施人畜饮水项目,项目总投资 474.62 万元,共修建水窖 1 838 眼,泵站 18 座,解决了 7 627 人、3 737 头大牲畜饮水困难的问题。

二、城市生产社会救助

20 世纪 80 年代以来,特别是进入 90 年代后,经济体制向市场经济急剧转型和企业改革日趋深化,一方面我国国有企业经济效益连续下滑,导致企业关、停、并、转和破产现象严重,出现大批下岗人员;另一方面劳动资源配置逐步市场化,导致大量市场竞争力弱的人员面临失业。因此,在城市中形成了以下岗无业、失业和困难企业的离退休人员以及他们的赡养人口为主体的城市新贫困群体。由于目前我国城镇居民家庭的收入水平主要取决于家庭成员的就业状况,因此,城镇出现了大量的贫困人口。进行城市生产社会救助便成了政府工作的当务之急。

(一)实施意义

虽然解决我国农村的贫困问题是一项长期且又十分艰巨的任务,有更多的贫困人口需要救助,但是随着市场经济的不断深化,城市出现的新贫困人口也不容忽视。这部分贫困人口的就业脱贫关系到我国的经济体制改革的顺利进行以及国民经济的发展。因此，进行城市生产社会救助同样具有重要的意义。

1. 这是我国生产社会救助工作中不可或缺的一部分

21世纪初，由于国家加大了国有企业改革的力度，企业兼并、重组甚至破产的情况增多，剥离了大量的富余劳动力，使下岗失业人员急剧增多，沦为贫困人口，导致城市贫困人口的不断增长。与农村贫困人口相比，城市贫困人口有更高的集中度，并且在文化水平、认识能力及敏感程度方面也大大高于农村贫困人口。因此会给城市乃至整个社会经济发展和稳定带来沉重的压力，如不加以重视，采取有效措施及时解决，势必会造成十分严重的后果。

解决城市贫困的主要途径就是帮助下岗失业人员重新就业，获得收入来源。而生产社会救助是从提高下岗失业人员的职业技能和经营管理能力出发，同时要求国家给予有关的政策优惠和扶持，以帮助下岗失业人员自谋职业，进行生产自救。

2. 有助于维护安定团结的政治局面，保持社会稳定

城市贫困人口的增加，是导致社会不安定的重要因素。近些年出现的集体上访、闹事等事件，多数是由于下岗和失业引起的。同时，当一部分人失去赖以谋生的工作，生活沦入贫困状态时，容易产生心理的失衡和扭曲，为了生存，部分贫困人口采取盗窃、抢劫、诈骗，甚至绑架、杀人等犯罪手段，严重影响社会安定。可以说，城市的救助工作不仅是经济问题，也是社会问题，更是政治问题。因此，国家对此必须要有足够的认识，保障城市居民的生活。

生产社会救助通过帮助下岗失业人员再就业，从根本上解决了城市贫困人口的生活困难问题，相对于生活救助制度，更具有积极和长远意义。

3. 有助于促进我国经济体制改革的深入，推动国民经济的发展

我国经济体制改革中一个重要的难题，就是改革可能会引起众多的企业职工下岗失业，失去基本的收入来源，造成其生活困难。进行生产社会救助，有助于解决城市的失业问题，从而可以为我国经济体制改革解除后顾之忧，大力进行市场经济建设，加速国民经济的发展，增强国家的综合实力。

4. 有助于带动更多下岗失业人员再就业

通过生产社会救助，帮助一部分下岗失业人员进行创业自救，在其创业的同时，可以吸收一定的下岗失业人员在其创办的个体、私营等小企业中就业，这样就产生了正外部效应，有助于更好地解决失业问题，帮助更多的失业人员摆脱贫困。

(二)主要内容

造成城市居民贫困的根本原因是失业问题。下岗失业人员一般是有劳动能力和劳动愿望的，只是客观因素造成其难以就业。生产社会救助通过对下岗失业人员的能力培训和政策扶持，帮助其进行自我生产经营，这是解决城市失业和贫困问题的一条重要途径。归纳起来，城市生产社会救助主要体现在国家对下岗失业人员生产自救方面的政策扶持、资金扶持，以及对下岗失业人员的再就业培训上。

1. 对从事个体经营的扶持政策

(1)收费优惠政策。《国务院办公厅关于下岗失业人员从事个体经营有关收费优惠政策的通知》(国办法〔2002〕57号，以下简称《通知》)规定，凡下岗失业人员从事个体经营的，除国家限制的行业(包括建筑业、娱乐业以及广告业、桑拿、按摩、网吧、氧吧等，下同)外，自工商部门批准其经营之日起3年内可以免交有关登记类、证照类和管理类的各项行政事业性收费(以下简称“收费”)。具体包括：

第一，法律、行政法规规定的收费项目，国务院以及财政部、国家计委[①]批准设立的收费项目。如工商部门收取的个体工商户注册登记费、个体工商户管理费、集贸市场管理费、经济合同鉴证费等；税务部门收取的税务登记证工本费；卫生部门、民政部门、劳动保障部门等各有关部门收取的各种费用。

第二，各省、自治区、直辖市人民政府及其财政、价格主管部门批准设立的涉及个体经营的登记类、证照类和管理类收费项目。但是，《通知》明确要求，享受以上优惠政策，必须向工商、税务、卫生、民政、劳动保障、公安、烟草等部门的相关收费单位出具劳动保障部门核发的再就业优惠证，经收费单位核实无误后才能免交有关收费。

(2)税收优惠政策。按照《国务院关于进一步加强就业再就业工作的通知》(国发〔2005〕36 号)和财政部、税务总局有关政策规定，对持再就业优惠证人员从事个体经营的(国家限制的行业除外)，在规定限额内依次减免营业税(现已“营改增”)、城市维护建设税、教育费附加和个人所得税，并免收属于管理类、登记类和证照类的各项行政事业性收费，期限最长不超过 3 年。

(3)经营场地方面的扶持政策。按照劳动和社会保障部、国家计委、国家经贸委、监察部等有关部门颁发的《关于贯彻落实中共中央国务院关于进一步做好下岗失业人员再就业工作的通知若干问题的意见》(劳社部发〔2002〕20 号)规定，各地城市规划、建设和管理部门要从本地实际出发，在城市规划建设、建立商贸市场时，要为下岗失业人员再就业适当安排经营场所；在整顿市容市貌时，要采取切实有效的措施，帮助解决好再就业者的经营场地问题；新办贸易市场的经营摊位，可安排一定比例租给下岗失业人员；有条件的地方，可为下岗失业人员安排相对集中的生产经营试验和培育性场所，鼓励他们自谋职业和自主创业。

(4)小额担保贷款

第一，放宽贷款的对象和条件。按照中国人民银行、财政部、人力资源社会保障部《关于进一步改进小额担保贷款管理积极推动创业促就业的通知》(银发〔2008〕238 号)，凡年龄在 60 岁以内、身体健康、诚实信用、具备一定劳动技能的下岗失业人员，自谋职业、自主创业或合伙经营与组织起来就业的，其自筹资金不足部分，在贷款担保机构承诺担保的前提下，可以持劳动保障部门核发的再就业优惠证，向商业银行或其分支机构申请小额担保贷款。

第二，贷款额度、期限及利率的优惠。按照“银发〔2008〕238 号”规定，小额担保贷款经办金融机构对个人新发放的小额担保贷款，其贷款利率可在中国人民银行公布的贷款基准利率的基础上上浮 3 个百分点。其中，微利项目增加的利息由中央财政全额负担；所有小额担保贷款在贷款合同有效期内如遇基准利率调整，均按贷款合同签订日约定的贷款利率执行。对个人的小额担保贷款的最高额度为 5 万元，还款方式和计息方式由借贷双方商定；对下岗失业人员合伙经营和组织起来就业的，可根据人数，适当扩大贷款规模。

2. 对从事非正规就业的扶持政策

非正规就业是指下岗失业人员以个人或组织的形式进行生产自救性质的就业活动。始自 20 世纪 90 年代中期的国有经济改革，引发了城市经济的重组，尤其是在国有经济部门，正规岗位的损失更加明显。非正规就业(即所谓的“灵活就业”)开始作为政府积极就业政策的重要补充，对缓解城市贫困发挥着积极的作用。中国城市劳动力市场上非正规就业的另外一个重要来源是农村迁移劳动力。非正规就业涉及的领域十分广泛，人数比较多的集中在以

---

① 2003 年，改组为“国家发展和改革委员会”。

下领域：一是微型生产性企业，这类就业形式主要以为大中型制造企业承包加工生产零配件、包装印刷等自营就业的形式存在；二是城市社区服务企业，以小企业或家庭为单位，从事家政、医疗、卫生、保洁、修理、美容美发、小商店、小饭店等服；三是独立服务者，主要指街头小贩、钟点工及清洁工等形式多样的流动就业者。

国家给予的政策扶持、资金扶持主要有以下几个方面：

(1)减免税费。3年内减免所得税等地方性税收。

(2)缴纳社会保险费的优惠。非正规就业人员养老保险按上年职工平均工资和计税工资标准确定的基数(约为上年职工平均工资的68%)，以16%的费率按月缴纳；医疗保险按养老保险缴费基数的6.5%按月缴纳；失业保险按养老保险缴费基数的1%按月缴纳。社区就业服务载体可提供社会保险费的代收代缴服务。

(3)资金扶持。非正规就业劳动组织资金短缺的或新开办社区服务、家庭手工业等项目的，可申请由促进就业基金提供的贷款担保。

(4)综合保险。非正规就业从业人员均可参加中国太平洋保险公司、中国人寿保险公司开设的非正规就业人员综合保险。第一年的保险费由促进就业基金补贴。被保险人在从事非正规就业过程中造成第三者人身伤害、第三者财物损失以及造成被保险人本人伤害致残的，可接受理赔。

(5)免费培训。下岗失业人员参加非正规就业，其从业资格以及工种(岗位)技能培训，可以到就业培训网络指定办学单位进行培训，培训费由失业保险基金提供。

总而言之，国家对下岗失业人员的各种生产自救形式，给予了很大的政策倾斜，下岗失业人员在国家的大力支持和鼓励下，通过自谋职业实现再就业。这种就业途径已经越来越受到重视，并在解决我国城镇失业问题中发挥了越来越大的作用。

3. 对劳动密集型小企业扩大就业的扶持政策

(1)放宽对劳动密集型小企业的小额担保贷款政策。对当年新招用符合小额担保贷款申请条件的人员达到企业现有在职职工总数30%(超过100人的企业达15%)以上，并与其签订1年以上劳动合同的劳动密集型小企业，经办金融机构根据企业实际招用人数合理确定小额担保贷款额度，最高不超过人民币200万元，贷款期限不超过2年。

(2)经办金融机构对符合上述条件的劳动密集型小企业发放小额担保贷款，由财政部门按中国人民银行公布的贷款基准利率的50%给予贴息(展期不贴息)，贴息资金由中央和地方财政各负担一半。经办金融机构的手续费补贴、坏账损失补贴等仍按现行政策执行。

(3)鼓励各省级和省级以下财政部门，利用担保基金为符合条件的劳动密集型小企业提供贷款担保服务。

4. 再就业培训

再就业培训就是为帮助下岗失业人员再就业而组织的培训。它的出发点主要是从提高下岗失业人员的劳动技能和经营管理能力着手，强化对下岗失业人员创业意识和能力的培养及提高，帮助其自谋职业，实现再就业。2010年人力资源和社会保障部、国家发展和改革委员会、财政部联合下发《关于进一步实施特别职业培训计划的通知》，确定了实施特别职业培训计划的重点是困难企业职工、失业人员、返乡农民工三类群体，针对不同群体的特点，实施分类培训，提高培训的针对性，提出“培训一人、就业一人”和“就业一人、培训一人”的目标，加强劳动预备制培训，积极开展中短期实用技能培训，强化培训机构管理等目标。2017年，为推进钢铁煤炭去产能职工安置工作，人力资源和社会保障部、国家发展改革委等五部委发布

《关于做好2017年化解钢铁煤炭行业过剩产能中职工安置工作的通知》。该通知指出，对去产能涉及的再就业人员，大力实施再就业帮扶行动，提前了解分流职工的就业需求，细化帮扶方案，对去产能企业要逐户开展1次就业创业政策对话会，为分流职工免费提供1次有针对性的职业指导、就业服务和职业培训，确保为每位分流职工至少推荐3个就业岗位。

本章小结

1. 生产社会救助包括政策扶持、资金扶持、科技扶持、信息扶持、能力培训等主要内容。

2. 对于国外的生产社会救助，主要介绍了孟加拉国的GB模式，以及印度和美国的生产社会救助内容。

3. 对于我国的生产社会救助，从农村、城市两个不同的制度内容出发做了详细的阐述。农村的生产社会救助主要体现在政策、资金、科技和信息等方面的扶持；城市的生产社会救助主要体现在对失业人员从事个体经营、非正规就业等给予的政策扶持，以及对其进行再就业培训上。

思考题

1. 简述生产社会救助的内涵、特点及原则。
2. 了解生产社会救助的功能和意义。
3. 熟悉国外几个典型国家生产社会救助的主要内容，尤其是孟加拉国的GB模式。
4. 掌握我国农村生产社会救助的主要内容。
5. 阐述我国对下岗失业人员生产自救方面的救助内容。

第六章

住房社会救助

学习目的

通过本章的学习，掌握住房社会救助的概念和特征，政府实行住房社会救助的原因，国外典型国家的住房社会救助制度的发展与现状，以及我国当前住房社会救助的实施情况和存在问题。

第一节 住房社会救助概述

一、住房社会救助的基本内涵

住房社会救助，是指政府向低收入家庭和其他需要保障的特殊家庭提供现金补贴或直接提供住房的一种社会救助项目。其实质和特点，就是由政府承担住房市场费用与居民支付能力之间的差额，解决部分居民对住房支付能力不足的问题。住房社会救助是针对住房弱势群体的一种社会救助形式。

本章所讲的住房弱势群体是与住房问题相联系的人群，主要有以下几层含义：

第一，住房弱势群体及家庭的现实居住水平处于社会居住水平以下，在一些情况下，住房弱势群体的概念和"最低收入"家庭是高度相关的，达不到社会最低生活标准的，生活水平在当地"最低生活保障线"以下。他们在购房的现实支付能力上与其他群体有很大的差距，无法依靠其自身的力量在房地产市场上进行正常的住房消费。

第二，住房弱势群体在一定时间内依靠自己的力量无法改变目前的无房、危房、拥挤、共用等住房弱势状况。住房弱势群体的就业技能、知识水平等劳动力素质在社会中处于一种相对不利的地位，很难增加自己的未来收入(未来收益预期不明)，因此在住房消费上的支付能力远远低于其他群体，无法通过住房商品化、市场化自主解决住房困难，其未来的住房消费意愿也难以通过其收入的提高得到实现。

第三，住房弱势群体在社会、政治生活中也往往会处于弱势地位，因此他们不能像强势群体那样可以动用自己所掌握的资源去影响公众舆论、政府决策，影响社会发展进程；相对强势群体而言，他们的声音和利益很难被国家的管理者所重视。

因此，为了消除社会的不稳定因素，政府主导的住房社会救助是帮助住房弱势群体改变住房状况，解决住房问题，保证其住房权利所必需、唯一、可行的办法。

二、住房社会救助的主要内容

世界各国政府为低收入者(或中低收入者)提供住房社会救助的形式大致上有以下几种:

(一)大力发展公共住房

发展公共住房是国外解决中低收入家庭住房问题的基本措施。无论是发达国家还是发展中国家,都发展过公共住房。公共住房是为解决中低收入阶层居民的居住问题,由政府直接投资建造或以一定方式对建房机构提供补助,由建房机构建设,并以较低价格、租金向中低收入家庭进行出售、出租的住房。主要包括廉租房和安居房两种方式。

1. 向居民提供福利保障性的廉租房

国外在制定公共住房政策时普遍重视廉租房的发展,为最低收入者提供"托底性"保障。廉租房即由国家出资建设规格适当、设备齐全的住房,以低廉的可以接受的方式向住房弱势群体成员或家庭提供,保证其住房达到社会最低标准。廉租房是针对最低收入者的一种住房保障政策。特别是对那些由于某种原因,造成其家庭的住房基本需求不能通过自身的经济力量来满足的人,包括低收入者、鳏寡孤独者、贫困户以及其他不能依靠自身力量获得需要的基本住房的人,由政府和社会提供廉租房来解决他们的住房需求。

廉租房政策框架,是在第二次世界大战后欧美各国在构建社会住房保障制度中逐步形成的。面对战后欧洲大陆脆弱的经济和社会局面,建立社会保障体系以安定民生是西欧各国政府的基本政策目标之一。而在解决住房问题上,利用政府权力大量修建公房来满足社会需求,成为一项被普遍接受的政策选择。其中廉租房制度对法国社会的贡献巨大。根据法国政府 2006 年公布的政令,该国所有市镇必须保证 20%以上的住房是廉租房,否则将被处高额罚款,以保证"低收入者也能住上好房子"。

2. 出售低于市场价格的安居房

安居房是经济适用房中的一个基本类型。经济适用房是国家为满足中低收入者的住房需求而提供的一种房屋。经济适用房介于完全市场化的普通商品住房和保障性的廉租住房之间,适应中低收入阶层的需求。经济适用房是由政府或委托单位组织建造和供应,政府提供一定的划拨土地和减免税费等优惠政策,主要由购房者来承担住房费用但房价明显低于商品住房的一种住房。它是针对中低收入家庭购买自用而建造的,具有保障性质的住房。

经济适用房一般应符合两方面的要求:一是具有经济性,要求其价格适当、中低收入家庭通常能够承受,具有较强的可支付性;二是具有适用性,要求住房设计建造标准符合居民的需要,面积适当、功能适用、交通便利、公用配套设施齐全等。目前其基本类型主要包括平价房、安居房、解困房等。

(二)发放住房补贴

住房补贴包括现金补贴和住房实体补贴两大类。我们这里讲的是现金补贴。20 世纪 70 年代中期,西方国家的住房补贴方式逐渐由"补砖头"(向住房供应方补贴)转向"补人头"(向住房需求者补贴)。现在,几乎所有发达国家和越来越多的发展中国家都不同程度地采取了发放住房补贴的办法:一是给租房(包括公房和私房)者以房租补贴;二是给购买自住住房者以税收减免形式的购房补贴。

住房现金补贴是政府向低收入家庭直接发放现金,帮助其购买或租住房屋。这不是住房社会救助的最主要的形式,但是作为直接对消费者进行补贴,即"补贴人头"的一种形式,在住房社会救助中也起到了不可忽视的作用。

三、住房社会救助的基本特性

(一)救助对象的专指性

住房社会救助的对象是存在住房困难和住房问题的低收入困难人群,它主要解决的是这部分人群的住房问题,保障他们住房的基本权利。因此住房社会救助在救助对象的识别上存在一种针对性、专指性。

申请住房社会救助的人除了主动提出申请住房社会救助以外,重要的是还需通过政府部门的调查核实收入状况和住房状况,公示确认后,才能享受相关的优惠和补贴。

(二)救助范围的狭窄性

由于住房社会救助对象具有一定的专指性,这意味着救助范围与其他的社会救助项目有不同之处。由于住房救助对象要满足这样两个条件——既是低收入群体又是住房困难户,才能够享受救助。住房社会救助,只是对少数自己无经济能力解决住房问题的个人和家庭,提供相应的救济和补助,使他们获得基本的住房权利,所以保障范围必然较小。这同实物福利分房有着根本性的区别。

(三)救助时间的动态性

个人和家庭的收入状况是在不断变化的,如工资、家庭就业人口、就业状况的变动等,因此,住房社会救助的享受对象也要随之变动。因为是救助,对被救助者来说,在住房问题上只能是有限的、起码的和低水平的,如被救助者经济条件好转,超过了救助标准线,就应及时停止补贴;如经济条件变差,则要增加补助。还有些个人或家庭,因多种原因,如失业、疾病或天灾等,经济条件明显下降,本来不属于补贴对象而降到了救助的范围内,政府和有关部门就应及时加以救助。这样才能体现出社会的公平和公正,真正保障无力购租住房者有房可住。

四、住房社会救助的基本原则

(一)政府主体原则

住房社会救助的对象是住房弱势群体,他们是在激烈的社会竞争中处于不利地位的人群。因此,为了保障这部分弱势群体的住房权益,消除社会的不稳定因素,维护社会的安定与和谐,要明确住房保障的责任在政府,政府在住房社会救助体系中应当承担的主体角色。政府不仅是政策制定的主体,更是保证救助实现的责任主体。政府主导的住房社会救助体系为住房弱势群体搭起了住房保障的最后一道防线,这也是政府的职能所在。

(二)合理适度救助原则

社会救助的目的在于保证基本的生活生产需要,促进社会安定与公平,所以对住房社会救助的享受者的保障并不是无限制的。政府要保障其能有基本的安居之所,同时又要防止其在收入提高、生活条件好转后仍依赖国家的保障。要做到这点,首先要适当确定低收入家庭的标准,标准太高会使一部分应该给予住房帮助的家庭被排斥在外;标准太低则会加大政府补贴,从而增加财政负担。因此,划分的标准要及时调整,划分的结果也要定期复核,在公开的前提下,将收入发生变化的家庭及时纳入或排出。其次是合理确定低收入家庭的住房标准,享受政府补贴的低收入家庭的住房面积、造价、位置和设施都应该是相对低标准的,即应明显低于社会平均水平,超过标准的不予补贴,这样才合情合理,确保公平。

(三)因地制宜原则

虽然住房社会救助体系是保障住房弱势群体住房权益的最后一道防线,但是,我国地区经济差异极大，各地住房保障水平也参差不齐，在不同的国家甚至是同一国家的不同地区也会存在不同的住房救助问题。因此，在住房发展的不同阶段，要根据实际的情况采用不同的住房救助方式。关于低收入居民的住房问题，也没有一个简单、有效的通用解决方法，关键是要与本国本地区的情况、低收入居民的需要等因素很好地结合起来，并综合设计。这就要求住房救助制度因地制宜，不可一视同仁。我国地域辽阔，地区之间的经济水平、住房状况、财政能力差异较大，在建立住房社会救助制度的具体方式上，应该根据各地的具体情况，因地制宜，逐步推进。

(四)动态调整原则

住房问题作为一个社会问题具有一定的阶段特点，在不同的住房发展阶段、不同的居民保障需求、不同的社会救助方式，对政府财力的要求，对市场机制的影响，对保障的公平性的界定都是各不相同的，呈现出多样性的特点。不同的社会救助形式又有不同的实施方法。比如说廉租住房制度的实施，既可以是发放租金补贴，也可以是租金核减，还可以是实物配租。

住房社会救助的方式与某一发展阶段的住房供求有着密切的关系。一般在住房严重短缺时期，政府直接建房的方式有利于刺激住宅的供给，加快住房建设；而当住房供求关系比较缓和时期，房租补贴的方式则更具有选择性，更有利于减少保障资金支出，有利于市场本身作用的发挥。动态原则的另一个方面是说住房救助的救助对象个体是不断变化的，救助对象自身的经济状况是不断变化的，要注意安排好其住房救助制度的出入机制。

五、住房社会救助的作用和意义

住房问题是绝大多数国家在经济发展、城市化进程中不可回避的一个现实问题。对于一个不断走向富裕、不断走向公正的社会而言，人人享有一定的住房，是全民性的社会生存权利。住房社会救助不但具有现实的政治意义，而且具有很强的社会意义和经济意义。

(一)维护人们基本生活的客观需要

住房是人类生存、生活的基本需要，任何人、任何家庭都必须有房可住。吃、穿、住、行是人们生存的必备条件，缺一不可。住房是人们劳动后必需的休闲地，是家庭生活和劳动力再生产的载体。因此，人们的居住权利必须得到保障。

(二)追求社会公平的必然要求

对住房基本需求的满足，反映了社会的公平和对低收入群体的保护。低收入家庭住房的保障，始终是衡量社会均衡发展和社会公平的重要标准。尤其在近代社会，住房问题是社会发展的重要内容。

在经济社会发展的漫长过程中，收入的不均衡是客观存在的，住房条件的不均衡也是客观存在的。低收入人群生活困难，往往同时表现为住房困难，这是一种普遍现象。低收入家庭的基本生活保障和住房保障，是一对共生的社会问题，即使在发达国家，低收入家庭的住房问题仍然是政府关注的政务。在市场化取向的经济体制改革中，住房的市场化程度越来越高，满足低收入家庭基本住房需求的矛盾也会越来越突出。随着经济的发展，尽管人均收入水平有很大提高，总体的住房水平也有很大提高，但不可能是绝对平均的，收入的差距、住房的差距仍然会存在。这就需要政府十分关注低收入家庭的住房问题，满足其基本住房需求，以维护社会公平。

(三)维持社会稳定的重要因素

住房与人们就业和社会稳定密切相关。住房虽然不是稳定就业的充分条件，但它是一个必要条件,没有固定的住房就难以实现稳定的就业。"家"与"业"始终是关联的概念。一个单位招聘人员,有无固定居所往往是一个重要的参考条件。大多数雇主不会长期雇用居无定所的人员,除非是难得的人才,雇主才会乐意提供住房。而中低收入阶层同样是经济发展的重要的劳动力资源,对社会总体利益的扩大亦有贡献,他们与所谓的"强势群体"之间的关系都应该是一种"共生发展"的关系。实行住房保障不仅仅是为了保护社会低收入阶层的利益,而且也为了其他人的福利的最大化。

社会的许多不稳定因素,也是与缺乏稳定的居所密切相关的。犯罪心理学研究表明,固定职业和固定居住地点的人群,比无固定职业、无固定居住地点的人群的犯罪率要低得多。处于随时漂流状态、行无定踪的人,社会道德的自我约束能力相对薄弱,对社会的认同程度相对较低。古人云:"安居乐业。"因此,许多国家把住房问题归结于社会问题。

第二节　外国的住房社会救助

中低收入家庭的住房问题是一个世界性的问题,发达国家和地区经过多年探索,已经建立起了相对成熟的公共住房保障政策和制度。

一、澳大利亚的住房社会救助

澳大利亚地广人稀,全国几乎九成的人口集中在沿海城市。由于政府多年不懈的努力,如今该国已发展成全球住房条件最好的国家之一,公民租住的公房由各州住房委员会或信托公司提供,分布在城市的边缘,公房主要供低收入者租住。①

(一)住房资助计划

澳大利亚是高福利国家,在住房保障方面,联邦政府和州政府签订了住宅协议,制定了详细的住宅资助计划,并提供了大量的资金。住房资助是澳大利亚联邦和各州政府及澳北区政府社会政策以及福利保障框架的重要内容,目的是帮助住户解决在获得和维护住房方面遇到的困难,并提供足够的灵活性以满足他们的需要。所有的州政府及澳北区政府,为包括无家可归者及在私人出租市场受歧视的居民在内的各类住户提供资助,只是由于各州的发展情况不同,各州资助计划的构成和范围也不同。

澳大利亚通过立法对住房政策和资助计划加以规范和保障,如国家曾出台《1989年住房资助法案》《1996年住房资助法案》。依据住房资助法案,由联邦与各州签订联邦与州的住房协议,住房资助通过政府间的住房协议来实施。住房协议的协议期不等,一般为3～4年。原协议到期,则由联邦与州重新签订新的协议。法律的保障使住宅政策和计划得到了有效的实施。

(二)类型和实施情况

根据联邦与州的住房协议(CSHA),澳大利亚实施了一系列住房资助计划。这些计划包括公共住房(Public Housing)计划、社区住房(Community Housing)计划、土著住房(Indigenous Housing)计划、市场资助(Private Market Assistance)计划、国家可负担租房计划(Na-

---

① 陆志斌:"澳大利亚、新西兰住房保障制度考察报告",载《广西城镇建设》,2006年第1期,第9～11页。

tional Rental Affordability Scheme)。

随着时间的推移和环境状况的改变,澳大利亚住房政策和计划也发生了相应的变化,如政府资助更倾向于资助住户在私人市场租用住房,同时对公共住房、社区住房和紧急住房计划进行改革。公共和社区住房政策近年来特别关注满足那些不能通过购买住房或租住私人住房以满足住房需求的人士的需要。私人部门、公共部门和社区部门在提供住房资助方面所担当的角色也在不断变化,为了给人们提供更多选择,各级政府都强调与私人部门和社区部门的积极合作。

1. 公共住房计划

公共住房计划是政府住房资助的主要方式。公共出租住房是指由政府兴建和管理的公有住房。这些住房受联邦与州住房协议资助,用于向无力在市场购买住房的中低收入者及其家庭或其他需要住房的人士提供适宜的、负担得起的居所。公共住房计划由国家、州和区共同提供资助,由州和区政府负责管理。

以国际标准来衡量,澳大利亚公共住房规模偏小,但是从1945年联邦与州住房协议实施以来,公共住房已经成为澳大利亚对低收入者提供住房资助的主要形式。

2. 社区住房计划

社区住宅是提供给那些低收入者和有特殊需要的住户的出租住宅,它由基于社区的非营利性组织来管理。那些符合公共住宅要求但又需要社区管理组织提供最优惠照顾的人士能够得到社区住宅。

社区出租住宅的供应类似于公共出租住宅,它与后者的不同之处在于:基金、所有权、租用分配和管理不仅仅是政府的责任,也是社区服务的题中之义。此外,公共住宅仅受联邦与州住房协议的资助,而社区住宅资助则通过一系列计划来提供。这些计划涉及政府的住宅、社区服务以及教育和保健职责。

3. 土著住房计划

同所有澳大利亚人一样,澳大利亚土著人和托雷斯海峡岛民能通过多种途径获得住房资助。这些资助包括联邦与州住房协议规定的公共住房、社区住房、私人租用资助计划、自购住宅资助计划、紧急收容计划、联邦租金资助计划以及一些州和区的计划等。

除了上述资助计划外,依据国家土著住宅信息协议(Agreement on National Indigenous Housing Information,ANIHI),还有一系列专项计划用于满足土著居民的住房需要。这些计划包括:社区管理的土著住宅,土著居民和托雷斯海峡岛民委员会资助计划,以及土著居民租用住房计划。

4. 私人租金资助计划

私人租金资助计划提供给在私人租赁市场租住住宅的低收入人士。该计划采用以下两种方式:联邦租金资助(Commonwealth Rent Assistance,CRA)计划,以及私人租用资助(Private Rental Assistance,PRA)计划。

(1)联邦租金资助计划。联邦租金资助是补充性的资助计划,用于资助在私人租赁市场上支付的租金超过一定额度的人士。

(2)私人租用资助计划。私人租用资助计划是由州政府提供的一系列住宅资助计划,旨在资助那些在维护和保养私人物业方面有困难的低收入住户。具体通过以下方式:第一,租金资助,补助金;第二,证券资助;第三,其他资助方式,包括重置费用或者提供建议和信息。

5. 国家可负担租房计划

由于澳大利亚住房的短缺，房租日益上涨，为了增加经济型出租房供应并降低经济型房屋的租金，澳洲财政部长和房屋部长于 2008 年联合推出国家可负担租房计划，并于同年 11 月通过并形成法律。这项计划要求投资人将其投资的房产租金降低 20%，投放到市场上给那些符合条件要求的人群。政府每年给予投资人 8 600 美元的补助，其补助随消费价格指数调整。补助政策是由联邦和州政府承担的，每年联邦政府承担 6 000 美元，州政府承担 2 000 美元。政府的补助是提供给投资者本人，而且是免税的收入。投资人可以通过投资符合国家可负担租房计划项目，拥有土地和房子，并获得资金回报，享受国家可负担租房计划的优惠。

二、美国的住房社会救助

美国在住房保障方面最具特色的，就是其各项措施均通过立法保障来落实、实施。美国政府为了解决低收入居民住房和贫民窟问题，先后通过了《住房法》《城市重建法》《国民住宅法》《住房与城市发展法》等，对住房保障做了相应的规定。《住房法》规定，政府必须为低收入者提供较低租金住房，其租金一般不到私有住房租金的一半。《国民住宅法》规定，政府提供低利息贷款，鼓励私人投资于低收入家庭公寓住宅，建成后的住房，优惠提供给受城市重建或政府公共计划而丧失住所的家庭。

20 世纪三四十年代，美国政府在各主要城市的中心区建设了大量廉租公房，希望以此解决快速城市化带来的中低收入人群日益紧张的居住问题。但是，种族歧视以及社会分化等多方面的问题导致了城市中心区破败，逆城市化现象发生，公房犯罪猖獗，贫民窟内贫困蔓延。美国政府为解决这一严重问题，将公房建设的实物型补贴转向对中低收入者直接补贴的模式，这在一定程度上缓解了城市中低收入者面临的住房困境。

(一)主要内容

美国贫富悬殊惊人，两极分化突出，中低收入家庭仍占绝大多数。为解决低收入者的住房困难，美国住房救助政策主要包括两个方面的内容：一是通过各种措施鼓励建造低收入者住得起的房子；二是通过担保贷款、提供租金补贴以及实行租金优惠券计划等，帮助居民拥有自己的住房。

主要做法有贷款为老年人和残疾人修建住房；向低收入家庭发放住房津贴；政府出面向私人租赁住房，再分租给有资格享有公共住房的住户；政府对住房抵押贷款予以担保；对私人房主实行税收减免；地方政府发放免税债券筹集建房资金，联邦政府对偿还担保。为了改变低收入居民住房和贫民窟问题，政府从联邦预算中拨出一部分钱用于住房补贴，住房补助占财政拨款的 2.2%～2.5%左右。

(二)住房补助类型

美国住房补助的类型，主要体现为提供低租金的公共住房，房租补贴，住房贷款利息补贴，妇女、婴儿和儿童住房补贴，消除贫民窟和新镇运动，解决国内外移民和非法移民的住房问题。

1. 提供低租金公共住房

公共住房创设于 1937 年，是美国资助贫困家庭住房的一种最久远的项目。建设公房的专项基金由联邦政府划拨，基金的使用范围涵盖建造新住房、维修现有住房和运营公共住房三个方面。公房建设由联邦政府主持，具体的选址、监督和分配则由州政府管辖，产权归州政府所有，管理的专项机构是地方政府住房局。美国在公房政策实施后的几年内，建设了大量的公共住房。按照城市中低收入者所处的不同收入水平，房租范围也有差异。其租金标准根据家庭收入而定，对一般贫困家庭收取其家庭收入 1/3 的房租；对收入略高的家庭而言，房租则略高于 1/3。《住房法》规定，政府必须为低收入者提供较低租金住房，其租金一般不到私有住房租金的一半。联邦政府规定，这些住房只能供当地收入不超过中等收入水平 80%的家庭购买或租用。但地方当局制定的申请购买或租用该类住房的资格标准比联邦政府制定的要严格一些，一般只有年收入低于中等收入水平 50%的家庭才有资格申请购买或租用。但有 25%的住房提供给那些收入为该地中等收入水平 50%～80%的家庭租用或购买。

公共住房由地方公共住房当局(PHAS)建造和经营，联邦政府资助。最初，联邦政府对公共住房的资助只是建筑费用，公共住房的运营由收取的租金负责。但随着运营成本的持续上升，贫困家庭无力支付全额运营费用。因此，1969 年联邦法律规定，联邦政府还负责资助运营费用的一部分。

公房建设的迅速发展增加了城市中低收入者可负担住房的供给，中低收入者的住房困难得到了快速缓解。由于政府统一建设和分配公房，大批无家可归者得到了可以遮风避雨的保障性住房，由居住问题所导致的社会不稳定也得以缓解。但是，随着时间的推移，这种由政府出资建设公房出租给租户措施的弊端也日渐凸显。由于政府新建公房选址集中于旧城中心区，造成了大量中低收入人群的集聚，与高收入阶层居住分化。这种现象后来又演化为贫民窟内的高犯罪率和中心区衰败等社会问题，也间接导致了逆城市化的发生。① 因此，美国目前公共住房的数量和比重迅速减少，住房保障的重点也从建房转移到了提高居住整体水平和鼓励购买住房产权方面。

2. 房租补贴

房租补贴是针对低收入者承租私人房屋而言的，政府鼓励私人将符合出租标准的房屋给低收入者。凡是家庭收入未达到所在地区家庭平均收入的 80%，可以申请住房补贴。当住房支出超过 30%的家庭被认定为过度消费负担，由政府发放“住房券”，以此承担合理市场租金与家庭收入 30% 的差额，并给与政策优惠(如著名的第八条租金资助计划)。

美国政府目前采用的最主要地对中低收入者进行补贴的手段，是用房租代金券直接补贴租户。这种补贴方式具体分为住房证(始于 1974 年，又称“租金证明计划”)和住房券(始于 1983 年，又称“租金优惠计划”)两种，它们略有区别。享受“住房证”的住户不能承租房租高于联邦政府确定的租金水平的住房。享受“住房券”的住户可以在市场上自由寻找住房，当住房租金低于政府规定的市场租金还有余额时，允许住户保留优惠券继续使用；而当住房租金高于市场租金时，住户须自己承担租金差价。联邦政府按照住房市场一般租金水平确定补贴金额，地方政府住房局确认租约后直接以租金证明或租金优惠券的形式向房主支付租金。在总租金中，住户支付的部分不超过自身收入的 30%，其余部分由政府给房主补齐。

3. 税收减免

为让低收入者拥有住房，鼓励中低收入阶层购买自用住房，美国政府实行一系列购房减免税政策，主要体现在：第一，对利用抵押贷款购买、建造和大修自己房屋的家庭，在征收个人所得税时减免抵押贷款的利息支出；第二，对拥有自己住房的家庭，还可以减免所得税和财产税；第三，对出租屋的家庭实行税收减免政策。

---

① 卫欣、刘碧寒：“美国城市中低收入者的住房保障模式”，载《国外房地产》，2008 年第 4 期，第 77～80 页。

4. 津贴房屋

津贴房屋，是指政府给予一定的优惠政策，由私人非营利机构具体实施并管理的房屋，主要出租给 62 岁以上，且每年退休金不超过一家一口 20 850 美元、一家二口 23 850 美元、一家三口 26 800 美元的老年人家庭。各州、县、市根据当地情况，每年调整限制数字。

三、瑞典的住房社会救助

(一)住房补助类型

瑞典作为典型的福利国家，其住房保障政策旨在建立一个覆盖全体公民的普惠式住房保障体系，从 20 世纪 30 年代至今，瑞典社会民主主义混合经济制度根深蒂固，瑞典“社会民主主义模式”的住房保障政策正是建立在其社会民主主义混合经济制度基础之上的。瑞典政府致力于在住房市场体系的框架内，将住房保障作为公民的基本权利之一，建立了覆盖全体公民的、高保障力度的、完善的住房保障制度，随着欧洲国家“福利危机”的出现，瑞典原有的住房保障政策受到冲击。自 20 世纪 90 年代开始，瑞典开始在住房保障体系中渐进引入市场机制，逐渐形成一个普惠性保障和选择性保障相结合的混合体，政府、市场和社会组织均发挥一定作用。

1. 公共租赁住房

公共租赁租房由隶属于地方政府的市政住房公司直接投资建设，并负责维护与管理，以明显低于市场平均水平的租金面向各类符合申请条件的家庭，市政住房公司不以营利为目的，租金水平以能够覆盖建设公共租赁住房的直接成本为标准，由政府、市政住房公司和租户集体谈判决定。自 1950 年起，瑞典几乎每个城市都建立起自己的市政住房公司，到目前全国大概共有 300 多家，管理着 80.2 万套住宅，覆盖瑞典约 1/7 的人口。

2. 共有产权住房

1920 年起，民众自发组织建立社会非营利组织住房合作社，社员集资建设共有产权的合作住房，合作社负责房屋的分配、管理与维护。1950 年，瑞典政府以法律形式规定了住房合作社如何成立和运营。住房合作社采取三级组织形式：HSB(住房储蓄和建设协会的简称)全国联盟、HSB 地方协会和 HSB 基层住房合作社。截至 2017 年，瑞典共有约 4 000 个住房合作社，62.4 万个社员，管理着 34 万套共有产权住房。

3. 住房补贴

瑞典政府向全体民众发放包括租房津贴、购房或自建房贷款利息补贴在内的住房补贴。合作住房所有者支付的住房按揭利息在个人所得税中抵免这些政策鼓励民众加入住房合作社、购买合作住房，同时对于处于工作年龄的有孩子的低收入群体，根据收入调查和家庭规模给与最多不超过住房费用的 75%的补助，不足部分由社会补足，进一步减轻低收入租房者的负担。

4. 保障性住房土地供应

瑞典各地方政府普遍地向市政住房公司提供免费的市政用地，供其建设公共租赁住房，同时低价向住房合作社提供土地，供其建设共有产权住房。2012 年，瑞典政府提出更加注重土地规划细节，针对地方政府土地规划中的问题，采取市场化和行政化两项措施保证保障性住房建设用地的供给。2016 年中央政府建议地方政府明确各类土地的规划配额，同时给予住房建设用地配额较多和新建住房数量较高的政府一定奖励。

(二) 救助对象与标准

瑞典政府于 1957 年颁布了《社会福利和社会救助法》,并于 1969 年开始实行房租补贴制度,同时扩大了救助范围,经过调查只要符合要求的贫困者都可以得到救助,主要对象是:一是收入低于最低生活水准的家庭。主要包括单亲家庭,特别是由母亲维系的单亲家庭;养老金不高且单身的老人家庭。二是没有参保或者不够资格领取失业保险的人。三是因疾病、残疾或抚养孩子而陷入困境的人。

住房救助主要是为了让那些处于工作年龄、有 19 岁以下子女的困难家庭有足够的住房面积而设立的一种救助措施,住房补贴的发放标准、支付数量均与家庭收入、子女数量、住房规模有关。申请者最多补助到住房费用的 75%,其余部分由社会补贴填补。其中单亲母亲是领取单亲住房补贴的主要人群,当家中有 1 个、2 个、3 个孩子时,每月每个家庭住房补助分别为 2 500 克朗、3 175 克朗、3 900 克朗,18～29 岁无孩子的住房补助为每月 1 100 克朗。当家庭月收入超过 11 万克朗(已结婚或同居者计算两人工资之和),18～29 岁无孩子的月收入超过 4.1 万克朗,住房面积超过规定上限时,相应减少住房补助。

四、荷兰的住房社会救助

在欧洲,住房保障实行得最好的国家是荷兰。其做法是:鼓励高收入家庭建房;推动中等收入家庭买房;帮助低收入家庭租房。长期以来,政府在住房市场中扮演了决定性的角色。早在 1901 年,荷兰就出台了《住房法》,并明确规定,政府应为公共住房建设提供补贴和制定建筑规范;1974 年又颁布了《租房与补贴白皮书》,强调住房政策的目标就是为低收入阶层提供合适的住房。荷兰政府为解决住房严重短缺问题成立了住房协会,向中低收入家庭提供低租金住房,政府给住房协会补贴。荷兰社会住房救助政策的一个特点是所有荷兰居民(低收入者和中等收入者)都可以申请社会租赁住房,但低收入群体具有优先租赁权。根据欧盟委员会规定,2011 年后,荷兰社会租赁住房的主要目标群体是年收入不超过 33 614 欧元的低收入家庭,社会住房协会(公司)应该把至少 90%的住宅出租给低收入群体,中等收入者将不再有资格申请社会租赁住宅。

(一)新住房补贴政策

荷兰政府于 20 世纪 90 年代逐步终止了针对全社会的普遍的“补砖头”的住房补贴政策,新的住房补贴采取了一种“补人头”的定向补贴方式,即补贴取决于租户的家庭收入和房租的水平,而与房屋实体无关。

荷兰从 1997 年开始的租金补贴政策的要点体现为以下几个方面:

(1)只有家庭收入不超过最高限额的家庭才能得到租金补贴;

(2)只有家庭资产不超过最高限额的家庭才能得到租金补贴,但对老年人家庭资产限额有所放宽;

(3)每个家庭应该自己承担一部分房租,即国家不会提供补贴覆盖全部租金支出,目前每户家庭需要负担的最低房租是 330 盾(1 荷兰盾约相当于人民币 3.5 元);

(4)实行房租分级补贴。即每户家庭所需缴付的最低租金是 330 盾;330～575 盾的部分全部补贴;575～823 盾(1 个或 2 个承租人)或 882 盾,(3 个或以上的承租人)之间可以享有 75%的补贴;823 盾(或 882 盾)至 1 085 盾的部分,如果是一个承租人,可以得到 50%的补贴,对 2 个以上承租人的出租房屋,如果有一个人的年龄在 65 岁或以上才可以享有 50%的补贴;租金在 1 085 盾以上的部分不能享有租金补贴。

(二)特殊对象的救助措施

荷兰在住房保障方面,涵盖的对象包括低收入者、老年人、有居留权的难民、残疾人和无家可归者。荷兰主要以提供廉价的社会租赁房的形式为低收入阶层解决住房问题。社会租赁房由住房协会拥有,政府通过规范住房协会的非营利性以及一些协议来让住房协会提供足够的社会租赁住房。

1. 老年人

荷兰男性和女性公民的平均寿命分别是 74.7 岁和 80.4 岁,已步入一个老龄化的社会。荷兰政府的做法是让老年人尽可能依靠自己独立生活。对日益增多的老年人住宅的需要,一方面通过对现有住房进行改造,如政府对只有楼梯的住房增设电梯;另一方面,政府要求所有新建住宅必须在将来可以为适应老年的需要而灵活改建,这一要求在 1997 年通过立法进一步加以明确。

2. 难民

为难民提供住房主要是地方政府的责任。每个地方政府每年都要求为难民提供一定数量的住宅,所提供的住房主要是空置的租赁房,各住房协会在法律上被要求与市政府就此进行合作。

3. 残疾人

针对残疾人士,中央政府专门有一项补贴,由地方政府进行管理和发放。该项补贴用于改建现有住房,如安装电梯、改造厨房和浴室以便轮椅乘坐者使用。

第三节　我国的住房社会救助

我国的住房救助制度,主要是指对城乡特殊困难居民和因灾倒房户在住房修缮、重建和租房方面给予现金与物质补助的制度。住房救助采取政府救助与社会帮扶相结合的原则。在城市,住房救助主要是廉租住房制度;在农村主要是资助有特殊困难的农民搬迁、修缮和新建住房,资助因灾倒房户恢复重建。

从 20 世纪 80 年代初开始的城镇住房制度改革,打破了传统的市场机制在住房的供应、分配、流通和消费过程中的主导模式。在这近 40 年间,我国城镇居民的住房面积、居住质量得到了明显的改善和提高,然而社会群体中有相当一部分最低收入者,由于受经济条件的制约,他们的住房问题无法通过市场来解决。为了最大限度地解决最低收入家庭的住房问题,构建城镇住房保障体系、实施住房社会救助就成为社会发展的必然要求。目前我国针对低收入者的住房社会救助形式,是提供他们一系列相关的保障性住房,主要有廉租住房和经济适用住房,同时还配有公租房、限价房等。我国最近发布的“十三五”规划(2016～2020 年)中,政府更加强调完善购租并举的住房制度,对无力购买住房的居民特别是非户籍困难人口,支持其租房居住,实行实物保障与货币补贴并举,加大租赁补贴发放力度,可见住房保障已成为一项重要的民生工程。

一、廉租住房

(一)主要内容

廉租住房即由国家出资建设规格适当、设备齐全的住房,以低廉的可以接受的方式向住房弱势群体成员（或家庭）提供，保证其住房达到社会最低生活标准。廉租住房制度自1998年首次提出以来，我国于1999年出台了建设部制定的《城镇廉租住房管理办法》，提出由政府实施社会保障职能，向具有城镇常住居民户口的最低收入家庭提供租金相对低廉的普通住房，以保障公民基本居住权利。

经过几年实践，为了更好地解决城市低收入家庭住房困难问题，2007年11月，建设部、国家发改委等九部门联合发布的《廉租住房保障办法》进一步完善了廉租住房政策。2009年，住房和城乡建设部、发改委和财政部推出了我国第一部廉租住房保障规划，在原有的基础上，规划从各方面加强了政策的力度，更加明确了廉租住房保障体系中的细节问题。根据住房和城乡建设部、财政部、国家发展和改革委员会联合印发的《关于公共租赁住房和廉租住房并轨运行的通知》（建保〔2013〕178号）的规定，从2014年起，各地公共租赁住房和廉租住房并轨运行，并轨后统称为公共租赁住房。

1. 实施目的

中国从2003年开始实施廉租住房制度，目的是通过货币补贴、实物配租等方式解决低收入家庭的住房困难，逐步解决城市低收入家庭的住房困难。

2. 保障对象的条件和保障标准

《廉租住房保障办法》明确保障对象为“城市低收入住房困难家庭”，各地在国家统一政策指导下，由市、县政府根据当地经济社会发展的实际情况、财政承受能力和居民住房差状况合理确定。全国各地根据具体情况的不同，因而标准设定上是具有一定的差异性。在居住面积的规定方面，单套的建筑面积应当控制在50平方米以内。

3. 保障方式

廉租住房保障方式实行货币补贴和实物配租等相结合。货币补贴是指县级以上地方人民政府，向申请廉租住房保障的城市低收入住房困难家庭发放租赁住房补贴，由其自行承租住房。实物配租是指县级以上地方人民政府，向申请廉租住房保障的城市低收入住房困难家庭提供住房，并按照政府定价标准收取租金。

4. 行政领导体制

由各级政府的建设行政主管部门分别负责廉租住房政策实施的指导、监督或管理工作。各级政府的财政、民政、国土资源、税务等部门按照职责分工，负责城镇廉租住房的相关工作。

5. 租金标准

采取货币补贴方式的，补贴额度按照城市低收入住房困难家庭现住房面积与保障面积标准的差额、每平方米租赁住房补贴标准确定。采取实物配租方式的，配租面积为城市低收入住房困难家庭现住房面积与保障面积标准的差额。有条件的地区，对城市居民最低生活保障家庭，可以免收实物配租住房中住房保障面积标准内的租金。

6. 资金来源

实行财政预算安排为主、多种渠道筹措的原则，主要包括：年度财政预算安排的廉租住房保障资金，提取贷款风险准备金和管理费用后的住房公积金增值收益余额，土地出让净收益中安排的廉租住房保障资金，政府的廉租住房租金收入，社会捐赠的资金，其他渠道筹集的资金；同时规定土地出让净收益用于廉租住房保障资金的比例，不得低于10%。廉租住房资金实行收支两条线管理，专项用于廉租住房的维护和管理。

7. 实物配租的廉租住房来源

廉租住房的来源主要包括政府新建、收购的住房，腾退的公有住房，社会捐赠的住房，其他渠道筹集的住房。新建廉租住房应当在土地新建廉租住房时采取配套建设与相对集中建设相结合的方式，主要在经济适用住房、普通商品住房项目中配套建设。对于廉租住房建设政府免征行政事业性收费和政府性基金，鼓励社会捐赠住房作为廉租住房房源或捐赠用于廉租住房的资金。

8. 政府新建的廉租住房建设用地

实行供应计划中优先安排，并在申报年度用地指标时单独列出，采取划拨方式，保证供应。

9. 申请、核准办法

由户主向户口所在地街道办事处或者镇人民政府提出书面申请；通过街道办事处，由街道办事处，市(区)、县人民政府建设(住房保障)主管部门、同级民政部门审核以后，最后由建设(住房保障)主管部门予以公示，对经公示无异议或者异议不成立的，作为廉租住房保障对象予以登记，并向社会公开登记结果。同时，城市低收入住房困难家庭的收入标准、住房困难标准等以及住房保障面积标准，实行动态管理，由市、县人民政府每年向社会公布一次。

廉租住房保障将实行轮候制。但对申请租赁住房货币补贴的城市居民最低生活保障家庭，将优先安排发放补贴，基本做到应保尽保。而实物配租将优先面向孤、老、病、残等特殊困难家庭、城市居民最低生活保障家庭以及其他急需救助的家庭。

10. 廉租住房监督管理

已领取租赁住房补贴或者配租廉租住房的城市低收入住房困难家庭，应当按年度向所在地街道办事处或者镇人民政府如实申报家庭人口、收入及住房等变动情况。市(区)、县人民政府建设(住房保障)主管部门应当按户建立廉租住房档案，以便进行复核以后，调整租赁住房补贴额度或实物配租面积、租金。对不再符合规定条件的，应当停止发放租赁住房补贴，或者由承租人按照合同约定退回廉租住房。城市低收入住房困难家庭不得将所承租的廉租住房转借、转租或者改变用途。如果无正当理由连续6个月以上未在所承租的廉租住房居住或无正当理由累计6个月以上未缴纳廉租住房租金的，应当按照合同约定退回廉租住房。

(二)基本特性

1. 社会保障性

以取消实物分配、实行住房分配货币化政策为标志的新的住房分配体系，将使中等收入及其以上者可以通过市场满足住房需求，因而住房保障不应是普遍性的社会福利，也不属于中收入者和低收入者共同享受的福利，廉租住房社会保障的对象只应是无力通过市场得到住房的最低收入者。

2. 政府主导性

廉租住房制度的目的是为了改善无力通过市场解决自身住房问题的困难家庭的住房条件。政府作为国家宏观调控者，应充分行使自己的社会职能，承担起构建城镇廉租住房制度的重任，为其提供法律和政策支持，建立合理的资金来源和筹资渠道，同时进行有效的行政管理。

3. 运作过程的封闭性

由于廉租住房只供应给城镇弱势群体居民家庭，它的运作过程是严格按照政府制定的有关政策法规进行的，以保证他们的家庭有房租住，但又不能转让、转租，并随家庭经济状况的变化而变化。

4. 实施方式的多样化

住房保障制度的建立和实施必须结合本地区的实际情况，政府在住房保障中干预的范围和方式应适合住房保障目标，并随着社会经济环境的变化进行相应的调整。因此，城镇廉租住房制度的实施必须建立在符合最低收入家庭特殊需求和当地住房发展现状的基础上，实行多样化的保障形式，政府财力和对于最低收入家庭的相关政策及当地的住房政策也是必须考虑的因素。

5. 非营利性

廉租住房不同于商品房和经济适用房。商品住房提供给高收入者，利润水平由市场决定，国家不直接干预商品住房的生产、分配、交换以及消费，房地产开发企业以获取经济效益为主要目的。经济适用房面向广大中低收入阶层，在土地使用权的取得、税费等方面享受国家优惠，在房价中除了可计入1%～3%的管理费外，还可计入3%的利润。廉租住房提供给城镇最低收入家庭的住房，开发建设追求的不是经济效益而是社会效益。国家无偿划拨土地，税费大幅度减免，目的是为了降低廉租住房的开发建设成本。因此，从事廉租住房的规划设计、建设、管理、维修服务的建设管理者都不得以营利为目的，并应尽量降低成本，减轻居民负担。

(三)作用与意义

1. 弥补市场经济的缺陷

我国经济体制改革的目标是建立社会主义市场经济体制，市场将作为配置资源的基本手段。伴随住房制度改革的深化，货币化住房分配方式逐步取代了福利性实物分配方式。然而，市场机制在发挥合理配置各种资源的时候，却不能完全解决社会公平问题，尚不能为弱势群体提供必要的福利。这些弱势群体往往成为市场机制“被遗忘的角落”，这就需要作为宏观调控主体的政府出面介入住房问题，实行住房社会救助制度对最低收入家庭实施必要的社会保障，帮助他们解决好住房问题，弥补市场经济的缺陷，促进社会主义市场经济的正常运行。

2. 促进社会稳定发展，保持安定团结

“衣、食、住、行”被称为人类生存的最基本条件，而其中“住”则是基本中的基本，只有有了一个较为稳定的居所，人们才能安心地从事其他活动。社会中最低收入阶层如果在住房、就业、工作等方面得不到保障，就有可能成为社会动荡的因素之一。廉租房制度通过政府和社会的共同努力，旨在解决低收入群体和家庭的住房难题，从而缓和社会矛盾，有利于和谐社会的构建。

3. 建立和完善社会保障制度

随着城市的发展，房价的不断攀升，城市中的大量中低收入者的住房问题成为一个严重的社会问题。这需要我们加快我国住房社会保障体系的建立和完善，从而增加居民的安全感，缩小贫富差距，解除后顾之忧。廉租房制度作为我国住房社会保障体系的重要一部分，在解决中低收入群体及家庭的住房问题时期有着重要的作用。

4. 吸取了世界各国的经验

住房是人类生存的基本条件，解决最低收入家庭的住房问题，保证居者有其屋，是世界各国政府的重要职责。美国、英国、日本等发达国家已采取多种措施推行廉租住房制度，例如为最低收入家庭兴建住宅、提供优惠贷款、对住房投资减税等，在实践中不断完善住房保障制度。我国作为一个人口大国，处于经济社会转型的阶段，由于市场经济的磨合期，加之房地产市场发展的不成熟，相当数量的中低收入家庭会出现住房困难的问题。构建我国的城镇廉租房制度，不仅是世界住房保障制度发展的趋势，更是我国现阶段社会发展的需要。

（四）存在的问题

1. 廉租保障对象狭窄

目前，各城市出台的廉租住房政策，保障的对象多限定在低保户、优抚家庭中的住房困难户，城市中既买不起房、又非低保的“夹心层”和大量的流动人口则不在廉租住房保障的范围之内。

2. 资金来源不确定

现阶段，政府虽然提出了采取财政拨款、住房公积金增值资金、直管公房出售一定比例的归集资金、社会捐赠等多渠道、多形式的资金筹措机制，但在廉租住房实践中，大部分资金仍主要来源于住房公积金增值收益，政府财政资金未能得以有效落实。

3. 廉租住房数量十分有限

由于城镇廉租住房制度刚刚起步，目前廉租住房（包括市政府腾退的存量公有住房与市场上可供选择作为廉租住房的私有住房）数量十分有限。住房分配货币化改革以来，新建商品房价格畸高，存量公房提租步伐缓慢，加之公房按成本价、标准价出售的举措，除已被出售或继续为原使用者占有的公房之外，政府可以腾为廉租住房的公房数量非常有限。

4. 缺乏有效的房源信息交流机制

受政府廉租住房数量有限的限制，大部分廉租住户需通过市场选择符合自身条件以及廉租住房标准的房源。在目前中介组织不规范、租赁市场不发达、房源信息交流机制缺乏的情况下，廉租住户的市场交易成本较高。

5. 供应对象收入统计与监管机制滞后

缺乏有效的居民收入统计与监管机制，是我国目前住房分类供应体系建设中存在的一大障碍，住房消费中的“搭车现象”也因此比较普遍。现阶段廉租住房申请对象为符合最低收入标准和住房困难标准的城镇居民，由于缺乏健全的收入统计与监管机制，目前居民的收入审核存在相当难度。

6. 廉租房建设地点不合理

廉租房建设的区位选择上存在局限。位置偏远，配套设施不完善等不便利条件，增加了中低收入家庭的交通费用等生活成本。这使得廉租房的政策并未真正惠及到低收入家庭，同时又加重了政府的负担。

二、经济适用住房

（一）含义和性质

经济适用住房是指以行政划拨土地，享受政府优惠政策，以保本微利为原则，面向中低收入职工家庭的普通商品房。经济适用住房是住房制度改革的产物，具有经济性和适用性的特点，其中经济性是指住房的售价既要符合规律，又要考虑其社会保障的特性，能够适应中低收入家庭的经济承受能力；适用性是指随着国民经济发展水平的不断提高和居民收入的逐年增加，适应居住发展要求的住房设计标准和建设质量标准也要发生质的变化。

（二）主要内容

1. 优惠和支持政策

免征城市基础设施配套费和商业网点建设费以及契税，减半征收水电增容费等各种税费。建设用地采取行政划拨方式供应，优先给予办理有关手续。另外，经济适用房建设管理费只限于1%～3%，市场利润被限在3%以下。

经济适用住房建设用地，要按照土地利用总体规划和城市总体规划要求，合理布局，实行行政划拨方式供应。严禁以经济适用住房名义取得划拨土地后，改变土地用途，变相搞商品房开发。经济适用住房建设和经营中的行政事业性收费，减半征收；经济适用住房项目小区外基础设施建设费用，由政府负担。经济适用住房建设单位可以以在建项目作抵押向商业银行申请住房开发贷款。购买经济适用住房可提取个人住房公积金和优先办理住房公积金贷款。

2. 建设管理

经济适用住房单套的建筑面积控制在60平方米左右。市、县人民政府应当根据当地经济发展水平、群众生活水平、住房状况、家庭结构和人口等因素，充分考虑城市低收入住房困难家庭对交通等基础设施条件的要求，合理安排区位布局，合理确定经济适用住房建设规模和各种套型的比例，并进行严格管理。

经济适用住房建设按照政府组织协调、市场运作的原则，可以采取项目法人招标的方式，选择具有相应资质和良好社会责任的房地产开发企业实施，也可以由市、县人民政府确定的经济适用住房管理实施机构直接组织建设，并注重发挥国有大型骨干建筑企业的积极作用。经济适用住房的规划设计和建设必须严格执行《住宅建筑规范》等国家有关住房建设的强制性标准。经济适用住房的施工和监理，应当采取招标方式，选择具有资质和良好社会责任的建筑企业和监理公司实施。

3. 价格管理

确定经济适用住房的价格应当以保本微利为原则。其销售基准价格及浮动幅度，由有定价权的价格主管部门会同经济适用住房主管部门，依据经济适用住房价格管理的有关规定，在综合考虑建设、管理成本和利润的基础上确定并向社会公布。房地产开发企业实施的经济适用住房项目利润率按不高于3%核定；市、县人民政府直接组织建设的经济适用住房只能按成本价销售，不得有利润。

经济适用住房是微利商品房，所以其价格构成与商品房一样，只不过享受某些优惠，成本相应低一点，而售价由政府指定(也就是利润控制在某一范围)。价格组成内容如下：(1)征地动迁补偿、安置费；(2)规划设计、前期工程费；(3)建安工程费；(4)小区基础设施及公建配套费；(5)管理费；(6)财务费(贷款利息)；(7)销售费(也可列入管理费之中)；(8)税金；(9)利润。如果是预售房，完全成本尚未形成，还得加一项不可预见费。

4. 准入和退出管理

《经济适用住房管理办法》(以下简称《办法》)第二十五条规定，符合下列条件的家庭可以申请购买一套与核准面积相对应的经济适用住房：(1)具有当地城镇户口；(2)家庭收入符合市、县人民政府划定的低收入家庭收入标准；(3)无房或现住房面积低于市、县人民政府规定的住房困难标准。

经济适用住房由市、县人民政府按限定的价格，统一组织向符合购房条件的低收入家庭出售。经济适用住房供应实行申请、审核、公示和轮候制度。市、县人民政府应当制定经济适用住房申请、审核、公示和轮候的具体办法，并向社会公布。经济适用住房资格申请采取街道办事处(镇人民政府)、市(区)、县人民政府逐级审核并公示的方式认定。审核单位应当通过入户调查、邻里访问以及信函索证等方式对申请人的家庭收入和住房状况等情况进行核实。申请人及有关单位、组织或者个人应当予以配合，如实提供有关情况。

同时，在退出机制上，《办法》规定购买经济适用住房不满 5 年，不得直接上市交易；购房人因特殊原因确需转让经济适用住房的，由政府按照原价格并考虑折旧和物价水平等因素进行回购。

购买经济适用住房满 5 年，购房人上市转让经济适用住房的，应按照届时同地段普通商品住房与经济适用住房差价的一定比例向政府缴纳土地收益等相关价款；购房人也可以按照政府所定的标准向政府缴纳土地收益等相关价款后，取得完全产权。

对已经购买经济适用住房的家庭又购买其他住房的，原经济适用住房由政府按规定及合同约定回购。政府回购的经济适用住房，仍应用于解决低收入家庭的住房困难。已参加福利分房的家庭在退回所分房屋前不得购买经济适用住房，已购买经济适用住房的家庭不得再购买经济适用住房。个人购买的经济适用住房在取得完全产权以前不得用于出租经营。

5. 监督管理

有关部门应当加强对经济适用住房建设、交易中违法违纪行为的查处：对擅自改变经济适用住房或集资合作建房用地性质的，由国土资源主管部门按有关规定处罚。擅自提高经济适用住房或集资合作建房销售价格等违法行为的，由价格主管部门依法进行处罚。擅自向未取得资格的家庭出售、出租经济适用住房，或组织未取得资格的家庭集资、合作建房的，由经济适用住房主管部门责令建设单位限期收回；不能收回的，由建设单位补缴同地段经济适用住房或集资、合作建房与商品房价格差，并对建设单位的不良行为进行处罚。

对弄虚作假、隐瞒家庭收入和住房条件，骗购经济适用住房或集资、合作建房的个人，由经济适用住房主管部门追回已购住房或者由购买人按市场价补足购房款，并可提请所在单位对申请人进行行政处分；对出具虚假证明的单位，由经济适用住房主管部门提请有关部门追究单位主要领导的责任。

(三)作用与意义

发展经济适用住房的目的是为了建立与社会主义市场经济相适应的住房供应体系，不断满足中低收入家庭日益增长的住房需求。从近几年开发建设的情况看，经济适用住房确实在解决中低收入家庭的住房问题、促进住房消费方面起到了重要作用。

1. 发展经济适用住房是实现房改目标的重要途径之一

发展经济适用住房的实质，是缓解居民的居住困难，正确引导消费，解决城镇中低收入家庭的住房问题，不断提高城镇居民的居住水平。1998 年提出“经济适用住房”概念时，我国正处在停止实物分房、向货币分房转化的阶段，很多人习惯政府供给房屋，当时提出建立以经济适用住房为主的住房供应体系，实际上是为改革铺平了道路、扫除了障碍、解除了很多人的思想依赖。实现从实物分房到货币分房的转化，经济适用住房政策可以说功不可没。

2. 发展经济适用住房可以改善城镇居民的居住条件，充分体现政府的社会保障职能

经济适用住房在建造和销售的过程中得到了政府各种形式的政策扶持，从而具备了社会保障性质。经济适用住房所形成的房地产市场主体是城镇中低收入家庭。这一供应体系的形成满足了城镇中低收入居民改善居住条件的需要。

3. 发展经济适用住房能够平抑商品房价格

当初设计经济适用住房时，平抑过快增长的商品房价格是一项重要目标。几年的实践证明，经济适用住房在实现这一目标过程中确实发挥了作用。

4. 发展经济适用住房可以带动相关产业发展

经济适用住房的建设可以带动相关产业的发展，加速住宅建设成为新的经济增长点，同

时激活房地产发展的活力，确保国民经济持续、快速、健康发展。

此外，发展经济适用住房还在稳定社会秩序、增加就业机会、调节房地产市场等方面发挥了巨大作用。

(四)实施困难

经济适用住房虽然在解决中低收入家庭的住房问题、促进住房消费方面起到了积极作用，但在其实施过程中仍存在不少如排号困难、装修过于豪华、申请者资质不符合标准等问题，有悖于经济适用房制度设计者的初衷。

1. 如何界定对象

经济适用住房的购买对象是中低收入家庭，这就必须界定中低收入的标准。我国没有像西方发达国家那样建立起个人收入申报制度，个人收入情况难以掌握，很多城市仅采取一些简化措施，很难保证购房对象不是高收入家庭。

实际操作中会遇到三个难点：一是家庭收入很难准确计算。目前所能计算的只是工资收入，而在工资以外的其他收入则是隐性的，很难计算。二是单位开出的收入证明可信度差。因为对单位来说，尽力支持本单位职工买房可以减轻负担，况且单位掌握的职工收入情况也有限。三是人们的收入是动态性的。若收入增加，往往难以取消经济适用住房资格。

2. 标准如何确定

经济适用住房的建设标准应当同中低收入承受能力适应，面积、房型、功能等应保持中间档次，虽然要有一定的超前性，但标准不宜过高。但在实际操作中，经济适用住房的面积越建越大，那些 120 平方米的住房也列入其中。其结果是适应了高收入家庭的需要，而失去了经济适用住房原本的意义。

3. 如何决定价格

经济适用住房由于享受土地、税收、配套建设费减免等各种优惠政策，房价比一般商品房要低。但实际上价格仍过高，真正的中低收入家庭还是买不起；而开发商嫌 3%的利润太薄，积极性也不高，因而产生以经济适用房的名义建设中高档商品房的现象。这种现象其实是由于“价格双轨制”，即经济适用住房价格形成机制与商品房价格形成机制的内在矛盾引起的。因为按一般规律，同一地段、同一质量的房子应当有基本相同的价格；而经济适用住房因享受优惠政策、实行政府指导价，比一般商品房价格要低，因此不可避免的产生上述现象。

三、公共租赁住房

公共租赁住房是在廉租住房和经济适用住房模式基础上创建的一种政策性的、保障性的住房。其目的是为了解决城市中那些没有能力购买商品房，又不够条件购买经济适用房，租廉租房的中低收入家庭的住房难题。公共租赁住房首次于 2009 年的《政府工作报告》中提出，2010 年 6 月，国务院正式发布了《有关加速发展公共租赁住房的指导意见》，其中基本确立了公共租赁房屋在我国住房保障体系中的重要地位。此后，各地根据指导意见进行了不同的实践探索。这里主要介绍上海市关于发展公共租赁房屋的实施办法，2010 年上海市颁布《上海市发展公共租赁住房的实施意见》。

(一)含义和性质

公共租赁住房是政府提供政策支持，通过专业机构采用市场机制运营，根据基本居住要求限定住房面积和条件，按略低于市场水平的租赁价格，向规定对象供应的保障性租赁住房。符合“以居住为主、以市民消费为主、以普通商品住房为主”的原则。

(二)主要内容

1. 基本原则

一是科学规划,合理布局。公共租赁住房发展应符合城市经济社会发展规划等,采取大分散、小集中的方式布局。二是规范管理,只租不售。公共租赁住房着重解决规定对象的阶段性居住困难,定向出租,只租不售。三是政府支持,机构运作。政府采取政策优惠、专项投入等方式,支持一批公共租赁住房专业运营机构通过各种渠道筹集并经营公共租赁住房。四是市区联手,以区(县)为主。市政府主要负责全市公共租赁住房的政策制定、制度安排和统筹规划;区(县)政府是公共租赁住房工作的责任主体。

2. 优惠和支持政策

首先,保证政府投入。市和区(县)政府可以采取投资入股运营机构,通过合理让渡或不参与分配租赁收益等方式,支持和保证运营机构持续发展公共租赁住房。在运营机构组建时,市和区(县)政府可以一次性注入部分资本金,予以支持;在国有土地上单独选址、集中建设的公共租赁住房,可以参照《上海市经济适用住房管理试行办法》(沪府发〔2009〕28 号)的相关规定实施开发建设,政府可以将在建设中按规定可减免的土地出让金及各项行政事业性收费,作为政府的投入,作价入股;市和区(县)政府提供其他土地、房产的,其中低于市场价部分可以折价入股。

其次,完善配套政策。市、区(县)政府应通过多方面政策支持和推动公共租赁住房健康、有序发展。运营机构在筹集房源和租赁经营方面所涉及的税收,按照相关优惠政策执行;新建的公共租赁住房,特别是集体宿舍,根据实际情况可以适度增加建筑容积率和建筑覆盖率;有条件的公共租赁住房建设项目中可配套一部分商业等经营性设施;公共租赁住房项目的水、电、燃气等设施的建设和收费标准按照居住类房屋标准执行,实际使用量按照居民生活用水、用电、用气标准计价;结合实有人口管理要求,相关部门应对公共租赁住房承租人的户籍管理、就学和就医等问题制定相关的配套政策。

最后,创新投融资机制。上海市各金融管理部门,应按照有关规定,积极支持金融机构、公共租赁住房运营机构和有关单位,探索创新公共租赁住房的投融资机制。

3. 准入退出机制

第一,制定符合实际的准入条件。申请公共租赁住房的对象(包括单身和家庭),应同时具备的条件为:

(1)具有上海市城镇常住户口,或持有"上海市居住证"和连续缴纳社会保险费达到规定年限。

(2)已与上海市就业单位签订一定年限的劳动或工作合同。

(3)在上海市无自有住房或人均住房建筑面积低于 15 平方米,因结婚分室居住有困难的,人均面积可适当放宽。

(4)申请时未享受上海市其他住房保障政策。

各区(县)政府根据上述基本条件,可结合本区(县)经济社会发展等情况制定具体的准入标准,并可适时调整。准入标准应向社会公布,在公布准入标准前,应当报市住房保障领导小组备案。

第二,强化退出管理。租赁双方应严格按合同约定承担责任和义务,对承租人发生将所承租的公共租赁住房转借、转租的,擅自改变承租住房居住用途的,购买住房或享受其他住房保障政策的,违反物业管理公约拒不整改的,以及其他违反租赁合同约定的情况等,出租人可与其解除或终止租赁合同。对承租人按合同约定应腾退住房而不腾退的，出租人可要求用人单位协同督促腾退。对确有特殊困难的，给予一定期限的过渡期；拒不腾退的，应按合同约定严肃处理，并可采取在适当范围公告通报、纳入上海市个人信用联合征信系统、5年内不得享受上海市住房保障政策等措施，必要时可通过司法途径解决。

4. 住房来源和建设标准

采取多种方式筹措公共租赁住房房源，并集中建设和筹集一批合适的中小户型租赁住房。目前主要渠道有：(1)结合旧城区改造、大型市政建设、大型居住社区等建设，单独选址，集中新建。(2)在新建、配建的经济适用住房和其他新建的保障性住房中，经规定程序批准转化。(3)利用单位(各类经济和产业园区)自用土地建造。(4)按有关规定，综合利用农村集体建设用地，适当集中新建。(5)对于因产业结构和城市结构调整而闲置的厂房、仓库、办公等非居住用房进行改建或改造。(6)收购或代理经租社会上闲置的存量住房。(7)积极探索房地产开发企业或社会机构定向投资建设和提供房源等。

公共租赁住房主要为成套小户型住宅或集体宿舍。新建成套住宅的建筑设计应符合国家和上海市有关的规定及技术标准，综合考虑住宅使用功能与空间组合、居住人口及构成等要素，合理确定套型比例和结构，套均建筑面积一般控制在40～50平方米。公共租赁住房在使用前可进行简易装修，配置必要的家具和家用电器等设备。

5. 租赁管理

合理确定租赁价格，按略低于市场租金水平，确定公共租赁住房的租赁价格，具体由各运营机构按规定制定，报住房所在地的区(县)物价部门和房管部门备案。在租赁合同期限内，运营机构不能单方面调整租赁价格。

承租人应根据合同约定，按时支付租金，有条件的可以按规定申请提取公积金账户内的存储余额，用于支付租赁租金。用人单位可根据职工的贡献等因素，向承租公共租赁住房的职工发放相应的租金补贴，租金补贴直接支付给出租单位。用人单位集体安排承租的，应配合运营机构建立租金支付或租金汇交制度。

公共租赁住房只租不售，实行有限期租赁；经营管理可由运营机构自行实施，也可委托专业的公司实施。出租人应与承租人签订租赁合同，并使用统一的住房租赁合同示范文本，申请办理租赁合同登记手续。租赁合同期限一般不低于2年，合同到期仍需租赁的，运营机构应重新对承租人进行资格审核，符合条件的可续签，租赁总年限一般不超过5年。单位集体租赁的，出租人应与用人单位和承租人共同签订租赁合同。

本章小结

1. 住房社会救助是社会救助的重要内容之一。住房社会救助是指政府向低收入家庭和其他需要保障的特殊家庭提供现金补贴或直接提供住房的一种社会救助项目。住房社会救助要遵循合理适度及多形式救助的原则。住房社会救助不但具有现实的政治意义，而且具有很强的社会意义和经济意义。

2. 保障公民的基本居住条件是国家、政府职能的基本体现。许多国家通过联邦、州政府提供住房资助，使人们获得适当的住房。各国都形成了自己的住房社会救助制度。

3. 我国对最低收入家庭实行的是廉租住房政策，对中低收入家庭实行经济适用住房政策，目前在全国各城市已基本展开，取得了一些成效，但也不可避免地存在许多问题。

思考题

1. 什么是住房社会救助？它有哪些特点？
2. 各国政府为什么要实行住房社会救助？
3. 世界上一些主要国家的住房社会救助制度是如何的？对我国有何借鉴之处？
4. 我国目前住房社会救助现况如何？存在哪些问题？
5. 针对我国目前的住房社会救助存在的问题，谈谈住房社会救助的发展方向。

第七章

教育社会救助

学习目的

通过本章的学习，了解教育社会救助的内涵及其基本理论，教育社会救助的产生与发展；理解政府必须实行教育社会救助的原因；掌握我国教育社会救助的发展历程和现行制度的主要内容；学习和借鉴国外的教育社会救助制度的发展及现状。

第一节　教育社会救助概述

一、教育社会救助的基本内涵

教育社会救助是指国家和社会团体为了保障适龄人口能获得接受教育的机会，从物质上对贫困地区和贫困学生在不同阶段所提供援助的一种社会救助项目。从某种程度上说，它是对教育投入不足的一种补充。对教育特别是义务教育的投入有的时候不像其他经济投资那样会带来直接的利润和经济效益，但是它所产生的社会效益以及人力资源，从长期来看，是一个国家和社会发展的最根本的推动力。而贫困地区的经济落后决定了其教育的滞后，贫困家庭的经济困窘也同样限制了他们对子女教育的投入，国家和社会有责任对这些地区和家庭给予经济上的援助，使他们同样享有受教育的权利。

二、教育社会救助的主要内容

(一)救助主体

教育社会救助的主体主要有国家、社会团体和个人。国家是教育社会救助的主要主体，国家通过财政拨款的方式，对贫困地区和贫困家庭在教育方面给予特定的补贴。同样，国家也可以制定相应的政策，在教育方面使这些弱势群体享有一定的优惠。同时，随着整个经济的发展，社会团体和个人在教育社会救助上的作用来越来越明显。由于教育行业的特殊性及对国家发展的重要影响，许多社会团体纷纷成立各种教育社会救助基金，也出现了不少慈善组织，对贫困学生进行援助。

(二)救助客体

在教育社会救助的双边关系中，根据受助对象即受助的客体的不同，教育社会救助可分为三个层次。

第一个层面是对贫困家庭子女的整体社会救助。这里包括对城镇贫困家庭子女及农村贫困家庭子女的教育援助。

第二个层面是对贫困地区的整体社会救助。由于历史及自然等客观原因的存在，一些地区的经济发展相对落后，使得这些地区的适龄人口无法正常接受教育；同时，这些地区的教学场所、设备和师资往往都处于短缺的状态，这同样也影响了适龄人口接受教育的机会，所以对贫困地区的资金和物质上的资助也是教育社会救助所要考虑的重要方面。

第三个层面是对贫困落后国家的社会救助，即国家间的教育援助。从国际社会的角度来看，对发展中国家的教育援助，也是促使这些国家实现全民教育的重要手段之一，这已成为世界的共识。例如，世界银行的教育贷款在 1991～1997 年间增加了 1 倍，每年达 15 亿美元；联合国儿童基金会 1991～2000 年的教育援助，由每年 5 000 美元逐步增加到 2 亿美元；亚洲开发银行对教育援助的贷款也在逐年增加。

(三)救助形式

目前，教育社会救助的救助形式主要包括学费减免、发放助学金、实行助学贷款等。在初等教育阶段，对于因家庭经济困难、缴纳学杂费有困难的学生，可视其实际情况予以免缴或减半收取，或对教科书费和伙食费实行补助。同时，困难家庭的学生也可以申请专项的助学金。在高等教育阶段，通常各个国家都有各种形式的贷学金和助学金，以帮助困难学生完成学业。

1. 中小学教育

(1)困难补助。这也是许多国家提供给贫困家庭学生的一种常见的教育社会救助项目。困难补助往往是一种临时性措施，不定期地提供一定金额的补助，解决贫困学生的燃眉之急。而且，有些国家把困难补助分为开学补助、交通费补助、伙食补助、教科书补助等。它往往也是由国家或者学校实行的一种措施。

(2)助学金。这是许多国家针对贫困家庭学生实行教育社会救助的一种比较通用的措施。提供助学金往往是定期的，一般以一个学年、一个学期或者一个月为时间单位提供助学金。有些国家根据学生贫困程度和学习成绩提供不等的助学金，如分为一等助学金、二等助学金和三等助学金等，通常由学校或者国家发放。

2. 高等教育

(1)奖学金。奖学金主要帮助经济困难并且学习优秀的学生完成学业，它是由高校或者校外单位或者国家发放的。这是许多国家普遍采用的一种教育社会救助措施。但它的不足之处在于享受奖学金需要与学习成绩挂钩，家庭贫困且学习成绩不好的学生往往会领不到奖学金，因此它在教育社会救助方面的作用有限。

(2)助学贷款。助学贷款是很多国家通常采用的一种教育社会救助措施，虽然它的历史不长，但越来越受到各国的重视。助学贷款是由金融机构为贫困大学生提供的一种帮助，但作为商业组织，贷款机构最终是以追求利润最大化为目标的。因此，为了能够使得这项工作顺利展开，国家给予一定的优惠政策，如国家承担贷款利息等；而且贷款往往需要学生家庭提供经济担保。

(3)勤工助学。许多国家的大学生都勤工助学，因此，勤工助学能够帮助贫困大学生渡过学习期间的经济难关。很多国家的大学都为大学生介绍和提供勤工助学的工作岗位，其中主要介绍校外的学生能够而且法律上允许从事的各种工作岗位，在校内为学生尤其是贫困学生提供各种勤工助学的机会。这项措施不仅解决了贫困大学生的经济困难，而且提供了在社会上锻炼的机会。

(4)补助金。补助金往往是由各级政府或者大学提供的一种教育社会救助项目。在许多国家,中央和地方拨出专款,对贫困大学生进行困难补助。有些国家的高校也从自筹资金中拿出一部分来帮助贫困大学生完成学业。这种高校补助,在有些国家是政策明确规定必须实行的,也有些国家虽然没有明确规定但也是鼓励高校采取这方面的措施。补助金主要是解决学生在校期间的生活费问题,往往是属于一种临时性措施。

(5)学费减免。学费减免是很多国家普遍采用的一种教育社会救助项目。在许多国家,高校的学费往往比较昂贵,尤其对贫困大学生来说是一个很沉重的负担,因此通过学费减免,可以大大减轻贫困大学生的经济困难。但在有些国家,学费减免与学习成绩相挂钩,只有成绩优秀的学生才能享受学费减免,这样难免会产生有些需要帮助的贫困大学生得不到学费减免。

三、教育社会救助的基本特性

(一)救助的间接性

教育社会救助的对象非常明确,教育救助的是应当接受教育的适龄人口,包括接受初等教育和高等教育的学生。教育救助的间接性主要体现在两方面:一是教育救助往往不是直接对这些学生发放救助资金或物品,而是对这些困难学生的家庭进行补贴或学费减免。这主要表现在受助学生多是未成年人的初等教育的社会救助上。二是教育救助往往不是直接对困难学生或学生家庭发放救助资金,而是对他们进行间接的经济援助,包括书杂费的减免、提供勤工助学的机会以及提供贷款等。

(二)救助的连续性

教育社会救助与其他社会救助不同的一点是,通常情况下,它并不是一次就能完成的。学生受教育是一个持续的过程,少则几年,多则十几年,在这个过程中,学生通常是没有其他经济收入的,困难学生的家庭往往在短期内也不能使经济状况出现根本性好转,所以教育救助常常需要有一个持续的过程,即对困难学生的援助不是一次性的,而是分阶段(通常是以学期或学年为一次)对困难进行救助。

(三)救助的多样性

教育救助的多样性主要体现在救助形式是多样的。从不同阶段看,可以分为初等教育和高等教育的社会救助,初等教育的救助方式和高等教育的救助方式也是不尽相同的。从初等教育阶段来看,主要是对困难学生进行学杂费减免和助学补贴;对于高等教育来说,在对其进行助学金补助和学费适当减免的同时,更提供了助学贷款这一形式。从救助的不同程度来看,可以分为直接救助和间接救助。直接救助包括学费的直接减免和提供助学金等;间接救助则主要体现在高等教育救助中提供勤工助学机会及申请贷学金。

四、教育社会救助的地位和作用

(一)教育社会救助具有很强的反贫困功能

无论是对个人还是国家,教育是降低贫穷、创造财富的最有效方法之一。在劳动力市场全球化的发展趋势中,如果缺乏教育,个人和国家都不能有效应对以高技术为取向的经济环境变迁。另一方面,教育是一项长期的行为,对教育的投资需要在许多年后才能够显现效益。经济学的人力资本理论认为,劳动力市场是自由竞争的,人力资本不足的个人因为受教育程度低、工作能力差、就业经验不足,往往会削弱其在劳动力市场的竞争力,造成其工作报酬偏低，个人及其家庭陷入贫困而依赖社会救助的可能性因此增高。根据人力资本理论的逻辑，有关消除穷困的政策应以提升贫困家庭个人的人力资本为主，提供经济支援和医疗补助等现金支持、职业训练或就业辅导的服务支持来补充贫困家庭的收入不足，并增进家庭中个人的人力资本，以产生较高的工作所得收入，促进其摆脱贫穷，走向经济自立。

教育社会救助有助于加强教育的积极外溢作用。教育的积极外溢作用是指教育有利于提高贫困地区人口及其家庭成员的素质。教育的外溢作用主要包括：教育能够改善子女的健康状况和促进认知能力的发展，切断贫困的代际传递的纽带；教育可以增加医疗卫生知识，改善配偶和家庭成员的健康状况，降低由于健康问题而陷入贫困的风险；教育可以降低生育率，减轻家庭抚养子女负担，减少小农意识，开阔视野；等等。

(二)教育社会救助有助于实现教育公平

教育公平是社会公平价值在教育领域的延伸和体现，是教育权利的平等，也是教育机会的均等。从受助的学生角度看，数额有限的社会救助金，不仅给他们带来了物质援助，更重要的是为他们提供了刻苦自励、奋发成才的机遇，激发了“穷人的孩子早当家”的志向，也接受了热爱祖国、热爱人民的生动教育。

教育公平之所以成为教育现代化的基本价值，除了接受教育已经成为现代社会公民的基本人权外，教育还能够显著地改善人的生存状态，增进社会公平，因而被视为实现社会平等“最伟大的工具”。许多国家的法律都明确规定公民享有教育机会均等的权利。

1. 教育社会救助是普及初等教育不可缺失的重要环节

从提高全民族素质的角度考虑，各国都把发展初等义务教育放在首位。初等义务教育的普及是发展中、高等教育的一个先决条件。在像我国这样的发展中国家，要想把人口负担转变为巨大的人力资源，就必须加快普及义务教育的步伐，否则依靠科技的发展来促进经济的战略转型就无法从根本上实施。而各地经济发展的不平衡使得在对基础教育的投入上的问题也日趋严重，形成了越穷的地方越办不起教育，而越办不起教育就越是制约当地经济发展的恶性循环。在贫困地区，由于收入的低下及不稳定，使得适龄儿童完成初等教育仍存在很大困难。同时，在城市，依然存在着一部分收入水平处于最低生活保障线以下的弱势群体，由于要缴纳学费、书费和其他费用，下岗失业和病残等贫困家庭承担子女的教育支出十分困难。

义务教育的公平体现在教育的质量方面。落后地区因受经济条件的限制，教学设施、办学条件、教师质量明显低于其他地区的水平。这就要求除了要对贫困学生给予初等义务教育的各种资助外，还要改善教学条件，提高师资水平，提高教师待遇，吸引优秀教师到贫困地区工作，以及购置先进的教学仪器设备等，其所需资金仅仅依靠财政拨款必定是不足的，因此需要多层次、多渠道、多方面筹集资金。

2. 教育社会救助是提高高中教育水平的重要条件

高中教育通常不属于义务教育阶段，是以收费为基础的，每个学生家庭都要承担一定的学杂费和书费。但高中阶段又是一个学生学习比较紧张的阶段，也是能否接受高等教育的关键时期，如果因为学习费用而不能继续学业，显然对贫困家庭的学生是不公平的，所以，高中教育的社会救助不容忽视。

从另一方面讲，高中教育机会均等的实质，是使各类中学毕业生今后在社会经济活动中能够获得大致相同的进一步深造与发展的权利，以及对当今社会和生产过程不断的适应能力。贫困落后地区的中学同样存在着教学质量问题，同样妨碍了学生获得均等的机会。例如，我国教育体制改革正在向提高学生综合素质和能力方向发展，这对缺乏优秀师资、先进教学设备的农村学校考生显然不利。如果没有对学校教学设施、师资水平的改善与提高，显然不利于贯彻机会均等的公平原则。

3. 教育社会救助是完成高等教育的重要保障

目前，实现高等教育机会均等的关键，是使那些家庭贫困的学生不至于失去上大学的机会。在我国实行缴费上学的高等教育投资体制改革以后，学杂费已成为接受高等教育必须支付的一笔不小的开支。能否支付这笔费用，在很大程度上决定了学生能否公平接受高等教育。因此，高等教育投资体制改革与教育机会均等原则的协调和统一，核心问题就是进一步改革和完善学生社会救助制度，以缓解一部分学生入学与经济困难的矛盾，减轻家庭在经济上的压力，促进教育机会均等原则的实现。

4. 教育社会救助是贫困地区技能及职业教育发展的重要推动力

为了使贫困家庭子女在劳动力市场上有较多的就业机会，应规划一些立足长远的贫困家庭子女的教育培训方案，积极协助贫困家庭青少年持续接受教育，尽可能完成大学教育。当然，对贫困家庭子女的教育培训计划并不一定都要培养到大学毕业，也并不是每个孩子都希望或能够进入大学，问题的关键是培养贫困家庭子女能够有一技之长，顺利地在劳动力市场上就业，才能有利于协助贫困家庭脱贫。

贫困家庭青少年及贫困地区人口摆脱贫困最有效的方法是增加人力资本，以便为取得良好的职业生涯创造条件。贫困地区在抓好普通教育的同时，还应积极发展技能教育，这也是对贫困人口进行素质改造的一种有效手段。这主要是针对没有职业技能的贫困地区的年轻人，能帮助他们掌握实用科学的生产技能、更新劳动观念。这样既可以提高贫困人口的素质，又可以培养大批适合当地需要的基础人才，从而带动经济发展。

（三）教育社会救助有助于促进国民经济发展

一个国家的经济要发展，凭借的是这个国家劳动生产率的提高，而劳动生产率的提高又需要这个国家国民素质的提高。这里的国民不是指一部分社会精英，而是整个国家的公民；这里的素质也不仅仅是指身体素质，更是指包括技能在内的文化素质的提高。但是，一国经济的发展不可避免地会带来社会贫富差距的扩大，这就意味着每个公民在接受教育的机会上并不是完全平等的，这就需要教育社会救助。从某种意义上说，教育社会救助的目的除了求得社会公平之外，很大程度上也是为了追求效率，为了促进整个国民经济更快、更平稳地发展。

（四）教育社会救助是和谐社会不可或缺的条件

教育社会救助是一个社会秩序问题。现实中不同地区、不同阶层的学龄人口接受教育的差距正在拉大，一旦这种差距超过社会心理的承受能力，就会转化为社会动荡的根源。国家或社会能够承担相应的义务，给予处境不利的学生以更多的关怀，使他们得到应有的发展，这有利于建立一个社会成员之间和平共处的良好秩序。因此，建立和完善教育社会救助体系，不仅有利于社会稳定，而且有益于社会的持续发展。它能在很大程度上促进教育的有序发展，加快现代化进程，减少由于贫困学生失学或辍学而可能带来的动荡，从而有效地维护社会的安定，建立一个和谐社会。从这个意义上讲，完善教育社会救助有效增进了社会的整体利益。和谐社会的建设，是以包括教育社会救助在内的公平正义为重要基础和重要前提的。

第二节　外国的教育社会救助

一、美国的教育社会救助

在美国，人们公认贫穷的主要原因是没有受到足够的教育，而且将教育提高到消除贫困的根本途径的高度。在美国的财政分权或税收制度下，地方政府承担了教育经费的绝大部分。而联邦政府的教育支出大量用于旨在提高教育社会公平的计划上，通过各种项目支持州和地方发展基本的教育、培训、就业和社会服务事业。这些项目构成了美国贫穷阶层安全保障体系的重要组成部分。在长期的实践中，美国形成了一套完善的救助制度。

(一)初等教育社会救助的方法和内容

美国在政府预算中，对中小学教育给予最优先的地位。所有符合年龄要求的儿童和少年都有免费在所居住的地区上公立小学和中学的权利。目前，全美90%以上的儿童和少年在公立中小学接受教育。美国联邦政府向州和地方政府的教育拨款计划均由国会法案确定。联邦政府最大的一个教育拨款计划是“一号计划”(Title One Program)，用于低收入的学区为学习成绩不佳的学生提供教学帮助，其主要目的是使低收入家庭的孩子不因其家庭贫穷而降低学业成绩。接受拨款的学区主要是按该学区中来自低收入(低于贫困线)家庭的学生人数来决定的。全美大约有2/3的小学得到此项拨款。集中拨款的目的是为贫困儿童集中的地区提供额外的补助，以满足其特殊需求。

1. 主要内容

从中央联邦政府到地方各级政府为少数民族和贫困家庭的儿童制定了大规模的教育服务方案，以补偿这些儿童在智能与社会发展方面的不足。

对联邦政府和州一级来说，主要是通过立法和拨款资助大力开发补偿教育计划，其中有些计划已经实施了多年。例如，在1981年的《教育巩固与提高法案》中，教育部提出了面向处境不利的学生的教育计划，目前向这类学生集中的小学和中学资助了将近7亿美元。该法案的受益者包括5%的印第安人或亚洲人、28%的黑人、27%的拉美人、41%的白人。除了联邦计划，半数以上的州也提出了自己的补偿教育计划。

这些补偿措施除了表现在加大入学机会等形式上的举措之外，政府部门也逐步意识到由于不同的文化背景对个人在能力上和学业成就等方面产生的不同影响，因而开始转向了旨在追求教育过程平等和教育结果平等的实质性公平上来。这主要表现在改变城市与乡村教育处境不利儿童、少数民族儿童在智能与社会发展方面的迟滞现象等。

2. 实施原则

在对符合补偿教育的学校和个人的资格认证上，美国联邦政府也进行了严格的规定。基本原则是：

第一，防止进一步孤立这些贫困的处境不利者，尤其是少数民族族裔，防止他们孤立于主流社会之外，应通过补偿教育方案打破贫困、孤立与疏离的恶性循环。

第二，作为道德上的考虑，有必要重新理解公平与正义。对那些处于不利社会地位的人给予较多的教育资源，以补救其不平等的处境。

第三，美国社会早期对待少数民族是不公正的，社会不仅对早期的不公正行为要有所认知，而且有责任对他们给予补偿。

3. 补偿教育的具体表现

首先是在资金的投入上，政府为低收入家庭孩子集中地区的地方教育机构提供财政支持，以各种方式推广和提高补偿教育。

其次是课程内容的变化。传统观点认为，为了得到在文化贫困环境中成长的孩子的有效配合，先应教育他们一些基本技能，为今后较深课程做准备。

再次是教学方式的转变，包括为学生示范思考步骤，提供完成任务的多种方法和师生之间进行示范对话。

最后是课堂教学方面的变化。美国教育部鼓励使用补偿教育资金加强学前和幼儿教育，使课堂教学正规化。

总之，补偿教育应该集中于预防，而不只是去矫正已出现的教育问题。实践证明，这是一项有效的教育发展政策。从直接利益来看，贫困人口和少数民族是最大受益者；从长远的利益来看，国家是最大的受益者，处境不利群体的缩小，发展差距的弥合，都为国家的稳定和发展带来不可估量的作用。

(二)高等教育的“资助包”制度

1. 主要内容

从一定意义上说，美国是世界上大学生资助体系最发达的国家。在美国，性质各异、不计其数的资助项目构成了大学生资助政策的主体。由数以千计的资助项目构成的“混合资助模式”大大提高了大学生的受助机会，为高等教育发展提供了强大的推动力。为了使最困难的学生获得的资助最多，并且支付的成本最小，美国政府采取了“资助包”的办法。

所谓“资助包”，是把提供给学生的全部资助，即把所有联邦政府、非联邦政府的各种资助，如奖学金、助学金、贷学金、校园工读混合成一个“包”，以便协同帮助学生困难。其核心是大学通过规范合理的配置，使每个学生都能获得与其困难程度相称的经济资助。“资助包”最初由美国大学委员会设计开发。《高等教育法》颁布后，美国国会在大学委员会的基础上，制定了更具权威的配置“资助包”的国会方法。

2. 实施步骤

第一步，计算上学成本。学生的上学成本主要有五项指标，包括学杂费、书费文具、食宿费、交通费和其他费用。具体的上学成本由美国大学委员会每年按全国六大地区和四类院校分别测算并公布。

第二步，计算“预算家庭贡献”。家庭贡献是由家庭收入、家庭财产积蓄、家庭人员健康状况等综合因素决定的。其计算公式为：

预算家庭贡献＝(家庭收入＋财产＋学生个人储蓄)－(平均生活开支×家庭人口)

由于计算比较复杂，大学委员会也核算出美国各地的参考标准，高等院校和学生家庭都可以根据这个标准来估算。

第三步，计算学生“经济资助需要”。计算公式为：

经济资助需要＝上学成本－预算家庭贡献

这一般由高等院校来计算。

第四步，学校公布一揽子资助的基本配比标准，并按学生的经济状况向学生提供混合资助。

第五步，报告其他资助，及时做出调整。学生如果获得其他资助，就必须主动报告，学校及时做出资助金额的调整。

3. 追求目标

就其特征来看,“资助包”是一种将负担和成本各不相同之处的资助项目组合在一起打包发放的资助制度安排,发放原则是将总成本不相同的资助项目组合按阶梯排列,并按被资助者经济需要和经济承受力的大小与之相匹配。这背后所反映的同样是美国社会对大学生资助的多元目标追求,主要有:

(1)解决经济困难,实现教育机会平等。从保证完成学业的角度看,越是贫困,越需要经济资助;同时,从经济负担的角度看,越是贫困,对接受资助的成本的承受力越弱,因此,越是贫困的学生,越需要低成本的资助。因此,将低成本的资助项目组合与贫困学生阶层相对应,体现了保证教育机会均等的社会诉求。

(2)体现“成本分担”原则。美国当代教育经济学家约翰·斯通在20世纪80年代提出教育成本分担的思想,指出家长与学生、纳税人、大学生及企业四方都是高等教育的受益者,应分担教育成本,而不应当由纳税人单独承担成本。在这一理念的指导下,政府对助学金与贷学金的比例大幅度调整,助学金的比例由1975年的75%下降到80年代末的40%以下,而贷款比例则从20%上升到80%。在资助包制度下,即使最贫困的学生获得的资助也不能全部是助学金,必须配以一定比例的贷款或校园勤工助学。

(3)扩大自由选择,体现权利公平,培养独立精神。在美国步入高等教育普及阶段后,美国提出了扩大自由选择的指导思想,认为免费资助在扩大高等教育教育机会均等方面只是边缘性的,中等收入的家庭的学生也有权获得资助。资助包政策事实上向中等收入以下甚至以上的所有申请者开放,只是成本不同。

(4)鼓励诚实和竞争,提升教育质量。“资助包”政策中,助学金、贷学金、校园勤工助学不能覆盖全部上学经济资助需要,各种名目的奖学金也被纳入资助包中,旨在鼓励学生努力学习,取得良好的资质。

4. 美国高等教育救助的特点

(1)资助机制科学化。美国大学入学考试委员会自20世纪50年代就着手研究大学生资助办法。在此基础上,美国国会研究制定了一整套学生资助评审规则和办法,供教育部、各级政府、高等院校和学生以及家长参照使用,从而形成了比较成熟的资助运作机制,并不断改进。

在实施学生资助过程中,联邦政府的各种资助方案都界定了具体的资助对象、资助额度、计算办法,具有很强的可操作性。在资助额度的确定上,首先将低收入家庭学生界定为来自家庭收入低于联邦政府确定的贫困线125%的家庭的学生。其次计算就读一所学院的费用(就学价格),计算公式为:

就学价格=学费+杂费+住宿费+膳食费+书本费+交通费+其他支出

然后计算家庭用于学生就读高等院校的支出(预算家庭贡献),最后得出就学价格与学生在家庭经济状况基础上的支付能力之间的差距,即财政需求。

(2)资金发放系统管理现代化。美国教育部将资金分给每一所大学,由大学发放给符合条件的学生。各学校均设立资助办公室。申请获得资助的学生首先必须填写联邦学生资助申请书(FAFSA)。这份非常详尽复杂的申请书要求学生书面回答自己的家庭财务状况。然后将申请书送到教育部指定的资助管理处,由资助管理处审核后,在4～6星期内向申请人以及申请人申请的学校发出审核结果——“学生资助报告”。该报告注明学生的家庭应缴费用金额,申请人的学校据此确定申请人家庭应付费用的多寡。

(3)严格的机制,检查申请资助资格。美国采用旨在了解学生家庭经济状况的"经济调查"。申请者必须申报包括学生家庭成员人数、家庭全体成员的工资收入、非工资收入、资产包括遗产和土地所有权、依靠家长的子女数目、特殊情况(如失业、疾病等),并接受调查。申请政府资助的学生要申报从政府以外机构获得的各种资助,政府依据具体情况资助尚缺部分。在受理申请时,教育部和财政部将学生申请援助时的数据与国家税务局的数据进行比较,对申请人进行收入认证,防止欺骗事件。

(4)资助面广,资助力度大。大约86%的低收入学生都可以得到某种财政资助,平均为7 097美元。大约81%的低收入学生得到助学金,平均为3 922美元。贷款也是非常重要的资助来源,贷款率为51%,平均借款额度为4 663美元。接受资助的全日制低收入学生获得的资助可以负担财政需求的60%。他们得到的资助总额中60%为助学金,32%为贷款,剩余部分来自工读或者其他资助方式。

二、英国的教育社会救助

英国的社会救助经过100多年的不断完善,目前已经形成了包括教育社会救助在内的比较健全的社会救助制度。

(一)初等教育的"教育优先发展区计划"

1. 实施背景及其产生

由于历史以及地理和自然条件的差异,区域社会经济发展不平衡,使得义务教育发展失衡的现象在发达国家也会存在。英国亦是如此,这种由社会环境因素的影响造成的社会现象,主要表现为:农村边远地区文化贫乏,教育发展缓慢;在许多大中城市的郊区,由于聚集了来自各种不同社会职业层的家庭,如失业者、非熟练工、移民等,形成了一些新的贫民区。位于这类社区的中小学校,则因其所处的社会环境差,学生的家庭背景差,学校面临着更为严重的教育与教学问题。

英国的教育优先发展区计划,早在20世纪60年代中期就开始了,在1967年公布的《普劳斯顿报告》中奠定了实施运作的基础,其目的在于缩短不同地区教育教学水平和质量存在的差距。回顾30年来的实施进程,英国教育委员会认为,"教育机会均等"这一口号虽然早已提出,却并未落到实处。基于此,英国教育当局在1967年《普劳斯顿报告》中正式提出教育优先发展区这一概念,并诉诸英国主要的教育政策之中。

2. 基本内容

英国的教育优先发展区计划,是西方长期教育机会均等概念下历史进程中的现代产物。这一概念的确定,乃着眼于创造一种教育手段,并借此手段把公认的政策目标转化为教育实务,使处于"劣势循环"的地区,接受教育经费的特殊倾斜和资助,并使其经费配置有其客观标准可遵循,以此达到地区间、学校间、个体间的教育机会均等。首先根据当局认可的指标,找出需要特殊援助或优先发展的教育区域或者具体的学校。对于教育优先发展区的指标方面,《普劳斯顿报告》中指出几大要素,诸如学生家庭状况、家长职业、住宅状况、有无福利资助、儿童入学率等。英国教育与科学部也曾经发布通知,提出把四大指标作为选定教育优先发展区的参考标准,亦即学生家长的经济地位、学生家庭生活基本设施的缺乏情况、学生家庭领受政府资助状况、学生学习障碍比率。教育优先区选定后,把优先补助的重点放在学前和社区中小学教育上。

3. 基本原则

英国的教育优先发展区计划的拟定，大致遵循以下几个原则：

(1)在教育优先发展区实施上，以学前教育和社区学校的运作和研究为重点。

(2)关于教育优先发展区政策的规划与制定，应有对阶段性目标的评估，重点放在学业能力的评价上。

(3)教育优先发展区旨在逐渐从“入学机会人为障碍的克服”，过渡到“教育机会积极差别待遇”。

(二)高等教育社会救助

1. 实施背景

英国的高等教育一直有精英化的传统。扩大高等教育的参与，让更多不拥有特权的社会群体和非传统的接受高等教育的年轻人参与高等教育，是20世纪50年代以来各届政府一直坚持的一项积极政策。自1977年起，英国公立大学全日制本科生的学费和生活费都是全免的：学费由国家拨款支付，生活费则由地方政府根据父母的实际收入情况来决定是否支付和支付多少。

到了20世纪80年代，由于种种原因，学生得到的生活费补助实际价值开始降低，不够维持个人的生活费用。同时，尽管与过去相比，高等教育接受者的社会阶层已有所拓宽，其结果仍不能令人满意。据统计，1970年，来自高等社会阶层和低等社会阶层的学生参与高等教育的比例分别是32%和5%；到了1995年，二者的比例分别是45%和15%。从中可以看出，高等社会阶层和低等社会阶层的学生参与高等教育的机会仍十分不平等。

2. 实施内容

(1)助学贷款。在这种情况下，1990年，政府出台了贷款政策，在免除学费的基础上，规定个人可以通过抵押贷款解决一半的生活费，另一半生活费由政府补助或由父母支付。

为保证贫困学生上大学的权利，助学政策经过一系列改革，逐渐形成了以助学金为主的模式。自2006年至今，英国废除上大学先行缴费制度，全面实施助学贷款政策，规定大部分学生可以不付学费而通过助学贷款的方式解决学费问题，毕业后也不需要立即偿还欠下的贷款。学生助学贷款有额度限制，贷款本金由政府财政拨付，其偿还利率较低，学生助学贷款的操作由贷款公司进行。学生生活费补助由政府无偿提供，无须偿还。①

(2)学费减免及其他。不考虑社会经济背景、让所有有能力接受高等教育的人都能进入高等院校是第二次世界大战后英国高等教育所遵循的一条原则。根据这一宗旨，在学费和生活费问题上，政府对贫困家庭和富裕家庭的学生采取了区别对待的措施。在学费方面：贫困家庭的学生不用付费，而富裕家庭的学生则要支付全额的学费，中等收入家庭的学生酌情支付。

此外，高等教育资助委员会还设计了各种方案为高校提供额外的资金，比如“按邮编所在地奖励”方案、挑战优异项目以及合作进步计划等，其目标是：向高校提供额外资金，促其招收处境困难学生并帮助他们完成学业；鼓励高校和其他组织就扩大高等教育的参与面建立伙伴关系；鼓励高校与继续教育机构、中等学校之间，为处境不利群体建立绿色通道；鼓励高校为年轻人设立就读于优秀城区公立学校的暑期班。

---

① 李永才：“英国高校学生财政资助政策的演进与走向”，载《黑龙江高教研究》，2011年第8期，第42～45页。

三、日本的教育社会救助

日本是世界教育先进国家之一。日本历届政府都把教育视为立国之本，以巨额的教育经费投入确保教育机会均等以及维持，提高国民教育水平，成功实现“教育发达的社会”。

（一）义务教育救助

教育救助对于义务教育学习的学生，由于义务教育所必要的学习用品、实验实习参观，以及课外活动等所需费用，根据各个中小学所规定的标准给予支付，另外还支付相当于教材的参考书、外语字典的购买费，学校中的饭费，上学的交通费，以及学生为了参加学校或教育委员会举办的夏季活动所需费用。2001 年，日本对生活保障标准实行了改革，考虑到学习用品的涨价，以及一般家庭的学生的教育费用支出状况等，把中学生每月教育救助标准的支出金额提高到 4 180 日元。

（二）高等教育救助

日本的高等教育救助主要实行的是收费加贷学金的模式。日本制定了专门的法律——《日本育英会法》和《日本育英会法实施令》——来规范贷学金行为。日本现行的助学贷款有两种形式——不计利息的“第一种借贷奖学金”和计利息的“第二种借贷奖学金”。“第一种借贷奖学金”主要供出身贫寒、经济困难、最需要资助的优秀学生借贷，学生无须归还利息。“第二种借贷奖学金”主要供有经济需要的成绩中等以上的学生申请，贷款为变动利息，最高可达 3.0%。

贷学金主要由政府拨款、贷学金的回收和民间资助基金提供。无息贷学的资金基本由政府出资，而民间机构提供的贷学金大部分为有息贷学金。贷学金由独立于政府的日本育英基金会管理。大学毕业 6 个月后开始还款，失业者可酌情推迟，贷款分期偿还，还款期因学校的不同而不同：短期大学在 10 年内还清，其他学校在 10 年以后还清，医科类为 20 年内还清；对于毕业后到中小学、公立学校和科研机构工作的借款学生，可以申请免除部分甚至全部还款责任；而提前还清贷款的可以得到一定的折扣；因不可抗拒原因，如死亡、因身体伤残而失去劳动能力，便可免除继续还贷的义务。对于拖欠学生贷款的学生，日本学生支援机构采取送发通知书、银行转账制度、还款豁免制度、单位担保制度、经济惩罚和法律保障等方式回收贷款。在过去十多年中，只有 2.3%的贷款资金未能收回。

除助学贷款以外，日本的大学也提供勤工助学的机会，同时，每个学校也会根据不同的标准实行学费减免，以此减轻学生经济上的负担，达到高等教育救助的目的。

近年来，日本政府为了进一步提高国民的教育水平，近期日本政府拟将免费教育推广到大学。最新的举措是年收入低于 270 万日元（22 万元人民币）的家庭会免除大学里的一切费用，基本上算是免费教育了，年收入超过 270 万日元但是不足 380 万日元的家庭，可以适当地提供补贴，保证大学生可以在校园里安心学习，不用为学费而操心。日本教育部门提交的这项议案目前已经进入了审核阶段，通过的概率很高，预计会在 2020 年正式在全国实施。

（三）教育救助特点

1. 法律保障

日本教育事业之所以迅速得到发展的重要原因，是依靠教育法制的不断完善来保障和促进教育事业的发展。在日本，对贫困家庭的教育救助，同样是以法律的形式固定下来。如日本二战战败后不久颁布的《义务教育费国库负担法》（1952 年）、《边远地区教育振兴法》（1954 年）、《关于国家补助贫困儿童教科书费用的法令》（1956 年）、《日本学校供给膳食法》（1955

年)、《关于国家对上学困难的学生给予补助的法令》(1961年)等。在被称为教育宪法的《教育基本法》中规定,义务教育为免费教育,同时规定"国家及地方公共团体对于有能力但因经济原因学习有困难者,必须采用发奖学金的办法,给予帮助"。

2. 资金来源以财政为主,社会积极参与

日本的公共教育经费支出,由中央政府和县市政府共同承担,每级政府从各自的税收和其他收入中支付各自的教育费用。中央政府教育支出分为两类:支付国家办的学校和教育服务设施,对县市举办的以及私立的各项教育事业的专项补助。1988财政年度,对贫困学生的资助由中央和县市各负担一半。日本九年义务教育所用教科书实行免费制度,教科书的费用全部由国库承担。一些地方还为学生提供学习用品和交通补助费。日本各大企业为了得到社会上的好评,非常注重为教育事业发展投入资金,如捐建各种教育设施、向学校提供各种奖学金、赞助青少年有益的社会性活动等。

3. 资助机构以政府为主的多元化

日本的教育助学贷款机构主要有两个:日本育英会和私立大学奖学会。这里主要介绍前者。

日本育英会是全国性非政府机构,其目的是奖助优秀学生。贷款金额大部分由日本文部省编列预算提供。育英奖学金预算作为财政年度教育预算的重要组成部分。日本育英会贷款的主要对象是全日本高中以上的学生。育英会的贷款主要考虑学生的品行、健康、学习成绩、家庭经济状况等。育英会向学生发放贷款的方式,是按月额存入该学生的银行账户,不直接发给现金。每年都编列记有贷给各类学校学生人数、金额的预算表,实际申请的人数,再与该年度的预算相比较,来确定贷款的学生数,对学生的成绩及家庭经济状况仅作原则性的规定,以使更多的人能受惠。偿还年限:高中学生12年,国立大学学生11年,私立大学学生14年,硕士生14年,博士生15年。此外,凡贷款学生因死亡或身体伤残而失去偿还能力或者学生毕业后从事教育工作的,均可以免除贷款金额。

在日本,其他从事助学和贷款奖学金事业的机构共有5 040个,包括地方公共团体、学校、公益法人、营利法人、个人及其他。国家和地方政府为辅助育英奖学事业的发展,对从事育英奖学事业的各种团体实施免税或减税的优惠政策。各种公共团体和公益法人实施的各种奖学事业各具特色,占日本育英奖学事业总数的40%,事业费占其总数的27%。

4. 贷款机构系统化

除设于东京本部的日本育英会外,东京、名古屋、大阪三处都设有育英会支所,另外在全日本各县教育委员会事务局内,均设有日本育英会办事支部,而各级学校则是与学生接触的第一级机构,其组织也非常健全。

四、发展中国家的教育社会救助

发展中国家在推进自身经济发展的过程中,也强烈意识到教育普及程度、高层次的科技人才决定着未来国家的命运,遭受着既想将义务教育和高等教育迅速扩大,又面临着综合经济实力拮据、可用于教育的投入太少的困扰。对于发展中国家来说,如何将有限的资金进行合理分配,建立一套针对不同教育阶段的社会救助系统,以确保国家拥有不同层次的人才资源储备,就显得尤为必要。

(一)印度的教育社会救助

印度在20世纪80年代中期小学入学率已达到90%左右,但是中途退学的问题相当严重，60%的儿童在1～5年级中辍学，1～8年级中辍学的人数达75%。这种情况说明，教育社会救助制度对发展中国家来说显得尤为迫切。

印度充分认识到人力资本在经济增长中的作用，大力投入小学义务教育，在落后的农村及边远地区增拨专项基金，为贫困学生免费提供教材、家具、校服和午餐，并对边远地区的教师给予优惠薪金待遇。由于采取了有效的社会救助措施，印度小学教育取得了很大成绩。

从目前来看，尽管发展中国家的国家助学贷款制度很普遍，但大多数都面临回收率低、财务可持续性差、管理混乱、效率低下的问题。印度同样也存在这个问题。印度从1963年开始实施奖学金贷款计划，对贫困且优秀的大学生提供奖学金贷款。此计划由中央政府出资，地方政府管理，贷款通过高等教育机构发放。50%以上成绩合格、其父母收入低于一定水平，且未获得任何奖学金的学生有资格获得贷款。该计划要求借款学生从获取收入的第一年开始，或者从学业终止的三年后开始，分月按收入的1/10至1/6归还，但有最低还款额。一般来说，贷款发放8～10年就可以收回；从事教育或参军的人每服务1年就可以免除其贷款的1/10；债务也可以因死亡而勾销；对其他借钱不还者，印度制定了严格的惩罚措施。但贷款归还率仍很低。

(二)马来西亚的教育社会救助

从20世纪60年代中期起，马来西亚政府就开始增加教育投资。在马来西亚制定的多个五年经济发展计划中，均把教育列为优先发展的项目，政府采取了各种措施保持较高的教育投入。马来西亚的教育经费占国民生产总值的比率保持在6%左右，这个比例即使在发达国家中也是较高的。稳定和较高的教育投入为马来西亚的教育发展奠定了坚实的经济基础。教育事业的迅速发展，提高了国民教育水平。在全面发展教育的同时，马来西亚也加强了对贫困家庭子女的教育扶持。例如，20世纪60～70年代，为了解决贫困家庭的儿童教育问题，缩小各族儿童在文化教育上的差异，马来西亚不仅逐步推行小学免费义务教育，而且还拨出专款，实施各种计划，诸如为贫困家庭儿童提供的政府奖学金计划、教科书贷款计划、小学生营养计划、住校计划等，具体解决贫困儿童入学难的问题，有力地促进了国民整体素质的提高。教育对贫困的减轻产生了深远影响。

(三)埃塞俄比亚的教育社会救助

非洲作为发展中国家集中地区，虽然经济发展困难，但不少国家仍实现了免费教育和免费医疗，有些国家还为所有中小学生免费提供营养午餐、免费住宿。

埃塞俄比亚作为世界上最贫困的国家之一，进入20世纪90年代以后政局趋于稳定。21世纪以来，埃塞俄比亚的经济迎来了一个快速发展时期，为了更好地促进经济发展，进行人力资源开发，埃塞俄比亚政府颁布并实施了多项教育改革与发展政策文件，如2001～2010年的《发展框架和行动规划》(Development Framework and Plan for Action)、2004年的《职业技术教育和培训宣言》(Technical and Vocational Education and Training Proclamation)、2008年的《国家职业技术教育和培训战略》(National Technical & Vocational Education and Training Strategy)，以及2005年的第三个《教育发展五年规划》(Education Sector Development ProgramⅢ，2005/2006～2009/2010)、2010年的第四个《教育发展五年规划》(Education Sector Development Program Ⅳ，2010/2011～2014/2015)等，其中许多条款都强调了教育和培训在促进平等、消除贫困等方面的重要作用。

在上述一系列教育优先政策和发展规划的推动下，政府不断加大对教育的投入，教育改革步伐加快，各级各类教育得到了较快发展，全国实行十年制免费义务教育，2015年普及了小学教育，并重点普及农村及不发达地区教育。为消除教育性别歧视，设立专门项目为贫困女学生提供奖学金。同时加强高等教育贷款支持，学生大学毕业工作一年半后开始在 10 年内还清政府“垫资”(4 年约合 8 000 元人民币)。

第三节　我国的教育社会救助

一、中小学教育社会救助政策的发展历程

我国在 1985 年颁布了《中华人民共和国义务教育法》(以下简称《义务教育法》)，并且在 1992 年 2 月补充颁布了《义务教育法实施细则》(以下简称《实施细则》)。《义务教育法》及《实施细则》规定了社会主义义务教育中的义务之一即是投资助学。《义务教育法》第五条规定：“凡年满 6 周岁的儿童，不分性别、民族，应当入学接受规定年限的义务教育。”《义务教育法》第九条第五款规定：“国家鼓励各种社会力量以及个人自愿捐资助学。”同时也规定了国家在义务教育中的义务和具体职责，包括免收学费，提供助学金，保障适龄儿童、少年就学的权利，帮助经济贫困地区、民族地区实施义务教育等。通过这种以法律形式对义务教育阶段的救助规定，有效地保证了国家和社会在实施义务教育过程中充分尽到自己的义务和职责。

为了更好地完善城乡的义务教育救助制度，国务院于 2007 年首先在《关于积极发展现代农业，扎实推进社会主义新农村建设的若干意见》中提出向全国所有农村义务教育阶段学生免费提供教科书，全部免除农村义务教育阶段寄宿制学生住宿费。到了 2008 年，国务院进一步在《关于做好免除城市义务教育阶段学生学杂费工作的通知》中规定，在全国范围内全部免除城市义务教育阶段学生学杂费；对城市居民最低生活保障政策家庭的义务教育阶段学生和家庭经济困难的寄宿学生补助寄宿生活费；当地政府规定接收条件的进城务工人员随迁子女，在公办学校就读，免除学杂费，不收借读费。到 2008 年 10 月止，教育救助制度惠及全国广大城乡义务教育阶段的所有贫困学生。

二、中小学教育社会救助政策的具体内容

(一)对一般贫困家庭的教育社会救助

1. 政策措施

当前，国家高度重视城乡特殊困难未成年人的教育社会救助工作，为此制定了一系列政策措施，保障城乡特殊困难未成年人就学和完成学业。近年来，各级民政、教育行政部门开展的教育社会救助工作为城乡特殊困难未成年人提供各种形式的帮助，尽管存在一些问题，但是也在一定程度上保障了这部分人员的受教育权利。民政部、教育部关于进一步做好城乡特殊困难未成年人教育救助工作做出了具体规定，主要包括以下几个方面：

(1)明确社会救助对象和工作目标。对城乡特殊困难未成年人实施教育社会救助的对象具体为：一是持有农村“五保”供养证的未成年人，二是属于城市“三无”对象的未成年人，三是持有城乡最低生活保障证和农村特困户社会救助证家庭的未成年子女，四是当地政府规定的其他需要教育社会救助的对象。

(2)规范社会救助实施程序。对城乡特殊困难未成年人实施教育社会救助的程序为：本人或监护人提出申请，村委会(社区居委会)调查核实，乡镇政府、城市街道办事处审核，县级

民政部门复核、审批。

(3)落实社会救助政策并开拓社会救助资源。已经由农村敬老院和其他社会福利机构收养的孤儿、弃婴和流浪儿童，在保证其生活达到当地居民一般生活水平的同时，确保这些未成年人接受教育。

对于城乡最低生活保障户(含农村特困户)，各地民政部门在实施生活社会救助、发放社会救助金时，根据其家庭实际困难和子女就学情况，适当提高社会救助水平。各地教育行政部门的助学工作应当以社会救助义务教育阶段特殊困难学生为重点。

同时，要做好教育对口帮扶、“希望工程”“春蕾计划”等捐资助学活动，同时充分发扬中华民族尊师重教、邻里互助传统美德，广泛发动社会力量，积极挖掘民间资源，鼓励社会力量在资助城乡特殊困难未成年人就学方面发挥积极作用。开展社会捐助活动中募集的物资和资金，用于城乡特殊困难未成年人的教育社会救助。

2. 具体方法

许多地方都积极展开了教育救助的各项措施，如义务教育阶段的学杂费减免、义务教育阶段的助学金申请等形式的具体救助措施。现以北京市为例。

(1)学杂费减免。

①减免条件。一是确因家庭经济困难，缴纳学杂费有困难者，可视其实际情况予以免缴或减半收取；二是义务教育阶段凡享受人民助学金的学生免缴杂费；三是革命烈士子女、社会优抚对象子女中家庭经济困难者，可适当放宽减免条件；四是普通高中收费班学生缴纳的学费、外省市户口在京就读学生的学费和借读管理费不予减免。

②减免比例。学杂费减免比例，城镇地区可控制在5%左右，农村地区可控制在8%左右，具体减免比例由区、县确定。

(2)人民助学金制度。

①享受人民助学金的范围。全市普通初级中学、普通小学(含特殊教育学校)因家庭经济贫困就学困难的学生都可享受人民助学金。

②享受人民助学金的条件。人民助学金分为甲等人民助学金和乙等人民助学金两种。镇地区家庭人均月收入低于最低生活保障线的学生，以及农村地区家庭人均年收入低于本区、县制定的特困户标准的学生，享受甲等人民助学金；镇地区家庭人均月收入低于210元的学生，以及农村地区家庭人均年收入低于本区、县制定的贫困户标准的学生，享受乙等人民助学金；革命烈士子女、享受社会优抚待遇家庭的学生和残疾学生，享受人民助学金的条件可适当放宽，具体条件由各区、县根据实际情况确定。

(二)对贫困地区的教育社会救助

1. 实施背景

贫困地区义务教育条件的落后一直以来都是我国义务教育不能完全普及的主要原因。由于城乡差距的扩大，许多经济落后地区的适龄儿童没有经济能力完成义务教育。城乡教育发展不平衡、地区教育发展不平衡等问题仍未得到解决。同时，农村许多中小学的校舍和教学仪器都非常简陋和缺乏，严重阻碍了知识的更新与传授。

在我国现行的教育投资体制下，基础教育和中等教育全部由地方负责投资并实施分级管理。中央和省市还筹措一定的教育事业费专款，本着“统筹规划、保证重点、扶持贫困、奖励先进”的原则，根据各地财力状况和教育事业发展的实际需要，有计划、有重点地解决一些突出问题，对贫困地区的专项教育拨款即被列入其中。

2. 实施状况

2001 年起，我国农村义务教育管理体制实行“在国务院领导下，由地方政府负责、分级管理、以县为主”的农村义务教育新体制。同年，中央财政投入 5 亿元，用于专项补助中西部困难地区发放农村中小学教师工资。中央同时决定在两年内由中央财政出资 30 亿元专项基金，用于“中小学危房改造工程”。

为保证数以千万计的农村家庭经济困难学生顺利接受和完成义务教育，中央财政还向全国提供 1 亿元助学金和 1 亿元免费提供教科书专项经费并且下发到了各地。地方各级政府遵照《义务教育法》的有关规定，保证义务教育阶段的教育经费及时足额到位，将对农村义务教育阶段经济困难学生实行“免杂费”和“补助寄宿生生活费”。对于随父母务工而进入各地城镇的农民工子女中处于义务教育阶段的适龄儿童，及其他因父母工作迁移而流动的义务教育阶段适龄儿童，明确以流入地政府负责为主，尽快、有序、稳妥地解决好他们接受义务教育的入学问题，解决好他们可能因交不起杂费而不能上学的问题。

（三）中小学教育社会救助存在的问题

1. 农村的义务教育面临一定困难

现在农村教育投资中，只有 8%由中央财政支出，另外 92%则由各级地方财政支出，其中大部分由县级以下财政支出。从 2001 年始，农村义务教育的投资主体上升为县级财政，但情况仍没有根本好转。东西部地区的政府财政实力悬殊。当一些沿海地区准备推行高中阶段的义务教育时，中西部农村中 5%～10%的儿童没有机会进入小学，15%～30%的儿童无法接受初中教育。地方财政不足首先受到冲击的就是农村教育，这种情况的存在说明还没有真正地确立农村教育在各级财政中的法定地位。

2. 高中阶段教育社会救助机制尚未完善

与九年制义务教育阶段和高等教育阶段相比，高中阶段的教育社会救助体系显示出其不完善性。高中阶段需要缴纳学费，而银行往往不会贷款给高中生，高中生也很难找到适合自己的勤工俭学工作，紧张的学习也不允许他们去勤工俭学。在这种状况下，家庭贫困的高中生为了完成其学业，其唯一可行的办法是借债。如果借不到钱或不愿借债的话，就不得不辍学。

3. 农民工子女教育社会救助制度还比较缺失

受教育难、教育质量不高，甚至失学、辍学，是农民工子女教育所面临的主要问题。同时，农民工子女家庭教育的缺乏或被忽视，社会教育环境的边缘性，使农民工子女的教育状况令人担忧。农民工子女的教育问题，不再单纯是教育问题，而与国家、社会、学校、家庭和子女都密切相关。其问题的产生和恶化势必给整个社会稳定造成极大的消极影响，给和谐社会的构建带来巨大的挑战。地区的经济落后和农民工家庭的经济困窘限制了他们对子女教育的投入，体制和制度因素又限制了农民工子女平等接受教育的机会，因此，国家和社会有责任对农民工子女给予教育上的援助。

三、高等教育的社会救助政策

（一）发展过程

1. 高福利的助学制度（1949～1986 年）

公有制的计划经济制度和较小的高等教育规模，使国家成为高等教育的单一投资者，受教育机会成为面向特定群体的公共产品，群体内每一个成员不仅不需要履行投资责任，而且在生活上享受福利（如助学金、定粮供应）等。

2."奖、助、补、减"助学制度(1987～1998 年)

由于改革开放带来生活水平的提高,原有的国家补助标准,特别是生活补助难以维持正常消费,出现了大学生贫困问题。1987 年,原国家教委和财政部共同研究制定了针对贫困大学生的"奖(奖学金)、助(勤工助学)、补(困难补助)、减(减收或免收学费)"制度。由于国家助学资金有限,造成这一制度具有排他性和竞争性,受益者只是贫困学生中的一部分,未能从根本上解决大学生贫困这一社会问题,制度的效益较低。但是这种制度保证了贫困家庭学生能接受教育,成为重要的教育社会救助政策。

3. 助学贷款制度(1998 年至今)

由于国家经济制度的变革引发了办学投资体制的变革,确立了个人对接受高等教育的部分投资责任,个人须支付的费用大幅度上升,加上宏观经济环境的变化和贫富差距的加大,贫困家庭子女上大学难的问题成为一个具有普遍意义的社会问题。1998 年,中国人民银行、教育部、财政部等部门经过多年的探索,建立了助学贷款制度,2000 年在全国范围内推行,成为从根本上解决贫困学生接受高等教育的主要措施。

2004 年,为了更好地坚持"方便贷款、防范风险"的原则,进一步理顺国家、高校、学生、银行之间的经济关系,健全国家助学贷款管理体制,改革贷款审批和发放办法,强化普通高校和银行的管理职责,完善还贷约束机制和风险防范机制,确保国家助学贷款工作持续、健康发展,基本满足普通高校经济困难学生的需要,最大限度地降低国家助学贷款风险,教育部、财政部、中国人民银行及银监会联合颁布了《关于进一步完善国家助学贷款工作的若干意见》,进一步完善国家助学贷款政策。

第一,改革财政贴息方式。改变目前在整个贷款合同期间,对学生贷款利息给予 50%财政补贴的做法,实行借款学生在校期间的贷款利息全部由财政补贴,毕业后全部自付的办法,借款学生毕业后开始计付利息。

第二,延长还贷年限。改变目前自学生毕业之日起即开始偿还贷款本金、4 年内还清的做法,实行借款学生毕业后视就业情况,在 1～2 年后开始还贷、6 年内还清的做法。借款学生办理毕业或终止学业手续时,应当与经办银行确认还款计划,还款期限由借贷双方协商确定。若借款学生继续攻读学位,借款学生要及时向经办银行提供继续攻读学位的书面证明,财政部门继续按在校学生实施贴息。借款学生毕业或终止学业后 1 年内,可以向银行提出一次调整还款计划的申请,经办银行应予受理并根据实际情况和有关规定进行合理调整。贷款还本付息可以采取多种方式,可以一次或分次提前还贷。提前还贷的,经办银行要按实际期限计算利息,不得加收除应付利息之外的其他任何费用。

第三,对毕业后自愿到国家需要的艰苦地区、艰苦行业工作,服务期达到一定年限的借款学生,经批准可以奖学金方式代偿其贷款本息。具体办法将结合学生就业政策另行制定。

(二)主要内容

根据《国务院关于建立健全普通本科高校高等职业学校和中等职业学校家庭经济困难学生资助政策体系的意见》(国发〔2007〕13 号),我国的高校家庭经济困难学生资助政策体系以奖、贷、助 补、减和绿色通道为主要内容。

1. 奖学金(奖)

奖,是指各种形式的奖学金,帮助经济困难、学习优秀的学生和农林、师范、体育、航海、民族等特殊专业的学生完成学业。

国家奖学金是为帮助家庭经济困难的普通高等学校学生顺利完成学业,激励经济困难学生勤奋学习、努力进取，促进学生在德、智、体、美、劳方面得到全面发展而特别设立的。从高校、政府到社会以及个人，设立了各种帮困奖学金，这无疑为贫困大学生开辟了一条解决经济困难的路径。

2. 助学贷款(贷)

贷，是指由金融机构针对高校学生开展的各种助学贷款。国家助学贷款是经银监会批准，有条件经办国家助学贷款业务的银行，面向普通高等学校中经济确实困难的全日制本、专科生、研究生和第二学士学位学生发放的贷款。国家助学贷款实行借款学生在校期间100%由财政贴息，毕业后自付利息的办法。借款学生毕业后自付利息的开始时间为其取得毕业证书之日的下月1日。按现行政策，对普通高校实行借款总额包干办法，借款比例不超过在校生总数的20%，每位学生每学年最高标准为6 000元。借款学生直接向银行还款，承担偿还贷款的全部责任。

3. 勤工助学(助)

助，是指学校设立的一些勤工助学岗位，通过劳动获取一定报酬，贴补开支。勤工助学是高等学校组织学生参加勤工助学活动，进行高校收费制度改革的一项重要配套措施。这项活动不仅有利于学生德、智、体、美、劳全面发展，而且可以使学生通过参加劳动取得相应报酬。这是对广大学生，特别是家庭经济困难学生的有效资助办法。许多高等学校均设有专门的勤工助学管理机构和专职管理人员，并设有“勤工助学基金”，专门用于支付参加勤工助学活动学生的劳动报酬。

4. 补助金(补)

补，是指中央和地方拨出专款，对困难学生进行补助。对于在校月收入(包括奖学金、开展勤工助学取得的收入和各种补贴)低于学生所在地区居民的平均最低生活水准线的普通高校特别困难学生，由本人申请，经学校审核批准给予特别困难补助，解决学生在校期间的生活费问题。

5. 学费减免(减)

减，是指对农林、师范、体育、航海、民族等特殊专业的学生减免学费。国家对确因家庭经济条件所限，缴纳全部学费有困难的学生，特别是对其中的孤残学生、优抚家庭子女、少数民族中的困难学生及烈士子女等实行减免学费政策。这些学生提出申请，学校核准后酌情减免学费，具体减免办法由高校按规定办理。

6. 绿色通道

2007年财政部、教育部等有关部门为全日制公办普通高校家庭经济困难新生发放家庭情况调查表，而对那些被录取的经济困难新生入学专门开通了“绿色通道”，即学校一律先办理入学手续，然后再根据核实后的情况，分别采取不同办法予以资助，确保那些家庭经济困难新生顺利入学。

(三)高等教育社会救助存在的问题

1. 教育社会救助职责不明

由哪一个部门来负责和管理教育社会救助，目前尚未明确。从现状来看，教育主管部门和学校二级主要具体负责和管理这项工作；民政局等民政部门也参与其中，发挥着辅助性作用。但由于教育主管部门和学校等教育部门是从事正常教育工作的机构，而不具有从事教育社会救助的职责，因此目前从事这方面工作可谓是名不正言不顺，从而难以有效具体管理教育社会救助和发挥积极作用。这是阻碍教育社会救助体系完善和可持续运转的一大“瓶颈”

因素。

2. 资金问题是困扰该体系完善的最大阻碍因素

目前,教育社会救助资金来源途径主要有三个方面:一是财政的拨款,二是学校的自筹资金,三是社会捐款等集资。

根据现行财政体制和教育管理体制,采用市财政负担方式与目前的实际资助金额相比,帮困助学资金的缺口很大。学校自筹资金是教育社会救助资金来源的另一个重要渠道,在一定程度上解决了教育社会救助资金不足问题,但自身存在着局限性。这是因为学校用于教育社会救助的资金越多,学校自身利益越会受到损害。在这种情况下,高校很难拿出大量资金用于教育社会救助。

3."五大"帮困措施自身的缺陷

(1)助学贷款。目前,助学贷款成为贫困大学生解决自身经济困难的一个重要路径。但是,助学贷款这种机制中还存在着很多问题,其中最大问题是由于贷款风险防范机制没有真正建立起来,银行贷款给大学生的积极性不高。这种情况使得助学贷款难以有效地发挥作用,无法真正解决贫困大学生所面临的各种经济问题,最终演变成一个社会问题。另外,在助学贷款的行政管理机构上,还没有真正建立一个有效的管理协调机构,这阻碍了助学贷款机制的完善。

(2)勤工助学。高校提供给大学生的勤工助学工作岗位有校内岗位和校外岗位,这虽然深受大学生尤其是贫困大学生的欢迎,在一定程度上解决了他们的燃眉之急,但也存在着相当多的问题。第一,勤工助学工作岗位在数量上太少,不能满足大学生的要求;第二,报酬太低,无法真正解决贫困大学生的经济问题,有些校内勤工助学工作岗位的工资低于北京市规定的最低工资标准;第三,大学生的勤工助学观念有待于更新,不愿意从事一些比较艰苦、不体面的工作。

(3)帮困奖学金。从高校、政府到社会以及个人,设立了各种帮困奖学金,这无疑为贫困大学生开辟了一条解决经济困难的路径。但是,总的来说,高校设立的各种帮困奖学金在发放金额上偏低,享受人数上偏少。另外,各类奖学金发放的标准主要依据是学习成绩,这就使得一些由于原来基础差等原因造成学习成绩并非很优异的贫困大学生无法享受到奖学金。而且,在实施过程中,还存在着不透明性和公开性差等情况,这使得这种奖学金在发放过程中缺乏公平和公正。

(4)学杂费减免。这种措施无疑有助于贫困大学生克服自身的经济困难,但也存在着许多问题:第一,享受条件太苛刻,使得能够享受的大学生数量非常有限;第二,从近几年的实施情况来看,无论是在享受人数上还是在享受金额上,都有逐步减少的趋势,如何来克服这种状况已经成为当务之急。

(5)直接困难补助。这项措施在为解决贫困大学生的燃眉之急问题上,取得了一定成效。但是,存在着发放金额和享受大学生数量有限的问题。这个问题主要是由其经费来源不足所导致的。目前,许多高校用于直接困难补助的资金主要来自地方政府所下拨的帮困经费。如何来保证其经费来源,已经成为直接帮困补助这项措施是否真正发挥作用的关键。

4. 私立高校的教育社会救助体系尚未健全

与公立大学相比,私立高校和高职学校的教育社会救助体系还有待于进一步完善。在调查中发现,私立高校的贫困大学生能够真正利用的教育社会救助政策,只有助学贷款和少量的奖学金。由于贷款防范风险机制的不完善,这些贫困大学生与公立大学的贫困大学生相比，更难从银行那里得到助学贷款。但是，私立高校的贫困大学生由于学费贵而更需要教育社会救助。公立大学所具有的“帮困奖学金”“直接困难补助”“学杂费减免”和“勤工助学”，在私立高校中还很少见。这种状况无疑使得私立高校贫困大学生无法通过这些渠道获得帮助，只有依靠借债来渡过难关。

本章小结

1. 教育社会救助是社会救助的重要内容之一，是指国家、社会团体和个人为了保障适龄人口能获得接受教育的机会，从物质和资金上对贫困地区和贫困学生在不同阶段所提供的援助。它是对教育投入不足的一种补充。教育社会救助制度在教育体系乃至整个社会中处于很重要的地位，发挥着不可替代的作用。

2. 世界各国都把机会平等的观念引入教育之中，教育社会救助被世界上许多国家以法律的形式固定下来。各国都采取一系列助学措施，使贫困家庭的子女都能有机会完成学业。

3. 我国的教育社会救助分为对中小学的教育社会救助和对高等教育的社会救助。关于义务教育阶段对贫困家庭和贫困地区的社会救助，采取了一系列富有成效的措施，一定程度上保障了这部分人的受教育权利，但仍存在许多问题需要面对和解决。

思考题

1. 什么是教育社会救助？它包括哪些主要方面？
2. 世界上一些主要国家的教育社会救助制度是怎样的？对我国有何借鉴之处？
3. 我国目前中小学的教育社会救助的现况如何？存在哪些问题？
4. 我国目前高等教育的社会救助现况如何？存在哪些问题？
5. 对我国目前的教育社会救助存在的问题，可以采取什么可行的对策？

第八章

灾害社会救助

学习目的

通过对本章的学习，了解灾害社会救助的概况，以及部分外国的灾害社会救助方面的内容；掌握中国灾害社会救助制度的含义、功能、发展和改革状况。

第一节　灾害社会救助概述

一、灾害社会救助的基本内涵

灾害社会救助是一个内涵和外延都比较广泛的范畴。它是指国家和社会依法向因遭受自然灾害袭击而造成生活贫困的社会成员提供一定的物质帮助，以保证其维持最低生活水平，帮助其确立自行生存能力的一项社会救助项目。

要分析灾害救助，必须要明确区分灾害救援、灾害救济和灾害救助三个概念之间的差异。其中，灾害救援主要指在灾害刚刚发生或刚刚发生后，紧急抢救、转移和安置灾民，妥善解决灾民临时的吃、住、穿、医等问题；灾害救援也是灾害社会救助的一个内容，它所涉及的是一个灾中及时救助的问题。灾害救济则主要指政府及其所属职能部门对灾民的实物或现金赈济，强调这种行为的施舍性、被动性和随意性，而且通常是一个灾后提供帮助的概念。而灾害社会救助，较为全面地涵盖了受灾中和受灾后的及时且持续的帮助；同时强调了在切实解决灾民基本生活的前提下，还要帮助灾民生产重建、自力更生、脱贫致富，提高抵御灾害的能力。

二、灾害社会救助的功能和地位

作为社会救助的重要组成部分，灾害社会救助是当公民因灾而造成生活困难时，由国家和社会所依法给予的救助。灾害社会救助的社会本质在于坚持以人为本，通过在特殊的社会状态下（灾害发生和影响的情景下）维护和保障灾民的基本生活需要，以解决灾害社会问题，努力减少人员伤亡，最大限度地减轻国家和人民群众财产损失，尽快恢复基础设施，保障灾民基本生活，促进社会公平，维持社会稳定，推动社会发展。其社会功能或者说是社会目标首先是使灾区和灾民脱灾，然后最根本的是要通过行使各种救助手段能够使灾民们恢复生产，脱贫致富。

(一)帮助灾民脱灾

灾害社会救助的脱灾作用,旨在帮助灾民恢复和重建被灾害破坏了的人的生存与发展所必须的物质与精神的生存条件。灾害尤其是突发性重大自然灾害的特点是破坏甚至摧残人类生存条件。灾害特别是重大灾害过后,灾民赖以生存的环境被破坏甚至是毁灭性的毁损,此时灾民的生存问题,比如,受伤的灾民要就医、饿肚的灾民要吃饭、无家可归的灾民希望有落脚之处等尤为突出;但是恶劣的生活环境根本无法保证这些人的基本生活需要,所以给予他们基本而可靠的生活保障成了灾后首要解决的问题。

灾害发生中或灾害发生后,灾害社会救助首先在于对人的救护,包括抢救、安置灾民,发放救灾物品,医治伤病员等。它的意义在于使幸存者可以不因伤、病、饥、寒而死去,即为灾民提供最低层次的社会保障。

(二)帮助灾民由脱灾向脱贫转变

通过灾害社会救助使灾民脱灾,但因为没有获得恢复生产的发展条件,他们不能够独立地生存,而且无法承受任何灾害的进一步侵袭。因此脆弱和易损灾区的长期存在对整个国家的经济与社会的发展带来很大影响甚至威胁。在这种情况下,如果能使整个社会为灾区提供稍微高一点的保障,即营建灾区恢复与重建其生存条件的能力,就能使灾民真正达到"脱灾"的根本目标,这不仅可以提高灾区恢复重建生存条件的能力,让灾区"脱灾",还有助于国家社会、经济的稳定与发展。

灾害社会救助的主要内容不仅是简单地恢复与重建灾区与灾民的生存条件,使灾民暂时"脱灾",其根本社会目标在于使灾区与灾民在"脱灾"的基础上"脱贫"。基于灾与贫之间的密切联系,如果仅为"脱灾"而无法"脱贫",将出现严重的后果:灾区的灾民们抵御灾害的能力仍然很差,能够承受再度灾害袭击的能力更为脆弱;灾区与非灾区的发展水平的差距会越拉越大,因灾区不能发展而使整个国家的社会经济受损,地区之间发展的不平衡也必然会使全国经济发展受阻。

在脱灾脱贫的社会目标的指导下,在灾害社会救助过程中,要把救灾与扶贫结合起来,救灾款在保障灾民基本生活的前提下,可用于灾民生产自救,扶持贫困户发展生产。救灾款有偿回收的部分用于建立扶贫救济基金,有灾救灾,无灾扶贫,从而尽快提高灾区与灾民的发展能力与发展速度。

三、灾害社会救助的主要内容

(一)实施步骤

第一步,紧急抢救,即在灾害发生后的危急关头,动员和组织一切力量抢救、转移受灾人民生命财产和国家财产,抢救受灾的农作物,抢救被灾害破坏的交通、供电、供水、通信等生命线工程以及学校校舍等设施,对房屋进行抢险排险,尽快恢复灾区的社会、经济、生活秩序。

第二步,安排灾民生活,即做好灾区群众的基本生活保障工作,把抢救出来的灾民安置在安全地点,保证救灾物资的及时到达,使他们有吃、有穿、有住、有医;另外要安排好下一季农作物收获前灾民的生活,修复因灾倒塌的住房,使灾民安定生活。

第三步,恢复工农业生产和公益设施,重建因灾损毁的工商企事业单位、道路、电路、医院、学校及农田水利工程等。

第四步,扶持灾民进行恢复和发展生产,使灾民生产活动尽快地重新恢复到灾前水平,甚至有所提高。

(二)救助组成

灾害社会救助内容主要包括对灾区灾民的救助和灾区社会的救助两大部分。

1. 对灾区灾民的救助

对灾区灾民的救助包括如下内容:

(1)救助灾民生命、减少财产损失,是灾中救援的基本内容。由于灾害社会救助尤其是突发性的重大自然灾害,常常会造成人员死伤以及财产的损失,所以如何尽最大的可能减少灾害对灾民造成的各种伤亡和损失,就成了灾害社会救助的最直接的目的和主要内容。

(2)为灾民提供基本生活保障。灾害社会救助尤其是突发性的重大自然灾害的发生往往给灾民带来致命性的打击,使灾民的衣、食、住、医等生存条件丧失殆尽。因此在救助灾民生命的同时,还要及时地解决灾民基本生存问题,为灾民提供基本的生活资料,包括发放救灾物品,搭建灾民临时住所,帮助灾民恢复生产等。

(3)安抚灾民情绪,实施精神救灾。灾害的发生不仅摧毁灾民的生存条件,对其物质生存条件进行严峻考验,同时还考验着灾民的精神和心理,特别是不利于恢复的消极情绪和心态。实施精神救灾,安抚灾民情绪,重构被灾害破坏了的精神世界,也是灾害社会救助的重要内容。因此,灾害发生后,需要展开心理援助行动,帮助灾民摆脱负面心理,重树积极、健康的心态。

(4)帮助灾民确立自力更生的能力。灾民自力更生的能力指灾民在大规模救灾活动停止后,依靠自己的力量,进行正常的物质和精神生活的能力。恢复或帮助灾民确立自力更生的能力,既是灾害社会救助的重要内容,也是灾害社会救助的根本目的。从脱灾到脱贫是实现这一目的的根本途径。

2. 对灾区社会的救助

对灾区社会的救助是对灾民救助顺利进行的保障和前提。对社会的救助就是借助一切可利用的手段,整合社会组织、恢复社会功能、实现社会生活的全面正常化。对社会救助的主要内容是社会功能的恢复、社会组织的重构、社会机制的整合、公共设施的重建、社会控制力量的加强、社会生活的有序化等。没有对“灾区”社会的救助活动,社会关系就难以得到整合与恢复,人们生存的社会环境就不能恢复正常,对灾民的救助也要受到限制。因此,灾害社会救助任务的全面完成,必须将对灾民的救助与对灾区社会的救助正确地结合起来。

四、灾害社会救助的基本特征

(一)内容的广泛性

灾害社会救助的内容是相当广泛的,不仅包括对人的救护,还包括对物的转移和保护;不仅包括对具体灾民个人的救助,还包括对由人所组成的灾区社会的救助;不仅包括对灾民身体和物质财富的保护,还包括缓解灾民们心理的压力,帮助他们重建信心。从灾害社会救助具体内容上来看,这种广泛性更明显。

(二)手段的多样性

救灾手段主要指救灾措施。通过各种手段对灾害社会救助的对象实施救助,是保证灾害社会救助目标实现的客观条件和可靠保证。灾害社会救助手段是多种多样的,概括起来主要是物质手段、精神手段和组织手段三种。这些手段直接决定着灾害社会救助是否成功以及在多大程度上获得成功。灾害社会救助手段的种类繁多以及每种具体手段的内容多样化,决定了构成灾害社会救助手段的多样性。

(三)对象的选择性

灾害救助的对象必须是因受灾收入水平低于贫困线以下的灾民。当灾害发生造成灾民生活困难时，经过调查和认定以后，国家才给予救助。所以，灾害救助的选择性首先体现在区域选择性，不是灾区不可能获得灾害救助，即便是灾区但不是重灾区的话也不一定就能够获得灾害救助;其次是灾民选择性，不是灾民不可能获得灾害救助，即便是灾民但其生活水平高于贫困线的也不一定获得灾害救助。因此，核灾是灾害救助中的重要环节，必须有一套严格程序来确定申请对象是否符合救助条件。

(四)救助的复杂性

虽然我们可以简单地把灾害社会救助的对象看作灾区的灾民和社会，但必须看到灾民的复杂性以及灾区社会关系的复杂性。由此在灾害的冲击下，灾民正常的追求、乐趣、目标、心理、行为等都被打破或中断了，因此，无论是心态，还是行为，都会表现出异常复杂的特点。而社会是关系的产物，在灾害情形下正常的关系受到冲击和影响，社会机体整合受阻，可能出现状态紊乱、社会控制能力降低等复杂的社会现象。因此，对灾区的灾民和社会的救助都是比较复杂和困难的。

(五)水平的低层次

灾害救助的水平是低层次的，以维持灾民最基本的物质生活为原则。尽管灾害救助既包括灾中对灾民即时的紧急抢救、转移、安置，又包括灾后恢复重建灾民生存条件，还包括为灾区灾民今后发展而打下基础，但这种救助毕竟是有限度的，它是最低层次的社会保障形式。

第二节　外国的灾害社会救助

一、美国灾害社会救助

美国的灾害社会救助工作主要由联邦应急管理署(Federal Emergency Management Agency，FEMA)负责。联邦应急管理署所负责的灾难，分为自然灾害和人为技术灾害两大类，包括地震、酷热、洪水、飓风、山崩及泥石流、龙卷风、海啸、火山爆发、森林野地大火、冬季驾驶、暴风雪、雷电、有害废弃物、建筑火灾、辐射意外、核电厂事件、恐怖事件等。联邦应急管理署的任务是统筹支援全美灾害事宜，推动全面整合危机管理计划，通过减灾、备灾、应变及复原，减少生命和财产的损失。

(一)日常的防灾、减灾

联邦应急管理署在这方面的工作主要有:第一，负责制定灾害防范的规范与制度;第二，提供资金，以减轻地震、洪水、飓风以及其他天灾的冲击;第三，媒体宣传、训练、座谈等;第四，教育民众使之具备应有的防灾知识;第五，提供高风险区地图资料，协助地方社区将洪水平原等纳入社区规划;第六，协助住房迁出高风险区域;第七，提供地方经费规划紧急应变，并协助设计成立紧急运作中心;第八，训练紧急应变的专业人员及地方政府官员;第九，为地方设计相关教材，并通过卫星进行远程教学训练等。

救灾演练是联邦应急管理署的另一项工作重点，其目的是使人们熟悉各种灾害状况，并演练救灾的团队合作。联邦应急管理署还直接主导核电厂的紧急应变计划，通过全国110座商业核反应堆每年演练辐射紧急应变计划，动员并发展各地的应变团队。对化学品、有害废弃物等的管理与处置，联邦应急管理署也提供相应的协助。

(二)救灾管理机制

根据美国中央(联邦)与地方(州)政治分权体制，美国的救灾救援管理体制分为联邦和州两级管理。发生重大灾害事故后，联邦政府根据《联邦响应计划》(Federal Response Plan)实施应急救援行动。《联邦响应计划》是指在遭受重大灾害或紧急状态时，灾区的州和地方政府自救能力不足，依据《史丹福法案》(Robert T. Stafford Act)的有关条款，联邦政府及时做出响应，调动联邦的资源，采取援助措施，支援州和地方政府。响应计划中规定联邦政府中的28个部门或机构、美国红十字会是提供应急救援力量的单位。这些单位分别组成12个救援组，每个组有1个主要的负责机构及若干辅助机构。12个救援组的负责机构分别是：运输(交通部)、通信(国家通信委员会)、公共设施与公共工程(国防部工程兵)、消防(农业部林业局)、信息与计划(联邦应急管理署)、健康与医疗服务(卫生部)、城市搜索与救援(联邦应急管理署)、有害物质处理(环境保护署)、食品(美国食物消费者服务机构)、能源(能源部)。

联邦应急管理署为主管灾害救援与应急响应的部门，它是一个直接向总统负责的独立政府机构，拥有数十亿美元的预算资金，具有相当大的权力。联邦应急管理署由署长负责，另设执行会议，下设减灾部，预案、培训和执行部，响应和恢复部，联邦保险管理局，美国火灾管理局，运作和支持部，信息技术管理部，地方办公室等部门，在全国常设10个区域办公室，直接帮助各区域内的州政府开展减灾工作。当发生重大灾害时，联邦应急管理署有充分的设备、补给及人员及时待命。当重大特大灾害发生，严重超出地方处理能力，经联邦应急管理署评估鉴定后，联邦政府接受地方政府请求，由总统宣布为国家级灾害；联邦应急管理署就灾情状况做出决策，组编联邦救援队伍，协调相关政府机构和组织，提供救灾资源，并随时通告大众灾情的变化情况；在应变灾害的同时，还规划修正未来防灾方向及策略，制定减灾计划和应急预案。

各州政府中也分别有相应的减灾管理机构履行地方区域内的减灾职能，同样州属下的县政府和市政府也大都有相对应的政府职能部门统一管理救灾工作。

(三)救灾管理体系的构成和职能

1. 应急指挥系统

由联邦应急管理署的应急指挥中心与军方和政府的相关机构联合组成，负责紧急灾害事故发生后的应急指挥救助。在“9·11”事件中，当第一架喷气式客机撞入纽约世界贸易中心北塔楼后，联邦应急管理署立即开启了应急指挥中心。该中心与联邦调查局的信息处理中心紧密合作，处理各种可能和已经发生的危机，并在华盛顿阿纳克斯蒂亚(Anacostia)海军基地建立动员中心，以协调民众的志愿救援工作。美国卫生和服务部启动了全国医疗紧急系统，随时准备接受联邦应急管理署的命令。同时波士顿、纽约、费城、亚特兰大、芝加哥、旧金山、丹佛等10座城市的联邦应急管理署地区应急办公室也紧急启动。

2. 民间社区灾难联防体系

制定各级救灾组织、指挥体系、作业标准流程及质量要求和奖惩规定。调度民间人力，通过广播呼吁民间的土木技师、结构技师、建筑师、医护人员等专业人士投入第一线救灾工作。动员民间慈善团体参与赈灾工作，结合民间资源力量，成立民间赈灾联盟。动员民间宗教系统，由基层民政系统邀集地方教堂、寺庙的领导人成立服务小组，有效调查灾民需求，并建立发放资源的渠道。

3. 行政资源系统

气象单位的职能是随时将地震余震的发生，以及未来天气状况，提供给灾民及救援人员。警察消防单位的职能是进行第一时间的搜救工作；对灾区进行通信、治安的维护，谨防趁火打劫；动员警察、交警实施交通与道路管制。医疗单位的职能是建立紧急医疗救护系统，将灾区的伤者适时转送医疗院所，并对灾区进行防疫工作。军方的职能是动员国防部搜救中心，将受过各种特种训练的官兵投入第一线的救灾工作，投入通信交通资源，打通灾区的对外联系通道；由军方提供军事医疗资源，成立野战医院，就地救助伤者，争取救治时效；调集粮食，迅速安顿灾民。政府机关的职能是联邦政府各相关部门成立危机处理小组，结合军方与各级政府，建立中央与地方指挥中心，紧急处理全国性重大灾害；并对救难、医疗、运输等任务需求进行编组及任务分配，根据作业流程及实施操作演练，遇有灾害，立即进行灾情搜集与研判，下达各项救灾命令；由中央协调资源，交付各个单位执行救灾工作，针对不同灾害，建立训练装备较佳的紧急救灾队伍，组织民间自主救援团体，按不同需求快速征调并运送至受灾地区。

4. 灾民安顿方面

事前规划紧急避难区及难民安顿，及时运送急救物资及饮水到灾民的手中，对可能会再次受到灾害威胁的民众及早规划撤离事宜。成立专业的心理咨询机构，对灾民进行心理辅导，安抚灾民情绪及进行心理治疗。掌握灾情分布和规模，以及抢救人员与生命探测的技术器材的情况，并训练专业救难部队处理人员抢救事宜。制定灾害地区的人口迁移条件。建立公正严明的灾害鉴定委员会，进行责任归属、纠纷处理及补偿分配等工作。确定政府在自然灾害中成因分析，坚定责任归属等权责，协助或主动索赔、赔偿，以加速灾区重建。

5. 信息指挥系统

当灾难发生时，信息往往是关键，无论是灾情汇集、灾情研判、救援指挥，乃至个人亲友安危，都是不可或缺的。然而，灾变时往往商业通信系统也失灵，这时联邦应急管理署更须负起搭建临时通信网络的职责。联邦应急管理署亦与联勤总部达到特别协议，成立以全套电子化的波音 747 为空中指挥通信中心。联邦应急管理署开发提供各种电脑软件，评估预测灾变损失，并积极运用信息网络等最新科技。

二、日本灾害社会救助

日本因地理位置、地质构造以及气候等因素的影响，经常受到地震、火山、台风、暴雨、大雪等自然灾害的袭击。同时，随着经济的发展、大型交通运输网络的形成、核电站和石化工业的不断扩建、各种危险物品的广泛应用以及地下商业街和高层大楼的兴建，造成人员伤亡和重大经济损失的各种事故也时有发生。为了将自然灾害和生产事故造成的损失降到最低，日本形成了一整套健全的防灾救灾法律体系，实行一定地域内救助物资储备制度和统筹管理制度，建立高效率的防灾救灾机构，而且十分重视开展群众性的、增强国民防灾救灾意识的活动。

(一)相关法律法规

1947 年日本制定出台了《灾害社会救助法》。该法经过数次修改，一直延续至今。该法的目的是，当影响社会秩序一定规模以上的灾害发生时，在国家、公共团体、日本红十字会，以及其他团体和国民的支援下，采取必要紧急救助措施，保护受害者与保全社会秩序。

1961 年，日本进一步制定出台了《灾害对策基本法》。该法是针对突发性的自然灾害，包括大风暴、大暴雪、大暴雨、大洪水、高海潮、地震和海啸等而制定的法律。它规定了日本各级政府平时设“灾害对策会议”，负责防灾计划。灾害一旦发生或预计将要发生时，各级政府都要设“灾害对策部”。由于自然灾害往往受灾范围较大，所以各都道府县之间还设有“防灾会议的协议会”；市町村也设有“防灾会议的协议会”，由指定的官员主持。在灾害特别大或特别紧急时，设立“非常灾害对策本部”，本部设在总理府。在该法中，上自首相，中经都道府县，下至市町村，各级政府的主要负责人的职责都明确具体，甚至把灾害应急时某个岗位应派遣哪些人员也都做了明确规定。《灾害对策基本法》是日本防御和减轻自然灾害的一部综合性、共同性的基本法律，它是日本各灾种单独立法的基础。

为更加有效地减轻地震灾害，日本相继颁布实施了《大都市震灾对策推进纲要》(1971年)、《大规模地震对策特别措施法》(1978年)和《地震防灾对策特别措施》(1995年)等法律法规。在这些与地震相关的法律法规中，值得我们关注的是：第一，这些法律突出了大规模地震灾害所造成的人民生命、身体及财产的保护，体现了以人为本的理念；第二，在明确地震预报发布程序的基础上，还规定了解除大规模地震预报的条文；第三，强调城市活断层的调查研究；第四，在次生灾害中特别突出了火灾的预防以及石油站(库)的管理。

(二)主要内容

《灾害社会救助法》规定，根据市町村或都道府县地区的人口数，一定数量以上家庭的住房倒塌，或多数人死亡或身体受到危害，或出现受到危害可能性时，实施救助。该法的救助实施主体是都道府县最高领导，但把实施救助的一部分权力下放到市町村，并且市町村最高领导辅助都道府县最高领导实施救助。

救助的种类有：(1)提供住所；(2)提供食品与饮料水；(3)给予或借给被服、床以及其他生活必需品；(4)提供医疗和帮助生育；(5)抢救受害人；(6)紧急修理受害住房；(7)提供学习用品；(8)帮助埋葬；(9)寻找尸体以及处理；(10)处理和搬去住所及其周围土石、竹木等障碍物。

为了迅速进行救助，都道府县最高领导被授予命令技术人员、救助需要人员以及近邻帮助救助的权力。救助所需费用由都道府县承担，但当该年度超过100万日元时，国家根据该都道府县的财力，负担50%～90%的费用。

(三)灾害慰问金等

1. 制度概要

《灾害社会救助法》等法令，不是对于因自然灾害而失去家庭、住所、财产的受害者进行直接救助的制度。对于因灾害而导致死亡的救助，体现为1952年设置的市町村灾害慰问金补助制度。1973年为了确立这个制度的法律化并充实其内容，日本通过并成立了关于支付灾害慰问金以及出借灾害支援资金的法律，这个制度规定了灾害支援资金是出借给受害家庭的家长。1972年制定了因自然灾害而受到精神上或身体上的灾害残疾慰问金制度，此后经过数次修改，一直延续至今。

至于灾害慰问金的支付等，由市町村制定条例，在法律法规允许的范围内，以市町村的自主营运为前提条件。另外，这些法律规定，灾害包括风暴、暴雨、大雪、洪水、高潮、地震、海啸以及其他异常自然现象带来的灾害，而火灾、事故等人为原因造成的灾害则不属于这个范围。

2. 灾害慰问金

灾害慰问金，由市町村制定条例，对政令所规定由灾害造成死亡的居民的遗族，并且死者是生活主要来源者给予支付500万日元以内，其他人给予支付250万日元以内的救助。政令所规定的灾害是：第一，一个市町村地区内住房倒塌家庭数5个以上的灾害；第二，都道府县内5个家庭以上住房倒塌、并且市町村3个以上的灾害；第三，都道府县内，出现属于灾害救助法救助的市町村的灾害；第四，属于灾害救助法救助的市町村、并且这个区域内的都道府县2个以上的灾害。至于费用负担，国家负担1/2，都道府县负担1/4，市町村负担1/4。

3. 灾害残疾慰问金

灾害残疾慰问金，由市町村制定条例，对于政令所规定灾害造成的负伤，或患病并留有身体上或精神上残疾的人，生活主要来源者给予250万日元以内支付，其他人给予125万日元以内支付。其费用负担与灾害慰问金相同。

4. 灾害支援资金

灾害支援资金由市町村制定条例，对于在县内任何一个市町村里属于灾害救助法规定需要救助的灾害，遭受住所、财产等相当程度损失的家庭，以资助生活重建为目的，一个家庭出借最高限度为350万日元。其费用负担，国家负担2/3，都道府县与市町村负担1/3。

(四)完善的防灾教育

对灾害强烈的忧患意识使得日本的防灾教育十分到位。日本政府早在1982年5月11日就决定9月1日为全国“防灾日”，8月30日至9月5日是“防灾周”。日本政府会在每年这个时候举行综合防灾训练。这是由首相亲自指挥的在全国范围内展开的防灾演习，连日本自卫队也会参加。除了这种专门的救灾防灾训练之外，面向全民的防灾教育体系也十分完善。此外，日本内阁会议还先后设定了“防水月”“防山崩周”“危险品安全周”“急救医疗周”“防雪灾周”以及“防灾志愿活动日”等。在这期间，全国各地通过举办防灾训练和讲演会、展览会、防灾物品展销会以及组织参观和模拟体验等活动，交流经验，普及防灾知识，增强防灾意识。日本的学校、公司、居民区都有详尽的防灾知识宣传系统，基本能做到防灾知识全民皆知，从而提升了在灾害来临时应对危机的速度和质量。

(五)志愿者队伍发达

作为政府机构设在各地的消防署是日本防灾救灾的主力。除此以外，各地群众自发组织的防灾救灾团体也发挥着重要作用，“消防团”就是其中之一。日本各市町村的“消防团”成员都是自愿参加防灾救灾的，他们有自己的本职工作，不从地方政府领取报酬。“消防团”有严格的组织纪律和指挥系统，平时从事灾情预防、安全警戒、普及防灾知识、保管与维修防灾器材，一旦发生灾情，立即出动救援。目前，日本全国共有3 641个消防团，25 351个消防分团，约有团员95.7万余人。

除“消防团”外，近年来“妇女防火俱乐部”“青少年消防俱乐部”等自发性的群众组织在救灾中发挥的作用越来越受到社会重视。平时，他们在所在地区组织防灾训练、普及防灾知识、检查安全隐患，一旦发生灾情，他们又能从事初期灭火、疏散居民、抢救伤员等工作，对控制灾情扩大和二次灾害的发生起到重要作用。

三、尼泊尔灾害社会救助

尼泊尔的国土面积不到15万平方千米。它虽然面积小，但经常遭受各种自然灾害的侵袭。主要的灾害有地震、洪水、山体滑坡、泥石流、雪崩、森林火灾、干旱、风暴、疫病、工业技术灾害等。

(一)救灾管理

1982年，尼泊尔政府出台了《自然灾害社会救助法》，在此之前，灾害社会救助和救援工作仅作为社会工作之一。自1982年以来，《自然灾害社会救助法》已经过三次修改。根据1982年的《自然灾害社会救助法》，相关组织结构如下：

1. 中央灾害社会救助委员会的功能和职责

(1)向上级政府部门建议,宣布某地区因遭受自然灾害,已成为灾区。

(2)制定相关国家救助政策,包括备灾、防灾、应急和恢复重建工作。

(3)管理协调。

(4)政策实施。

(5)负责管理来自社会各界的救灾援助、捐赠物资,例如,资金、衣物、药品、建筑材料和其他物品,并根据灾区的需求,将上述物资发放到灾区。

(6)协助社会组织开展灾害社会救助工作。

(7)组成工作组,并前往灾区指导协助救助工作。

(8)指导地区和地方灾害社会救助委员会的工作。

(9)随时向上级部门汇报救助工作进展情况。

(10)中央灾害社会救助委员会可以制定救助分支委员会和供给、帐篷和恢复重建分支委员会的工作程序。

2. 区域自然灾害社会救助委员会的功能和职责

(1)向中央灾害社会救助委员会提供必要的建议和信息。

(2)制定地区级的灾害社会救助计划。

(3)协助区级灾害社会救助委员会的工作。

(4)实施中央灾害社会救助委员会的行动方案。

(5)地区自然灾害社会救助委员会的功能和职责。

(6)协调地区和地方的灾害社会救助工作。

(7)制定区级灾害社会救助计划并提交给区域委员会。

(8)监督地方灾害社会救助委员会的救助工作,并提供相关支持。

(9)第一时间向区域委员会汇报灾害社会救助情况。

(10)参与配合完成中央和区域委员会的工作。

(二)救灾形式

中央自然灾害社会救助委员会制定了很多自然灾害灾民应急救助方式,包括通过现金或其他形式。救助现金或物资会随着灾情随时调整。

针对伤员,将在最近的医疗机构中提供必要的医疗救治。如果需要,重伤员将被转送到设备较好的医疗机构。对于损毁房屋,将向房主提供 4 000 卢比的补偿。如果继续受到灾害威胁或房屋居住存在安全隐患,将向房主提供 3 000 卢比的临时安置费。无家可归的家庭将获得 7 千克粮食或 125 卢比种植粮食援助,500 卢比衣物款。庄稼绝收的灾民可获得 500 卢比的补偿。房屋损坏的居民将获得按照市场价折算的木材。上述救助都是通过地区自然灾害社会救助委员会向灾民发放的。

(三)内务部的灾害管理职责

尼泊尔共有 75 个行政区域,行政区的长官是该区主管灾害负责人。内务部作为灾害管理的核心部委,承担制定灾害管理方面的政策的职责,包括备灾、减灾和应急,发挥着以下作用:现场救援和救助工作,信息收集和发布,募集和发放救灾资金,建立从上至下的灾害应对网络。

第三节　我国的灾害社会救助

我国是世界上受自然灾害影响最为严重的国家之一，也是巨灾频发的国家，几乎每年都会发生多次重特大自然灾害。据民政部统计，自中华人民共和国成立以来，我国因遭受各类自然灾害每年平均死亡约 4 300 人，倒塌民房约 300 万间。特别是 2008 年汶川特大地震，死亡和失踪人数达 8.8 万余人。2017 年全国各类自然灾害共造成 1.4 亿人次不同程度受灾，因灾死亡失踪 979 人，紧急转移安置 525.3 万人次；农作物受灾面积 18 478.1 千公顷，其中绝收面积 1 826.7 千公顷；倒塌房屋 15.3 万间，损坏房屋 157.9 万间；因灾直接 经济损失 3 018.7 亿元。国家减灾委、民政部共启动国家救灾应 急响应 17 次，向各受灾省份累计下拨中央财政自然灾害生活补助资金 80.7 亿元（含中央冬春救灾资金 57.3 亿元），紧急调拨数余万件帐篷、衣被等中央储备生活类救灾物资[①]。由此可见，建立并逐步完善我国的灾害救助制度意义重大。

一、现代灾害社会救助

我国灾害救助制度在经过一系列的发展，基本上已经形成了比较完善的制度框架。尤其是 2010 年 9 月 1 日起正式施行的《自然灾害救助条例》填补了我国自然灾害救助工作的法规空白。在对自然灾害的预防、救助准备、灾中的应急救援和过渡性安置，以及灾后的恢复与重建等，都在这一条例中做了系统、明确的规定，从而进一步提高了国家应对各种自然灾害的能力。2016 年，国家对原有《国家自然灾害救助应急预案》进行修订，进一步明确并细化了部门分工，规范各部门应急救助行为，提高了应急救助效率和水平，从而更加完善了我国的灾害救助管理。

（一）民政部门的相关职责

我国的灾害社会救助主要是由民政部门负责实施。民政部门实施的灾害社会救助工作包括八个方面：

第一，及时跟踪自然灾害预警预报信息，视灾情及时启动救灾预警响应。

第二，掌握灾害损失的情况，以及因灾带来的生产、生活困难问题和解决的措施与效果，为开展救灾工作提供依据和参考。

第三，组织紧急抢救、转移和安置灾民。

第四，受理、发放和使用救灾救款物，即利用国家安排的灾害救济预算，帮助灾民解决吃、穿、住、医方面的基本生活困难。

第五，检查、督促国家生产自救、互助互济、救济扶持、灾后恢复重建等方针政策的贯彻执行情况。

第六，管理国外援助和国内捐赠的救助款物。

第七，解决好遗属遗孤和残疾人员的抚恤安置问题。

第八，组织指导救灾扶贫工作，扶持灾民生产自救。

---

① 2017 年社会服务发展统计公报[EB/OL].[2016－8－2].http://www.mca.gov.cn/article/sj/tjgb/2017/201708021607.pdf.

第九，总结交流救灾工作经验。

(二)应对突发性自然灾害机制

为确保自然灾害发生后的紧急救援工作高效、有序进行，最大限度地减少人民群众的生命和财产损失，保障受灾群众基本生活，维护灾区社会稳定，根据国务院2016年修订的《国家自然灾害救助应急预案》，国家减灾委将自然灾害救助应急设定为四个国家等级：Ⅰ级响应由国家减灾委主任统一组织、领导；Ⅱ级响应由国家减灾委副主任(民政部部长)组织协调；Ⅲ级响应由国家减灾委秘书长组织协调；Ⅳ级响应由国家减灾委办公室组织协调。按照不同的等级，民政部分别实施预警程序、启动程序、响应措施、灾情评估、综合协调、终止响应。具体操作分别如下：

1. 备灾

我国目前已经初步建立了与灾民紧急救援工作体系相适应的灾情快速报告制度、重大自然灾害趋势预测会商制度和灾情专家评估制度，灾害信息报送能力明显提高。组织协调国务院有关部门以及专家召开重大自然灾害趋势会商，对全年自然灾害的发生趋势进行初步的判断和预测，为做好备灾工作提供了重要的依据。

备灾处的具体工作有：(1)与灾区民政部门沟通确认；(2)与气象、地震、水利等部门沟通确认；(3)确认灾情后送救灾处；(4)会同救灾处综合灾害情况，经领导审核后会商；(5)办公厅向国办报灾。

2. 救灾

对突发性重大自然灾害灾情报告的时间、内容做出明确的规定，要求各地在重大自然灾害发生后的第一时间上报灾情，在灾情稳定前执行零报告制度。灾情发生后，民政部与受灾地区保持密切联系，及时掌握情况并向国务院报告情况的变化。会同财政等部门对灾民生活困难情况进行专家评估，为灾区恢复重建和灾民生活救助提供决策依据。各级救灾预案体系初步建立，救灾工作有章可循，规范有序。目前全国已有10个省建立了省级救灾应急预案，70%的地、县救灾应急预案也已经出台，全国各级救灾应急预案体系初步建立。

救灾处的具体工作有：(1)对灾情进行评估、分级；(2)提出响应建议；(3)制定救助方案；(4)报告分管副司长。

3. 分管副司长的工作

分管副司长的工作有：(1)审核灾害程度；(2)明确响应建议；(3)向救灾救济司司长建议。

4. 司长的工作

司长的工作有：(1)决定进入四级响应状态；(2)向分管副部长报告。

(三)响应措施

1. 人员值班保障

响应等级确定后，向分管副部长、部长报告，救灾处、备灾处24小时值班。

2. 慰问电的发布

当因灾死亡人口超过30人时，视情况以民政部名义向灾区发慰问电(救灾处负责联系协调并报救灾救济司领导批准)。

3. 灾情信息管理

由备灾处处长负责，具体工作是：

(1)从灾害发生开始，每日15:00前要求灾区省级民政部门上报灾情动态信息，必要时可越级与受灾地级或县级民政救灾部门联系，直到灾害稳定。

(2)接到灾害信息后,迅即编发《重要灾情》,报送民政部部长、副部长、党组成员,向发改委、财政部、农业部、教育部、卫生部、地震局、水利部和气象局等部门通报;会同办公厅,编发《民政信息专报》上报中办、国办。

(3)当因灾死亡人口超过20人时,灾情发生后48小时内编发《中国灾情信息》,报救灾救济司领导签发,分送民政部新闻办、民政部外事司和联合国开发计划署驻京办事处以及外国驻华使领馆等机构,并在民政部网站发布。

4. 开展紧急救助

由救灾处处长负责,具体工作是:

(1)灾情发生后24小时内,派出由民政部司(局)级领导带队的全国抗灾救灾综合协调办公室现场救灾工作组赶赴灾区慰问灾民,核查灾情,了解救灾工作情况和灾区政府的救助能力及灾区需求,指导地方开展救灾工作。

(2)根据灾区省级政府或民政和财政部门申请,在灾情发生后48小时内制定中央救灾应急资金补助方案并商财政部,按照拨款程序及时下拨到灾区。

(3)灾情发生后48小时内协调备灾处制定并完成向灾区紧急调拨中央救灾储备物资工作,协调落实有关救灾物资的调配和临时购置工作。

(4)监督基层救灾应急措施的落实和救灾款物的规范使用。

(5)灾情稳定后,根据受灾省份报告,结合灾情评估报告,制定中央恢复重建资金补助方案并商财政部,按照拨款程序及时下拨到灾区。

5. 灾情评估

由救灾处处长负责,具体工作是:

(1)会同备灾处及时组织有关专家和工作人员赴灾区进行现场灾情和需求评估,必要时向国务院报告情况。

(2)灾情稳定后,会同备灾处组织召开灾情评估会,通报相关部门。

6. 综合协调

由救灾处处长负责,具体工作是:

(1)及时与救灾相关部门联系,沟通灾害信息。

(2)视情况以全国抗灾救灾综合协调办公室名义向灾区派出工作组,指导地方开展救灾。

(3)根据国务院指示或受灾省份请求,通过召开抗灾救灾综合协调会或以发函形式,与有关部门会商落实对灾区的抗灾救灾支持。

(4)及时协调有关部门解决支援灾区的抗灾救灾工作事宜。

7. 实时工作报告

由救灾处处长负责,会同备灾处完成。

灾情相对稳定和救灾工作开展后,向国务院报告灾情和救灾工作开展情况。

(四)救灾物资的筹集与管理

救灾物资的来源,一方面是国家和地方的财政拨款,另一方面是来自社会各界的捐助,包括红十字会等公益组织、企业、个人以及来自世界其他国家的捐赠。

1. 救灾款的使用

为进一步提高救灾款的管理水平,加强救灾款使用管理工作,切实保障灾民的基本生活和维护灾区社会稳定,经民政部、财政部研究,1999年下发了《民政部、财政部关于进一步加强救灾款使用管理工作的通知》。该通知作了以下规定:

(1)进一步理顺救灾款管理体制。根据分级管理、分级负担的财政体制和依靠群众、依靠集体、生产自救、互助互济,辅之以国家必要的救济和扶持的救灾工作方针,中央和地方各级政府都负有救灾责任,解决灾害带来的困难,应主要依靠地方各级政府和灾区广大干部群众通过自力更生、生产自救、互助互济等方式加以解决。各地财政部门在年初编制预算时,要根据上年灾情和救灾资金需求编制相应的自然灾害救济事业费预算,执行中要根据灾情程度进行调整,不得虚列或列而不支。各地民政部门要认真核实灾情,实事求是地提出自然灾害救济事业费支出计划,为财政部门安排救灾款预算提供翔实可靠的依据。

当地方遭受特大自然灾害,地方政府通过自身努力确实难以解决时,中央可予以适当补助。各地向中央申请救灾款的报告中必须如实说明灾害损失程度、地方政府已投入和准备投入的救灾资金数额,不得虚报。

(2)严格掌握救灾款使用原则和使用范围。救灾款必须严格遵循专款专用、重点使用的原则。其使用范围是:第一,解决灾民无力克服的衣、食、住、医等生活困难;第二,紧急抢救、转移和安置灾民;第三,灾民倒房恢复重建;第四,加工及储运救灾物资。救灾款发放使用的重点是重灾区和重灾户,特别是保障自救能力较差灾民的基本生活。不得平均分配,不得截留、挪用,不得实行有偿使用,不得提取周转金,不得用于扶贫支出,不得擅自扩大使用范围。

救灾款的发放要坚持公开的原则。基层发放救灾款时,不论是发放现金还是发放实物,都要将数额公开。在发放过程中,必须坚持民主评议、登记造册、张榜公布、公开发放的程序,自觉接受社会监督。

各级民政、财政部门要切实加强对救灾款使用管理工作的督促和检查,进一步建立健全规章制度,对救灾款分配要以保障困难灾民的基本生活为依据,严格把关;对救灾款的使用、拨付和管理等要加强监督,跟踪反馈,保证专款专用、专账管理。各地要严格按照《国务院关于进一步加强救灾捐赠管理工作的通知》(国办发明电〔1998〕14号)要求,进一步加强救灾捐赠款物的管理工作。救灾捐赠款物要与各级政府的救灾资金统筹安排,切实发挥救灾款物的使用效能。对救灾款监督、检查中发现的问题,要立即纠正,及时解决。对违反上述救灾款使用规定的,要依法追究有关单位和当事人的责任,情节严重的,要移交司法部门处理。

(3)认真做好清理整顿救灾扶贫周转金的工作。各地一律不得从救灾款中提取救灾扶贫周转金,不许直接或间接用救灾款设置和发放周转金。对以前年度提取和建立的周转金要认真清理整顿。清理回收的资金和原来设置的周转金,一律纳入同级财政专户管理,原则上专项用于各级民政部门建立救灾物资储备及仓储设施,具体管理办法由民政部和财政部另行制定。

各级民政、财政部门要统一认识,加强领导,切实做好对现有周转金的清理整顿工作。对已到期的借款,要抓紧清收。对有能力偿还而故意赖账不还的单位,要通过法律程序进行处理。对借机侵吞国家资产,或者因渎职造成国有资产流失的,要依法追究有关单位和个人的责任。对已经形成呆账或者确实回收难度较大的借款,经当地民政、财政部门核准后可采取保留债权逐步回收的办法解决。

(4)建立健全救灾款使用情况报告制度。各地要严格执行救灾款的使用报告制度。省级民政和财政部门下拨中央和地方救灾款,必须及时抄报上级民政、财政部门,并注明款项来源。在收到民政部、财政部拨款通知后1个月仍不上报分配使用情况,将视为资金没有安排使用,如再发生特大自然灾害要求中央补助时,中央将不予补助或在考虑应补助数额时扣除已下拨未安排的部分。

省级民政、财政部门要分别于每年的4月、9月和次年1月填报《省级救灾款支出情况统计表》，报民政部、财政部。

(5)积极筹措资金，提高灾害应急反应和紧急救助能力。为进一步推动救灾工作的改革与发展，提高我国灾害管理水平，必须采取切实可行的措施，加大投入，尽快建立中央和省级救灾物资储备体系，增加救灾工作科技含量，提高救灾部门的装备水平。

我国采取的是中央级救灾储备物资制度。根据我国灾害特点和救灾需要，民政部、财政部调整、增加了中央级救灾储备物资代储点。目前在天津、沈阳、哈尔滨、郑州、合肥、武汉、长沙、南宁、成都、西安等17个城市设立代储点，中央代储点布局趋于合理。有中央级救灾物资储备任务的省级民政部门，要在原有基础上加快仓储设施的建设进度，配备得力的管理人员，完善各项规章制度，保证储备、调运任务的完成。没有中央救灾物资储备任务的地方，也要根据本地救灾工作的需要，逐步建立本地救灾物资储备，以形成覆盖全国的救灾物资储备网络，满足救灾工作和社会捐助工作经常化的需要。各地财政部门要积极筹措仓储设施建设和管理资金，以支持和促进这项工作的开展。

同时，民政、财政部门与铁道等部门合作建立了救灾物资铁路运输协调机构，完善了救灾物资铁路运输快速装运机制，使救灾物资的运输时间大大缩短，提高了救灾效率。

2. 关于捐赠的规定

为了规范救灾捐赠活动，加强救灾捐赠款物的管理，保护捐赠人、救灾捐赠受赠人和灾区受益人的合法权益，2000年5月民政部颁布了《灾害捐赠管理暂行办法》，2008年4月28日公布实施了《救灾捐赠管理办法》。

该办法对救灾捐赠受赠人、救灾捐赠的性质、救灾捐赠款物的使用范围、救灾捐赠工作的负责人以及接受捐赠的机构必须符合的条件等做了详细的规定。对来自境外的捐赠物资的接收部门、物资进入境内途径以及这些物资不能被挪用等做了规定。最后是对救灾捐赠款物的管理和使用做出了一定的规定，如："救灾捐赠受赠人应当对救灾捐赠款指定账户，专项管理"；"对救灾捐赠物资建立分类登记表册"；"经认定具有救灾宗旨的公益性社会团体接受救灾捐赠款物的情况应当报民政部门，由民政部门负责统计汇总、制定分配方案"；"对捐赠人指定救灾捐赠款物用途或者受援地区的，应当按照捐赠人意愿使用"；"在捐赠款物过于集中同一地方的情况下，经捐赠人同意，省级以上人民政府民政部门可以调剂分配"；"发放救灾捐赠款物时，应当坚持民主评议、登记造册、张榜公布、公开发放等程序，做到账目清楚、手续完备、制度健全，并向社会公布"，等等。

(五)新型的灾害救助——救灾保险

该保险多适用于农村地区。

1. 实施的可能性

就农民本身而言，第一，有强烈的保险欲望，在从事商品市场经济时，怕担风险的心理，促使他们产生强烈的保险欲望，渴望得到保护；第二，有承受能力，随着生活水平的提高，有能力支付一定的保险费；第三，现在农村的经营方式以家庭联产承包责任制为主，农民抵御自然灾害能力相对减弱，有必要建立救灾保险制度。农业生产的性质和经营方式的改变，促使农民改变传统观念，希望实行救灾保险，增强抗灾能力，以解除自己的后顾之忧。

2. 作用

(1)增强农民的自我保障意识，实行救灾保险，农民获得经济赔偿需以缴纳保险费为前提，没有缴纳保险费就没有索赔的资格。这种权利与义务的对等，无疑对农民长期以来形成的小农经济思想，是一个巨大的冲击，它近乎以强制加入的方式，促进自觉形成自我保障意识。

(2)增加了救灾经济实力，扩大了保障面，救灾资金增加了，对灾民的经济补偿也有了相应的提高，一般救济水平比原来提高2～3倍，高的达10倍，基本上满足了灾民的生活、生产需要。

(3)克服了传统救灾体制的一些弊端。灾害一发生，保险人员立即赶赴现场，并即时予以理赔，大大减少了救灾环节，缩短了救灾周期。同时，理赔以保险合同为依据，投保多少赔多少。而且，传统救灾表现为一种灾后的被动救济，由于基层没有掌握一定的救灾款，灾害发生后，只能伸手向上要，并更多地受到国家财力的影响，结果往往无法解决灾害所带来的问题。

3. 资金来源

救灾保险的资金来源主要有：

(1)国家每年从救灾款中拨出一部分作为保证资金。平时中央财政每年都要拨出一批自然灾害救济款，用于保障灾民的最基本的生活需要。实行救灾保险后，从中先拨出一部分作为农村救灾保险基金，由临时资金成为固定资金，在保险对象因灾害遭受经济损失时，作为补偿资金中的一部分发给灾民。

(2)从乡镇企业利润中提取一部分作为保险基金。

(3)被保人缴纳的保险费。

4. 保险基金的管理

保险基金的管理主要有两种形式：一是由金融保险部门代管；二是成立基金会，由基金会负责管理。后者更为普遍。

基金会要制定必要的章程，并经本地的人民代表大会通过，使得基金会的工作得到法律的保护。基金会成员要按照章程规定的权限，负责收缴保险费，管理基金，做到专款专用，并定期向投保人公布资金情况。

二、取得的成就

党中央、国务院始终高度重视防灾减灾工作，将其作为实现国民经济社会可持续发展总体目标的重要保障。1998年国务院颁布实施《中华人民共和国减灾规划(1998～2010年)》以来，各地区、各部门、各行业大力加强减灾工程和非工程建设，国家防灾减灾能力明显提高，灾害损失占GDP比例有了明显下降。

(1)防灾减灾管理体制机制和法制不断完善。27个省、自治区、直辖市成立了减灾委员会或减灾救灾综合协调机构，防灾减灾综合协调职能得到充分发挥。修订、公布了《中华人民共和国防震减灾法》《中华人民共和国突发事件应对法》《自然灾害救助条例》《气象灾害防御条例》《中华人民共和国抗旱条例》等法律和法规。

(2)自然灾害监测预警体系基本形成。气象、水文、地震、地质、农业、林业、海洋、环境等各类自然灾害监测站网和预警预报系统进一步完善，天气和自动气象观测系统建设初具规模，山洪、地质灾害群测群防体系进一步完善，台风早期预警水平得到提高，农林病虫害和森林草原火灾的监测预警能力进一步加强。

(3)自然灾害工程防御能力稳步提升。实施了防汛抗旱、危房改造、饮水安全、公路灾害防治等重大工程，大江大河防洪能力进一步提高，重点防洪保护区基本达到规定的防洪标准，人口密集区、大中城市及国家重大工程建设区的地质灾害隐患点得到初步治理，中小学危房改造工程、校舍安全工程全面实施，农村困难群众危房改造工程扎实推进。

(4)重特大自然灾害应对能力大幅提升。以应急指挥、抢险救援、灾害救助、恢复重建等为主要内容的救灾应急体系初步建立。应急救援、运输保障、生活救助、医疗救助、卫生防疫等应急能力大大增强，有效应对了地震、干旱、泥石流等一系列重特大自然灾害，最大程度减轻了灾害损失，维护了社会和谐稳定。

(5)科学技术的支撑作用明显增强。对自然灾害发生、发展机理和演变规律的研究进一步深入，灾害监测预警、风险评估、应急处置等技术水平不断提高，遥感、卫星导航与通信广播等技术在重特大自然灾害应对过程中发挥了重要作用，有关防灾减灾科研机构相继成立，科技支撑平台逐步形成。

(6)防灾减灾人才和专业队伍逐步壮大。防灾减灾人才队伍建设纳入《国家中长期人才发展规划纲要(2010～2020年)》，专兼结合的防灾减灾人才队伍初步形成，人民解放军、武警部队、公安民警、民兵预备役在防灾减灾中发挥了骨干作用，防汛抗旱、抗震救灾、森林防火等专业队伍不断壮大，建立了50余万人的灾害信息员队伍，防灾减灾救灾队伍建设全面推进。同时，针对社会力量能力和参与意愿的提升，2015年民政部发布的《民政部关于支持引导社会力量参与救灾工作的指导意见》和2016年国务院办公厅印发的《国家综合防灾减灾规划(2016～2020年)》中提出，要促进社会力量参与的高效性、有序性、整体性，支持、鼓励和引导社会力量参与；并进一步加强防灾减灾救灾人才培养，强化基层灾害信息员、社会工作者和志愿者等队伍建设。

(7)防灾减灾社会参与程度显著提高。防灾减灾社会动员能力和社会资源整合能力明显增强。在重特大自然灾害面前，社会各界踊跃奉献爱心，积极投身抢险救援、生活救助、生命救治和恢复重建，海内外和衷共济，形成了合力防灾减灾的良好氛围。国家将5月12日设立为“防灾减灾日”，防灾减灾宣传教育活动逐步推广，公众防灾减灾意识明显提升。

(8)防灾减灾国际合作与交流不断深化。我国与国际组织、机构以及有关国家政府在防灾减灾领域的合作不断深化。在上海合作组织、东南亚国家联盟、中非合作论坛和中日韩区域合作等框架下，建立了防灾减灾合作机制和行动计划。我国政府积极援助遭受重特大自然灾害的国家，履行了防灾减灾国际义务，在防灾减灾领域的国际影响得到进一步提高。

三、存在的问题

(一)缺乏完善统一的国家救灾管理体系

灾害的救助是一项复杂的系统工程，其良好地运转和有序的指挥，离不开专门的救灾综合管理机构。灾害社会救助不仅要有统一的法律来统筹，更需要有专门的机构来执行。任何灾害仅靠一个部门，是无法达到减灾目的的，这需要多学科、多部门、多领域的合作。过去各行其是、分散管理的局面已不适应日益严峻的灾害形势。

我国应进一步加强国家减灾委的综合协调职能，建立健全省、市、县三级综合减灾协调机制。认真落实责任制，各地区、各部门各司其职、各负其责，分解目标、明确任务、细化责任，建立减灾工作绩效评估制度、责任追究制度，确保行政领导责任制落到实处。要加强减灾工作的协调联动，建立国家减灾委与成员单位、地方政府及相关部门和单位的协调机制，建立健全动员社会力量参与减灾的制度和机制，形成政府统一领导、各部门协同配合、社会参与、功能齐全、科学高效、覆盖城乡的国家综合减灾体系；全面提高国家和全社会的抗风险能力，保障人民群众生命财产安全，促进经济社会发展，促进社会主义和谐社会建设。

(二)缺乏完善的灾害社会救助志愿者制度

在我国多年的防灾救灾实践中，中国人民解放军和武警战士一直是抢险救灾的主力军。的确，部队具有整体性、机动性强等优势，在各类灾害的救助工作中也发挥了巨大的作用。但是，灾害的救助如果过度、过频依赖军队，一方面会打乱军队正常的战备训练计划，另一方面也不利于形成全民参与的灾害社会救助观念。

设立灾害救援志愿者制度，可动员全社会的力量参与救灾，弥补行政力量的不足。动用各类志愿者参与灾害社会救助是世界各国的成功经验。“5·12”汶川大地震发生后，各级团组织、志愿者组织迅速行动起来，动员和组织广大青年以及社会公众以志愿服务形式投身抗震救灾工作，在当地开展义务献血、捐款捐物等活动。但是有些志愿者缺乏专业训练，没有经验只凭热情自发前往灾区，行动具有一定的盲目性，在自带的食物和饮水耗尽后自己反而成了救援对象。对救灾志愿者进行防灾救灾培训，使之成为灾害救助的辅助力量，也是全民安全教育的好途径，更有利于形成互助互爱的良好社会道德风尚。

(三)救灾款物监督机制尚不完善

近年来，我国救灾活动中暴露出实际存在的乱象：上报灾情任意扩大，申请救济虚报冒领，使用救灾款物随意挪用等，已经成为恶习。归根结底很大一部分原因是因为救灾款物使用监督管理不到位。救灾款物是灾民的“救命钱”，要确保救灾款物及时足额发放到灾民手中。建立完善的救灾款物监督机制，确保救灾款物专款专物专用，重点使用，及时、如数地发放到灾民手中，防止截留、挪用、挤占、侵吞、浪费、贪污救灾款物以及弄虚作假、营私舞弊等各种违法犯罪行为的发生，是发挥有限救灾款物最大效益的重要保障。政府应该健全救灾款监督机制，完善调配措施，有关部门必须向公众做出救灾款项的明细账，增大公开透明度，保障救灾款物管理使用公开、透明、廉洁、高效运行。

本章小结

1. 对灾害社会救助进行了总体的阐述，分析了它的概念、功能和地位、内容以及一些特性。

2. 介绍了几种具有代表性国家的灾害社会救助制度。

3. 着重介绍了中国的灾害社会救助制度，重点论述了现行制度，同时探讨了我国灾害社会救助的现状及其存在的问题。

思考题

1. 什么是灾害社会救助？它有什么特点？
2. 灾害社会救助具有哪些功能？
3. 简述国外灾害救助体系的基本模式及其与我国的区别。
4. 我国的现行灾害社会救助体系是怎样运作的？
5. 现行灾害社会救助体系有哪些不足之处？

第九章

护理社会救助

学习目的

通过对本章的学习，了解世界各国护理社会救助的基本概况，了解护理社会救助制度的含义、地位和功能以及护理救助制度的产生与发展，并思考建立护理救助制度对我国的借鉴意义。

第一节　护理社会救助概述

一、护理社会救助的基本内涵

护理救助是针对低收入贫困老人(包括独居老人和纯老家庭的老人)实施的，以提供上门护理、护理补贴、机构照顾为内容的社会救助制度。低收入老人是老年人中的弱势群体，特别是对于没有收入来源的孤寡老人和纯老家庭的老人，由于收入低以及缺乏子女的照料，一旦因为各种疾病和意外伤害导致部分或完全丧失自理能力，则他们极易陷入生活困境，因此必须采取一定的措施对这一特殊的弱势群体实施保护。护理救助的实施主体是国家，从制度层面实施针对贫困老人的长期护理照顾。对于有子女，但是子女负担很重生活较为贫困的老年人来说，护理救助既是帮助他们获得自理能力的有力支持，也是帮助他们的子女走出困境的制度安排。

二、护理社会救助的主要内容

(一)救助对象

从广义上讲，护理的对象不仅包括老年人，也包括残疾人和暂时有护理需求的年轻人；从狭义上讲，护理的对象仅指老年人。本章讲的护理是针对老年人的长期护理，并不是广义上的护理。因此护理救助的对象，是指收入水平低于一定的标准，因患有慢性疾病或意外伤害导致部分丧失或全部丧失自理能力的贫困老年人口。

(二)救助等级

护理救助在不同的国家有不同的标准。大多数国家根据老人自理能力丧失的程度将护理划分为不同等级，并相应提供护理服务。例如，美国的护理救助项目将护理分为家庭健康护理和护理院护理，对于没有能力出门的老人提供家庭健康护理。日本是在护理之前将服务等级划分为要支援和要护理:要支援分为 2 个等级,用于护理轻度失能老人;要护理分为 5 个等级,级别越高,则护理的程度越高。德国是分为家庭护理、半住院护理和完全住院护理,护理服务通常以时间为单位来实施。

(三)救助办法

护理救助包括医疗护理和生活护理,分别采取机构护理和居家护理的方式提供。对于轻度失能老人给予居家的生活护理和简单的医疗护理,对于重度失能老人给予机构内的医疗护理。在实施方式上主要采取服务给付的方式,即享受护理救助的老人只能接受主管部门提供的上门服务给付,或是到护理救助主管部门指定的护理机构内接受护理,享受条件通常较为严格。

(四)救助的申请和审批

护理救助的申请和审批由政府的福利或卫生部门主管。北欧福利国家的护理服务通常是一种福利津贴而不是一种救助,被护理者只要符合接受护理的生理条件,无须经家计调查就可以直接享受免费的护理服务,但在其他国家,护理救助的享受必须经过家计调查和财产审查。例如,美国医疗救助由美国联邦政府和州政府联合办理,是一项针对贫困人群医疗保障计划,无须缴纳保费,资金来源于财政。虽然各个州的享受条件各不相同,但申请医疗救助时,申请者必须公布所有财产和收入以供调查,只有财产和收入低于一定标准者才能获得护理服务。在日本和德国也有类似的规定。

(五)救助资金的筹集和管理

护理救助的资金通常来自税收,各国财政体制的不同,中央政府和地方政府的分担比例也各不相同。在管理体制方面,既有医疗部门管理的,也有福利部门管理的。以德国为例,德国的社会救助资金主要由国家财政负担,政府对社会救助标准的内容、构成、与工资收入的关系做出统一规定,再由各州政府依照统一标准制定本州的普遍标准额,交由州政府下设的各级社会救助的具体管理单位遵照执行。各地、各级管理机构的设置和名称不尽相同,有的称为福利联合会,有的是专设的福利管理处,有的则是政府专门的福利部门。

三、护理社会救助的基本功能

(一)化解高龄危机,迎接老龄化社会的挑战

人口老龄化是老年人长期护理需求产生的客观因素。老年人的长期护理需求如果得不到解决满足,将严重影响家庭成员之间的关系。老年人占用了大量的社会财富和医疗资源;随着老年人失能化程度加深,护理老人的负担将不断加重,甚至会影响到家庭对第三代的照料。为了化解这一社会矛盾,老年人护理保障制度应运而生。护理救助制度在护理保障体系中起基础和保底作用。老年护理救助不仅能给贫困老年人以物质上的关怀,在一定程度上也能给予精神慰藉。护理救助的目的不仅是使老人在急需护理时获得救助保障,更重要的是帮助老年人恢复自理能力。护理救助制度不仅仅是一种保障,也促使人们意识到老年人长期护理问题的重要性。

积极老龄化(active aging)是全球共识。社会应当恢复对老年人的信心,通过制度上的安排帮助他们获得自理能力,鼓励老年人自立。正如 1982 年在维也纳举行的第一届老龄问题世界大会上所提出的:"全世界要认识到,寿命的延长是一项生理上的成就和一种进步的象征,并认识到老年人是社会的财富而非负担,因为他们可以以其积累的丰富知识和经验做出价值无比的贡献。"

(二)缓解老年贫困,提高老年人生活质量

老年贫困的主要特征是群体内部贫富悬殊。在老年群体内部,城乡之间、离休和退休之间、性别之间、有无社会保障的老年人之间的收入水平存在很大差异。子女数量、子女经济状况和子女孝顺程度都能成为影响老年人贫富的重要因素。此外,疾病也是造成贫困的因素,"因病返贫"成为老年人致贫的重要原因。老年阶段是人一生中慢性疾病发生的高峰期,患病期间的各种医疗和长期护理费用是导致老年人贫困的重要原因。老年人长期护理救助制度虽然不能预防老年人贫困发生,但是它在缓解老年人贫困程度恶化方面起着重要作用。此外,长期护理救助能有效帮助丧失劳动能力而又百病缠身的老人提高生活质量。

(三)减轻子女护理老人的负担

随着生产生活方式的变化,职场竞争压力的增加,教育和医疗费用的上涨,目前有不少处于"三明治"状态的中年人压力沉重,他们上要赡养父母,下要关心子女的教育和就业问题。尤其是经济困难的群体,就业困难、就业质量不高,经济收入少,维持自身生活尚且不易,更难以为父母聘请保姆提供护理服务,往往需要家庭女性成员在家中专职侍奉父母。如果老年人没有养老或医疗保障,那么长期的医疗费用和护理所需的服务会给家庭带来沉重的负担,会加重老年人的心理负担,近年来很多地方出现老人为了减轻子女负担而轻生的现象。老年护理救助主要是对低收入贫困老人的救助,对于失业人员以及非正规就业的老年人子女也能起到间接的保护作用。因此,在保障功能上,护理救助同其他社会救助的功能基本是一致的,即都以保障社会最贫困阶层人员的生活为目标。

第二节　外国的护理社会救助

一、美国的护理社会救助

(一)产生

美国的老年人长期护理服务从属于美国的公共医疗保障制度。美国没有独立的长期护理救助,其面向老年人和贫困群体的护理救助融入在医疗照顾(Medicare)和医疗救助(Medicaid)中。美国于1965年对医疗保险制度进行了改革,推出了面向老年人的医疗照顾计划和面向贫困人口的医疗救助制度。

美国公共医疗保障计划有其特定的社会背景。个人和家庭通过工作获得的集体医疗保险,老年人退休以后,不能继续获得集体保险的待遇,只能缴纳费率较高的个人保险,这就意味着老年人在退休后只能以个人身份购买医疗保险,但是即使他们的身体状况良好,单独购买保险的成本也比以前高很多。老年人经济状况变差和身体状况下降,使老年人面临更大的医疗风险和财政风险。一方面老年人对医疗的需求增多,另一方面疾病治疗和长期护理的费用更昂贵。这些因素结合起来使得私人保险公司不愿意向老年人提供保险,即使有商业护理保险,其保费也高的惊人,因此老年人的长期护理问题就成为一个不可回避的社会问题。

1965年,有关医疗照顾和医疗援助的立法正式生效,尽管它们在约翰逊总统"伟大社会"政策的影响下旨在帮助穷人和弱势群体。但归根结底,它们是国会两党各派妥协的产物,反映了不同的理念和方法。其中,民主党的计划是,征收社会保障为名义的工资税,实行强制性的医疗保险;共和党则支持由政府补贴的自愿保险计划;而众议院赋税委员会和美国医疗协会却反对这两个计划，强烈要求将《科尔—密尔斯计划》的覆盖范围扩大到所有需求者。妥协的结果是，将医疗改革计划分成两部分：一部分是针对老年人的医疗照顾计划，另一部分是针对穷人的医疗救助计划。在两种医疗保障计划的筹资模式问题上，国会又产生了分歧。一部分保守的议员主张医疗照顾计划采用联邦和州两级筹款模式。而众议院赋税委员会主席、强硬派议员威尔伯·米尔斯(Willber Mills)则主张将这种模式运用到医疗救助中。在他的一再坚持下，医疗救助计划采纳了联邦、州两级供款模式。这样，一种新的以穷人为目标的福利医疗制度医疗救助制度诞生了。

医疗救助比医疗照顾包含更广的长期护理费用补偿，它可以支付因为慢性病或损伤导致的长期护理和看护服务。在美国大部分州，医疗救助是家庭和社区长期护理(Medicaid Home Based and Community Services)费用最大的公共支付者。医疗救助的给付条件非常严格，例如，只有医疗救助的定点护理机构提供的长期护理服务才能得到补偿，而且家庭护理费用的补偿范围非常有限。2000 年的一项相关调查结果显示，仅 29%左右的医疗救助长期护理补偿费用用于支付家庭护理，大部分(约 67%)还是用于支付护理院费用。

自 20 世纪 80 年代以来，由于人口老龄化的不断加剧，医疗救助计划几乎成了一项长期护理计划。美国医疗救助计划每年为约 550 万人提供 3 000 亿美元的资金，儿童占了接受救护人口的 50%，他们的费用仅占医疗救助总费用的 15%，老人和残疾人占了接受救助总人数的 27%，但是他们的医疗费用却占到 66%。半个世纪以来，美国的医疗救助计划承担了一半以上的长期护理服务，而且长期护理费用占了整个医疗救助总费用的一半以上。因此医疗救助几乎成了一个长期护理计划。①

(二)具体内容

1. 救助对象和内容

美国的医疗救助计划包括五类，其中就包括低收入的老年人以及有较大医疗开支的人。美国的长期护理费用有相当大的一部分是需要自行承担的，虽然这些人的收入远远高于医疗救助的标准，但是巨额的医疗费和长年的护理费用将耗尽他们的收入和财产，最后成为医疗救助的对象。

在美国，医疗救助主要包括在护理院内接受长期护理和在家庭社区内(HBCS)接受长期护理两项内容。家庭社区护理服务是一种在美国医疗照顾和救助服务支持下建立的各个州规定的尝试性服务。联邦法律中仅规定了护理院护理，没有规定家庭社区护理服务，也不允许选择长期护理。家庭社区长期护理服务的享受资格是由州政府来决定的，不同的服务类型有不同的标准。一般来讲，家庭社区护理服务的对象一般包括 65 岁以上老人、残疾人和智力迟缓者等。参加者的数量受到控制，主要取决于基金和管理。联邦法律要求，家庭社区护理服务参加者必须满足州护理院医疗照顾的资格，并且规定了该服务的成本不能超过护理院的护理成本。不同的州对长期护理服务的内容和支付范围有着较大的决定权，但是一些基本服务是必须包括在内的，包括住院和门诊服务、化验和 X 光服务、熟练护理和家庭健康服务、医生服务、家庭计划以及周期性健康检查等。

此外，各州可以自主选择是否提供非机构的 LTC 项目，如日常生活辅助、成人日健康护理等。例如，社区内服务(Community-Based Services)面向老年人和残疾人，主要提供辅助

---

① Mark Booth. Long-Term Care in the USA: Lessons for New Zealand? http://www.msd.govt.nz/ [J/OL].

饮食、搬运服务、个人照顾、家务服务、成人日间照顾，以及在老年中心的各种活动服务。这些服务通常是免费或者低费地提供给符合条件的人。这些服务由所在地老年人区域管理机构(Area Agencies on Aging)来协调。家庭健康服务的支付范围包括:熟练护理、家庭健康照顾、个人护理、家务劳动和医疗设备。只有符合医疗救助的条件才能接受这些服务。医疗救助通常还为居住在高龄者和残疾人之家(Housing for Aging and Disabled Individuals)的人支付租金，联邦政府和大部分州政府会为中低收入的老人支付居家类服务(Housing)费用。受助者通常需要申请，并经过一定时期的等待。一些州的居住型护理计划也包括辅助饮食、家务劳动、辅助购物以及洗涤。联邦和州政府通常会检查受助者是否符合享受此类服务的条件，租金的支付通常是收入的一定比例。[①]

医疗救助的长期护理服务项目如表 9—1 所示：

表 9—1　　医疗救助的长期护理服务项目

项　目	辅助日常活动	提供附加服务	满足护理需求	成本范围
基于社区的服务	可以	可以	不可以	低级到中级
独立居住公寓	可以	可以	可以	低级到高级
高龄者和残疾人之家	可以	可以	不可以	低级到高级
集中住宿护理	可以	可以	可以	低级到高级
辅助居住服务	可以	可以	可以	中级到高级
退休团体继续照顾	可以	可以	可以	高级
护理院护理	可以	可以	可以	高级

2. 享受资格和评估

医疗救助的长期护理服务几乎只提供给符合条件的年老、失明者以及残疾人，但是在这些人当中也只有很少人符合领取补充保障收入(Supplemental Security Income，SSI)的条件。补充保障收入是一项福利支付，提供给没有工作能力、没有财产，也没有亲友帮助的失能或有残疾的人。补充保障收入是在接受护理院护理或是社区照顾时衡量收入标准的重要尺度。没有获得补充保障收入的人要想享受医疗救助的给付，需要符合选择性收入要求，或者个人享有的资源低于 2 000 美元。大部分的护理院或者社区服务享受者没有获得补充保障收入支付，因此他们必须接受选择性的收入审查。在美国大部分的州都有医疗需求计划(Medically Needy Program)，允许个人从他们的收入中抵扣护理成本，这一费用的扣除使得他们满足了可选择收入审查的条件，该收入通常等于补充收入保障。

美国有一部分州没有遵从联邦关于满足医疗救助资格的统一规定，而且规定了更为严格的享受条件。这些州当中有 11 个州设有医疗需求计划，联邦政府要求没有这一计划的州通过设定费用扣除计划，使需要救助的人获取医疗救助计划的权利。费用扣除意味着没有被医疗救助覆盖的护理院和医疗成本会从个人收入中扣除，直到满足个人符合收入审查的条件。在这些州中，有些州对扣除的水平做出了规定，有些州则没有规定。个人的支付能力和护理费用决定了享受资格的差异。在美国，没有医疗需求计划的州称为收入审查州，美国有 12 个

① Centers for Medicare and Medicaid Services. http://www.medicare.gov/Long Term Care/Static/Home.asp[EB/OL].

州是收入审查州。这些州规定了接受医疗救助护理标准的收入水平，通常规定每月收入水平在补充保障收入的 3 倍和 1 692 美元之间(2004 年)时可以享受医疗救助支付，超过这一水平的人不能享受。这里的收入是指总收入，不是经过医疗费用扣除后的收入。联邦法律要求这些州允许个人建立米勒信托(Miller Trust)，以便将收入审查包括在内。米勒信托是一项法律文本，它可以将个人的所有收入转移给另一个个人，并要求米勒信托基金必须能够为它的受益人支付长期护理成本，个人收入因此就满足了医疗救助的给付资格。当医疗救助受益人死亡后，州政府可以恢复该项信托基金。

家庭社区护理需求者的资格与在护理院接受护理的资格有关，并且成本上不比护理院更高。但许多州发现，根据护理的需求，在护理院接受护理比接受社区护理在成本上更为有效。医疗救助对护理院的补偿包括住宿和饮食以及护理服务。对社区服务的补偿仅限于护理费用。服务接受者必须自己承担租金、食品和公共事业费用以及额外支出。许多州已经意识到了这些问题，允许受益人及其配偶保留部分收入用以支付住宿和饮食费用。

3. 救助经费的来源和管理

美国医疗救助采取联邦和州两级供款模式。联邦政府和州政府的税收是长期护理的主要筹资来源，医疗救助管理也分为联邦和州两级。在联邦政府内，医疗救助和医疗照顾由医疗照顾和医疗服务中心(Centers for Medicare and Medicaid Services)管理；在州一级，医疗救助的管理机构各不一样，一般为卫生部门或人力服务部门。

二、德国的护理社会救助

(一)产生

20 世纪 70 年代初以来，对护理的需求在德国已被公认为一个社会问题。1974 年德国老年救助委员会发出一份鉴定书，该鉴定书从生活在养老院中无生活自理能力老年人的经济状况出发，对老年保险系统要确保老年人从业时的经济地位与社会地位的功能提出了质疑。这份鉴定书在社会上引起了很大的反响。所有的社会团体和协会、科学界、政党和联邦及地方政府都参加了这场讨论。1980 年成立的专门小组在认真考察各种不同建议的基础上，提出将护理需求作为应对新的生活风险的手段纳入国民社会保障体系。1986 年 10 月 9 日联邦政府通过了关于改善护理服务的议案。在采纳了大量的建议后，产生了一项以社会保险为基础的解决方案，该方案在 1994 年付诸实践。

(二)具体内容

1. 救助对象

1994 年护理保险制度的引入减轻了德国护理救助的压力。由于新的护理保险制度提供了居家护理、临时机构护理、短期照顾以及机构护理，因此护理救护的覆盖范围有所缩小。护理救助主要面向不满足护理保险标准的人，以及护理费用过高导致护理保险费用不足的机构护理服务接受者，还有那些没有被护理保险制度覆盖的人群。

2. 救助内容

德国的《联邦社会救助法》(Federal Social Assistance Act)对德国长期护理服务做出了相关规定。德国的护理救助的提供方式包括在护理院、医院以及在受助者家中提供护理。护理救助提供的服务包括日常护理、社会支持以及家务劳动，主要由拥有相应资格的护士或医生共同提供。从事护理的护士或医生的职责包括提供基本照料、保证病人的营养和卫生、提供保护措施、观察病人并做好护理实施过程的记录、维护和清洁护理设备、承担家务劳动为病人提供社会支持(social support)。目前,有5%的受助者接受居家服务,32%的受助者在养老机构接受护理。

在资格审查方面,由于德国的护理救助属于社会救助的组成部分,资金来自税收而不是预先的缴费,因此也必须经过财产审查(means-test),接受护理救助的人必须已经倾尽所有的储蓄才可以享受救助;而且在进行财产审查的时候,需要考虑被救助人的直系亲属包括父母和子女。在费用承担方面,需要长期护理服务的人需要签订家庭护理服务合同,或者同护理院签订机构护理合同,并且为他们所接受的服务付费;当他们无法支付相应费用的时候再依靠社会救助,社会救助可以为需要护理的人支付全部或者部分护理费用。德国长期护理由联邦健康部(Federal Ministry of Health)管理。

三、日本的护理社会救助①

(一)护理救助制度的产生

护理救助,日语为"介护扶助",属于生活保护(日本的生活保护相当于中国的最低生活保障)的范畴,日本《生活保护法》于1950年开始实施,是对被认定为要护理和要支援的生活贫困者实施生活救济的制度。根据日本《生活保护法》,护理救助采取在指定的护理机构实施实物给付的方式。日本护理救助的产生比护理保险早很多,但是却和护理保险制度有着千丝万缕的联系,在很多方面的规定几乎是一致的,只是护理救助制度比护理保险制度的限制更为严格。虽然护理救助的给付标准同目前的护理保险制度十分类似,但是在逐渐普及的特定性养护或是针对痴呆症的共同生活护理,以及特定的机构入住者生活护理费用方面是有限制的。

(二)实施对象和内容

1. 救助对象

护理救助的对象有两类:第一类是由于生活贫困无法维持最低限度的生活而接受生活救助的人,包括65岁以上以及40到64岁之间的护理保险加入者,这部分人因为生活贫困而成为护理救助的对象;第二类是40岁以上不满65岁没能加入医疗保险的人(日本40岁以上65岁以下的人,如果加入了医疗保险就会自动成为护理保险的第2号被保险人),如果患有法律规定的特定疾病也可以成为护理救助的对象。也就是说,护理救助的给付对象是参加了护理保险的低收入者和无法参加护理保险的人。

护理救助服务内容和给付范围与护理保险几乎一致。日本的居家护理包括上门护理、上门入浴护理、上门看护、上门康复服务、通所护理②、通所康复服务、福利用具借予服务(轮椅、护理专用床等)、居家疗养护理管理指导、短期机构生活护理、短期机构疗养护理、针对痴呆症的共同生活护理(痴呆症老人集体护理),还有特殊机构入住者生活护理(面向护理院以及收费老人院等机构入住者的护理)等12种护理服务。此外,还包括支付居家福利用具购入费、居家护理住宅改建修理费用、特殊居家护理服务费、特殊居家护理服务计划制定费以及高额服务费用。在养老机构享受的服务包括在指定护理老人福利机构、护理老人保健机构、指定护理疗养型医疗机构获得的服务。

---

① http://www.pref.ibaraki.jp/bukyoku/hoken/kaigo/jigyousha/jigyousha5－2.html.

② 通所护理是指要护理者往返于家和护理机构之间的一种接受护理的方式。

2. 护理救助的资金来源以及费用负担

护理救助的资金主要来自财政拨款。第一类被救助者本人是需要加入护理保险制度的，理论上他们需要承担部分保险费，但是由于他们缺乏缴费能力，他们的保险费就由护理救助部分承担。日本将收入等级划分为6等，第1等到第3等为低收入者，这部分低收入者根据他们的收入情况按一定比例缴费，不足部分由护理救助资金予以补足（见表9—2）。

表9—2 第一类护理救护低收入者的个人缴费比例

受助者收入等级		对象	个人缴费比例
低收入者	第1等级	享受生活保护的人，其所在家庭不缴纳市民税的老龄年金领取者	50%
	第2等级	不缴纳市民税，且年收入总额80万日元以下的人	50%～75%
	第3等级	不缴纳市民税，且年收入总额80万日元以上266万日元以下者	75%～100%

资料来源：[日]秋元美世等编：《社会保障制度行政财政》，有斐阁2006年版，第196页。

接受护理给付的时候，65岁以上的护理保险被保险人原则上需要自行承担10%，但是65岁以上享受生活保护的人由于收入过低，大部分情况下无须自己负担。40岁以上65岁以下没有参加国民健康保险（无工作的人参加的医疗保险）也没有参加健康保险（有工作的人参加的医疗保险）的这些人，由于不能成为护理保险的被保险人，他们接受护理服务所产生的费用由护理救助制度全额承担。具体来讲，对于第一类被救助对象，在接受居家护理服务的情况下，所产生服务费用的10%由护理救助制度全额承担；如果是在护理机构里接受护理服务的情况下，所产生的10%的费用由护理救助制度和个人共同支付，但是会考虑个人的支付能力。第二类被救助对象，他们的护理服务费用是由护理救助全额提供的，但是在护理机构里接受服务的情况下，个人须根据自己的支付能力支付一部分费用（见表9—3）。

表9—3 护理机构居住费的负担额度和基准费用（2005年10月）

	负担额度			标准费用额
	第1阶段	第2阶段	第3阶段	
多人房间	0日元/天	320日元/天	320日元/天	320日元/天
特别养护房间①	320日元/天	420日元/天	820日元/天	1 150日元/天
老年保健，疗养型房间②	490日元/天	490日元/天	1 310日元/天	1 640日元/天
单独标准房间	490日元/天	490日元/天	1 310日元/天	1 640日元/天
单独房间	820日元/天	820日元/天	1 640日元/天	1 970日元/天

注：①特别养护房间是特别养护老人院，短期进入护理机构的生活护理；疗养型房间是老人保健机构，护理养护型医疗机构，短期进入护理机构的疗养护理。②机构平均的居住费用（＝基准费用额）和上表中的负担额度的差额，由护理保险以补足给付的形式支付。

资料来源：[日]秋元美世等编：《社会保障制度行政财政》，有斐阁2006年版，第197页。

3. 护理救助计划的制定和申请支付流程

需要护理的人要想享受护理服务，必须接受护理认定，这个护理认定的过程同护理保险中规定的过程是一样的，通过护理等级认定后，在实施护理救助之前，还需要有市町村的相关部门制定护理支援计划。护理支援是根据《生活保护法》制定的，居家护理支援费用由护理救助制度提供，护理支援计划只能限于给付现额度以内的居家服务计划，而且接受护理救助的人只能在《生活保护法》指定的机构里接受护理服务(见表9—4)。

表9—4　日本护理救助的实施流程

①提出护理申请	需要护理的人向福利事务机构提出申请(附带制定居家护理计划)
②做出护理救助决定	由福利事务机构及其上级主管部门做出
③给付护理券	由福利事务机构向指定的护理机构提供
④提供服务	由指定的护理机构向需要护理的人提供
⑤护理报酬申请1	指定护理机构向国民健康保险联合合会提出申请(从提供服务的当月开始截至下一个月的10日之前)
⑥审查	国民健康保险联合会
⑦护理报酬申请2	国民健康保险联合会向护理保险人、公费负担者提出支付护理报酬(从提供服务的当月开始截至下一个月的10日之前)
⑧支付护理报酬1	护理保险人、公费负担者向国民健康保险联合会支付护理报酬(从提供服务的当月开始截至下一个月的20日之前)
⑨支付护理报酬2	国民健康保险联合会向指定护理机构支付护理报酬(从服务提供当月到下一个月的月末)

资料来源:http://www.pref.ibaraki.jp/bukyoku/hoken/kaigo/jigyousha/jigyousha5—2.html.

4. *护理救助的实施方式*

护理救助是以实物的方式来给付,委托给指定的护理机构来实施。由社会福利事务所等向指定的护理机构发行护理券。在不适用实物给付但却必须给付的情况下才予以现金给付,例如,在住宅改建和购入福利用具的情况下适用现金给付。在提供护理服务的时候,优先适用护理保险制度规定的内容,在具体使用哪些服务方面,由护理经理根据需要护理的人的情况来确定。

四、英国的老年人护理

(一)产生

在20世纪50年代,人口老龄化尚不严重,英国的国民健康服务体系(NHS)中并没有涉及老年人长期护理服务的内容。大约是在15年前,随着人口老龄化的加剧,老年人的长期护理问题开始凸显,英国开始设置了老年人护理津贴。20世纪90年代以来,又对长期护理服务进行了改革。英国成为欧洲最早在市场化基础上建立以社会服务提供模式为导向的国家。1990年的《社区照顾法》(Community Care Act)将国家健康服务总局购买服务和提供服务的职能完全分开。除了没有给予使用者任何直接选择市场的权利以外,英国的改革创建了一种基于自由市场规则的机制,国家通过招投标的方式对护理服务机构进行筛选,政府购买的方式由护理服务机构提供护理救助服务。随着《社区照顾法》的出现,1996年又引入了允许使用者在相对自由使用现金给付的基础上建立服务分配供给规则的机制。这个新的机制被称为直接支付,由地方政府通过这个机制向个人进行直接支付,增加了需要护理的人使用现金的权利。

(二)主要内容

英国的长期护理包括提供家务服务和护理院服务。家务服务包括购物、做饭,为被护理人穿衣、洗浴。大部分在家庭内部的长期护理服务是由家人提供的;正式的护理服务通常是由专门的地方机构来提供的，包括地方社会服务专职机构、社区健康服务部门(隶属于 NHS)以及独立的居住型场所，护理机构还有家庭护理服务机构。大部分的护理安排和护理给付都是通过地方行政机构由这些独立的部门提供的。在英国，4%的 65 岁以上老人和 12%的 80 岁及以上老人在居住型机构和护理院中接受护理，或者在医院接受长期护理。这些人中有 20%的人在自己家里接受居家服务，包括居家护理、日间照顾、饮食和社区护理。85 岁以上的老人比相对年轻的老人更有可能获得全方位的正式护理，特别是在居住型护理中情况更是如此。

英国的长期护理既考虑老年人对护理的需求，也考虑个人的收入水平，也就是说，是考虑家计调查的。英国当前的家计调查是针对居住型护理和护理院护理的，调查考虑收入和资产(大部分情况下考虑住房财产)。从 2006 年 4 月开始，财产超过 21 000 英镑的人不能享受地方管理机构的支援；财产低于 21 000 英镑的人也要对个人护理的成本承担一定费用，个人费用负担的大小取决于他们的收入。虽然地方管理机构决定受护理者如何支付居家护理服务费用，但是也必须按照国家规定的一般原则来收取。英国采用 ADLs(Activities of Daily Living)方法对老年人的需求进行评估，并且根据评估的结果对老年人的长期护理服务给予支付。在英国 ADLs 包括洗漱、灵活性、穿衣、如厕、移动和吃饭六项生活能力。当老年人丧失这六项基本生活能力中的 1 项、2 项或是 3 项的时候，可以相应获得护理给付。对身体机能损伤的评估除采用 ADLs 丧失程度以外，还包括受助老人的自我评估和所患疾病的特征指标。此外，英国还考虑对精神损伤的评估，精神损伤通常是通过精神状态测验、自评问卷、正规心理测试等进行的。对于已婚的入住护理机构的老人，如果他们的配偶是居家护理的接受者，在对他们进行收入审查时，配偶的个人养老金收入的 1/2 不能被考虑的总财产中，因为要保证该部分收入能够满足其配偶在家中的生活。

与老年人长期护理有关的还有另外两项社会保障权益：一项是照顾津贴。老年人在患病或受伤的情况下需要护理或者监护的话，有权利获得护理津贴(Attendance Allowance)。护理津贴是对老年人实施的非财产调查型福利。这些老年人通常因为身体或精神损伤需要护理和监护。如果个人有权利获得来自地方政府部门的其他支持，护理津贴会在 4 周之后停止支付。高龄老人的另外一项权益是获得额外养老金(Pension Credit)。额外养老金是一项基于财产调查的持续性收益，获取额外养老金取决于收入和资产两项因素，同护理支付体系不一致，没有资产上限。在评估获取养老金权益的时候，是不考虑护理津贴的，相反，接受护理津贴使得人们获得了获取严重失能养老金权益(Pension Credit Severe Disability Premium)的资格。但是，在护理院接受地方政府支援的老年人不能享受严重失能补贴。

目前，英国老年人长期照顾的总费用达到 155 亿英镑，约占 GDP 的 1.5%。英国老年人护理的医疗护理费用由国民健康服务部(NHS)提供，一般生活护理服务费用由地方行政机构提供。

第三节 我国的护理社会救助

我国的社会救助制度中还没有单独设置护理救助项目，目前约有 11 个省市在老年人居家养老服务项目中设有针对贫困老年人的护理服务，该服务通常以养老服务补贴的方式提供。在上海，针对贫困老年人的护理服务是上海市老年人护理服务体系的一个组成部分，而大连则针对老年贫困人群出台了单独的护理服务救助政策。

2016年7月，人力资源社会保障部办公厅关于开展长期护理保险制度试点的指导意见(人社厅发〔2016〕80号)，在全国选取了河北省承德市、吉林省长春市、黑龙江省齐齐哈尔市、上海市、江苏省南通市、苏州市、浙江省宁波市、安徽省安庆市、江西省上饶市、山东省青岛市、湖北省荆门市、广东省广州市、重庆市、四川省成都市、新疆生产建设兵团石河子市作为长期护理保险的试点城市。本节将选取上海市和大连市的老年人护理服务进行介绍，并将这些针对贫困老年人的护理服务暂称为老年护理救助。

一、上海市老年人护理服务政策

(一)政策背景

上海市自1979年进入老龄化社会以后，随着医疗技术的进步和生活水平的提高，老年人口数量不断增加，高龄老人、独居老人和纯老人家庭日益增多，养老服务需求也不断增加。

上海市老龄化程度加深，并呈高龄化。2007年末，65岁及以上人口211.18万人，占总人口的15.3%；80岁及以上人口50.24万人，占总人口的3.6%。截至2017年末，上海户籍60岁以上老年人口为483.60万人，老年人占户籍总人口的比重达到33.2%；80岁及以上高龄老年人口80.58万人。2017年上海人口预期寿命为83.37岁，其中男性80.98岁，女性85.85岁，人口预期寿命继续攀升。

老年人抚养系数不断增加。随着老年人口的增加，老年抚养比也逐渐增加，2007年末，上海市15～59岁劳动年龄人口抚养60岁及以上人口的老年抚养系数为29.4%。2017年末，上海市老年人口抚养系数再创新高，15～59岁劳动年龄人口负担60岁及以上老年人口的抚养系数达到了58.8%。此外，生活条件的改善，多数子女都与老人分开居住。2008年，上海约有43.6%的老人不与子女同住，其中近四成子女看望父母的频率相当低。

老年人护理需求增多。高龄老年人的增多势必会增加对医疗和护理的需求，严峻的老龄化现实对传统的养老体系提出了新的挑战，发展社会化的老年护理服务势在必行。

为了适应人口老龄化的形势，促进养老服务事业的发展，上海市民政局等有关部门本着以人为本、促进公平、政府主导、社会参与、建管并举、规范推进、分类指导、统筹发展的原则，于2008年出台了《关于全面落实2008年市政府养老服务实施项目，进一步推进本市养老服务工作意见的通知》，开始了实施老年护理救助补贴的有益尝试，并制定了各项补贴标准。上海市的老年人护理救助的具体措施已经基本具备了护理救助制度的基本要素。另外，2012年4月又出台了《关于开展2012年市政府实事项目"为10万高龄老人提供家庭互助服务"的通知》。该项目又称"老伙伴"计划，是以结对互助的方式，由低龄老年志愿者向高龄老人提供家庭互助服务，其内容主要以"健康生活方式"为主题，开展预防失能、健康科普、精神慰藉等家庭关爱和生活辅助服务，预防或降低风险的发生，促进高龄老年人的生活质量和社会交往。

2016年，国家"十三五"规划纲要提出"探索建立长期护理保险制度，开展长期护理保险试点"。同年6月，国家人社部明确上海作为全国首批开展长期护理保险试点的15个城市之一。2017年，《上海市长期护理保险试点办法》(沪府发〔2017〕97号)和《上海市长期护理保险试点办法实施细则(试行)》(沪人社规〔2017〕44号)，对上海市开展长期护理保险试点工作做出了明确规定。同年，《关于本市长期护理保险试点区养老服务补贴政策相关事项的通知》(沪民老工发〔2017〕6号)指出对徐汇区、普陀区、金山区长期护理保险试点区困难人群的养老服务补贴工作，按照平稳有效过渡、聚焦特困对象、兼顾刚性需求的原则，进行补助。截至

2017 年 10 月底，3 个试点区共有 2.5 万老人提出申请，1.4 万老人经评估后，享受到了居家和养老机构照护服务。2018 年 1 月 1 日起，长期护理保险将在全市试点，本市 60 周岁以上、参加职保或居保的失能老人都可享受到社区居家照护、养老机构照护以及住院医疗护理等多种模式的护理服务。

截至 2017 年底，全市申报的护理机构有已有 587 家，可提供护理服务的护理员约有 4 万人。2018 年，全市预计为 300 万人次提供护理服务。

(二)主要内容

1. 救助对象

目前上海市老年护理救助的对象主要是 60 岁以上，有上海市户籍、享受最低生活保障的老人以及低收入老人；80 岁以上户籍老人，以及独居或纯老家庭的户籍老人。

2. 护理内容

上海市老年护理服务的内容主要包括上门居家护理、日间照顾以及机构护理。上门护理分为三个等级：轻度护理、中度护理和重度护理。机构护理分为一级护理、二级护理、三级护理以及专门护理。其中居家护理仍然是老年护理救助实施的主要内容。

3. 护理补贴实施方式

上海市老年护理救助的给付方式主要是通过发放护理补贴来实施。2008 年上海市对享受“低保”和低收入老人的补贴提高到 300 元/月。养老服务补贴经费由市、区县福利彩票公益金各出资 1 000 万元，其余资金由市、区县两级财政按 1∶1 比例配比，并规定有条件的地区可以视本地区实际情况适当提高护理服务补贴。

对于 80 周岁及以上的、独居或纯老家庭的户籍老人，即使并非低保或低收入群体，如果每月养老金收入低于全市城镇企业月平均养老金的，经过评估需要生活照料者按照养老服务补贴和养老服务专业护理补贴标准的 50％给予补贴。补贴经费由市、区县两级财政按 1∶1 比例配比。

对于经评估后照料等级为中度或重度的老人，设立养老服务专项护理补贴。标准为中度每人 100 元/月、重度每人 200 元/月，经费由市、区县两级财政按 1∶1 配比列支。

设立社区老年人助餐服务点。2008 年设立 200 个社区老年人助餐服务点，重点满足高龄老人中有助餐需求的独居、纯老家庭老年人及生活自理有困难的低收入老年人的助餐服务需求。由市福利彩票公益金出资 2 000 万元，依据不同类型予以一次性差别化资助。区县根据实际情况相应配比。区县、街道乡镇应对其日常运作予以补贴资助。

4. 上海市对老年护理事业的规定和扶持措施

(1)扩大社区居家养老服务队伍，广泛开展养老服务业务培训工作，全面提升从业人员职业素质和技能。全年累计举办各类培训 84 期，培训总人数 4 601 名。其中，举办养老护理人员培训班 50 期，培训学员 2 128 名；举办社区居家养老服务人员培训班 4 期，培训学员 178 名；举办居家养老服务评估员培训班 2 期，培训学员 149 名；举办养老机构管理人员培训班 3 期，培训管理人员 144 名；举办养老机构院长培训班 5 期，培训院长 201 名；举办厨工、其他人员继续教育培训班 20 期，培训各类人员 1 801 名。

(2)做实社区居家养老指导中心。为建立健全居家养老服务的组织机构，区县层面应成立居家养老服务指导中心，街镇层面应成立居家养老服务中心。人员按区县层面不少于 5 人，街镇层面不少于 3 人配置。各级居家养老服务组织的日常管理、需求评估、统计结算等工作人员的收入待遇和日常运作经费等，由各级政府相应予以保障。

(3)资助农村薄弱养老机构改造。按照民政部"霞光计划"的要求,对农村薄弱养老机构进行改造改建。2007～2010 年,由市福利彩票公益金每年出资 2 000 万元,对经立项批准的农村薄弱养老机构改造改建项目,根据投资额,每个项目按 20 万～50 万元的标准予以资助。项目所在区县应按不少于 1 ∶ 1 的比例予以配比。

(4)资助老年人日间服务中心建设和日常运作。由市建设财力出资 3 000 万元,对列入 2008 年市政府实施项目的 100 家老年人日间服务中心,根据其规模大小和投资额度予以一次性差别化建设补贴,区县应按照不少于 1 ∶ 1 的比例予以配比,有条件的区县应增加配比。建成后,区县、街道乡镇应对其日常运作予以补贴资助。2009 年又对新建 50 家老年人日间服务中心给予 1 500 万元补贴,资金从市级建设财力中安排,专款专用。

(5)增加社区助老服务社,开展种类丰富的帮老助老服务。截至 2011 年底,本市 17 个区县共有 233 家社区助老服务社,3.3 万名社区居家养老工作人员,为 26.2 万名居家老人提供社区居家养老服务,约占本市户籍老年人口的 7.5%,其中,为 24.2 万名老人提供上门服务,有 13.3 万名老人经评估得到服务补贴,补贴人数约占服务总人数的 50.8%,服务补贴总金额 3.3 亿元;自费购买服务的老人为 12.9 万名,约占服务总人数的 49.2%。另有 9 000 名老人的养老服务补贴带入养老机构。全市共有社区老年人日间照料中心 326 家,为 1.1 万名老人提供日间照料服务;共有社区老年人助餐服务点 450 家,受益老人 4.8 万名。

5. 困难人群的护理服务补贴

2017 年,《关于本市长期护理保险试点区养老服务补贴政策相关事项的通知》(沪民老工发〔2017〕6 号)指出对徐汇区、普陀区、金山区长期护理保险试点区困难人群的养老服务补贴进行补助。

(1)照护等级为一级的困难对象和部分原养老服务补贴对象,具体包括:经老年照护统一需求评估,照护等级为一级的新申请长期护理保险的老年人;原养老服务补贴对象中照护等级为轻度的老年人;原养老服务补贴对象中照护等级为中度、重度,经老年照护统一需求评估未达到二级的老年人。上述三类对象按照每月 750 元为基准给予服务补贴,对象的认定及补贴比例按《上海市民政局、上海市财政局关于调整本市养老服务补贴政策有关事项的通知》(沪民老工发〔2015〕7 号)的有关规定执行。

(2)照护等级为二级及以上的困难对象,具体包括:经老年照护统一需求评估,照护等级为二级及以上的低保、低收入家庭中的老年人。

补贴项目及标准为:

特定项目补贴。低保家庭老年人在享受长期护理保险相应待遇的同时,按照护等级二三级、四级、五六级分别给予每月 250 元、375 元、500 元服务补贴。低收入家庭老年人,按低保家庭老年人标准的 50%给予补贴。

自负费用补贴。对低保家庭老年人享受长期护理保险待遇的个人自负费用,给予全额补贴。

6. 实施现状

截至 2007 年底,上海市目前接受社会化居家养老服务的老年人达到 13.5 万名,其中经过政府评估享受居家护理补助的老人达到 68 413 名,即约一半的老人享受到了护理救助补贴,服务补贴总金额达 1.25 亿元。

二、大连市老年人长期护理社会救助

随着老龄化的加速发展,截至 2010 年大连市 60 岁及以上老年人口 105.7 万人,占总人口的15.8%,高出全国平均水平2.54个百分点,与2000年相比,提高了3.18个百分点。大连市逐渐步入老龄化社会。2005年大连市民政局已出台了《大连市特困老年人货币化养老服务补贴实施意见》。这是一项专门面向贫困老年人的护理救助措施,在具体实施方式上有较多的创新,例如,以提供护理券的方式提供护理补贴,通过抵押房产或者用出租房屋的租金抵冲在机构接受护理时的费用等。

2015年起,《关于建立经济困难的高龄、失能老年人养老服务补贴制度的通知》,补贴对象包括具有辽宁省户籍的城乡低保户、低保边缘户家庭中80周岁以上(含80周岁)高龄老人和60周岁以上(含60周岁)因进食、穿衣、个人卫生、如厕、移动等不能自理而需他人帮助,或因丧失认知能力日常生活必须有人照顾,经过县级以上医疗卫生机构鉴定或第三方评估机构评估确定为失能、半失能老人。

2016年,大连市提高城乡困难居民医疗救助标准,困难居民医疗救助报销比例由50%提高到70%;普病救助标准最高限额由3 600元、4 200元统一提高到1万元;重特大疾病救助标准最高限额由6 000元提高到2万元。

(一)补贴对象

具有大连城市户口,70周岁以上(含70周岁)分散供养的"三无"老人、享受城市居民最低生活保障的特困老年人,以及60～69周岁失去自理能力的孤寡、残疾老年人,可以申请货币化养老补贴。

(二)补贴形式及标准

大连市货币化养老服务补贴分为"居家养老服务补贴"和"机构养老服务补贴"两种。

1. 居家养老服务补贴

居家养老服务补贴是指将补贴金额以"代币券"的方式发放给补贴对象,补贴对象根据生活需要到所在社区老年服务中心购买服务,社区老年服务中心根据补贴对象的需求配备经过培训的服务人员,并上门为补贴对象服务。居家养老服务补贴标准为:能自理的,每人每月可补贴80～150元;介助(半自理)的,每人每月可补贴150～250元;介护(不能自理)的,每人每月可补贴250～300元。

2. 机构养老服务补贴

机构养老服务补贴是指补贴对象可以选择全市范围内的各种养老院,老年人把养老金(低保金、房屋出租金等)交给养老院作为养老费用,养老费用差额一部分由政府给予补贴,一部分由养老院予以减免。机构养老服务补贴标准为:能自理的,每人每月可补贴150元以上;介助(半自理)的,每人每月补贴200元以上;介护(不能自理)的,每人每月补贴300元以上。另外,中山区、西岗区、沙河口区、甘井子区和高新园区新建养老机构每张床位资助5 000元,改扩建养老机构每张床位资助4 000元;其他区(市、县)新建养老机构每张床位资助4 000元,改扩建养老机构每张床位资助3 000元。享受政府补贴的养老机构应保证经营8年以上。

(三)审批程序和服务方式

1. 居家养老服务补贴的审批程序和服务方式

(1)审批程序。申请居家养老服务补贴的老年人,填写"大连市货币化居家养老服务补贴审批表",经社区居委会、街道、区(市、县)民政局逐级审批后,由街道每月发给一定面值的"居家养老服务代币券",代币券面值分为一元、二元、五元、拾元。代币券当月有效,补贴对象必须于当月消费完毕。

(2)服务方式。补贴对象领取代币券后,可根据自身需要,到社区老年服务中心购买各种服务项目,选择服务人员,并支付服务费用。

2. 机构养老服务补贴的审批程序和服务方式

(1)审批程序。申请机构养老服务补贴的老年人,填写“大连市货币化机构养老服务补贴审批表”,经社区居委会、街道、区(市、县)民政局逐级审批后,由老人、街道与被选择的养老院签订“大连市货币化机构养老服务协议书”,老人可入住养老机构。协议书内容由街道和养老机构商定。

(2)服务方式。申请货币化机构养老服务的补贴对象,必须将个人收入所得(包括低保金、养老金等),作为生活服务费交给养老机构,个人财产、房产可由养老机构代为保管,房产出租金可补充养老生活服务费。养老机构对老人的衣、食、住、行、医(重大疾病可申请低保对象医疗救助)负责。

(四)资金来源

大连市货币化养老服务经费主要由各区(市、县)民政、财政部门负责筹集,市民政、财政部门将给予适当补助。

三、未来的展望

我国目前除了上海市和大连市以外,北京、深圳、南京、杭州、重庆、山东、甘肃等地也纷纷出台了针对贫困老年人的护理服务政策。这说明老年人的长期护理问题已经得到了政府有关部门的重视。但是,目前各地实施的老年人护理服务均以补贴的方式提供,救助的力度还比较小。在救助范围上,几乎各省市都规定了需要有当地户籍才可以享受,这显然不能在更大范围内扩大护理救助。在人口流动速度加大的今天,仅限于户籍制度的护理救助在发挥保障贫困老年人生活方面的功能必然要大打折扣。而且,各地的老年人护理服务是以社会政策的形式出现,并没有形成一个稳定的制度安排。从总体上来看,我国为老服务社会化程度不高,社会力量稀薄,养老产业不发达,更重要的是缺乏大量的护理服务专业人才。因为护理地提供不是仅靠资金可以完成给付的,有大量的护理服务人员提供服务才能保障老年人获得护理。这不仅要求我们在护理救助政策上给予重视,还需要其他社会政策的配套扶持,例如调整教育培训结构,增加老年人护理专业人才的培养,同时还要设计出一套行之有效的老年人护理需求评估机制。在这一方面,国外许多国家给我们提供了良好的借鉴,例如ADLs法,以及对老年人的精神状况评估等方法。此外,还应当在立法层面上保障和规范各个参与主体的权利和义务,各方面的共同配合才能保障护理救助制度得以顺利发展。从现状来看,我国的老年人长期护理还仅仅是处于萌芽阶段,它的发展和壮大需要政府和社会各界的关心和努力。

本章小结

1. 在社会保障制度建立之初,社会护理救助是较小的一个组成部分,并没有受到太多的关注;但是随着人口老龄化的加剧,老年人长期护理救助必然会在未来社会发生重要的作用。本章对护理社会救助进行了一个总体性的阐述,包括护理救助的概念、内容和功能。

2. 介绍了美国、德国、日本、英国等几个国家的社会护理救助制度,并对它们的背景、发展、改革以及基本内容进行了描述,展示了几个典型国家在社会护理救助领域的政策措施。

3. 选取我国目前实施老年人护理救助较为典型的上海和大连两市，对这两个市的老年人长期护理服务的补贴标准和实施细则进行了介绍，并提出了对我国建立老年护理救助制度的展望。

思考题

1. 什么是护理社会救助？它有哪些基本功能？
2. 确定救助对象时应该注意哪些问题？
3. 国外护理救助有什么特点？
4. 谈谈你对护理救助的认识，及其在我国有何借鉴意义。

第十章

法律社会救助

学习目的

通过对本章的学习，了解法律社会救助的概念、功能及外国法律社会救助方面的主要内容，掌握我国法律社会救助方面的一些知识。

第一节　法律社会救助概述

一、法律社会救助的概念

法律社会救助在不同的国家有不同的名称。法律救助(Access to Justice)[①]，又称"诉讼救助"(Assistance Judiciaries)，有的学者称之为"诉讼费用豁免制度"(Institution of Exemption from Costs)，或用早先的术语来说称为"穷人规范"(Poor Persons Rules)。[②] 在大陆法系国家中的法国被称为"司法帮助"。在日本被称为"法律扶助"，在英美法系国家被称为"法律帮助"或"法律服务"。[③]

但这里的法律社会救助是社会救助制度中的一种，主要是指法院或政府设立的法律救助机关对于因经济困难无力支付或不能完全支付诉讼费、律师费等法律服务费用的当事人(包括自然人和法人[④])，给予减免收费或其他形式如法律咨询等法律帮助，以保障其法律赋予的权益得以实现的一项社会救助制度。本书所述的法律社会救助制度是一种政府行为，因此，不包括社会团体或个人出于伸张正义或者其他目的施行的法律救助。

---

① 对于"Access to Justice"一词，从其本义来看，译为"便利诉诸司法"更为恰当，此处暂用通说"司法救助"，参见李浩培：《国际民事程序法概论》，法律出版社 1996 年版，第 108 页。

② 李双元、谢石松：《国际民事诉讼法概论》，武汉大学出版社 2001 年版，第 358 页。

③ 徐宏：《国际民事司法协助》，武汉大学出版社 1996 年版，第 97 页。

④ 关于国际司法救助中的法人主体，参见唐新鼓："国际司法救助中的法人主体"，载《中国国际私法与比较法年刊》(第二卷)，法律出版社 1999 年版，第 425～434 页。

二、法律社会救助的内容[①]

(一)实施对象

关于法律社会救助的主体,尽管世界各国的规定不同,但从大体范围上划分主要包括对诉讼自然人救助和诉讼当事人的法人、企业等团体组织的救助。在我国,主要是对经济困难的自然人当事人进行的法律救助;而在日本,作为民事诉讼当事人的法人、企业等团体组织如果有发不起工资等情况,也能作为诉讼救助的对象。

(二)救助条件

关于法律社会救助适用的条件,虽然在世界各国细节上会有一些差异,但是一般而言,一个人是否具备申请并获得法律社会救助的条件包括三个方面:

1. 经济条件

法律社会救助申请人的经济条件是否低到需要法律社会救助的程度,是最基本的条件。在英格兰和威尔士,扣除所得税后年收入在4 705英镑以内的或自由动用的资本在2 500英镑以内的申请人可以获得民事法律救助。而被指控的人,如果接受补助福利或一年收入少于815英镑(已婚者为1 319英镑),或存款不足75英镑(已婚者为120英镑),一经申请,应准予刑事法律救助。但在美国,美国公民享受免费的刑事法律救助的标准通常放得很宽,任何人只要出不起律师费都可以得到刑事法律救助。

2. 案情条件

要考虑申请人胜诉的几率高低,是否值得救助。在新西兰和澳大利亚,包括被告人有合理辩护理由或身体残疾的简易刑事案件在内的许多刑事案件,都属于法律社会救助的范围,其法律社会救助的范围还包括残疾被告人的严重犯罪案件、保释申请和违反假释令的案件,但要求有合理的胜诉的可能。

3. 国籍条件

一般国家都规定,除本国公民外的在境内居住时间超过一定期限的外国人也可以获得法律救助。其他的外国人只有在他们的国家与其居住国签订了有关互助公约的情况下才可以获得该国家的法律救助。

(三)资金来源与管理

从各国法律社会救助资金的筹措渠道来看,各国的法律社会救助资金主要来源于以下几个方面:

1. 政府拨款

法律社会救助是为了保障经济确有困难者平等享受诉讼权及享受其他形式的法律救助的权利,本质上就是一种国家责任。因此,政府作为社会救助的主要承担者,法律社会救助费用应当由政府财政支出。在加拿大,各省的法律社会救助的开支均由联邦政府拨付。在英国,法律社会救助的经费几乎全部来自国家财政部拨付的公共支出资金。

2. 律师信托基金利息收入

美国、加拿大、澳大利亚等英美法系国家和地区将律师管理的信托基金的利息收入作为法律救助经费的一个来源。

---

① 建设社会主义和谐社会视野下的民事司法救助制度[OE/BE]. http://www.jsdo.org/viewnews-940.html.

3. 律师界出资

律师界出资有以下几种途径:(1)由各地法律基金会收取律师在银行设立的信托账户的利息,用其中一部分设立法律救助基金;(2)律师协会会员无论是否从事法律救助工作,均须按年缴纳法律社会救助费;(3)法律救助规章要求律师在办理法律救助案件时所收费用中预扣一定百分比;(4)自愿或强制的义务服务,如美国有些州要求律师每人每年从事一定时间的义务法律救助的工作。

4. 法律社会救助受益人的交费和分担费用

“当事人分担费用”其实是全球通行的举措,英国、加拿大、澳大利亚、荷兰等国均要求法律救助案件的当事人分担一定的诉讼费。

三、法律社会救助的功能

法律社会救助制度既是完善各国社会救助制度的需要,也是保障经济困难人群的人权和确保国家司法程序公正的需要。法律社会救助制度的建立和实施,使有可能动摇“法律面前人人平等”的宪法原则的“制度真空”得以填充。[①]

第一,法律社会救助制度对保障人权具有重要意义。在现代文明社会中,法律社会救助制度是政府保障公民合法诉讼权的一个重要手段。尽管在世界范围内建立法制社会已成为主流,但是由于社会中弱势群体特别是经济困难群体的存在,即使在法制社会中经济困难者诉讼权的实现只依靠宪法和法律的规定也是不够的。法律救助制度作为社会救助制度的一个重要组成部分,给予了公民切实、有保障的接近法院、享受法律服务的途径,使困难群体的基本人权得到维护和实现。

第二,体现法律的平等和公正原则。从动态的角度来看,平等和公正包括起点公平、过程公平和结果公平三个部分。社会弱势群体由于受经济条件等因素的限制,部分当事人不能请求司法保护,从而无法最终实现法律的平等原则,造成了起点的不公平。法律社会救助制度的出现保障了社会弱势群体中的当事人能平等地站在法律面前,通过减、免、缓交有关诉讼费、律师费等费用进入诉讼程序,而且能够获得一定的法律服务和法律咨询,从而平等地行使司法权力,保障了“法律面前人人平等”原则的实现。

第三,完善诉讼程序的重要机制。法律社会救助中的司法救助又被称为诉讼救助。目前包括中国在内的世界各国,实行的是律师有偿服务的市场中介机制,当事人的经济状况与其能否支付服务费用以获得律师的法律帮助具有直接的联系。对于经济困难的当事人,国家通过法律社会救助制度来为其聘请律师进行诉讼,维护其合法权益。由于律师在诉讼程序中扮演着不可或缺的角色,因此法律社会救助制度实现了诉讼程序的公正性,是完善诉讼程序的重要机制。

四、法律社会救助的原则

(一)公平性原则

法律社会救助涉及法律的范畴,因此公平公正性是其基本原则之一。对于穷人、弱者的法律救助,始终是法律社会救助制度的核心内容。为了平等地保护弱势者免于受到因经济原因无法接近和利用司法工具来维护自身利益,法律社会救助制度便应运而生。法律社会救助

---

① 张耕:《中国法律援助制度诞生的前前后后》,中国方正出版社 1998 年版,第 34～36 页。

在保障人权、维护社会弱势群体及经济困难当事人的司法权力等方面都深刻地体现了其公平性的原则。

(二)及时性原则

法律社会救助通过减、免、缓交有关诉讼费、律师费等费用,使经济困难当事人获得与其他有支付能力的人们所享有的平等的法律服务,解决经济困难当事人当前所面临的法律问题,及时保护受救助者的合法权益。

(三)有限性原则

有限性是指对经济困难当事人的救助时效。法律社会救助与生活救助等其他的救助方式不同,不是对当事人的永久性的救助。法律社会救助对经济困难当事人提供的是一种临时性救助,就是针对当时受救助者的法律事件的救助;在司法程序结束后,后续工作由生活救助或其他的社会救助所衔接。

五、法律社会救助的意义

(一)法律社会救助制度是实现社会公平的重要条件

从横向上看,社会公平是指社会中的各项地位平等,包括社会地位、经济地位、政治文化以及人格等层面的平等。但从纵向上看,社会公平包括起点、过程和终点的平等,也就是社会条件、机会和结果的平等。在现实中不存在绝对的社会公平,我们所能做的就是通过社会资源的再分配,使个人的起点及最后的结果之差尽量缩小。机会平等是实现社会公平的关键。法律社会救助制度正是以法律的形式来平衡经济困难者的机会平等。法律社会救助制度体现对弱势群体的保障,为其诉讼权利和其他法律权利的行使营造了一个充分、平等的环境。对贫困者、弱势群体的法律救助、诉讼费用减免作为诉讼权保障基本措施无疑是社会正义的要求。

(二)法律社会救助制度是稳定社会的必要途径

随着经济发展,社会经济发展的不平衡及社会弱势群体的问题凸显,社会矛盾的出现给社会的稳定和谐带来很大的难度,法律救助是法治社会中的一个极富实践性的环节,是连接国家与社会之间的主要桥梁。随着社会的发展,公民进行法律维权活动的各项花费越来越大,经济困难群体接近司法的难度不断加大。当经济困难群体的合法权益受到侵害时,囿于经济条件而无法诉诸法律、无法接近司法,就有可能采取法律之外的非合法手段来解决,从而给社会带来不稳定因素,影响社会的安定。因此,完善的法律社会救助体系使经济困难的群体的合法权益得到法律的有效保障,也是实现司法公正、保障人权的内在要求,更是实现社会稳定的重要条件。

第二节　外国的法律社会救助

法律社会救助在国外有一定的发展历史,早在 1921 年,德意志魏玛共和国就开始了一项政府资助的诉讼费援助计划。此后,英国、荷兰、新西兰、挪威等国分别通过了诉讼费用援助法。在福利国家中,由于消费者、穷人和受歧视者是传统上很少有可能通过诉讼来维持自身权利的群体,因此 20 世纪 60 年代以来法律社会救助制度主要针对这类人群而设立。无论从伦理道德还是从法律角度本身来讲,法律社会救助制度的角色和作用在现代文明社会的发展过程中日益瞩目。

一、日本的法律社会救助制度[①]

日本是建立法律救助制度比较早的国家之一，第二次世界大战后不久就建立了法律救助制度。日本现行的法律社会救助制度分为民事(包括行政)、刑事两大类。民事法律救助制度由《民事法律扶助法》规定；刑事法律救助制度规范体现在《刑事诉讼法》之中，主要是国选辩护人制度。

(一)民事法律救助制度

根据2000年10月制定的《民事法律扶助法》规定，日本法律救助的主管机关为法务省。具体的法律救助事务由"法律扶助协会"负责。该协会是具有独立财团法人资格的专门从事法律救助事务的机构，并在全国设有59个分支机构。其主要职能：一是对受助人的申请进行资格审查，并做出是否给予法律救助的决定；二是每年向法务省提交法律救助经费财政预算的报告；三是筹集和管理社会捐助的法律救助基金；四是向律师协会提供需要法律救助律师的信息。

具体民事法律救助的程序是：当某一案件当事人需要法律救助时，先由当事人向"法律扶助协会"提出申请，经协会审查许可后，由律师协会派出救助律师，再由"法律扶助协会"按规定付救助律师服务费。在具体操作上，先由"法律扶助协会"垫付律师费和诉讼费，如果受救助人胜诉，并在判决书中有胜诉获得的经费，协会就将从其胜诉的经费中扣除垫付的救助费用；如果败诉或者胜诉也没有经费以及确实没有支付能力的，可以得到救助。

(二)刑事法律救助制度

根据《日本宪法》第32条"任何犯罪嫌疑人都有在法院接受审判的权利"的规定，为实现保障基本人权的宪法精神，国民权利的行使和接受审判权利的实现，日本在刑事方面的法律救助主要实行国选辩护人制度。对于国选辩护人所需经费没有一定的限制，即凡是符合受救助条件的，政府都免费提供法律救助，实际需要多少经费政府就拨多少经费。

(三)实施范围和内容

1. 法律救助的范围

在日本，能够得到法律救助的主要是每月收入在25万日元以下的人员和残疾人员，同时也考虑其他实际困难。此外还要看打官司的理由，如果是为了宣传公司的权势，则不在受救助范围。只有是为了维护自身合法权益的事项并确有实际困难的，才能适用法律救助制度。不过在日本，人们普遍不愿意打官司，"和为贵"的意识很强，同时也不愿意浪费时间和精力，加之请律师的费用较高，所以申请法律救助的案件并不多。

2. 法律社会救助的内容

法律社会救助的内容包括法律咨询、文书制作、调解谈话、诉讼代理(包括调解、审判、非讼程序)、刑事辩护、少年看护和其他需要律师救助的法律程序的有关法律救助费用。对于经济利益价格在50万日元以下的小额案件，也可以给予法律救助。法律救助对象是民事案件、刑事案件、行政案件、家庭案件、少年案件以及需要律师救助的其他法律事务。

(四)经费来源及律师来源

1. 经费来源

经费来源主要有两个渠道：一是由国家财政拨款，这是经费的主要来源。由法律救助协

---

① 李艳："完善我国司法救助制度的几点建议——与日本司法救助制度的比较"，载《河南省政法管理干部学院学报》，2006年第2期。

会每年向法务省提出预算，经法务省审查批准后，列入国家财政支出计划（2001 年日本政府民事法律救助经费为 217 500 万日元）。二是社会捐赠，这部分经费来源较少。2001 年日本政府民事法律救助经费 25.75 亿日元，占当年财政预算支出总额的 0.03%。刑事法律救助经费都是由政府提供，实际需要多少经费政府就拨多少经费。2001 年日本的刑事法律救助经费为 66.28 亿日元，占当年财政预算支出总额的 0.08%。法律救助经费每年由法律救助协会向法务省提出预算申请，经法务省审查批准后，列入国家财政支出计划。

2. 律师来源

日本的法律社会救助律师的来源采取由律师个人向律师协会自愿申报，经该协会选拔登录才能成为法律救助律师，承办法律救助案件。日本全国经登录的法律救助律师不属于国家公务员。

(五)救助经费支付

法律社会救助经费的种类分为全部救助经费、部分救助经费和追加救助经费（即决定救助后，因保全费、鉴定费、执行费等另需审判费用的，可以再申请追加救助的必要经费）三种。对受救助人适用哪一类的救助，由协会的审查委员会根据受救助人的经济状况、当地的生活标准、案件中涉及的经济利益和协会的有关规则来决定。在诉讼结果受救助人获得利益的情况下，根据协会规则的规定，支部审查委员会可以要求其返回已经获得的全部或部分经费。

二、英国的法律社会救助制度

英国是世界上法律社会救助制度最为完善的国家之一。早在 1424 年，苏格兰的一项法规创立了穷人登记册，在册者提出诉讼可免费得到法律顾问或代理人的帮助。英格兰自 1945 年起即承认穷人享有以其身份免付诉讼费的权利。高等法院和上诉法院依据《最高法院章程》对不能支付民事诉讼费用的人给予法律帮助。到了 1903 年，英格兰对刑事案件请求辩护人帮助的问题做了专门规定。现代英国法律救助制度是根据 1949 年的《法律援助和法律咨询法》形成的。律师公会和苏格兰律师公会予以配合，可获得法律社会救助的法院的范围已大大扩展。

在英国，法律社会救助制度的建立是基于政府有义务确保公平正义的司法程序、保障公民的合法利益的公正原则。它实行的是“个人司法”模式，认为法律社会救助是一种司法权力，一种给予公民保障其私人利益的权利，它残留有传统法律救助的许多特点。“个人司法”模式强调由个人维护自己的权利，个人向律师询问有关法律问题，律师费用由政府支付。为了公平而有效地开支公共基金，在给予法律救助之前要进行个人经济状况和案情两项调查。如果经济上符合条件，在理论上就可以获得免费律师帮助。

(一)救助活动及救助对象

在英国，法律救助一般包括三种活动：法律咨询、民事诉讼法律救助和刑事诉讼法律救助，而后者在数量上和使用范围上占有绝对地位。根据案情本身不同的性质，需要法律救助的人可以提出不同类型的救助申请，且法律对不同类型的申请人的要求各不相同。申请人经审查合格，即成为法律救助的对象。

1. 法律咨询

法律咨询是在诉讼之前，对当事人进行“经济”审查后予以的免费服务，适用于民事案件和刑事案件。审查标准取决于被咨询者是否申报了个人及家庭财产状况和是否无能力工作，以及那些纯收入是否每周不超过 75 英镑，可处置资产（除去他的家庭成员）是否不超过 1 000 英镑。

法律咨询和辅助的业务包括提供口头或书面建议、起草遗嘱、准备离婚申请、书写信函、准备参加劳资法庭案件。刑事案件，被告人被逮捕后，他可以就其案件进行咨询，了解应适用的法律和应采取的措施。被告人甚至可以请求律师帮助他申请保释或者其他法律社会救助。

2. 民事诉讼法律救助

除诽谤纠纷以外，绝大部分民事诉讼案件可以申请法律社会救助。首先由卫生和社会保障部审查申请人的经济状况，经济标准每年参照通货膨胀率动态调整。根据1995年的限定标准，只有年收入低于7 187英镑（人身伤害的为7 920英镑），才有资格申请民事法律救助；而年收入在2 425英镑到7 187英镑之间，在接受法律社会救助期间，每月应将其年收入超过2 425英镑的1/36捐献给法律救助委员会。此外，法律还规定，有资格申请民事法律救助的人，其可处置资产应低于6 750英镑（人身伤害为8 560英镑）；而可处置资产在3 000英镑至6 750英镑之间的人，还应将超过3 000英镑的可处置资产额捐献给法律救助机构。符合经济审查条件者，再由法律社会救助署（由律师公会设立）审查"案情"，即诉讼之理由充分的，方给予法律社会救助。申请人通过"经济"和"案情"两项审查，可得到免费法律救助证书或支付部分费用的法律救助证书。获得法律救助证书后，申请人即可从律师公会的律师名单中选择一名诉状律师或代理人。此后，被选律师可开展诉讼。如果胜诉，对方承担诉讼费用，援助对象可拿回预交的部分费用；如果败诉，他就得支付全部或部分诉讼费用。

3. 刑事诉讼法律救助

刑事诉讼法律救助适用于诉讼程序开始后的被告人，包括一审程序和上诉程序。刑事案件适用法律社会救助分两种情形：一种是必须给予的法律社会救助，即只要申请人（即被告人）提出法律社会救助的申请，法院应该给予法律社会救助，而不得拒绝，这主要是严重的刑事案件，如谋杀罪。英国法律规定，只要被告人因谋杀罪而被提起控诉，无论申请理由是否充分，都必须给予法律社会救助。其他的还有被告人向上议院提起上诉的案件等。另一种是法律根据被告人的"经济"状况和"案情"而酌情给予法律社会救助。这类案件一般罪行较轻，只有被告人可能会因诉讼而失业，丧失名誉或自由时，法院才给予法律社会救助。而对经济的审查，按照1995年的财产限额是：平均周薪在47英镑以下的人，可以免费给予法律社会救助。平均周薪在47英镑以上的，在接受救助期间，应捐献超过部分的1/3。同时，法律还规定了资产限额。可处置资产在3 000英镑以下的人，可给予免费法律社会救助；可处置资产超过3 000英镑的人，如果他申请刑事法律社会救助，应当将可处置资产额中超过3 000英镑的部分，捐献给法律社会救助机构。如果被告人已享有领取社会福利基金的资格，可免除"经济"审查。刑事诉讼法律救助，被告人可向法院直接申请而不需申请律师；法院在审查被告人的情况后认定为符合条件者，给予法律救助证书，被告人据此有权免费获得指定的诉状律师或辩护人的法律社会救助。

（二）法律社会救助者

法律社会救助者是受救助主管机关的指派，为法律救助对象提供法律帮助的人。在不同的法律社会救助中，救助者具有不同的作用与法律地位，即以法律意见提供者的身份实施法律救助、以诉讼代理人的身份参加诉讼。法律社会救助者必须受过专门的法律训练、熟悉法律业务，且必须取得法律救助委员会和法院的认定；在参加法律救助实践之前，他们应该得到主管机关的指派，并接受主管机关的监督。一旦接受指派，救助者就负有为救助对象提供法律救助的义务。在收费方面，救助者的救助行为并非无偿的，而是按照计时和计件两个标准收取报酬，并且对不同的救助者等级、救助行为相应的法院级别规定了不同的收费标准。虽然救助者有时无法从救助对象处收取全额费用，但可以从法律社会救助基金中获得补偿。当然，他们所获得的报酬水平有时只是象征性的。

(三)救助机构和救助基金

1. 法律社会救助机构

在英国，法律社会救助机构的设置有两类：一是代表各级政府的法律救助管理型机构，如英国法律救助委员会，总部设在伦敦的红狮子街，下设若干法律救助地区办公室，其职能主要是针对法律救助工作进行规划、管理和指导，包括确认法律救助的申请及决定法律救助议案的总量等；二是地方法律救助实施机构，如各类律师事务所。但并非所有的律师事务所都接受法律社会救助申请，只有官办律师事务所（如伦敦的难民事务法律中心）、慈善性质的事务所（如移民事务咨询中心）和一些地方上的小律师事务所可受理法律社会救助申请，而私人事务所则不能接受；法律社会救助活动由律师公会负责。

2. 法律社会救助基金

法律社会救助基金是法律救助委员会筹集的，专门用于法律救助活动的基金。法律救助基金主要通过三条途径筹集：

(1)国家拨款。英国 1988 年《法律救助法》第六条规定："法律救助委员会应建立并维持一笔独立的法律救助基金。"政府设有专门法律社会救助基金，专门用以支付提供法律服务的救助人的报酬。法律社会救助基金是英国财政预算项目中唯一不封顶的"开放性预算"。该项基金由律师公会管理，大法官监督。为了全面了解和掌握救助基金的使用情况，大法官要求法律救助委员会在每一个财政年度末（即每年的 3 月 31 日，英国的财政年度是当年的 4 月 1 日至次年的 3 月 31 日）提交一份财政报告。财政报告由法律救助委员会制作完成，但所有账目须经大法官任命的审计师来审计。审计师对法律救助委员会提交的年度财务报告审查后，会根据审查的结果写出一份书面意见，并连同年度财务报告的复印件一同递交给大法官。大法官应将审计完毕的财务报告（连同审计报告）的复印件分别递交总会计师、总审计师和议会上下两院。

(2)社会捐款。法律社会救助作为一项社会公益事业，每一个社会成员都可以向法律救助委员会捐助法律社会救助基金，用于发展法律社会救助事业。委员会可以按照捐助人的意愿管理和利用这笔捐助金。社会捐款已成为法律救助组织筹集法律社会救助基金的一条重要渠道。

(3)受助人捐献。如果受助人的收入和可处理资产额符合法律要求，他在获得国家所给予的法律社会救助之外，应依法向法律救助组织捐献法定数额的金钱或者资产，作为接受救助的一个条件。

(四)救助的运作程序

法律社会救助一般是由当事人（或他的监护人）申请而提起；法院有时也会主动行使职权，决定给某些人提供法律救助，但这只是一种例外情况。通常情况下，法律社会救助开始于当事人的正式申请。申请的形式可以是书面的，也可以是口头的。采取书面形式申请法律社会救助，申请人应当填写一份由法院提供的表格式申请书。其内容包括：申请人的自然状况和财产状况、案情介绍、受理法院及诉讼程序、申请理由和求助内容。采取口头形式的，申请人也需要将申请书中所要求的各项内容提供给被申请的法院，以备法院审查。

法院接到申请后，将对申请的有效性进行审查，以决定是否为申请人制作法律救助令，审查包括"经济"审查和"案情"审查。一个人获得法律救助的条件是他拥有的可处置的收入和资产少于规定的数额，而且要证明他的案件表面上证据确凿。符合条件的当事人就可以获得法律救助证书，随后自己可以在律师公会中选择律师（包括诉状律师和大律师）。如果法院发现申请人的申报不实，则可能撤销法律救助证书，甚至可能对申请人处以罚款或监禁。法律救助的申请方法并不复杂。

三、德国的法律社会救助

德国法律社会救助制度的起源，可以追溯到19世纪。当时，诸如贸易组织、教会等向其成员及社会提供了有限度的法律意见和咨询，后来，政府机关和一些公共单位也参与进来，但并不起主要作用。这一时期的法律社会救助主要是慈善性质的。随着经济社会的发展和人权运动的兴起，"穷人的法律"作为原则性条文被固定于有关的程序法典中，法律社会救助开始演化为国家的责任和公民的权利。

目前，德国法律社会救助体系包括司法部成立的法律权利委员会，地区律师协会提供的免费法律救助，政府在大城市设立的集中咨询中心，社会团体协会提供的法律救助等。法律社会救助分为法律咨询救助和法律救助两个类型。法律咨询救助是指需要帮助的人们获得的法律咨询及庭外代理救助，主要规定于《为低收入公民提供法律咨询和代理法》；法律救助则是指需要帮助的人们获得的出庭代理等服务，散见于与法律救助有关的法律条款。

（一）实施对象

如果当事人的经济状况无法支付必要的费用，且没有其他获得帮助的可能性（例如，获得租户协会或者工会提供的法律开支保险咨询），就可以获得程序救助，包括法律咨询救助和法律救助。1980年修改的《诉讼费用救助法》规定，按照申请人的收入额和财产额衡量能否享有法律社会救助的权利，收入额在标准线以下的，给予全部的费用救助；标准线以上的，而又未超过一定限度的，给予部分费用救助，即准许分期缴纳诉讼费用，但以48个月为限。

（二）救助内容

1. 民事法律救助事项（包括劳动法、宪法和社会法等事项）

所有类型的民事纠纷程序、无争议的裁决程序以及有关劳动、行政、社会和财政的诉讼程序都符合法律社会救助范围。当某些事项涉及国外法律的适用时，如果有事实证明该事项与国内有关，也可给予法律咨询救助。财政法事项不能获得法律咨询救助。

2. 刑事法律救助事项

关于刑事诉讼中的被告人，强制辩护的有关条款中有明确的规定，如前所述。义务咨询人员可由犯罪嫌疑人自己挑选或者在有指定律师辩护的情况下由法庭指定，但是对适用简单程序的刑事案件法律未要求律师参与。刑事诉讼中的被告人、破产程序中的债务人不能获得法律社会救助；但破产程序中的债务人可以缓交有关的程序费用。

（三）救助程序

符合法律咨询救助或者法律救助条件的申请人，可以从地方法院、律师那里获取申请表。申请时，附上能够真实说明收入情况的材料，例如工资条，自由职业者需提交最近的税单。如果申请的是法律咨询救助，可以向与他有关的主要地点（住所地）的地方法院提出申请，即诉讼正在进行或者即将进行的法院，由该法院对申请进行审查，并决定是否给予法律社会救助。如果申请人在德国国内没有主要地点，应向产生法律咨询救助需要的那个地区的地方法院提出申请。在不来梅和汉堡两地，法律咨询救助由公共法律咨询机构提供。如果有可能直接从某位律师那里获得法律咨询救助，则应向地方法院随即提出有关申请。

(四)救助费用

德国的法定法律费用计划决定律师代理当事人进行的与法院有关的一切活动的费用,其中包括法律社会救助的费用。法定法律费用计划由任何与法院相关的活动的各个单元相加得出,例如可将一宗诉讼案件分为四个单元:律师撰写诉状、进行法庭辩护、出示证据、在法院的主持下达成调解或最终判决。若因对方未出庭而结束的诉讼案件可能由两个单元组成,在举证后变成三个单元,加上和解或判决为四个单元。基本单元的费用由法院决定,在刑事案件中因案件的复杂性和被告的经济状况而异;在民事案件中因争议的标的价值而异。由于费用计划非常复杂,且缺乏灵活性,律师大多通过与当事人签订合同协商咨询费来规避。

在获得法律社会救助的案件中,诉讼费用都由国家财政负担,当事人主张权利时发生的不必要的开支除外。律师可以向他提供法律咨询救助的当事人收取 10 欧元,也可以根据当事人经济状况予以免除。如果申请人完全符合法律社会救助条件,他就不用负担其余的费用。有关变更费用的协议无效,律师可以从国家财政获得其余的费用补偿,接受法律社会救助者不负担其他费用。

四、美国的法律社会救助制度

1876 年在纽约设立了美国第一个法律救助协会,经过 100 多年的发展,法律社会救助制度已成为美国社会救助制度的一项重要组成部分。

(一)发展过程

美国的法律社会救助最早是从纽约律师的慈善行为开始的。律师们认为要保证实质上的司法公正,保证国家法律制度的良好运行,穷人和富人一样需要平等的法律保护。到了 20 世纪中叶,美国出现了两种不同类型的法律社会救助组织:一种是法律救助“自愿者”委员会,另一种是由律师事务所直接为当事人提供法律救助,其特点是所需费用很低,费用通常由律师协会承担。这一阶段强调通过法律救助,揭示穷人的法律问题,唤起社会对穷人法律需求的关注,法律对穷人也应当是公平和正义的。1910 年,美国成立的第一家专门为刑事犯罪被告提供法律社会救助的公共辩护者机构,主要由政府出钱,但进展不快。之后法律社会救助与美国的民权运动结合,把法律社会救助当作推进民权的重要内容,运用诉讼来实行广泛的社会变革并取得了很大的成功。到 20 世纪 60 年代,法律社会救助制度有了巨大发展,政府积极参与。法律救助的目的发展为实现社会正义,法律救助的内容包括教育服务、雇佣咨询服务、对个人和家庭有关的服务和法律服务。因此美国的法律社会救助定性为:以实现社会正义为目的,向穷人无偿提供的以法律服务为主的多种服务。

(二)救助范围

具体来说,美国法律社会救助的范围是:一是所有刑事案件,其中包括被警察拘留的一般治安案件;二是部分民事案件,如妇女在家庭中受侵害;三是青少年案件,包括民事和刑事案件,如儿童起诉父母等;四是一些行政案件,主要是个人起诉政府的福利待遇的案件。实际执行中由于经费的制约,有不少民事案件无力提供法律救助,对受政府资助的法律救助,政府也进行限制。

(三)救助机构

美国的法律社会救助机构分为两类:一是专门的救助机构,属民间组织。这种机构很多,大多得到政府的资助,有的规模很大,如纽约法律救助协会有 800 多名专职公益律师,专门从事法律救助工作;还有一些机构规模不大,只有 10 多名专职律师,但所从事的法律救助很有特色，例如，纽约家庭庇护所的妇女法律救助中心为移民妇女的服务，美国妇女基金会以法律救助方式，通过诉讼提高妇女的整体权利等。这类法律救助机构由个人、社会团体设立，政府给予资金，有关人员虽然一定程度上从政府拿钱，但不是政府的雇员，仍是独立的机构，自主地从事法律救助工作，当然政府通过拨款对法律救助机构有所制约。二是私人律师事务所，一般是接到救助要求后，由事务所的行政人员征求有关律师的意见，有律师愿意承担的，事务所就为此案件提供相关费用，这对律师不是强制的，但律师协会和律师都认为应当为穷人奉献一定的时间，提供服务。

(四)资金来源和人员

美国的法律社会救助经费主要有以下两个方面：一是政府拨款，这是主要的，约占救助机构预算的80%，其中又分为联邦提供的资金和州提供的资金；二是组织或个人捐款，同时律师也有奉献，表现为公益律师较私人律师收入要少得多。政府资金主要用于刑事案件的法律救助，而民事案件主要靠私人经费进行救助。

(五)救助特点

(1)美国法律救助的特点之一，是成立专门的公益律师组织，承担法律救助任务，而不是将某个案件交给律师，然后支付费用。

(2)美国法律社会救助人员也具有多样性：一是律师(主要是公益律师)；二是法学院的学生；三是社会工作者。律师是主体，法学院学生为律师从事辅助性工作，如咨询，收集有关资料等。学生在为律师工作前也要进行必要的培训。社会工作者从事非诉讼的法律社会救助事项，如心理治疗、家庭关系的处理等与法律社会救助相关的工作。

(3)美国法律社会救助工作中的一项重要内容是保护贫穷妇女和儿童的合法权利。由于社会上存在着性别歧视，妇女急需法律社会救助，而且因为在不少家庭中存在着严重的家庭暴力，受害妇女在寻求法律保护时会受到丈夫的人身伤害，所以非常需要建立家庭庇护所。

(4)美国的法律社会救助工作在很大程度上受一个独特的观念支配，认为救助工作应该是整体的反贫困运动的一部分。从这样的宏观角度来定位法律社会救助工作，可以促使人们从更加广阔的视角来看待社会弱势群体的权利保障与实现问题，在某种程度上可以避免个案救助工作的局限。法律社会救助项目同时也注重改善穷人的整体法律环境，救助工作还涉及从穷人的利益出发，以各种形式向各级立法机关传输专业意见、争取从整体的法律环境层面改善穷人的生活状况。倡导法律改革，有意识地把法律当作社会改革的重要工具。

第三节　我国的法律社会救助

一、法律社会救助概况①

我国的法律社会救助体系中包括司法救助和法律援助两个方面。法律社会救助在我国受到关注，实际上是在十一届三中全会后开始的。1984年，最高人民法院颁布的《民事诉讼收费办法(试行)》中有了关于案件免交、缓交和减交的规定，这实际上是新中国最早的司法

① “法治中国30年：司法救助 让贫弱者跨过通向正义之槛”，[OE/BE]. http://www.law-star.com/cacnew/200808/190021347.html.

救助。

1996年3月17日通过的《中华人民共和国刑事诉讼法》第三十四条规定："公诉人出庭公诉的案件，被告人因经济困难或者其他原因没有委托辩护人的，人民法院可以指定承担法律援助义务的律师为其提供辩护。被告人是盲、聋、哑或者未成年人而没有委托辩护人的，人民法院应当指定承担法律援助义务的律师为其提供辩护。被告人可能被判处死刑而没有委托辩护人的，人民法院应当指定承担法律援助义务的律师为其提供辩护。"这是在我国立法史上，首次将"法律援助"明确写入法律，是我国法律援助制度建设的一个重要里程碑。

1999年，最高人民法院出台的《〈人民法院诉讼收费办法〉补充规定》第四条第二款正式提出了"司法救助"的概念。2000年7月，最高人民法院颁布了《关于对经济确有困难的当事人提供司法救助的规定》，对我国的司法救助制度做了初步系统的规定。这一规定的颁布实施，标志着我国司法救助制度的确立。2005年4月，最高人民法院重新修订了这一规定，明确14类当事人可以向人民法院申请司法救助。根据修订后的规定，司法救助是指人民法院对于当事人为维护自己的合法权益，向人民法院提起民事、行政诉讼，但经济确有困难的，实行诉讼费用的缓交、减交和免交。

2005年9月，最高人民法院、司法部印发了《关于民事诉讼法律援助工作的规定》，最高人民法院、最高人民检察院、公安部、司法部印发了《关于刑事诉讼法律援助工作的规定》。这两个规定基本解决了法律援助与司法救助之间的衔接问题，经济确有困难的当事人既可以方便地得到诉讼费的缓、减、免，又可以方便地得到免费律师服务。在全国范围内展开了全面的司法救助工作，在树立法律威严，维护司法公正，保障公民权利，保持社会稳定上产生了积极而重大的作用。但是，随着经济的发展，社会事物的复杂多样，司法救助工作在实践中也出现了一些有待于进一步解决的问题。

2007年4月1日，国务院制定的《诉讼费用缴纳办法》正式实施。该办法第六章专章规定了司法救助的主体、条件等内容，其中对缓、减、免诉讼费用分别规定了具体的适用情形。按照此办法第四十四条的规定："司法救助是指人民法院对于民事、行政案件中有充分理由证明自己合法权益受到侵害但经济确有困难的当事人，实行诉讼费用的缓交、减交、免交。"随着新的《诉讼费用缴纳办法》的实施，人们对法律社会救助又有了更进一步的认识。

由于我国的法律社会救助体系包括司法救助和法律援助两个方面，所以下面就我国的司法救助和法律援助分别介绍。

二、法律社会救助的内容

(一)司法救助

1. 司法救助的适用主体

申请司法救助，符合下列情形之一的，人民法院应当准予免、减、缓交诉讼费用：(1)追索赡养费、扶养费、抚育费、抚恤金的；(2)孤寡老人、孤儿和农村"五保户"；(3)没有固定生活来源的残疾人、患有严重疾病的人；(4)国家规定的优抚、安置对象；(5)追索社会保险金、劳动报酬和经济补偿金的；(6)交通事故、医疗事故、工伤事故、产品质量事故或者其他人身伤害事故的受伤人，请求赔偿的；(7)因见义勇为或为保护社会公共利益致使自己合法权益受到损伤，本人或者近亲属请求赔偿或经济补偿的；(8)进城务工人员追索劳动报酬或其他合法权益受到侵害而请求赔偿的；(9)正在享受城市居民最低生活保障、农村特困户救济或者领取失业保险金，无其他收入的；(10)因自然灾害等不可抗力造成生活困难，正在接受社会救济，或者家庭生产经营难以为继的;(11)起诉行政机关违法要求农民履行义务的;(12)正在接受有关部门法律援助的;(13)当事人为社会福利机构、敬老院、优抚医院、精神病院、SOS儿童村、社会救助站、特殊教育机构等社会公共福利单位的;(14)其他情形确实需要司法救助的。

2. 司法救助的适用条件

申请法律社会救助必须具备两个条件:一是当事人的合法权益受到了侵害,二是当事人经济上确有困难,难以承担部分或全部诉讼费用。在当事人申请司法救助所需符合的经济条件方面,《关于对经济确有困难的当事人提供司法救助的规定》第二条规定是"经济确有困难",该规定第四条规定:"当事人请求司法救助的,应在起诉或上诉时提交书面申请和足以证明其确有经济困难的证明材料;因生活困难或者追索基本生活费用申请司法救助的,应当提供本人及其家庭经济状况符合当地民政、劳动和社会保障等部门规定的公民经济困难标准的证明。"

3. 司法救助费用的负担

从理论上讲,在现代法治国家,当事人依法获得司法保护是一项宪法性权利,而保证经济确有困难者也能平等地利用司法程序在本质上是一种国家责任。因此,司法救助费用应当由政府财政支出,政府应当成立司法救助专项基金,而不应由实施救助的法院来承担,这种做法是现代各国的通例。据统计,2014年、2015年中央财政和地方财政安排的国家司法救助资金总额分别达到24.7亿元和29.49亿元;2014年,全国共有8万余名当事人得到司法救助①。

(二)法律援助制度

法律援助是一项法律社会救助制度,是国家为贫弱者、残疾人等提供减费、免费的法律帮助,以保障其合法权益的社会公益性法律制度。中国法律援助制度产生于1994年初由司法部首次公开提出建立中国司法法律援助制度的设想,并陆续在北京、上海、广州、青岛等城市开始设立法律援助制度的试点,日益成为帮助弱者解决法律纠纷、呼唤正义的重要力量。

1. 法律援助的适用主体

接受法律援助的主体有三种:因经济困难或者其他原因没有委托辩护人的;盲、聋、哑或者未成年人而没有委托辩护人的;可能被判处死刑而没有委托辩护人的。

2. 法律援助的形式

提供法律援助的形式主要有:(1)解答法律咨询和代拟法律文书;(2)参与刑事辩护和刑事代理,参与刑事附带民事诉讼和代理;(3)参与民事诉讼和行政诉讼(为公民)代理;(4)提供非诉讼法律事务代理;(5)作公证证明;(6)其他形式的法律服务。此外,人民法院还以提供法律援助的方式,对符合法定条件的当事人缓、减、免收诉讼费。

3. 法律援助资金的来源

法律援助资金的来源有三种:一是政府财政拨款;二是法律援助基金,即接受国内社会各界和国外、境外各界的赞助和捐助;三是专项提取,即从律师管理费或者公证管理费中适当提取。

4. 法律援助的实施主体

中国法律援助的三个专业实施主体是律师、公证员、基层法律工作者。律师主要提供诉讼法律援助(包括刑事辩护、刑事代理和民事诉讼代理等)和非诉讼法律援助;公证员主要提

① 新华网.最高法:建立统一的国家司法救助机制[EB/OL].2016－09－18. http://www.xinhuanet.com/legal/2016－09/18/c_1119579077.html.

供公证事项的法律援助;基层法律工作者主要提供法律咨询、代书、普通非诉讼事项的帮助等简易法律援助。

5. 法律援助基金管理

法律援助基金由法律援助机构的办公室统一管理收支。目前,中国律师承担法律援助的义务主要有:(1)法律援助机构的公设律师专门从事法律援助工作;(2)规定律师每年完成一定数量的法律援助工作量;(3)律师事务所向当事人减免收费,同时给承办律师一定补偿;(4)律师每年向法律援助机构缴纳一定数量法律援助基金。

中国的法律援助制度尚处于建立阶段。作为一项重要的法律社会救助制度,其不断的发展和完善必将为实现依法治国、保障公民的基本人权和促进社会稳定发挥重要的作用。

三、司法救助与法律援助的比较

虽然司法救助与法律援助都是法律社会救助体系的内容,但我国的司法救助和法律援助是两个不同的概念,二者的差别性主要表现在以下几点:

1. 适用范围不同。司法救助仅适用于民事、行政案件的诉讼救助;而法律援助的适用范围会更大,不仅包括民事、行政案件的诉讼救助,还可适用于刑事案件。

2. 制度内容和形式不同。司法救助就目前法律规定仅是实行诉讼费用的缓、减、免;而法律援助为了保障经济困难的公民获得必要的法律服务,符合条件的公民可以获得法律咨询、代理、刑事辩护等无偿法律服务,形式较司法救助更加多样化。

3. 经费来源不同。司法救助带来的只是法院诉讼费用的减少,由法院以优惠的方式向当事人提供司法服务;而《法律援助条例》则规定法律援助是政府的责任,县级以上人民政府应当采取积极措施推动法律援助工作,为法律援助提供财政支持,保障法律援助事业与经济、社会协调发展。法律援助经费应当专款专用,接受财政、审计部门的监督。

4. 实施主体不同。司法救助只能由法院实施;而法律援助则需要组建专门的机构来实施,并由当地的司法行政机构进行监督,同时当地的律协还有必要的协助义务。参与其中的主体涉及律师、公证员等法律工作者和志愿人员。

5. 接受主体不同。司法救助的接受主体就是“有充分理由证明自己合法权益受到侵害但经济确有困难的当事人”;而法律援助的主体是“经济困难或有特殊案件的当事人”,很明显后者主体范围较大。

四、法律社会救助制度存在的问题

(一)观念认识上存在偏差

法律社会救助制度是对平等保护原则的制度化的阐释。要落实平等保护,需要人们建立起对平等的信仰。法律社会救助制度不仅是对平等的法律信仰的推崇,更是这种法律信仰的体现。然而,中国自古而来的并没有这种平等的观念,所谓“扶危济困”,从观念的本质上是存在“瑕疵”的。而这种传统的扶贫对现阶段的法律社会救助制度的操作有着相当的影响,不少法官未能充分认识法律社会救助是对公平、正义等理念的信仰与弘扬,实施法律社会救助时在心态上存在偏差,往往以一种高姿态俯视贫弱群体,未能充分认识到法律社会救助工作应该树立一种和谐、公平理念。法律社会救助的根本应定位于服务,救助人必须以平等的身份、态度、思想去提供司法服务,而且应当认为这是自己对社会应尽的义务。从努力构建和谐社会的有效途径出发,我们应从观念上调整对法律社会救助制度的认识,让那些经济困难者同那些富裕的公民一样，平等地进入诉讼程序，平等地行使诉权，通过诉讼来保障自己的合法权利不受非法侵害。

(二)救助制度不完善

第一，法律社会救助制度中的标准不具体、不规范。法律社会救助的对象主要是经济上的“贫弱群体”——“确有困难”的当事人。经济困难这一概念比较模糊，在实践中操作起来也很困难，对“经济困难”的审查往往带有一定的随意性。法律社会救助的目的是让那些合法权益受到侵犯但确有经济困难的当事人打得起官司。但在实施救助的同时，应当避免冒用司法救助之名，随意减、缓、免当事人的诉讼费用，造成国家财产的流失。

第二，法律社会救助的外部配合保障机制不尽完善。主要体现在两个方面：一方面，诉讼费从根本上说是属于国有财产，在实行“收支两条线”后，均需全部上缴国库。但在实际中，在许多地方，特别是经济欠发达地区，地方财政对法院的经费划拨通常是按照该法院上缴当地财政的诉讼费总额按一定比例返拨或划拨。因此，在这种情况下，法院收取诉讼费的多少直接影响了法院的经费，对法院建设、司法条件的改善都有一定的影响，难免在一定程度上影响了法院开展法律社会救助的积极性。

另一方面，司法救助与法律援助制度配合不够。司法救助与法律援助关系密切，相互影响、相互促进。法律援助的好坏，也直接影响到法律社会救助制度的效果。但从实践来看，两者的配合远远不够。虽然最高人民法院与司法部有一个《关于民事法律援助工作若干问题的联合通知》，对两者的衔接作了一些规定，但仍存在两个主要问题：两者的条件、范围不尽相同，使《关于对经济确有困难的当事人提供司法救助的规定》第四条难以落到实处；许多规定过于原则，不好操作。因此在实践中，法律社会救助的效果并不理想。

(三)运作管理不规范

法律社会救助运作管理中存在以下几种问题：

1. 法律社会救助门槛被随意提高。这一问题与法院自身利益是分不开的。法律救助需要消耗诉讼成本，这种成本现在是由法院自身承担的，而法院作为非营利机构，其本身的工作运转是靠国家财政拨款，但许多法院，特别是基层法院的经费本身就很难保障。而财政拨给的“业务补助经费”与诉讼费的收入又有密切关系，减、免诉讼费用造成法院收取诉讼费用的减少，又直接影响到法院经费问题。特别是在新的《诉讼费缴纳办法》实施后，诉讼费的收取相对就更少了。因此法院从自身角度出发是不愿意普遍施行诉讼费用减免的，加上法律对司法救助赋予了法院可自由裁量的空间，为保证法院工作的正常运转，许多法院不得不在可裁量的合法情况下提高救助门槛，使得本应得到救助的当事人失去被救助的机会。

2. 法律社会救助权利被滥用。(1)法律社会救助被当作“人情救助”被滥用。实践中，有些地方司法机关为照顾关系，将救助当作人情，对于一些并不符合法律社会救助条件的当事人，予以法律救助，造成国家财产的流失。(2)法律社会救助被当作地方保护的工具。有些地方存在着只对本地当事人实施法律社会救助，忽略外地当事人的救助需求，即使是完全符合条件的外地当事人也无法通过法律获得法律救助，严重影响了法院的庄严性。(3)不符合救助条件的当事人滥用法律社会救助权利。有的当事人通过某些非正当手段取得证明经济困难的材料，由于法律缺乏审查标准与具体实施规定而骗取救助，或者通过上访、闹访等手段使得地方行政机构出面干涉法律社会救助，迫使法院同意减免诉讼费用，助长了社会不良风气[1]。

3. 法律社会救助区域差距较大。在经济较发达的地区，法律社会救助的范围较宽，救助的标准也相对较高，企业符合社会法律救助条件的也会予以救助。而在不发达和欠发达的地区，由于经济的制约，对法律社会救助的要求较严，大多只针对当地生活在最低生活标准的困难当事人。相同情况，在不发达和欠发达地区得不到法律救助的当事人在经济较发达地区能够得到救助。这与我国区域经济发展不平衡关系密切。

4. 从事法律社会救助的人才短缺。随着我国改革开放的不断深入和依法治国方略的不断推进，社会成员的整体法律意识不断提高，对法律社会救助工作的需求量不断扩大，法律社会救助的业务范围也会越来越广。特别是我国加入 WTO 之后，涉外法律事业的增多，全国法律社会救助队伍的数量远远不能满足社会各个方面的需要，尤其是那些高层次的法律社会救助工作者，更是人才奇缺，供求矛盾更加突出。一方面是大量需要法律社会救助的社会弱势群体得不到及时有效的法律救助，另一方面是现有的法律社会救助工作者不堪重负。

本章小结

1. 阐述了法律社会救助的概念、内容、功能原则和意义。
2. 介绍了国外法律社会救助发展状况，尤其是典型国家的法律社会救助制度。
3. 具体分析了我国法律社会救助制度的状况以及存在的问题等。

思考题

1. 概括介绍法律社会救助制度的概念、内容、功能、原则和意义。
2. 比较中外法律社会救助制度的异同。
3. 概述我国法律社会救助制度的现状和发展趋势。
4. 比较我国司法救助和法律援助的不同点。

---

① 张宝华："完善我国司法救助制度"，载《人民法院报》，2004 年 4 月 3 日第三版。

社会福利篇

第十一章
社会福利的理论基础

学习目的

通过本章的学习，掌握社会福利的一些理论和思想，了解这些理论和思想对社会福利制度的完善和发展起到了较大促进作用。

第一节　公平与效率的均衡理论

一、公平与效率的内涵和外延

(一)公平与效率的定义

公平并不是纯经济学概念，它具有伦理学的意义。它包括两方面的含义：一是横向公平，即对同等经济地位的人实行同等待遇，这是经济学上的含义；二是纵向公平，即对不同经济地位的人实行差别待遇，抑制经济地位高的人而照顾经济地位低的人，这是伦理学上的含义。

效率是一个经济学范畴，是指资源的有效使用和有效配置。在现实经济领域中，任何资源总是有限的，不同资源有限供给的程度也不同。资源是否配置得当，有限的资源所发挥出的作用也有高低，这就是高效率和低效率的区别。因此，所谓效率实际是在资源存量一定条件下，通过资源的最优配置和使用，给社会带来最大福利。

罗尔斯(Rawls)认为，社会公平是每个国家和社会所追求的基本目标。所有社会成员都拥有基本的公平权利，而且这些基本公平权利是不受侵犯的。社会公平具有双重含义：一是在道德层面上的社会公平，即每个社会成员所追求和拥有的社会公平；二是在制度层面上的社会公平，即某一个制度必须保证社会公平，只有这样，这个制度才能维持下去。同时，他进一步得出社会公平的两条基本原则：一是平等原则，所有社会成员在广泛的基础上享有平等的权利，而不与其他人的权利相冲突；二是优先原则，当社会和经济出现不平等时将被重新分配，一方面优先向处于社会不利的人们给予最大利益，另一方面在机会均等条件下，使所有人获得最大利益。

米勒(Miller)认为，社会公平包括三个基本要素，即权利、赏罚和必需品。权利是所有社会成员都能够享有的一种平等权利，如自由平等、就业平等。赏罚是对每个社会成员行为的奖励和处罚，如对工作表现好的人给予奖励等。必需品是每个社会成员生活的前提条件，即保证每个社会成员都能维持基本生活。米勒进一步认为，社会公平总是与一定的社会、经济、政治制度和社会文化相联系的，对社会公平的不同认识或者不同价值观会引导出不同的社会公平原则。因此，社会公平的真实含义在很大程度上依赖于每个社会的制度类型，只有在一定的社会制度下，才能得出具体化的社会公平原则。不同社会制度下的社会公平原则中社会公平三要素的构成与组合也就不同。

除了上述两种理论以外，具有较大影响力的社会公平理论还有“天赋平等”观和“平等、自由、博爱”的公平观。“天赋平等”观认为，人生来就是平等的。因此，每个社会成员都应该享有平等的权利，他们的人格和尊严是不容侵犯的。“平等、自由、博爱”的公平观认为：平等是社会公平的最重要元素，是实现社会公平的前提条件。平等的最主要内容是经济收入和经济地位的平等。社会成员有了平等，才会有选择的自由，这种自由通过法律和政治制度来保证。博爱，即个人行为应该是利他的而非自私的。

（二）公平的主要内容

公平的内容有许多，但在社会福利制度中，可以将公平分为权利公平、机会公平和结果公平。

权利公平，是指所有社会成员人人都享有公平的权利。在社会福利制度中，所有人享有的权利都是相同的，不允许某一些人享有特权，同时也不允许存在歧视等。

机会公平，是指所有社会成员都享有公平的机会。在社会福利制度中，所有人都同等地享有社会福利待遇的权利。在获得机会上是公平的，即在机会的获得上不应该具有限制条件。

结果公平，是指所有社会成员获得的最终结果是公平的。如每一个妇女儿童只要符合条件都可以享受相关的同等社会福利待遇。

看待社会福利制度中的公平，需要对权利公平、机会公平和结果公平同时加以考虑。因为有时权利公平、机会公平和结果公平是相互分离并不一致，权利公平并不意味着机会公平，而机会公平也不一定能保证结果公平。例如，每一个人都享有公共社会福利待遇的公平权利，但实际上有些人可能享受更多的公共社会福利待遇，导致机会不公平和结果不公平。因此，在设计社会福利制度时，需要尽可能对三种公平加以平衡和综合。

（三）两种公平形式

社会公平可以分为纵向公平和横向公平。

纵向公平，是指所有社会成员得到相同的分配效率，即个人分配效率的无差异曲线。例如，在残疾人社会福利中，残疾程度高的人得到的社会福利服务多，而残疾程度低的人得到的社会福利服务少，这种情况就被认为是纵向公平。

横向公平，是指使所有社会成员得到相同的分配结果，即个人分配结果的无差异曲线。例如，在老年社会福利中，一个老年人无论在任何地方和任何时间，都能够得到相同的社会福利服务，不仅在社会福利服务的数量上，而且在社会福利服务的质量上，都能够得以同等的结果，这种状态就被认为横向公平。

纵向公平和横向公平有时是矛盾的，例如收入分配，按个人能力大小所实行的收入分配被认为是达到了纵向公平，但不一定被认为是达到了横向公平；反之，横向公平并不一定意味着纵向公平。横向公平是社会福利制度所遵循的第一大公平原则。社会福利制度首先是促进社会的横向公平，然后适当兼顾纵向公平。

二、公平与效率在社会福利中的相互关系

(一)公平与效率之间的基本矛盾

在公平与效率之间有一种互为代价的替代关系。为了强调公平，就得牺牲效率；为了强调效率，就需要保持一定的收入差距。这一矛盾在福利经济学中被称为公平与效率的交替。

一方面，从政治与社会角度来看，要求实行所有社会成员都享有平等机制的原则。另一方面，从经济角度来看，竞争原理要求人们力争超过别人。市场经济根据经济效率向生产要素供给者提供报酬，结果出现了贫富悬殊的现象。这种分配上的不平等，是通过竞争以追求效率的结果。但如果一味追求经济上的公平，必然会损害人们追求效率的积极性，从而损害经济的发展。因此，要做到收入均等化，就很有可能损失社会的高效率。

(二)公平与效率之间的相互补充

公平与效率有时也是相互补充的。第一，收入均等化可以提高劳动力素质。第二，收入均等化可以扩大需求并带动投资，因为高收入阶层的边际消费倾向低于低收入阶层。第三，收入均等化可以消除社会的对立情绪，维护社会稳定。第四，收入均等化可以避免经济结构的二元化。收入差距过大，往往会形成先进城市与落后农村并存的现象。

三、保持公平与效率之间的均衡关系

(一)公平与效率之间的动态关系

从长远的、动态的、宏观的角度来考察，公平与效率之间是相互补充和相互推动的。因此，从历史发展的角度来看，公平与效率是完全一致的，公平可以提高效率，效率可以促进公平。但在二者的相互作用中，效率直接受制于生产力水平，处于更重要的、更核心的地位。因为，没有效率的提高，就不会有社会的进步和公平程度的提高。

(二)公平与效率之间的协调

第一，当公平与效率不一致时，应该实行二者的优化组合方式。从经济角度来看，效率是优先的，以效率促进公平。但从社会角度来看，公平应该优先，以公平来促进效率的提高，这也正是社会保障制度设计的初衷和目的。也就是说，社会保障制度就是为了缓解由于市场机制自发运行而带来的不公平，以促进市场机制更有效运行，使公平与效率保持一致。

第二，协调公平与效率的基本途径。首先是增加国家对教育费用的支出，提高劳动力素质，提高社会经济效率，同时提高文化水平有助于缩小收入差别。其次是修订福利政策，政府不加区别实行普遍福利，虽然对社会公平有利，但不利于提高经济效率；然而，政府完全不搞福利，又不利于公平目标的实现。

四、公平与效率之间均衡机制的设计

(一)市场分配与政府分配下的公平

市场机制的本质要求，是不断自发协调市场主体的利益，从而趋向所有市场要素的均衡。市场分配下的公平就是从商品等价交换原则出发，特指在市场规则中公正、平等、有序等，这种分配着重的是机会均等和效率准则，体现的是一个过程公平或参与公平。但是，在市场经济体制下，实际上每个人的天赋和竞争机会是不平等的，市场经济要求公平竞争，却又默认竞争者的实力差距，认可竞争带来的收入分配差距和由此而来的贫富两极分化。因此，对市场经济造成的收入差距和隐藏在等价交换形式背后的种种事实上的不公平，市场经济本身是无

力解决的。

政府分配是在政府主持下的第二次收入分配。这时,政府根据公正的原则,从高收入者那里征收一部分收入,转让给没有劳动能力的人和低收入者。这种分配方式所遵循的原则应该是一种补偿性公平,这时的公平应该更加看重结果的公平。政府在主持这种分配时,不仅要从经济效率上考虑,更应该从社会公平上考虑,把收入差距维持在一个合理的空间。

(二)公平与社会福利制度

就相互关系而言,过程公平和结果公平不仅依次为时间上的相互承继关系,而且是决定与被决定的关系。首先,如果没有市场公平,即没有市场参与机会的均等,那么生产要素投入者不可能得到应得的合理报酬,社会无法得到无数个个体的最大效率,当然也就不可能有足够的收入总量来实现社会调节,从而使补偿性公平变成无本之木,最终只能实现低水平的共同富裕,实际上的共同贫穷。同样,如果补偿性公平没有得到体现,市场经济下导致的收入分配差距超过了社会所能承受的限度,那么社会就会出现严重的危机,下一阶段的市场公平就根本无法体现,甚至市场都无法进一步运转。

在政府主持的第二次分配中,社会福利制度可以发挥重大作用。政府在社会保障分配中对于效率与公平的选择应该重视以下一些因素:第一,强调市场效率,只有经济发展,才能达到真正意义上的公平;第二,在重视经济效率的同时,强调社会公平,只有保证社会公平,经济效率才能真正发挥出来;第三,公平是相对的,过多的公平和绝对的公平有可能会产生不公平。

第二节　社会福利的思想基础

一、空想社会主义的社会福利思想

空想社会主义对如何构建社会保障,实现大众幸福,提出了比较完整的蓝图。这种思想中既包括了社会救助方面的思想,也包含了大量的社会福利思想。空想社会主义的思想应该说是一种较早的社会福利思想,但在当时不具有现实性和可行性。

(一)早期空想社会主义的社会福利思想

1. 托马斯·莫尔的社会福利思想

托马斯·莫尔(1478~1535年)是空想社会主义的鼻祖,其主要著作有《乌托邦》等。他提出未来的理想社会应该是人类社会福利得以充分发展和进步的社会。他认为,在乌托邦社会里,家庭福利是社会福利的重要组成部分之一,年轻人应该赡养和照顾老年人,大家应该关心儿童福利,把身体健康看作是快乐的一个重要方面,因而需要特别重视医疗卫生福利。

同时,莫尔认为,国民互相帮助可以达到更加愉快生活的目的,人们应该注意在为自己谋利益时不应该损害他人的利益,为了自己的快乐而使得他人不快乐是不公平的;反过来,把自己的所有给予他人是人道主义的一种表现,而且,个人义务意味着他关心大众的福利。

莫尔指出,要实现上述目标,首先是要消灭私有制。因为在私有制社会中,不可能有产品的公平分配,人们也不可能得到幸福。他主张一天24小时中劳动时间不得超过6小时,其余时间应该用来促进身心健康的娱乐等精神活动。

2. 康帕内拉的社会福利思想

康帕内拉(1568～1639 年)是意大利著名的空想社会主义思想家,其主要著作有《太阳城》等。他提倡未来的理想社会应该是人们互帮互助和重视国民福利的自然和谐社会。他指出"太阳城"社会中的一位领导人专门负责社会福利和社会发展事务。

在这种"太阳城"社会中,人们应该非常重视母婴福利和老年福利。妇女怀孕后在两周之内不需要从事体力劳动,以后可以从事一些轻微劳动;其目的是胎儿通过母亲吸取营养而健康成长,同时保证母亲的身体健康。出生后,母亲可以在特制的公共大厦休养和照顾婴儿。所有年轻人都有义务照顾和服侍老年人,在晚上和早晨,年轻人应该轮流到老年人宿舍提供服务。

同时,康帕内拉认为,"太阳城"社会中的人们应该共同劳动、共同生活,实行统一服装和统一住房,注重各个季节的各种身体疾病的预防,并按照自然规律来加以治疗。他提倡平均主义的社会分配,以及一天的劳动时间不超过 4 小时,其余时间用于精神活动。人们之间的互帮互助应该表现在所有活动之中,一切同岁的人称为兄弟,比自己年长 22 岁者称为父亲,比自己小 22 岁者称为儿子。

康帕内拉最终指出,要实现上述目标,其前提条件是废除私有制并实行公有制。这是因为各种自私自利的社会弊端都是由私有制所带来的,只有在公有制社会中,才能消灭各种社会弊害。

(二)18 世纪空想社会主义的社会福利思想

1. 梅叶的社会福利思想

梅叶(1664～1729 年)是法国 18 世纪初的空想社会主义者及唯物主义思想家。他在自己的唯一著作《遗书》中无情揭露和批判了当时社会的种种罪恶和各种矛盾。他反对宗教神学,宣扬唯物论和无神论,因为他认为只有打破神权观念才能使广大受压迫的劳动群众摆脱思想桎梏,从而争取到自由和解放。在唯物论和无神论的指导下,梅叶不仅揭露和批判了社会的不平等,谴责贫富不均,而且认识到这些不合理的社会现象的根源是财产的私有制。因此,梅叶在《遗书》中认为,要消除社会的不平等,就必须消灭土地和财产的私有制,建立共产主义社会。他理想中的社会是推翻剥削和压迫,消灭一切私有制度,建立一个以公有制为基础的社会。他认为公社是社会基层组织,在公社里,土地资源和财富都平等地归全体人民公有,人人都必须从事有益的劳动,没有贫富差异,没有嫉恨、欺骗、盗窃和谋杀,人人以兄弟姊妹看待,互助友爱。公社之间互相结盟,和平共处,互相援助。

虽然梅叶的平等观反映的是不成熟的无产阶级的利益要求,但他的可贵之处在于指出了无产阶级实现自身解放的现实之路,从而使得他的社会平等福利观有了现实的基础。

2. 摩莱里的理性制度社会福利思想

摩莱里(1700～1780 年)是 18 世纪法国著名的空想社会主义者,他写过许多著作,其中关于空想社会主义的主要著作有《巴齐里阿达》和《自然法典》。尤其是《自然法典》在空想社会主义史上具有重要地位。

摩莱里从理性的角度分析了人类社会。他认为,人类社会开始是理性制度,后来理性制度遭到破坏,出现了非理性制度。但人类在经过痛苦的非理性制度后最终还将回到理性制度。他认为,理性是人的自然本性,凡违反人的自然本性即非理性。摩莱里认为,和理性制度相适应的是公有制,和非理性制度相适应的是私有制;人类历史的起点是公有制,是理性的,人类出现非理性的错误后,出现了私有制,但人类最终会回归理性,回归公有制;私有制导致的不平等,导致破坏公益,少数人奴役多数人,导致大多数人的贫困和少数人的挥霍无度与穷奢极欲,因此私有制社会必须废除。

为此,摩莱里的《自然法典》从法律的角度阐述了空想社会主义。他希望通过立法建立一个公有制的社会,在这个社会中,实行财产公有,统一安排生产,共同劳动,各尽所能,老人与儿童由社会供养,人人平等。他还发展了康帕内拉"劳动光荣"的观点,认为应当消除脑力劳动和体力劳动的差别。

3. 马布利的平等主义社会福利思想

马布利(1709～1785年)是18世纪法国著名的空想社会主义者,出生于一个贵族家庭,受过良好的教育,在古典文学和历史方面都有很深的造诣。他曾在宫廷中担任要职,后来辞去了官职,专门研究历史和哲学,留下了大量的著作。马布利通过对封建专制制度的认识和对无产者和劳动群众的同情,逐步形成了空想社会主义思想。他一生著作颇丰,后被编辑为15卷的《马布利全集》。其中《论公民的权利和义务》《向哲学家经济学家提出的关于政治社会的自然的和必然的秩序的疑问》和《论法律或法律的原则》等文章充分体现了他的空想社会主义思想。

马布利提出了一个社会改革方案,包括了一系列的措施,如改革税制,征收直接土地税,废除对穷人的一切间接税;制定土地法,重新分配土地;取消公务人员的特殊报酬,使其和普通公民保持一样的收入;限制财产私有制等,他希望通过政治经济方面的改革建立理想中的社会。在这个社会中,按公有制为每个人分配工作,然后再按需分配必需品,人人都清心寡欲,杜绝一切享受。马布利企图通过改革来实现社会平等的思想,反映了当时小资产阶级平均主义的愿望。

(三)19世纪空想社会主义社会福利思想

1. 傅立叶(1772～1837年)的社会福利思想

傅立叶是法国空想社会主义者,其主要著作有《四种运动和普遍命运的理论》和《经济的新世界或符合本性的协作的行为方式》等。

傅立叶提出了自己独特的社会保障基本理念。他将文明社会划分为六个阶段:第一阶段是童年时期,第二阶段是青少年时期,第三阶段是壮年时期,第四阶段是老年时期,第五阶段是过渡时期,第六阶段是保障制度时期。因此,他认为,健全的社会保障制度是社会发展的必然产物。

同时,傅立叶提出了一些具体的观点。他把保障划分为以下两种:一是低收入阶层生存和福利的劳动保障,二是中高收入阶层社会关系的真理保障。与此相对应的保障制度也有两种:一是面向贫困人员的福利保障制度,二是面向富人的经济利害关系上的安全和诚实保障制度。他进一步指出,健全的保障制度共有12种,这些保障制度分别适用于12种情致,保证每一种情致充分发挥作用。

而且,傅立叶认为保障制度带有政治性,政治对保障制度会产生重大影响,并且政治保障是重要保障制度之一。

2. 圣西门的社会福利思想

圣西门(1760～1825年)是法国著名空想社会主义者,其主要著作有《人类科学概论》和《新基督教》等。

圣西门认为,社会的发展与人的成长一样,有一个从幼儿到成人的发展过程,只有当旧的社会制度被新的社会制度所代替,社会才能进步和发展。同时,他指出了社会发展和进步的四条标准，其中与社会福利关系比较密切的是，“优良的社会制度应该是这样：首先，它要尽可能使社会上的大多数人过着幸福的生活，拥有最多的资料和可能来满足他们的最切身的需要。”①

他指出，社会进步和人们得到幸福，主要依靠国家和政府，并且进一步提出：“政府的经常的和唯一的职责，就是为民造福。”②他最终认为：“在新的政治制度下，社会组织的唯一而长远的目的，应当是尽善尽美地运用科学、艺术和工艺的现有知识来满足人们的需要。”③

圣西门进一步指出，为了实现为民造福的目标，首先必须解决所有制问题；同时应该实行平等制度。因此，他提出了要实现改善人们精神福利和物质福利的目标，只有通过社会改革才能达到的主张。

3. 欧文的空想共产主义福利思想

欧文(1771～1858 年)是英国著名的空想社会主义的实践家。他生于威尔士的一个手工业者家庭，少小就自谋生活。1800 年，欧文担任一个大棉纺厂的经理，他采取一系列的措施改善工人的工作条件和生活条件。如缩短工时，提高工资，禁止雇用童工；建立合乎卫生的工人住宅，改善工人居住条件；设立公共食堂，建立工人互助储金会、保险部和医院，给工人发放抚恤金等。他的改革取得了巨大的成功，成为当时颇有名望的慈善家。改革虽然获得了成功，但欧文发现工人们依然贫困，这实际上是因为工人们所创造的财富远远超过他们所消费的财富，而这之间的差额则被资本家所占有。

虽然欧文在对资本主义制度的批判上不及前两位空想社会主义者深刻，但是他将自己的社会主义设想付诸实施。1824 年，欧文在美国买下一片土地，建立了共产主义新村——新协和公社，进行在资本主义社会里实行社会主义原则的“实验”。但是，随着 1828 年新协和公社的瓦解，欧文的“实验”宣告失败。

欧文理想社会的设想是建立“劳动公社”，这个公社既是经济组织又是社会单位。在这个公社中，实行公有制，所有的人都参加集体生产，产品实行按需分配，生产的目的不是追求利润，而是最大限度的满足成员的需要。欧文明确提出了公有制以及按劳分配的原则，这是他与前两位空想社会主义者的不同之处。

二、功利主义的社会福利思想

边沁(1748～1832 年)是功利主义的奠基人，其主要著作有《政府片论》和《道德和立法原理引论》等。

他认为，所谓的功利，就是指人们避害趋利的倾向，是一切美德的验证和尺度，也是忠诚的验证和尺度。边沁提出了最大多数人的最大幸福是衡量正确和错误的标准，并把幸福分为生存、安全、充裕和平等四个具体目标。同时，他认为在上述四个目标中，最为基本和最重要的目标是生存和安全，如果没有生存，充裕就根本不可能存在；如果没有安全，平等就不可能持续存在。

边沁关心的重要问题之一就是如何实现最大多数人的最大幸福，并认为只有通过社会改革，才能达到这个目标。而且，他指出，在追求这一目标实现过程中，会发生个人利益与社会

① 圣西门：《圣西门选集》第 3 卷，商务印书馆 1985 年版，第 213 页。

② 圣西门：《圣西门选集》第 2 卷，商务印书馆 1985 年版，第 16 页。

③ 圣西门：《圣西门选集》第 2 卷，商务印书馆 1985 年版，第 46 页。

成员全体利益之间冲突的现象。他进一步认为，为了实现上述目标，必须首先处理好个人利益与社会成员全体利益之间的关系，具体来说，整个社会关心每个人的利益，个人服从社会成员的全体利益。

为了实现上述目标以及正确处理好个人利益与社会利益之间的关系，国家和政府必须从中发挥作用，具体的手段之一是制定和颁布法律。因为只有这样，才能达到幸福的四个目标。但同时他认为，把国家和政府的干预必须尽可能限制到最低限度，不能损害个人最大限度地追求最大幸福。

三、霍布豪斯的社会福利思想

霍布豪斯(1864—1929年)，是英国新自由主义思想家，其主要著作有《认识论》和《自由主义》等。

霍布豪斯认为："普遍自由的第一个条件是一定程度的普遍限制，没有这种限制，有些人可能自由，另一些人却不自由；一个人也许能够按照自己的意愿行事，其余人却无任何意愿可言。"[①]正是基于对自由必须实施一定限制的这种认识，他指出，要获得这种自由，必须制定和实施法律。法律对于自由来说是不可缺少的，这是因为法律可以使得每个人消除对可能受到的侵犯和压迫的恐惧。

在此基础上，霍布豪斯认为国家应该对社会经济生活给予干预的观点。具体来说，国家的主要责任是为广大民众创造一定的有利条件，尤其是经济条件，从而使民众通过自己的劳动为自己及其家人获得食物、房子和衣服等，而不是直接提供这些东西。他进一步提出，国家保障广大民众的基本生活权利是维持一个良好社会环境的必要条件。

在这种思想的指导下，霍布豪斯具体提出了社会福利方面的思想。首先，他主张国家应该保护儿童，并认为国家是儿童的"最高父母"；而且，他进一步提出，应该更加关注儿童的肉体、精神和道德，到达这个目的的途径是，除了父母承担一定的责任之外，更应该建立一套卫生和教育的公共制度。其次，他提出母亲应该待在家里照顾小孩，这比外出工作对社会的贡献要大得多。他进一步认为，母亲领取国家的补贴不是一件丢脸的事情，而更应该把它视为一项为公民服务的报酬。

另外，霍布豪斯认为社会福利是社会遗产的一部分。他指出："作为一个公民，他应该享有社会遗产的一份。这一份遗产当他遭受无论是经济失调、伤残还是老年造成的灾难、疾病、失业时应该给他的支持。他的子女享有的一份遗产则是国家供给的教育。这些份额是由社会的剩余财富负担的。只要财政措施得当，这不会侵害其他人的收入。"[②]

四、费边社会主义的社会福利思想

费边社会主义者充分认识到社会福利对提高国民道德水平和促进社会文明的作用。他们认为，必须保证每个人的生活水平，消除他们对未来物质需要的忧虑。只有这样，促进社会文明健康发展的因素可以得到发展，进取精神、创造快乐和仁慈本能就能得到活跃并促进社会进步。

费边社会主义者首先认为，为了使得所有儿童都能够充分享受到教育，国家必须建立公

① 霍布豪斯：《自由主义》，商务印书馆1996年版，第9页。

② 霍布豪斯：《自由主义》，商务印书馆1996年版，第104～105页。

共教育福利制度。国家必须增加对教育的财政拨款，应该废除小学的学杂费，并设立各种技术学校和中等学校，以及设立奖学金制度。

其次，费边社会主义者指出，在任何一个社会中，病人和没有劳动能力者等弱势群体都会存在。这些人的所有需求都应该通过公共福利来解决，同时不能要求他们去承担任何的公共负担。“只有这样做才是公平的，那就是那些在健康的时候以及整个成年时期曾经诚实地劳动的人们，在他们生病的时候以及在他们的整个晚年都应该享受到劳动的报酬。”[①]

最后，费边社会主义者提出，国家应该保证每个公民的生活水平不低于最低生存水平，因此必须制定一个最低工资标准，通过它来保障每个国民的最低生活水平。这个最低工资标准必须与劳动时间直接挂钩，但不能通过延长劳动时间来实现最低工资的目标。

五、《贝弗里奇报告》的社会福利思想

《贝弗里奇报告》所提出的社会政策构想是对国民的一生即摇篮到坟墓中所面对的各种经济风险给予收入保障，其中有关社会福利方面的内容主要有以下两点：

(一)子女补贴

《贝弗里奇报告》认为，任何一个社会保障计划必须以三个前提条件为基础，其中有：对15岁以下儿童或者接受全日制教育的16岁以下儿童，给予支付子女补贴。[②] 子女补贴是《贝弗里奇报告》中新社会保障计划的一个重要内容。《贝弗里奇报告》认为：“三个假定是社会保障计划的基点，其一是子女补贴制度，即直接为被抚养子女提供生活费，生活费补贴发给负责抚养子女的成人。”[③]

它对子女补贴方面的思想归纳为以下几点：“(1)子女补贴应当由国家财政出资，当父母挣工资时，发给除第一个孩子外的所有其他子女；而当父母不挣工资期间连第一个孩子也要发给。(2)除现有的实物待遇外，子女补贴平均为8先令/周。实际补贴应该根据子女年龄分几档发放。如实物待遇发放数量超过现有规模，则现金补贴应相应扣减。(3)子女补贴现金待遇由社会保障部负责管理。”[④]

(二)贝弗里奇的理论模型

贝弗里奇主张在实施社会保障计划时应该遵循几个原则，其中与社会福利有关的内容有：第一，所谓福利国家，就是国家应该消除国民的五大毒瘤，即贫困、疾病、失业、无知(教育)和陋隘(住房与环境)和失业，并主张实行社会保障是国家的一种责任；第二，在医疗、教育和住房方面，国家应该承担起系统而综合地提供各种社会服务的责任。

贝弗里奇主张应该是自由主义的集合主义，与经济市场中的自由企业一样，在社会服务领域也应该鼓励民间的自由企业活动。贝弗里奇的构想是非常折中的，一方面是理想主义的，另一方面是现实主义的。

因此，贝弗里奇的这种构想时常被认为是相互矛盾的，遭到攻击，但同时也受到拥护。攻

---

① 萧伯纳：《费边论丛》，上海三联书店1958年版，第234页。

② 其他两个前提条件为：第一，提供给全社会成员以预防和治疗疾病以及恢复劳动能力为目的的综合性保健和康复服务；第二，维持雇佣并避免大量失业。

③ 劳动和社会保障部社会保险研究所：《贝弗里奇报告——社会保险和相关服务》，中国劳动社会保障出版社2004年版，第174页。

④ 劳动和社会保障部社会保险研究所：《贝弗里奇报告——社会保险和相关服务》，中国劳动社会保障出版社2004年版，第179页。

击者和拥护者从各自的立场出发来进行辩解和利用，这也是贝弗里奇的特色所在。贝弗里奇的社会保障模型在世界范围内得到了好评，被许多发达国家所采纳，尤其在第二次世界大战后对发达国家盛行的“福利国家”产生了重大影响。

贝弗里奇把社会政策进行了系统化和具体化，是“福利国家”的设计者。因此，他做出了划时代的贡献。第二次世界大战后，许多国家实行了福利国家的基本方针，它们基本上都以凯恩斯的经济政策和贝弗里奇的社会政策为基础。

六、蒂特马斯的社会福利思想

蒂特马斯(Titmuss)是20世纪英国社会民主主义思想家，对英国社会保障理论的发展产生了重大影响，其主要著作有1958年的《福利国家论集》和1965年的《今日福利国家的目标》等。

蒂特马斯认为，市场经济是人们只顾自己利益而不顾他人利益，甚至为了追求自己利益而损害他人利益的一种机制。为了解决这个问题，他主张建立国家福利制度，并提出国家福利制度的五大功能：第一，社会福利服务可以通过多种渠道在各个方面实现社会的收入再分配目标，他把国家福利制度视为实现社会公平和公正的主要手段；第二，国家福利制度能够促进社会成员的团结，因为社会福利能够增强人们参与社会的意识，便于大家团结起来；第三，社会福利服务具有解决社会问题的重要作用，同时必须促使社会与经济同步发展；第四，国家福利能够促进国民个人和社会的进步和发展；第五，社会福利服务应该是一种投资方式，是对健康、教育等领域的一种投资。

既然国家福利制度具有上述五大功能，所以对国家福利制度应该实行普遍性原则。蒂特马斯认为，普遍性的社会福利服务即没有任何阶级、种族、性别与宗教等差别的社会福利服务，可以发挥这样的社会功能，那就是促进和提高全社会走向社会协调的态度与行为。同时他认为，有选择性的社会福利服务往往具有一种歧视性，使得一些人变成了另外一些人的负担，因此必须实行普遍性的社会福利服务。而且，他认为私人福利不利于社会公平和公正目标的实现，反而会加深不平等和不公正。

蒂特马斯还提出，对一个国家社会福利制度必须放在其所处的具体环境和特殊文化背景中去认识和理解。同时，他对社会福利进行了一定的区分。

七、艾哈德的社会福利思想

艾哈德(Ludwig Erhard，1897～1977年)是德国著名的社会市场经济理论家，其主要著作有《大众的福利》和《社会市场经济之路》等。

艾哈德认为，经济发展是社会福利发展的基础，只有把蛋糕做大而不是如何切割蛋糕，才能使得整个社会福利增加。他指出，只有较高的经济发展水平才能提供较好的社会福利，首先要增加国民生产总值，其次才是考虑如何分配。同时他认为，虽然经济政策需要社会福利政策发挥辅助作用，但社会福利政策必须与经济政策保持一致，社会福利水平不能超越经济发展水平，不能损害国民经济的发展。

艾哈德反对福利国家，反对集体福利。他认为，如果实行完善的集体福利甚至福利国家，没有人再愿意对自己承担责任，而都想在集体福利中得到保障，集体福利不利于个人自立意识和进取精神的发挥。这种集体福利的思想和制度比任何其他东西更加容易扼杀自我负责、博爱精神等优良品质。如果这种思想蔓延开来，势必造成每一个人都把手伸向别人的口袋。

因此，他指出，集体福利必须要有一定的限度，集体福利的范围宁可窄一些，也不要宽一点。正像一个社会的消费不能超越自己所创造的价值那样，每个人所能得到的保障也不能超越全体社会成员通过生产而获得的保障。

艾哈德把竞争机制引入社会福利领域。他认为，实行社会福利保障的最有效手段就是竞争，通过这种方法可以最有效地增加社会福利。他指出："'属于大众的福利'和'来自竞争的福利'这两句口号是不可分割的整体，第一句表示目的，第二句表示达到目的的途径。"①

另外，艾哈德强调个人努力的作用和地位。他认为，自愿、自由和自我负责地克服生活风险，是在自由经济和社会制度中独立生存的一个必要前提条件。他认为："社会保障当然是好事，也是十分需要的，但是社会保障必须主要依靠自己的力量、自己的劳动和自己的努力得来的。社会保障不等于全民的社会保险，不等于将个人的责任转嫁给任何一个集体。开始时必须实行个人自己负责，只有当个人负责还嫌不足或者必须停止时，国家和社会的义务才发挥作用。"②

但艾哈德并不反对社会福利制度，并认为适当的社会福利制度能够提高全社会的道德水平，主张政府应该促进社会福利的合理发展。他进一步指出，任何一种社会经济制度的最终目的，是要提高人们的物质生活水平。社会福利越发展，人们沦入利己主义的机会就更少。通过社会福利的发展，可以增加社会的安全感，人们才有希望认识到自我、人格与尊严，才会更好地区别真善美与假恶丑。

八、布莱尔的社会福利思想

布莱尔（Tony Blair，1953～），英国前首相，也是当代"第三条道路"的思想家，其主要著作有《新英国》等。

在社会福利政策上，布莱尔主张社会公正，强调个人、社会和国家共同的责任感，并提出了"第二代福利"的思想。这种社会福利制度主要包括以下几个方面：

第一，第二代福利不仅仅是给予施舍，更重要的是给予扶持。第二代福利应该包括各种服务，而不仅仅是现金，主要包括子女抚养和子女补贴、老人赡养等。社会福利应该成为成功的跳板，而不是缓解失败后的安全网。

第二，第二代福利能够适应家庭生活方式的变化，家庭具有共同承担工作和照顾孩子的责任，社会福利必须使得这种改变朝好的方向发展，用安全感代替恐惧感。

第三，第二代福利中，公民是建立在权利与义务的基础上的。

第四，第二代福利不应该加强中央政府的权力，而是鼓励公共和私人合作，发挥地方政府和公民的积极性。

第五，第二代福利的目标是要消除英国中等收入阶层的不安全感和低收入者的贫困。

① 艾哈德：《大众的福利》，武汉大学出版社 1995 年版，第 187 页。

② 艾哈德：《大众的福利》，武汉大学出版社 1995 年版，第 188 页。

第三节　社会福利的一般理论

一、政府与市场的作用

在整个社会保障制度中，社会福利应该说是最能体现政府作用和市场作用的，实际上它需要政府和市场共同作用才能有效地发挥其功能。社会救助主要依靠政府来发挥作用，市场几乎不发挥任何作用；除了基金运作利用市场机制来发挥作用以外，社会保险主要也是依赖政府来发挥其功能。

（一）共同作用的必要性

为什么说社会福利必须依靠政府和市场的共同作用才能有效地发挥其功能呢？这主要取决于它所具有的特征。社会福利具有以下几个特征：

第一，社会福利管理的社会化。由于社会福利的实施对象是所有社会成员和服务项目的多样化，不能完全依靠政府来管理和实施。事实上，政府既没有这个能力也没有这个必要承揽所有的社会福利事务，必须依靠市场机制。只有这样，才可能提高社会福利的管理效率和服务水平，尽可能满足广大国民多样化的各种需求。

第二，社会福利服务方式的多样化。社会福利服务方式的多样化取决于广大国民需求的多元化。没有服务方式的多样化，很难做到满足国民的各种需求。另一方面，社会福利服务方式的多样化和国民需求的多元化又决定了社会福利资金来源的多元化，只有做到了社会福利投资主体的多元化，才能保证国民的各种需求得到满足。这就需要依靠市场机制来发挥作用，仅靠政府财政拨款很难保证社会福利资金来源的充分性。

第三，社会福利管理和运作的专业化。由于社会福利是满足各种人群的需求，在管理和运作上必须做到专业化。首先，社会福利资金来源和服务提供都必须依靠市场机制，这客观上要求具体从事社会福利管理和运作的职工队伍的专业化，否则很难达到上述目标。因为社会福利必须按照产业化思路和市场规律来发展，进行市场化定价，在注重社会效益的同时注重经济效益。这就需要市场机制来发挥作用，使得社会福利管理和运作的职工队伍真正地实现专业化。

（二）共同作用的具体内容

政府与市场在社会福利中的共同作用具体表现为政府的宏观管理和市场的微观运作。所谓政府宏观管理，就是政府尽可能地减少直接举办、直接管理社会福利机构，不再对社会福利机构的日常运营活动进行干预，把主要精力用到制定有关社会福利的政策、法规和规章，以及制定规划、依法审批、监督检查、总结推广经验等。所谓市场的微观运作，就是各种社会福利业务经办机构，在遵循国家的各项政策和法律的基础上，根据市场规律来具体管理和运作社会福利事业。这些管理和运作机构与其他企业一样，实行自主经营、自负盈亏、自我积累、自我发展的独立的法人实体。

而且，社会福利业务经办机构的组织主要是依靠社会力量，如社会团体、个人和外资以多种形式捐助或兴办社会福利事业，充分发挥社会中介组织在筹集社会资金、组织社会资源、提高服务质量、完善服务项目、规范服务行为等方面的积极作用，使社会力量成为承办社会福利事业的主体。

因此，这种政府和市场的共同作用，实际上表现为在政府的政策指导下各类社会福利经办机构根据市场机制来运作。但这种共同作用应该说是有主次之分的。这些经办机构在具体经营时首先必须符合政府的各项政策和法规，然后才根据市场来定价等。除了给予政策上指导以外，政府还应该提供各种优惠政策给社会福利业务经办机构，如在税收、水电煤等方面给予一定的优惠。虽然社会福利业务经办机构是一个独立的法人单位，但与一般的企业还是有所区别的，它应该是一种非营利性组织，所追求的最终目标是为广大国民提供各种社会福利服务，而不是利润的最大化。正因为如此，政府对它们与一般企业的政策还是有所区别的，一方面，政府加强宏观指导，使它们的目标不能偏离提供各种服务这个根本宗旨；另一方面，为了它们能够自我发展和提供更好的社会福利服务，政府又必须提供各种优惠政策。

二、权利与义务的对等理论

在社会福利制度中，世界各国往往把国民个人所享受的福利待遇与对此的贡献相挂钩，具体表现为国民个人享受待遇时往往需要支付一定的费用，这一点与社会保险制度比较相似。但与社会保险制度中的权利与义务对等不同的是，国民享受社会保险待遇之前必须加入社会保险而且往往需要提前一定时间缴纳法定的保险费，并且社会保险制度中存在着个人之间的收入再分配。而社会福利制度中，往往在享受福利待遇的当时才需要支付一定费用，同时国民个人之间的收入再分配基本上不存在。

在社会救助制度中，不存在权利与义务之间的对等关系，它仅仅强调权利而不重视义务，即贫困人员在享受社会救助金时不需要任何物质上的付出。这是与社会福利制度不同的地方。当然，社会福利制度中也存在免费享受待遇的情况，如果是这样的话，那么它与社会救助制度就非常相似。

在我国，传统的社会福利制度是在社会主义计划经济体制下形成的，是以我国传统的社会保障理论为基础，因此，它并不强调权利与义务之间的对等关系，偏重于权利而比较忽视义务。但随着社会主义市场经济体制的不断建立和完善，在社会福利领域，我国进一步重视公民的权利与义务的对等关系。如在城镇住房制度中，通过改革，全面停止实物福利分房，实行货币分房，个人主要依靠自身的经济收入来购买商品房。另外，在高等教育体制中，改变长期以来的免费教育模式，引进缴费机制并不断提高缴费的数额。这些都表明了我国重视社会福利制度中的权利与义务对等关系，这也符合社会主义市场经济体制对社会福利的要求。

三、社会福利的多元化与私有化理论

20 世纪后期，世界各国的社会保障出现了很大问题，许多国家开始对社会保障进行改革。在这种背景下，社会福利理论中出现了一些新动向，其中社会福利的多元化理论和私有化理论比较突出。

社会福利的多元化主要表现为以下两个方面：第一，社会福利实施主体的多元化，即原来主要由政府实施和举办社会福利改为与私有机构等共同实施；第二，社会福利管理的多元化，即原来主要由政府管理改变为各种机构参与并共同管理。实际上，这种社会福利的多元化与社会福利的私有化和市场化密切相关。

社会福利的私有化主要包括以下几方面内容：第一，社会福利计划的建立应该以国民个人自由、自助为前提条件，每个人首先应该依靠自己及其家庭来解决和克服生活困难，提高自身的生活质量；第二，在社会福利资金来源上，国家财政尽量少承担费用，单位和个人多负担相关费用；第三，在社会福利的管理上，政府应尽量少参与管理，让私有机构参与管理，从而提高管理效率；第四，社会福利项目的私有化，即原来由政府实施的一部分社会福利项目私有化，让私有机构来承担义务，举办和管理相关的服务项目。

这种社会福利的多元化和私有化与社会福利的市场化密切相关。社会福利的市场化主要是指社会福利服务更加依赖于市场机制来解决，政府更少地干预和参与这方面的服务。如原来的社会福利项目私有化以后，通过市场机制来运作和管理，也就是使没有被私有化的社会福利服务项目通过市场机制来提高其管理效率。

四、社会福利理论的发展

（一）快乐是根本

社会福利与社会救助、社会保险等社会保障的不同之处，在于社会福利不仅仅是保障人们的基本生活需要，它的一个显著特点还在于提高国民的生活质量。当经济水平发展到一定程度之后，人们就无须为自己的衣、食、住、行等生存需要担忧时，生活质量的提高往往更取决于精神生活的满足。

近年来，澳大利亚社会科学院院士、莫纳什大学华裔经济学家黄有光对福祉（或快乐）的研究，大大拓宽了传统福利经济学的研究领域和议题。以前，福利经济学的研究主要是从偏好和效用进行分析，而没有进一步分析个人福祉或快乐等主观概念。黄有光教授认为，只研究偏好是不够的，因为偏好并不是我们最终的目的，就像生产和消费并不是我们最终目的一样。生产和消费是为了提高我们的效用，但效用也不是我们的最终目的，我们最终的目的是福利，或者福祉。那么福利是什么？黄有光教授认为福利就是快乐，如果不考虑时间长短可能造成的微小差异的话，幸福和快乐是一样的，而快乐才是人们追求经济发展的终极目标。

福利经济学的最新发展动态给我们以很好的启示：既然人生的终极目标是快乐，快乐比收入更重要（当然收入是增加快乐的一个手段），那么，政府的社会保障责任范围就不应该仅仅停留在对人们的经济保障的层面上，而应该追求人与自然、人与社会和谐发展的“其乐融融”的终极目标。作为社会保障责任主体，政府的义务不仅要提高社会救助和社会保险，而且要提供社会福利，不仅要保障人们的最低生活水平（由社会救助来提供）和基本生活水平（由社会保险来提供），而且要保障人们的高质量生活水平（由社会福利来提供）。扩大包括社会福利在内的公共支出必然成为政府的当然责任和应尽义务，并且成为文明社会发展的必然趋势[①]。

（二）幸福指数是关键

20 世纪 60 年代的发展观以追求 GDP 增长为特征。GDP 本来是一个很中性的词语，是国际上通行的衡量一个国家或者地区一定时期内经济增长水平的宏观经济指标。但这种发展观导致第二次世界大战后多数发展中国家片面地以经济增长作为本国的发展战略，因为当时发展中国家面临的首要问题就是要尽快地发展生产力，提高经济水平，解除贫困状态，增强综合国力。经过多年的发展，这些国家虽然实现了经济的加速增长，但是一些与人民生活质量密切相关的社会发展领域如国民教育、就业保障、社会福利、医疗卫生、文化建设等却被作为“经济增长的代价”牺牲掉了。

从 20 世纪 70 年代开始，人们放弃了以“经济增长”为核心的传统发展观，而倡导一种综合取向的发展观。国际经验表明，人民福祉（Well-being）才是人民能够享受的经济社会发展

---

① 李珍：《社会保障理论》（第二版），中国劳动社会保障出版社 2007 年版，第 267～268 页。

的终端成果，是人民对于发展成果的客观享受和主观体验。经济发展本身并不一定自动带来人民福祉的提高。近年来，一些英国经济学家发现，在英国，尽管经济获得了史无前例的繁荣，但是英国居民或社区并没有感到这种经济繁荣使他们的生活更好。例如，数据显示，在过去的 30 年中，英国的经济成倍增长，但是人们的幸福指数却徘徊不前。

幸福指数最早是由美国经济学家萨缪尔森提出的，他认为，幸福＝效用/欲望。2005 年，我国两会期间，中国科学院院士程国栋提交了《落实“以人为本”，核算“国民幸福指数”》的提案，建议我国从政治自由、经济机会、社会机会、安全保障、文化价值观、环境保护六类构成要素，建构我国的国民幸福核算指标体系，以监控国家经济社会运行态势，了解人民的生活满意度。国家社会科学基金项目《当今中国城市居民主观幸福感研究》主持人邢占军教授认为，可以通过心理测试来把握。他提出了由 10 个次级指标构成的我国民众幸福指数指标体系：知足充裕体验指数、心理健康体验指数、成长发展体验指数、社会信心体验指数、目标价值体验指数、自我接受体验指数、人际适应体验指数、身体健康体验指数、心态平衡体验指数、家庭氛围体验指数。

幸福指数不仅与个体的主观感受有关，而且与政府的政策息息相关。20 世纪 70 年代不丹国王提出并实施了“幸福计划”，在不同的时期政府推出不同的国民幸福目标，使人们在物质生活和精神生活之间保持平衡。而作为社会政策重要组成部分的社会保障政策，尤其是社会福利政策的提供与否以及提供的程度，恰恰反映了政府对民众的幸福体验的关怀程度。一个追求幸福指数等人本化发展观的政府，势必在制定政策的时候，充分考虑民众的总体幸福体验，而非仅仅是为了追求经济增长、一味盲目追求 GDP 指标的上升，从而忘记经济与社会发展的终极目标是大众的福祉。为了实现幸福这一终极目标，任何国家的任何政党与政府都应该重视社会福利政策的重大意义。从盲目追求 GDP 增长到追求幸福指数等综合指标的变化，成为政府介入社会福利领域的一个重要理论依据。①

本章小结

1. 阐述了社会福利中的公平与效率之间的关系，以及如何保证它们之间的均衡状态。

2. 描述了一些社会福利思想，包括空想社会主义的社会福利思想、功利主义的社会福利思想、艾哈德的社会福利思想以及布莱尔的社会福利思想等。

3. 叙述了社会福利中的一般理论，其中包括政府与市场在社会福利中的作用，权利与义务对等理论等。

思考题

1. 如何保持社会福利中公平与效率之间的均衡状态？
2. 阐述空想社会主义的社会福利思想。
3. 阐述艾哈德的社会福利思想。
4. 描述布莱尔“第二代福利”的主要内容。
5. 论述政府和市场在社会福利中的作用。

---

① 李珍：《社会保障理论》（第二版），中国劳动社会保障出版社 2007 年版，第 268～269 页。

第十二章

社会福利概述

学习目的

通过本章的学习，掌握社会福利的基本概念，了解社会福利产生的背景及其发展过程，把握我国传统社会福利的基本特征以及改革开放以后的社会福利改革的现状。

第一节　社会福利的内涵和外延

一、社会福利的基本概念

社会福利是指政府与社会通过专业化的福利机构，为解决社会上的特殊群体以及一般社会成员的实际困难，提高国民的生活质量而有针对性地提供服务和设施的一种社会保障制度。

社会福利具有以下几层含义：第一，社会福利是由政府和社会举办和实施的一种社会保障制度，这也是与单位职工福利等其他福利相区别的最大特征之一。第二，社会福利实施的对象具有特殊性和普遍性，有些社会福利项目是针对特殊群体的，如老年人，妇女儿童等，也有些社会福利项目是面向全体社会成员的，如一些公共福利设施提供的服务等。第三，社会福利所提供的服务，其目的是提高实施对象的生活质量。一般来说，社会福利的保障水平高于基本生活水平，这也是与社会保险与社会救助不同的地方。社会保险提供的是基本生活水平，而社会救助提供的是最低生活水平，社会福利的保障水平高于社会保险和社会救助。第四，社会福利提供的主要是服务，而非现金，社会保险和社会救助提供的主要是现金，而非服务。

随着社会经济的发展，社会福利的内涵和外延也是在变化的，即随着时间的推移，社会福利的内涵在不断提升，其外延在不断扩大。因此，社会福利是一个动态的概念，在不同时期社会福利制度是不相同的。具体来说，随着生活水平的不断提高，人们对生活质量的要求也在不断提高，这种提高既有量上的扩大，也有质上的提高。量上的扩大是指社会福利项目随着社会经济发展水平的提高是在不断增加的，质上的提高是指一个社会福利项目的保障水平或者提供的服务质量随着人们要求提高是在不断提升的。

除了社会经济这两个主要因素的影响之外，社会福利还容易受文化与传统习惯、宗教以及价值观念的影响。因此，即使社会经济发展水平相同，各国之间的社会福利制度也是不同的。

二、社会福利的主要内容

随着社会经济的发展以及人们对生活质量要求的提高，社会福利的内容也是在不断充实和丰富的。目前，社会福利制度主要由老年社会福利、残疾人社会福利、妇女儿童社会福利以及一般社会成员的公共社会福利等内容构成。

（一）老年社会福利

老年社会福利是指国家或者社会为了提高老年人的生活质量而提供各种各样的服务和物质帮助的一种社会福利项目。它不仅是社会福利制度产生和发展过程中较早的社会福利形式之一，而且也是社会福利制度的重要组成部分。

随着人口的老龄化，老年社会福利的重要性日益提高，它的地位不断加强，目前受到了许多国家的高度重视。随着残疾人社会福利、妇女儿童社会福利等制度的不断完善，以及这些人的基本生活不断得到保障，老年社会福利的重要性显得更加突出。

（二）残疾人社会福利

残疾人社会福利是指国家或者社会为了保护残疾人的生活权益和提高残疾人的生活质量而提供各种各样服务、物质帮助以及就业岗位的一种社会福利项目。由于残疾人一直被视为弱者，因此它是社会福利制度产生和发展过程中较早的一种社会福利形式，也是社会福利制度的重要组成部分。

随着生活条件的改善和卫生医疗服务的提高，发生工伤等伤害的受伤者能够及时得到治疗和良好的康复，相当一部分的受伤者能够自食其力。而且，由于残疾人社会福利较早产生，并且长期以来受到许多国家的高度重视，残疾人社会福利制度在许多国家已经相当完善，他们的生活质量得到了良好的保障。

（三）妇女儿童社会福利

妇女儿童社会福利是指国家或者社会为了保障和提高妇女儿童的生活质量而提供各种各样的服务和物质帮助的一种社会福利项目。由于在许多国家，妇女儿童一直被视为弱势群体，所以当社会福利制度产生时就包括了妇女儿童社会福利的内容，目前也是各国社会福利制度的重要组成部分。

虽然有些国家分别为妇女与儿童实行社会福利制度，而不是把他们作为一个整体，但我们这里把他们作为一个整体来考虑。由于妇女与儿童之间在社会福利上的高度关联性，常常很难把他们分开，较难为他们分别实行社会福利制度。而且，妇女儿童社会福利是较早的一种社会福利形式，长期以来各国都非常关心和重视他们的生活权益，因此它是一种相对成熟和完善的社会福利项目。

（四）公共社会福利

一般社会成员的公共社会福利是指国家或者社会为了保障和提高一般社会成员的生活质量而提供各种各样服务和物质帮助的一种社会福利项目。在社会福利制度产生和形成过程中，一般社会成员社会福利是较晚产生的一种社会福利形式；但目前各国非常重视这种社会福利项目。

与其他社会福利形式不同的是，公共社会福利的实施对象是一般民众，在实施范围上具有更加的普遍性和全民性。同时，随着残疾人社会福利和妇女儿童社会福利等制度的日益完善，许多国家开始把重点放在一般社会成员的公共社会福利项目的建设上，其目的是为了提高全民的生活质量。另外，在实施对象上，社会福利制度有一个从特殊对象如残疾人、妇女儿童等到普遍对象的发展过程。目前，一般社会成员的公共社会福利主要包括公共教育社会福利、公共卫生社会福利、公共文化娱乐社会福利、公共住房社会福利。

三、社会福利的基本特性

(一)实施对象的特殊性和普遍性

社会福利服务的目的一方面是满足特殊群体的特殊需要，帮助他们解决生活中的实际困难；另一方面是满足广大国民的广泛生活需求，提高国民的生活质量。特殊群体包括老人、儿童、妇女，以及残疾人和精神病人等；广大国民是指一般的社会成员。而且，目前社会福利实施的重心有着一种从原来的特殊群体向一般民众转移的趋势。

因此，在实施对象上，社会福利具有双重性，这也是与其他社会保障制度相区别的地方。社会保险的实施范围往往是面向全体社会成员，享受社会救助待遇的人事实上局限于贫困人员，是少数人。

(二)实施主体的社会化

社会福利虽然是由政府或者社会举办和实施的，但具体的服务是通过政府举办的福利机构或非政府的社会福利团体来提供。这意味着具体提供和实施社会福利服务的主体是社会化的，这也是与其他社会保障制度不同的地方。无论是社会保险还是社会救助，它们的实施主体基本上都是行政管理部门，是非社会化的。

社会福利实施主体的社会化是由社会福利的性质所决定的。由于人们对社会福利服务的需求是多种多样的，它的管理充满复杂性和多样性，这些服务的提供主体不可能全部由政府来承担，即使政府想这么做也很难做到。而社会保险和社会救助所提供的待遇相对来说比较固定和单一，因此政府完全有能力包揽下来。与其他社会保障制度相比，社会福利更加注重服务管理的效率和质量，而社会化管理的社会福利可以达到这个目的。

(三)管理的专业化

与其他社会保障制度相比，社会福利服务在提供上和管理上更加强调专业化。社会福利管理的专业化具体来说有以下四个方面：第一，有专门的社会工作团体或专门从事社会福利服务的机构。这些机构必须通过政府的认证，符合一定条件的机构才可以管理和提供社会福利服务。第二，有公认的职业准则和保障准则，有执行的审核和证照制度。因为无论对从事这项工作的机构本身还是具体的工作人员而言，都要求专业化，这就需要由政府制定一整套的职业准则和保障准则。第三，有专门从事社会福利工作教育的大学和系列训练课程，这是保证社会福利工作人员专业化的必备条件。第四，有保证工作顺利进行的工作程序和必要的职业权利保障，即在具体管理和操作上，必须有一套严密而规范的工作程序，这也是保证社会福利事业公平和效率的一个前提条件。

(四)管理和运作的非营利性

虽然社会福利为广大国民或者特殊群体提供各种各样的服务，但原则上强调非营利性。这里需要强调的是，非营利性与无偿服务或非经营性是不同的概念。在许多国家，举办社会福利，也引入市场机制，是一种经营性活动。

社会福利服务对象在享受社会福利待遇时，有免费和收费两种。为特殊群体提供的许多社会福利服务往往是免费的，而为一般社会成员所提供的社会福利服务往往是要收费的。虽然实行收费，但这种收费标准并不完全根据市场来决定，往往低于市场价，这实际上是政府为社会福利服务对象提供了一定的财政支持，并往往规定一定指导价或者最高限价。正因为社会福利服务的收费是免费的或者是低廉的，因此为了保证社会福利事业的正常运作，政府必须为举办社会福利事业的机构提供一定的优惠政策。

（五）保障水平的高层次性和发展性

社会福利的宗旨是为了提高服务对象的生活质量，在社会保障体系中处于最高层次。而社会救助保障的是最低生活水平，社会保险保障的是基本生活水平。社会福利除了满足受益者的发展需要外，还要不断提高受益者的生活质量，这是最能体现社会福利内涵的一个特点。

（六）保障待遇的公平性和保障方式的多样性

社会福利具有较大的机会均等的特征。社会救助的对象是贫困人口，贫困程度越大者给予的救济就越多。社会保险的待遇与缴费的期限和数量多少有关。但是社会福利一般来说对所有享受对象给予公平的福利待遇，与个人的经济地位、职业背景等无太大关系，也无须与其贡献挂钩。在补贴人群中人人均等，享受服务时人人机会均等。

社会福利保障方式的多样性体现在：它可以采用货币形式，也可以采用实物形式和服务形式，如提供教育设施和义务教育服务来为未成年人提供教育福利，通过做义工来为老人提供照料服务等。而且，社会福利还体现为多层次、多类型、多渠道，既举办包括国家投资的高层次福利，又有依靠社会力量举办的集体福利和社会服务事业等。从举办的方式看，有集中的和分散的，有大型的、中型的、小型的，有单一型的、综合型的等，形成资金、物力来源的多渠道。

四、社会福利的基本功能

社会福利制度，一方面是社会经济发展的产物，另一方面对社会经济具有促进作用。它的基本功能具有以下几个方面：

（一）提高国民生活质量

任何一个社会保障制度都具有保障和提高国民生活质量的作用，但它们的具体作用是有一定差异的。社会救助是保障和维持贫困人员的最低生活水平，社会保险是保障国民的基本生活水平，而社会福利则是保障广大国民的较高生活水平。在社会保险等其他社会保障制度保证基本生活水平的基础上，社会福利进一步提高他们的生活水平和丰富他们的文化精神。

（二）促进社会稳定

与其他社会保障制度一样，社会福利具有稳定社会的作用。这种功能的发挥是通过保障和提高广大国民的生活质量来实现的。随着社会经济的发展，人们对自身的生活需求日益提高和丰富，只有基本上满足了他们的多种多样需求，才能使得他们对社会和国家产生一种满足感。这样，可以保证社会稳定。

（三）调控经济发展

社会福利制度不仅可以促进社会稳定，而且能够调控经济发展。社会福利基金来源主要有国家财政拨款和享受者个人所缴的费用，扩大和发展社会福利事业，有利于增加市场上的货币供应量，可以促进消费，从而提高投资；反之，可以降低消费水平，抑制经济过热发展。因此，当经济萧条时，国家可以通过大力举办社会福利事业，增加财政转移，扩大整个社会需求，保证国民经济平稳发展；而当经济过热时，可以减少社会福利事业，缩小财政转移规模，从而抑制过旺的消费和投资。

第二节 社会福利的产生和变革

一、社会福利产生的背景

与其他社会保障制度一样，社会福利是社会、经济、政治等要素发展到一定程度的产物。任何社会福利制度产生的最根本原因，在于提高社会成员的生活质量，满足他们的各种各样的生活需求。

（一）需求的多样化

人的需要是有层次的，人的需要有时可以被分为生存需要、发展需要和享受需要三个基本层次。生存需要是一种最低层次的需要，它是以物质生活资料为基本内容，如衣、食、住等，主要用以维持劳动力的简单再生产，其中包括本人及其家属的需要。发展需要是比生存需要更高层次的一种需要，是指全面发展劳动者本人及其家属的体力和智力的各种需要，它保证了劳动力扩大再生产的顺利进行。享受需要是指在满足了前两种需要的基础上，一种更高生活质量的需要，这种需要不仅包括物质方面的，而且更多的是包括精神方面的。

这三种层次的需要并不是在任何生产力状况和社会经济形态下都可以得到满足的。因此，对以上三种需要，一部分社会成员总是在某个时候得不到满足的。这是因为，在所有的社会生产和社会生活过程中，都不可避免地会面临包括经济风险在内的各种风险。社会福利制度主要满足的是发展需要和享受需要，因为生存需要可以通过社会救助和社会保险来解决和满足。

（二）个人保障的局限性

为了满足社会成员各种各样的需求，提高其生活质量，丰富其生活内容，就有必要举办一系列社会福利事业。虽然个人通过自己努力在一定程度上满足多样化的需求，但由于这种个人自我保障功能的局限性，不可能完全或者充分达到这个目的。只有依靠国家和社会的力量，才能举办丰富多样的社会福利设施，提供各种服务。正是在这种情况下，才产生了社会福利，并有其存在的必要性。社会福利由于其实施的主体是国家和社会，其实施对象是全社会成员，因此，所有社会成员依靠社会福利制度就能达到各种目的。

（三）较高的社会经济发展水平

只有当社会经济发展到一定水平时，人们才会产生各种各样的需求，但这些需求的满足必须符合一定的社会经济发展条件。综上所述，社会福利制度满足较高层次的需求，也只有当人们产生较高层次需求时，社会福利制度才会产生，才会有存在的必要性。正因为社会福利制度是为了满足较高层次需求，这在客观上要求较高的社会经济发展水平。因为一个国家或者社会只有有了较强的物质水平，才有实现上述目标的财力和经济能力。也只有当一个社会发展到较高水平时，人们才会去充分利用和享受，社会福利的功能才能发挥出来，社会福利的管理才能实现高效率。

二、社会福利的产生

（一）产生的直接原因

1. 凯恩斯主义的诞生

20 世纪 30 年代，资本主义世界发生了严重的经济危机，这次世界性经济危机最早产生于美国。这次世界性经济危机的发生,意味着亚当·斯密的自由主义经济思想受到了怀疑,其主导地位开始动摇。在这种背景下,凯恩斯主义由此而诞生。为了稳定资本主义世界经济,凯恩斯主张国家干预,实现充分就业。他主张国家实行赤字财政政策,增加社会福利开支,举办公共福利事业等,扩大社会支出政策,从而提高社会有效需求。

2.《社会保障法》的颁布和实施

由于发生了严重的经济危机,美国爆发了多次大规模的工人运动,劳资矛盾非常尖锐,这已经影响到社会稳定。而且,当时世界上已经产生了第一个社会主义国家,社会主义运动和马克思主义思想在美国得到了广泛传播。这不仅加剧了工人运动,加深了劳资矛盾,而且使当时美国的罗斯福政府意识到这个问题的严重性。在接受凯恩斯主义思想的基础上,1935年美国颁布并开始实施《社会保障法》。《社会保障法》不仅成为美国建立和发展社会福利制度的法律基础,而且对整个世界尤其是对发达国家的社会福利制度的形成和发展也产生了深远的影响。

(二)社会福利的产生

一般来说,社会福利于20世纪30年代开始产生并逐步形成。从这个时期起,美国等发达国家开始建立社会福利制度。例如,《社会保障法》规定:"本法案旨在增进公共福利,通过建立一个联邦的老年救济金制度,使一些州得以为老人、盲人、受抚养的和残疾的儿童提供更为可靠的生活保障,为妇幼保健、公共卫生和失业补助法的实行做出妥善的安排。"①

由于当时整个世界社会经济发展水平普遍比较低,而且社会保险制度还不完善。在这种情况下,当时许多国家在从事社会保障制度建设时,首要任务是不断完善社会保险制度,其目的是保障广大国民的基本生活水平。因此,当时虽然社会福利制度已经开始产生和发展,但并没有形成一个完整体系。它的实施对象主要是特殊人群,为他们提供各种社会福利服务和物质帮助。

三、发展和改革

自从20世纪30年代社会福利制度产生和形成以后,迄今为止大概经历了两个发展阶段:一是快速发展阶段;二是调整和改革阶段。

(一)快速发展阶段(1945年~20世纪70年代)

1. 背景

第二次世界大战以后,社会福利制度得到了迅猛发展,它的背景主要有以下几个方面:

第一,第二次世界大战以后出现了一些新的社会问题,而且这些社会问题相当严重。如战争造成的寡妇、孤儿、残疾人、日益增多的高龄老人、离婚妇女、私生子女和单亲家庭等。这些问题的出现,使原有的社会福利制度已经无法适应这种形势的变化,有必要重新构建社会福利制度的基本框架。

第二,第二次世界大战以后,资本主义各国政府的工作重心从原来的战争向恢复和发展经济转移。国民经济在战争中遭受了很大破坏,国民生活水平亟待提高。由于各国政府大力发展国民经济,在此期间国民经济得到了飞速发展,进入了一个所谓的"黄金时期"。同时,国家财政收支状况得到很大改善,国力大大增强,这为大力发展社会福利制度打下了扎实的物质基础。

---

① 黄安年:《当代美国的社会保障政策》,中国社会科学出版社1998年版,第19页。

第三,《贝弗里奇报告》和凯恩斯主义的影响。英国自由党人贝弗里奇于1942年提出了《贝弗里奇报告》,该报告中提出了许多社会福利制度建设的基本思路和具体措施。第二次世界大战以后,凯恩斯主义的一些思想和政策继续影响着整个世界。这些思想和政策对整个世界在发展和完善社会福利制度方面产生了重大影响。

第四,社会主义阵营的形成。第二次世界大战以后,出现了一批社会主义国家,社会主义思想在整个资本主义世界得到了广泛传播,并且社会主义各国都以保障全体国民生活利益作为立国的基本目标。这对资本主义的生存构成了很大威胁。在资本主义各国,整个国民经济的危机周期越来越短,资本主义社会内部的矛盾越来越为政府和公众所认识。这些都促使资本主义各国政府重新思考本国的社会福利制度。

2. 主要特征

第二次世界大战以后,许多资本主义国家受到《贝弗里奇报告》等的影响,开始完善本国的社会保障制度,其中西欧和北欧各国纷纷建立了以“福利国家”为特征的社会保障制度。在这一阶段,社会福利制度的发展具有以下一些特征:

第一,社会福利制度建设的重心转向多元化。20世纪30年代产生和形成时,社会福利制度的实施对象主要面向特殊人群,为妇女儿童、老人、残疾人等建立和完善社会福利制度。但到了第二次世界大战以后,社会福利制度实施的重点对象不再仅仅是特殊人群,而且越来越开始重视一般社会成员的公共社会福利制度的建设和完善。也就是说,社会福利制度建设发生了多元化。这与社会保障已经成为国家的一种社会发展目标密切相关。

第二,社会福利项目的全面性。第二次世界大战以后,随着社会福利制度建设的基本理念的变化和实施对象的普遍化,社会福利制度开始走向全面化和体系化,其内容包括了老年社会福利、妇女儿童社会福利、残疾人社会福利、家属补贴、公共教育福利、公共住房福利、公共娱乐设施福利、公共卫生福利等。这样就使得社会福利制度形成了一个比较完整的体系。

(二)改革阶段(20世纪70年代至今)

1. 背景

从20世纪70年代末以后,资本主义各国开始对本国的社会福利制度进行改革或调整,其改革或调整的原因主要有以下几个方面:

第一,社会福利阻碍经济发展。这一时期的经济萧条是以经济发展停滞与通货膨胀并存为特征。人们开始寻找产生这种经济萧条的根源,最终认为当时包括社会福利在内的社会保障制度是其中一个重要原因。这是因为当时过高的支付待遇以及过于充分的保障项目,给国家财政、单位以及公众个人都带来了沉重负担。当时的社会福利制度已经超越了经济的承受能力,从而阻碍了国民经济的发展。

第二,高福利造成社会矛盾尖锐。过于高水平的支付和项目众多的社会福利制度,使得相当一部分人依赖于这种高福利,这样直接造成了一部分人的懒惰行为。这种状况给正在工作的人带来了很大的负面影响,结果导致社会矛盾不断尖锐,造成整个社会的劳动积极性下降。

第三,社会福利服务水平低下导致社会不满。随着社会福利项目的增加和实施范围的扩大,社会福利管理工作者在不断增多,社会福利管理机构规模日趋扩大。这些都造成了用于社会福利管理费用的迅速增长。但另一方面,社会福利服务水平逐步下降,社会福利管理人员的服务态度日趋恶劣。这种状况导致了整个社会的不满,人们要求改革社会保障管理体制的呼声日趋高涨。

2. 主要特征

在这种形势下，改革社会福利制度的呼声在世界各国日趋高涨，无论是政府官员、学者、专家还是普通国民，都意识到社会福利制度已到了非改不可的地步。因此，许多国家为了恢复公众对社会福利制度的信任，对社会福利制度进行了调整与改革。这次社会福利制度改革具有以下几个特征：

(1)强调社会福利与社会经济的和谐发展。第二次世界大战以后，许多发达国家开始建立福利国家，其中社会福利的保障水平已经超越了国民经济发展水平。结果，使得国家财政在社会福利方面的负担很重，一定程度上阻碍了国民经济的发展。但随着 20 世纪 70 年代世界性经济萧条的爆发，人们进一步认识到社会福利与国民经济之间和谐发展的重要性。因此，在这次社会福利改革中，注意纠正过去社会福利与社会经济发展不相和谐的状况。

(2)强调国家责任和个人责任之间的合理分担。关于国民的生活保障责任问题，过去许多国家比较偏重于国家责任，即通过从国家财政中拨出大量资金来建立和完善社会福利等社会保障制度，从而保障和提高广大国民的较高的生活质量。正是基于这种认识，许多国家把越来越多的财政用于社会福利事业的建设。但随着人们开始重视社会福利与社会经济之间的和谐发展，许多国家在改革社会福利制度时更加注重个人在生活保障中的责任和作用，从而达到国家责任与个人责任之间的平衡，纠正过去二者之间的失衡状况。

(3)一部分社会福利事业的私有化。这个问题与国家责任和个人责任之间的合理分担密切相关。为了减轻国家在保障国民生活方面的过重责任，首先必须缩小社会福利事业的规模。而社会福利事业规模的缩小，必然会导致国民生活质量的下降。为了既达到缩小社会福利事业规模，又保证国民生活质量的不下降，许多国家采取了社会福利事业的私有化措施。具体表现在，原来由国家举办和实施的一些社会福利事业，让民间部门来承担。这样可以达到上述的双重目标。

(4)西方的福利制度经历了从多元型向新型福利制度的转变。社会福利制度的过度发展，使得在 20 世纪 70 年代世界经济发生滞胀时，福利国家普遍出现了财政危机。从此，各国政府开始出现了以人的全面发展为内涵的新型社会福利思想。这种新型的社会福利制度被称为多元型福利制度，或称为发展型福利制度。这种制度的核心是：强调社会福利与经济发展相一致，建立公平合理的、促进社会可持续发展的社会福利制度；强调以人为中心设计社会福利制度，以社区为立足点和出发点，发动和鼓励所有社会成员积极参与。

从 20 世纪 70 年代末到 90 年代，多元型的社会福利制度在一定程度上促进了经济发展，提高了经济效率，降低了财政支出，但由此也带来了社会贫富差距的明显增大，引起了人们的强烈不满。20 世纪 90 年代，各国政府重新开始对社会福利进行思考，于是一种新型的社会福利制度被推上历史舞台，即“第三条道路”。

“第三条道路”的理论基础是建立在对自由市场的辩证认识之上的。该理论认为，自由市场是最佳的经济运行方式，它能够带来高效率与经济增长，但并非是经济与社会生活各个方面最好的组织方式，且不能自动地实现社会公平，还会带来许多社会问题和矛盾。该理论的支持者赞同国家在福利领域的主导作用，强调社会稳定和秩序安定，认为稳定与安定是社会生活的基础，而不公平是对国家和社会稳定的威胁。因此，该理论既赞成国家提供保障，又反对国家过多地提供福利。认为最终的均衡应该是政府、非政府组织和个人共同参与提供福利，其中国家应当提供并非普遍的社会服务而是有选择的服务，同时提倡发展私人的和志愿的福利事业作为国家福利的补充。在这种理念的影响下，各国都极力变“消极福利”为“积极福利”，变“福利国家”为“社会投资国家”，降低福利支出，注重社区的发展，以此减轻政府的负担，强化福利效率。

(5)社会福利向专业化、职业化和社区化发展①。专业化的社会福利是由一些非政府的社会福利团体负责向社会成员提供服务。这些福利团体就是我们所说的志愿组织。它们自行决定其服务内容和方式，资金来源于政府的资助，政府负责对志愿组织的监督和评价。

职业化的社会福利是与就业有关的福利制度，雇主为其雇员及其家属提供医疗保健服务、家属津贴、一般福利设施及有关服务。职业福利是企业吸引人才的重要措施，是政府社会福利的补充，但西方国家职业化福利的比重较小。

社区化的社会福利是以人为中心的福利思想在实践中的体现。社区服务起源于英国牧师巴涅特于1884年设立的“汤恩比馆”。社区服务最初是为了帮助新移民及有困难者适应环境而设立的，以后逐渐发展到为社区居民提供儿童日托服务、社区机会场所、图书馆、储蓄银行、社区俱乐部及各种娱乐措施等生活服务。社区福利针对社区居民的共同需要，合理利用社区的资源，实现互助、自助的自我服务，有利于节省社会投资。

第三节　我国社会福利的发展与改革

一、传统社会福利

(一)发展过程(改革开放以前)

中华人民共和国成立以后，我国传统的社会福利事业的主管部门是民政部门。传统社会福利事业的发展经历了以下几个阶段：

1. 雏形时期(中华人民共和国成立以前)

中华人民共和国成立以前，我国没有完善的社会福利体系，仅仅是有一些社会福利设施和措施，如以一般社会成员为实施对象的公办教育和公共娱乐福利设施等，以及针对妇女、儿童、残疾人等特殊对象实施的社会福利措施。这些设施和措施标志着我国社会福利制度的雏形已经基本形成，而且为新中国成立以后社会福利制度的建立打下了一定基础。

2. 初步形成时期(中华人民共和国成立初期)

20世纪50年代初期，中华人民共和国开始建立和发展新型社会福利制度。该时期的社会福利事业主要是政府和社会对特定的社会福利对象提供的满足他们基本生活需求的供养性社会福利项目，即它的实施范围主要局限于孤寡老人、孤儿等特殊人群。民政部门开始成为社会福利事业的行政管理部门，这种管理体制一直延续到现在。

该时期社会福利事业的主要内容，就是对中华人民共和国成立前遗留下来的社会福利设施进行改造，使它们成为新中国官办的社会福利设施。这样，中华人民共和国成立前的官办、民办和教会办的社会福利事业完全演变成新中国的官办社会福利事业，同时在城镇新设立了儿童福利院、养老院、残疾人疗养院等。

在这个时期，我国开始建立职工社会福利制度。1950年6月颁布的《工会法》中明确规

① 冯必扬、严翅君：《现代社会保障研究》，人民出版社2003年版，第175～177页。

定，工会具有提高职工物质生活和改善精神文化生活质量的责任；1952 年开始建立职工福利补贴制度，如职工探亲补贴和职工冬季取暖补贴等。职工社会福利制度的建立意味着我国社会福利制度的实施范围大大扩大，已经扩展到单位职工，并且工会是实施和管理职工社会福利制度的机构。

3. 逐步完善时期（1957～1966 年）

1957 年，国务院颁布了《关于职工生活方面若干问题的指示》，明确规定了职工上下班、职工住房等问题。在该时期，我国逐步完善了单位职工社会福利制度，使得我国的社会福利事业具有了两个基本组成部分，即民政社会福利和单位社会福利。同时，该时期大力发展民政社会福利，不断完善老人社会福利、残疾人社会福利和妇女儿童社会福利制度。

4. 调整时期（1966～1978 年）

进入"文革"以后，我国对社会福利事业进行了较大规模的调整。随着内务部的撤销，许多社会福利事业单位被强行合并和撤销，民政社会福利事业发展停滞不前，甚至有所倒退。同时，单位职工社会福利也受到了很大影响。由于各单位的生产发展处于停顿，职工社会福利基金来源无法得到充分保证。职工的住房社会福利、各种补贴社会福利以及各种娱乐文体活动等无法开展下去。

（二）主要内容

我国传统社会福利制度的内容主要包括以下几个方面：第一，民政社会福利。它包括社会福利设施、社会福利企业、社区服务和收容遣送等，实施对象主要是孤老残幼。第二，单位职工社会福利。它包括生活服务、文化福利、职工住房、职工补助等，实施对象为单位职工及其家属。第三，公共社会福利。它包括教育社会福利、价格补贴、卫生社会福利和公共住房分配等，实施对象为一般社会成员（见表 12—1）。

表 12—1　　我国传统社会福利制度的基本框架

福利类型	福利内容	具体福利项目	服务对象	经费来源
民政社会福利	社会福利设施	社会福利院	以收养无依无靠的孤寡老人为主，同时也收养孤儿、弃婴等	财政拨款
		儿童福利院	收养无依无靠的孤儿、弃婴，主要是残疾儿童	财政拨款
		精神病人福利院等	收养退伍军人中的精神病人及无依无靠的精神病人	财政拨款
	社会福利企业	残疾人福利工厂	安排有一定工作能力又不能应付正常工作的严重残疾人就业	企业生产收益；减免税收
	社区服务	综合性的各种服务，如老年人服务、残疾人康复服务、心理咨询服务等	面向社区居民提供多种服务	财政补助；集体供款；有偿服务收入；社会募捐等
	收容遣送	收容、遣送中心	面向流浪人口	财政拨款

续表

<table>
<tr><th>福利类型</th><th>福利内容</th><th>具体福利项目</th><th>服务对象</th><th>经费来源</th></tr>
<tr><td rowspan="5">职工社会福利</td><td>生活服务</td><td>职工食堂;浴室;理发室;卫生室;幼儿园、托儿所等</td><td>面向本单位职工及其家庭成员</td><td>企业:成本中列支的福利费和福利基金;机关事业单位:财政拨款</td></tr>
<tr><td>文化福利</td><td>俱乐部;阅览室;老年人活动中心;影剧院;体育场所等</td><td>同上</td><td>同上</td></tr>
<tr><td>职工住房</td><td>公房分配</td><td>面向有建设资金来源的单位职工</td><td>同上</td></tr>
<tr><td>职工补助</td><td>探亲补助;交通补助;洗理费补助;取暖费补助;困难补助等</td><td>同上</td><td>同上</td></tr>
<tr><td>其他福利</td><td>职工疗养等</td><td>同上</td><td>同上</td></tr>
<tr><td rowspan="8">公共社会福利</td><td rowspan="3">教育福利</td><td>特殊教育
(聋哑学校、盲人学校)</td><td>面向盲聋哑青少年、儿童</td><td>财政补助;收费</td></tr>
<tr><td>义务教育
(中小学教育)</td><td>面向儿童及青少年</td><td>财政拨款;收费</td></tr>
<tr><td>高等教育助学金等</td><td>面向高校学生</td><td>财政拨款</td></tr>
<tr><td>价格补贴</td><td>粮油、副食补贴;其他社会补贴</td><td>面向城镇居民</td><td>财政拨款</td></tr>
<tr><td rowspan="3">卫生福利</td><td>地方病防治</td><td>面向地方病发生区居民</td><td>财政补贴</td></tr>
<tr><td>传染病防治</td><td>面向传染病患者</td><td>财政补贴</td></tr>
<tr><td>儿童免疫</td><td>面向儿童</td><td>财政补贴</td></tr>
<tr><td>住房福利</td><td>公房分配</td><td>面向没有建房资金来源的单位的干部、职工</td><td>财政拨款</td></tr>
</table>

资料来源:郭士征、钟仁耀:《社会保障学》,上海财经大学出版社 2004 年版,第 272 页,并做了适当修改。

(三)基本特征

经过几十年的发展,由民政社会福利、职工社会福利和公共社会福利构建的传统社会福利制度,已经成为一个比较完整的体系。它具有以下两个基本特征:

1. 二元性

与其他社会保障制度一样,社会福利为广大城镇居民提供各种服务,并提高他们的生活质量。如职工社会福利的实施对象是城镇单位职工,公共社会福利服务的对象主要是城镇居民。农村居民较少享受到社会福利,他们能够享受的社会福利主要是民政社会福利,而且能够享受的人数非常少,社会福利待遇低下,社会福利项目较少。

造成这种社会福利二元性的主要原因有以下四个:第一,由于我国实行了严格的户籍制度,与整个社会经济二元化相匹配的是城镇二元化的社会福利制度。第二,由于我国的整体社会经济发展水平不高,国家没有实力为农村居民建立比较完善的社会福利制度,因为社会福利资金来源的一个重要渠道就是财政支出。第三,我国农村社会经济发展水平远低于城镇,首先解决农村居民生活问题的是温饱,在没有解决他们的基本生存问题之前,很难通过社会福利制度的完善来提高他们的生活质量，这也是由社会福利制度的保障水平所决定的。第四，长期以来，我国把社会福利政策实施的重点放在城镇，而比较忽视农村居民的社会福利制度建设。

2. 福利与就业和保险的三位一体性

这个特征主要表现在单位职工社会福利上。享受职工社会福利待遇的一个前提条件就是在某一个单位已经就业，而没有工作单位的城镇居民无法享受职工社会福利。只有单位职工在享受社会福利的同时，才能够参加社会保险。因此，在计划经济时代，我国的职工社会福利与社会保险和就业高度结合，形成了“三位一体”格局。

在计划经济时期，我国的单位职工福利带有强烈的政府色彩，政府通过制定各种政策和措施来规定职工福利的实施，而且政府也出资帮助单位从事职工福利。虽然我国的职工福利表面上看起来是单位行为，单位在举办和实施，但实质上是一种政府行为，单位在代替政府行使这方面的责任。因此，计划经济时期的单位职工福利可以被认定为是一种社会福利；但改革开放以后，随着大部分原有单位职工福利的社会化，单位职工所从事的各种福利不再属于社会福利，而仅仅是一种单位福利，具有强烈的单位色彩。

二、社会福利改革

(一)改革背景

我国传统社会福利制度在保障国民生活质量方面发挥了较大作用，但随着改革开放以后社会主义市场经济体制的建立和完善，传统社会福利制度暴露出越来越多的弊端，已经不适应社会经济形势的发展，甚至在一定程度上阻碍了经济改革。其弊端具体表现在以下几个方面：

1. 不公平

随着人们对自身权益保护的重视以及价值观念的改变，传统社会福利制度中的不公平问题越来越突出，这严重阻碍了我国构建和谐社会目标的实现。这种不公平具体又表现在以下几个方面：

第一，城乡居民之间的不公平。我国大量的社会福利资源都集中在城镇，为城镇居民服务，而农村社会福利无论是在量上还是在质上都无法与城镇社会福利相比较，尤其在职工福利和公共福利方面更是如此。

第二，地区之间的不公平。我国社会福利资金来源除了中央财政统一安排以外，相当多的资金依靠地方政府财政和单位资金。而我国地区社会经济发展水平悬殊，各地财政实力差异很大，各单位之间经济效益差距也较大。

第三，城镇居民内部之间的不公平。我国社会福利的主体可以说是职工福利，无工作单位的居民被排除在职工福利的实施范围之处。这样，单位职工与其他城镇居民之间在享受社会福利待遇上存在巨大差异。

第四，单位职工之间的不公平。我国职工福利的实施主体是单位，由于各个单位之间经济实力上的差异以及单位领导人重视程度上的不同，导致各单位之间在福利项目数量上和质量上都存在着较大的差距。这种状况具体又表现在国有单位与非国有单位之间，国有单位之间以及干部与工人之间。

2. 实施主体的错位

随着社会主义市场经济体制的逐步完善和单位独立核算机制的不断健全，传统社会福利制度实施主体的错位问题越来越严重。这种错位主要体现在职工福利上。这种实施主体的错位又可以表现在以下方面：

第一，我国的职工福利与单位发展并无直接的联系。职工福利仅仅是单位对职工的一种义务，职工福利促进职工劳动积极性的提高难以体现出来。

第二，我国的职工福利成为传统社会福利制度的主要内容，而非补充作用。这就产生了企业办社会，形成小而全和大而全的单位。单位负担沉重，而国外的职工福利仅是社会福利的一种补充。

第三，政府与单位之间的职责不明。社会福利的实施主体应该主要是政府，政府有责任举办和管理社会福利，但我国把以职工为实施对象的社会福利转嫁给单位，由单位代替政府来履行社会福利的义务。

3. 资金来源渠道单一和不足

我国传统社会福利资金来源渠道比较单一，造成社会福利资金不足，导致社会福利供需矛盾加剧。民政社会福利和公共社会福利的资金主要来自政府财政，由于财政紧张而对它们的投入不足，造成社会福利供应量严重不足，保障水平不高，无法满足广大居民的需求。职工福利的资金中相当一部分来自单位本身，单位的经济效益好坏直接决定了该单位对职工福利的投入多少；但由于许多单位的经济效益长期以来不好，存在职工福利无法解决和提高职工的生活困难或者生活质量等问题。

4. 实施内容的板块性

一方面，我国传统的社会福利体系被分割为财政价格补贴、民政福利和企业或单位福利三大板块，三者之间缺乏协调性、稳定性和自主性。它们相互分割、封闭运行，造成了福利经费来源的单一性和低效率性。另一方面，社会津贴是城乡结构中的块状福利，城镇居民普遍享有，农村居民被排斥在外。而职业福利又是企业或单位内部的条形福利，只有该单位的职工才能享有其待遇，因此，即使同是城镇居民，在不同的就业单位，也有不同的福利水平，结果造成了居民与企业或单位之间的一种特殊的“人身依附”关系。这种板块或条块结构，最终导致整个社会福利部分项目遗漏、空白与少部分人福利待遇过高、交叉和重叠并存，抑制了居民的劳动积极性。

(二)改革的主要内容

改革开放以后，我国社会经济形势发生了很大变化。首先，人口的老龄化和家庭结构的“4—2—1”型。目前，我国 65 岁以上人口占总人口的比重超过了 7%；残疾人有 5 170 万人，占总人口的 4%～5%，涉及的家庭大约为 18%。同时，家庭趋于小型化，生活压力增大。这些都需要通过举办社会福利服务来解决。其次，随着市场经济体制的建立，原来的职工福利必须社会化，否则企业等单位改革寸步难行；并且市场经济使得国民所面临的风险增大，这也需要改革计划经济时代下建立的社会福利制度。最后，随着人们生活水平的提高，我国城乡居民对自身的生活不再满足于温饱状态，提出了更高要求，这也需要完善社会福利制度。传统社会福利制度已经不适应这种形势的发展，在这种背景下，我国开始改革社会福利制度。

1. 民政社会福利改革

1983 年，民政部门开始酝酿城市社会福利事业的改革，提出了国家力量和社会力量相结合，采用多种形式举办社会福利事业的新思路。1984 年召开的漳州会议进一步明确了“社会福利社会办”的指导思想，使社会福利事业从单一的、封闭的、由国家包办的体制转变为国家、集体、个人一起举办的体制，面向社会，多渠道、多层次、多种形式地举办各种社会福利事业。

在社会福利制度改革的浪潮下，城乡各种社会福利院开始向社会开放，并接受自费收养人员，这些自费收养人员大多是退休职工中的孤寡老人或者是子女不在身边的老人。民政部门举办的社会福利事业单位还积极为社会提供康复服务和门诊服务。同时，民政部门还号召全社会都来参与举办社会福利事业，2000 年民政部等部门发布《关于加快实现社会福利社会化的通知》，进一步强化了实现社会福利社会化的紧迫性和必要性，并制定优惠政策，引导社会力量积极参与社会福利事业。

目前，我国民政社会福利的实施对象主要仍然是特殊人群，对他们实施社会福利的基本方针是：第一，对老人是以养为主，妥善安排他们的生活，适当开展一些文娱活动和力所能及的生产劳动。第二，对学龄儿童是教养结合，使他们德、智、体、美、劳全面发展，至少要让他们接受中等教育。第三，对婴幼儿以保育为主，使他们健康成长。第四，对精神病人，是养治结合，通过药物治疗和适当参加劳动、文娱和教育活动，进行综合治疗。

2. 社区服务制度的建立和完善

社区服务，是指在社区内通过政府倡导和扶持，运用社区的资源，向社区全体居民提供福利性服务和商业化服务。这里的社区，一般以政府在城市的最基层的行政机构即街道办事处所管辖的行政区域为范围，人口约为 5 万～10 万人。

我国的社区服务最早产生于 20 世纪 80 年代初期。随着城市经济体制改革的进行，社会福利制度改革也拉开了帷幕。当时社会福利制度改革的目标，是改变国家负责制的社会福利制度，建立社会化的社会福利制度。其中一项重要措施就是在街道建立“社会福利服务网络”，可以说这是我国社区服务的萌芽。1987 年，民政部第一次提出了“社区服务”这一个概念，以此代替“街道社会福利网络”；1989 年 10 月，民政部在杭州召开了全国城市社区服务工作经验交流会，从此，我国的社区服务事业进入了全面发展时期；1993 年 8 月，民政部、国家卫计委等 14 个部门联合发出了《关于加快发展社区服务业的意见》，这是第一个全国性指导和规范社区服务发展的文件；1994 年底，民政部在上海召开了全国社区服务经验交流会，强调社区服务必须坚持社会效益第一的原则；1995 年，民政部制定颁布了《社区服务示范城区标准》，在全国开展创建社区服务示范城区的活动，并于 1998 年，命名南京玄武区等 44 个城区为全国社区服务示范城区，为社区服务在全国的普及与提高，树立了规范性的指导和示范性的样板；2000 年 11 月 19 日，中共中央办公厅，国务院办公厅下发了《关于转发(民政部关于在全国推进城市社区建设的意见)的通知》，文件提出以拓展社区服务为龙头，不断丰富社区建设的内容，使社区服务有了更高层次的发展目标和功能定位。

但是，社区服务在全国起步后，面临着的资金紧缺与服务亟待扩展之间的矛盾日益突出。在这种情况下，有些城市开始探索以经营性服务与有偿服务的盈余来弥补福利服务经费不足的路子，把“社区服务当作一个行业来经营”的构想，开始探索并提了出来。于是，社区服务便开始进入了一个依据市场经济要求不断进行调整、适应，在此基础上再全面普及推广的发展新时期。

2006 年 4 月 9 日，国务院颁布了《国务院关于加强和改进社区服务工作的意见》，对社区服务的性质、内容、目标、任务、管理等做出了更加明确的规定，从而把社区服务引向规范化和专业化的发展道路。目前，社区服务包括托老养老服务、残疾人服务、优抚对象服务、居民生活服务、心理健康和疾病康复服务、文化娱乐服务等。2010 年 8 月在北京召开的“2010 中国社区服务先进经验报告会”主要围绕社区养老服务、探索社区服务新模式等议题，来自社会各界代表，分别从不同角度阐述了在社区服务和养老方面的做法、经验和遇到的问题，对我国进行的社区服务工作进行了总结。

3. 住房社会福利改革

在计划经济时期，城镇居民的住房基本上是公有住房，在城镇个人建设住房原则上是被禁止的。当时主要有全民所有制企业、集体企业、事业部门供应的住房，中央、地方政府直接管理、供应的住房，以及中华人民共和国成立前已有的一小部分私有房三种。在整个住房中，公有住房占有绝对的份额。

在城镇，职工所属单位分配住房，职工仅付很少的房租就可以一直住下去。这种单位分房，实际上具有经济与社会的双重意义。社会保障方面，由于城镇居民的生活水平很低，通过单位分配住房，低房租让职工住进去，因此具有经济意义。社会方面，这种住房供应体制，从单位方面来看可以确保劳动力的稳定供应，从行政部门方面来看，可以通过单位加强户籍管理，从而具有社会意义。

但是，这种制度在资金方面对于单位与国家而言，其负担越来越重。通过房租收入长期以来难以维持新住房的建设和住房的维修。在企业，住房建设以外的资金流入住房建设，而且住房面积小、房屋老化这一问题越来越突出，其原因是住房建设资金的不足，为了解决这种问题，我国进行了住房制度改革。

我国的城镇居民住房社会福利制度改革共经历了四个阶段。第一阶段(1979～1985 年)是探索阶段，主要是在部分城镇进行住房出售的试点。第二阶段(1986～1992 年)是起步阶段，成立了国务院住房制度改革领导小组，重点是提高公有住房的房租与公有住房的出售。第三阶段(1993～1997 年)是完善阶段，重点在于出售公有住房与促进商品房市场的发展。第四阶段(1998 年至今)是成熟阶段，全面停止福利分房，实行货币分房，建立商品房市场，促进个人消费。

随着住房供应主体扩大到民间部门，市场增加了住房供应数量，减轻了公有部门的资金负担。为了促进民间部门的投资，必须把住房作为营利的目的。住房制度改革当初，是提高公有住房房租，这是为了尽量回收投资费用，促进住房私有化，降低过去低房租造成的长期居住的依赖性。公有住房的买卖，其价格十分低廉，使得单位职工都能够购买。

1994 年公布了《国务院关于深化城镇住房制度改革的决定》，确立了“三改四建”为主要内容的住房制度改革的基本框架，提出逐步实现住房的商品化、社会化。1998 年国务院公布了《关于进一步深化城镇住房制度改革，加快住房建设的通知》。在这个文件中，明确规定停止福利分房。1999 年 4 月国务院发布并施行《住房公积金管理条例》，提出“房委会决策、中心运作、银行专户、财政监督”的原则，这标志着中国住房公积金管理步入规范化、法制化发展的新时期。2002 年 3 月，国务院对《住房公积金管理条例》进行了修订，以国务院令第 350 号公布实施。

目前全国城镇已普遍建立住房公积金制度，截至 2017 年，住房公积金缴存总额 124 845.12 亿元，缴存余额 51 620.74 亿元，分别比上年末增长 17.68%和 13.13%。全国住房公积金人均缴存额 1.36 万元，同比增长 7.53%。住房公积金是职工个人的资金，必须按照“房委会决策，中心运作，银行专户，财政监督”原则进行管理。同时实行低进低出原则，其贷款利率低于银行经营性贷款利率，有利于职工购买住房。这种住房公积金制度具有以下几个基本特征：

第一，带有强制性。住房公积金制度是由政府推动建立的，是职工个人与单位必须履行的义务。不论是国家机关、事业部门还是企业，社会团体的职工，自进单位之日起至退休为止，按月缴纳与储存住房公积金，提高购房的支付能力。

第二，具有互助性。由于职工个人无论是否需要使用住房公积金解决其住房问题，都必须缴纳公积金，因此形成了对需要使用住房公积金的职工的支持。参加住房公积金制度的职工，在公积金使用上，互相帮助，互相支持。对尚未解决住房问题的职工来说，在买房时不但可以使用自己储存的公积金，而且还可以通过抵押贷款的形式，也可以使用其他职工储存的公积金，享有互助的利益。对已经解决住房的职工来说，他必须履行义务，缴纳住房公积金。

第三，使用方向带有专用性。这种专用性表现在两个方面：首先，住房公积金的属性是个人专项住房资金，归个人所有，不是财政预算内资金；其次，住房公积金定向用于职工购买、建造、大修理自住住房抵押贷款，用于城市经济适用住房包括安居工程住房建设的专项贷款，用于单位购买，建造职工住房专项贷款。在满足支付需要与安排以上贷款后，可以用于购买国家债券。除此以外，任何单位与个人都不能挪作他用。

第四，应用范围带有地区性。职工及其所在单位按规定缴纳与储存的住房公积金，由城市住房公积金管理机构根据房改领导小组或房委会的批准，用于本地职工的住房建设与职工购买住房与政策性贷款。住房公积金的归集与使用在一个地方范围内自行平衡，不存在地区之间的住房公积金流动与调剂。

第五，住房公积金的缴纳与储存具有长期性。住房公积金制度既是我国住房制度改革的重要内容，又是新住房制度的重要组成部分，因此，将长期存在并不断用于解决职工的住房问题。从职工个人来说，缴纳与储存公积金是一项长期义务，贯穿于整个劳动就业过程，不论工作有无调动，还是单位发生变更，都必须缴纳与储存公积金。这种长期性，一方面是积累住房资金的需要，只有不断扩大住房资金，才能真正提高职工个人的购房能力；另一方面，这也是深化住房制度改革的需要。房改是一项长期的任务。

4. 职工福利的社会化

我国的职工福利主要包括职工集体福利和职工个人福利这两种，其中职工集体福利又可以分为职工集体生活福利和职工集体文化福利。

职工集体生活福利是指单位建设集体生活服务设施，以优惠价格甚至免费提供给职工利用，为他们解决生活上的困难，如职工宿舍、托儿所、浴室等。职工集体文化福利是指单位建设各种文化、卫生、体育和娱乐等设施，以优惠价格甚至免费提供给职工利用，丰富他们的业余文化娱乐生活，如图书馆、体育场所、电影院、俱乐部等。

职工个人福利是指单位举办和实施的各种经济性福利项目，以便减少职工的生活开支和满足职工的各种需要。职工个人福利往往以货币或者实物的方式支付给职工个人，如上下班交通费补贴、探亲假、工作午餐补贴、冬季取暖补贴、夏季防暑补贴等。

由于我国对职工福利定位的不适当，并随着单位改革的不断深化，职工福利的许多弊端开始暴露出来。单位办社会不仅意味着单位承担着不应该负担的责任，而且一味追求职工福利的结果，导致了单位挪用生产性资金等来为职工举办福利，影响单位发展，并造成职工福利基金严重收支不平衡。同时，低工资、高福利政策已经不适应社会主义市场经济体制发展的要求，因为在市场经济条件下福利仅仅是对工资的补充，在保障职工生活方面处于从属地位。

在这种背景下，我国对职工福利开始改革，改革的主要方向就是职工福利的社会化。所谓职工福利的社会化，就是把许多原有单位承担的职工福利由社会或者政府来承担，纠正对职工福利定位的不适当问题，使得原本不应该由单位承担的职工福利回归到社会和政府。这样做的好处在于，一方面可以减轻单位在职工福利方面的负担，有利于单位自身改革和发展；

另一方面,明确政府和社会与单位在职工福利上的职责,使得它们各尽所能,各负其责。

我国从 20 世纪 90 年代开始改革国有企事业单位的职工福利,把大部分职工福利推向社会,从根本上改变单位办社会的状况。2002 年 4 月 26 日,国务院颁布了《关于进一步推进国有企业分离办社会职能工作的意见》。该文件明确指出,应该进一步加快推进分离企业办社会工作,如分离企业自办中小学、医院和后勤服务等。职工福利改革的具体内容大概包括以下两个方面:

一是企业后勤服务的社会化。这项工作大致分为三个步骤:第一步是实行独立核算和承包制,逐步开展对外经营;第二步是逐步改变对后勤服务设施的补贴,开始实行对内、对外双重服务,收费向市场价格靠拢;第三步是使后勤服务完全实现社会化和产业化,所有服务收费都采用市场价格,达到一个独立法人单位的目标。

二是福利和工资配套改革。各种福利补贴如物价补贴、上下班交通补贴、洗理费补贴等都进入工资,属于工资的一个组成部分,不再从单位福利基金中列支。

5. 教育社会福利的改革

在较长时间内,我国的教育社会福利主要体现在九年制义务教育和高等教育。在计划经济时期,我国对九年制义务教育和高等教育基本上实行免收学费制度,这两种教育制度所需资金主要来自各级财政支出。九年制义务教育的免收学费制度一直延续到现在。高等教育则在改革开放以后发生了变化,现在所有高校都收取学费,私立高校则完全根据市场价来决定学费的多少。从总体上来说,我国教育社会福利制度改革,在培养学生方面进一步明确了政府、学校和家庭之间的分工,使得这三者之间职责更加明确。

一方面,进一步加强九年制义务教育的社会福利性,政府加大财政支出力度,保证所有学生都能够享受义务教育;同时社会福利机构收养的孤儿、弃儿等教育费用由社会福利机构直接向学校支付,这里有一定的财政负担,实际上政府也承担了一定责任,具有教育的社会福利性。

另一方面,在高中教育以上的学校教育中,让家庭和学校承担更多的责任,即减少教育的社会福利性。随着高校收费标准的提高,这种教育福利性逐步减弱。但这并不是说我国的高等教育完全不具有教育社会福利性。政府财政为公立高校承担了一定的费用,高校资金并不是完全来自学费收入。考虑到部分困难学生家庭的支付能力,为了帮助特困家庭学生顺利完成学业,国家在中等以上学校设立了助学金和贷学金制度,并且对于一些品学兼优的学生还设立了奖学金制度。

(三)改革的完善和发展

早在 20 世纪 80 年代中期,针对社会福利事业资金渠道单一、服务对象狭窄、管理方式落后、服务水平不高、人员素质偏低的状况,民政部提出“社会福利社会办”的思路。90 年代以后,随着计划生育政策效果的显现和家庭结构的变化,我国老龄化、家庭小型化、经济市场化、农村城市化和消费结构多元化的发展形成了对老年福利事业的巨大需求。同时,残疾人和孤儿的养护、康复条件也亟待改善。但是长期以来,我国社会福利由国家和集体包办,存在资金不足、福利机构少、服务水平较低等问题,难以满足人民群众对福利服务需求日益增长的需要。为此,必须从长远和全局出发,广泛动员和依靠社会力量。为了推进我国社会福利事业的改革与发展,建立适应社会主义市场经济体制的社会福利服务体系,推进社会福利社会化不仅是必要的,也是切实可行的。同时,推进社会福利社会化,对于扩大内需,拉动经济增长,增加就业,也有积极的现实意义。我国综合国力的增强,人民群众生活水平和道德水准的提高，为推进社会福利社会化奠定了良好的基础。2005 年民政部颁发《关于支持社会力量兴办社会福利机构的意见》，进一步调动社会力量参与社会福利事业的积极性，维护社会办福利机构的合法权益，推动社会福利社会化进程，通过制定优惠政策，抓好政策落实以及多渠道、多形式筹集资金，支持社会办福利机构的发展，为我国社会福利事业社会化谱写了新篇章。

本章小结

1. 描述了社会福利的内涵和外延、基本特性、主要内容以及基本功能。

2. 介绍了社会福利产生的背景以及发展的几个阶段及其每个阶段的主要特征。

3. 叙述了我国传统社会福利的发展过程及其特征，重点介绍了我国改革开放以后社会福利改革的背景及其主要内容。

思考题

1. 试述社会福利的主要内容。
2. 试述社会福利产生的背景。
3. 论述社会福利发展的若干阶段。
4. 叙述我国社会福利改革的背景。
5. 试述我国社会福利改革的主要内容。

第十三章

老年人社会福利

学习目的

通过对本章的学习，掌握老年人社会福利的产生、内涵以及主要内容；部分发达国家的老年人社会福利制度；我国传统社会老年人福利的特点、现代社会老年人福利的发展演变，以及当前我国老年人社会福利的现状、发展的成就及其存在的问题。

第一节　老年人社会福利概述

据统计，截至 2017 年，全世界 60 岁以上老年人口总数已达 9.62 亿，占全球人口的 12.3%左右。随着人口老龄化趋势日益明显，到 2050 年，全球 60 岁以上人口比例将增加到 21 亿，约占全球人口的 22%。庞大的老年人口对经济领域中的消费储蓄、政治领域中的选民构成及社会关系、文化活力等各方面都造成了非常巨大的影响，如何应对老龄化危机，提高老年人生活质量问题成为世界性的课题。

一、老年人社会福利的产生原因

根据马斯洛需求层次理论，人的行为受人的需求的影响与引导。老年人社会福利正是针对老年人的经济需求、医疗保健需求、生活护理需求、心理需求和社会参与的需求而组织实施起来的社会援助体系。从根本上说，老年人社会福利的产生是社会发展和社会变迁的结果，其中最主要的社会变迁包括工业化、人口老龄化与高龄化、家庭结构与功能的变化。老年人社会福利作为一种正式制度安排，是工业社会的产物，经历了一个从无到有、逐渐发展的过程。在过去的半个世纪中，老年人的社会福利逐步从工业化的发达国家扩展到许多发展中国家，成为世界各国政府关注的重点。

(一)老年人的特殊需求

老年人社会福利主要是为了满足老年人的特殊需求而产生的，那么他们到底有哪些需求呢？一般认为，老年人的特殊需求反映在物质和精神两方面，包括经济需求、医疗保健需求、生活照料需求、心理需求和自我实现需求，并随着社会因素和老年个体因素而发展变化。

1. 经济需求

在现代工业社会中，人们作为劳动者在劳动力市场中生存，并且各国政府都规定了劳动者达到法定退休年龄时必须退休，一旦退休，劳动者的就业收入也就随之消失。即使退休老人的退休金收入不低，仍会遭到通货膨胀的困扰，特别是随着年龄增长身体状况日渐下降，医疗费用会逐渐增加，其生活很容易陷入经济困境。因此，这“一升一降”使老年人退休后生活来源大幅度减少，老年人需要经济上的基本保障。

对于大多数老人来说，经济需求仍是最基本的需求，也是最低层次的需求，其他如健康、心理或社会参与的需求都要以经济收入需求的满足为基础。

2. 医疗保健需求

人不可避免地要步入老年阶段，这是自然的生理规律。步入老年的老人最为典型的一个特征就是“老”，即生理上老化、衰老的意思，生理功能随着年龄的增长而不断衰退，抵御疾病的能力下降，极易患上各种常见的大病、慢性病，例如关节劳损、骨质增生、糖尿病等，这严重威胁老年人的身体健康，使得老年人有着迫切的医疗保健要求。而老年人的健康涉及生物、医学、心理和社会等多种复杂因素，单靠家庭或个人难以全面保障老年人的身体健康，需要得到家庭以外的社会力量的帮助，因此健全的医疗保险体系和老年医疗保健福利对老年人而言意义重大。

3. 生活照料需求

生活照料需求，主要是指老年人在日常起居、家务料理和康复护理等方面的需求，还包括一些文化娱乐、精神慰藉方面的需求。由于老年人的活动能力下降，老年人特别是高龄老年人当中因意外、疾病或瘫痪而导致生活不能自理或部分不能自理的情况相当普遍，因此需要家庭和社会提供日常的生活照料，包括给老人做饭、喂饭、穿衣、洗衣、洗澡、上厕所、购物等福利项目。

4. 心理需求

老年人退休后有大量的闲暇时间，而子女由于繁忙的工作可能很少陪伴在老年人膝下，因此失去亲人陪伴的老年人极易产生孤独寂寞的心理。同时，由于不需直接为生活奔波劳累，老年人在休闲娱乐上的需求就更为明显，希望通过老年活动中心等福利设施以丰富自身的精神文化生活。

5. 自我实现需求

老年人从工作岗位上退下来以后，大多数人在年龄体力、知识技能方面还可以继续为社会做出新贡献。在不影响身体健康的前提下，老年人希望可以根据自己的能力、爱好，以及需要和可能，继续参与社会经济活动，以发挥自己的余热，体现自己的价值。

(二)工业化

现代老年人社会福利在欧洲的产生不是偶然的，它是工业化的产物。工业化使人类社会从农业社会转向工业社会，人们的各种生活风险随之增加，如疾病、工伤、失业、养老、贫困等，个人对社会的依赖程度也越来越高。在这种情况下，过去农业社会中行之有效的家庭养老形式已难以抵挡工业化时代的生存风险。非但个人及家庭养老无能为力，过去西方国家那种临时性的、范围狭窄的、不规范的慈善事业，亦无济于事。社会化、制度化、普遍化的老人社会福利制度便应运而生。

(三)人口老龄化与高龄化

人口老龄化是指一个国家或地区总人口中因年轻人口数量减少、年长人口数量增加而导致的老年人口比例相应增长的动态过程。如果一个国家 60 岁以上老年人口达到总人口数的 10%或者 65 岁以上老年人口占人口总数的 7%以上，那么这个国家就已经属于人口老龄化国家。

美国人口调查局2016年的报告称，目前全球65岁以上人口数量为6.17亿，约占总人口(73亿人)的8.5%，预计这一数字到2050年将以每年2 710万的增长速度急速攀升至15.65亿，约占届时人口(预计94亿人)的16.7%。[①]。在人口总体老化的同时，老年人口内部也在不断老化，高龄老人是增速最快的人群。如此庞大的"中老年"和"老老年"人口无疑会给家庭和社会带来沉重的负担。

(四)家庭结构与功能的变化

长期以来，家庭成员在为老年人的养老服务中扮演着极其重要的角色。随着家庭结构的小型化和空巢化，子女不再像主干家庭或联合家庭那样与父母居住在一起，现代社会家庭照顾功能的相对减弱，使传统社会中"养儿防老"的观念和做法受到了极大挑战。即使大多数子女表示愿意承担对老人的生活照料，但由于工作、学习、照顾自身的孩子等原因，子女无力完全承担照顾数位老人的重担。而另一方面，越来越多的女性走出家庭，加入劳动市场，使家庭在照顾老年成员方面的人力资源不断减少，迫使对老年人的照顾和扶养责任从家庭向社会转移。当然，这也并不否认家庭在现代社会依然是重要的养老主体，家庭仍具有不可替代的亲情抚慰功能。

二、老年人社会福利的基本内涵

(一)老年人的内涵

社会福利所说的老年，一般是按国家或政府以法律制度规定的年龄标准确定的。现代社会大多以享受社会福利或退休金的年龄作为老年的标准。国际上，发达国家老年人退休年龄标准一般为65岁，发展中国家的标准为60岁，我国一般规定男60岁、女50岁(干部身份55岁)为退休年龄。为了与多数人的退休年龄相衔接，我国《老年人权益保障法》第二条规定老年人的年龄起点标准是60周岁。即凡年满60周岁的中华人民共和国公民都属于老年人。

(二)两层含义

老年人社会福利作为与残疾人社会福利、妇女儿童社会福利相并列的一个社会福利子项目，主要有以下两层含义：

第一层含义从政府功能的角度出发，认为老年人社会福利是政府为了发扬敬老爱老美德，安定老人生活，维护老人健康，充实老人精神文化生活为目的而采取的政策措施和提供的设施及服务。

第二层含义从老年人的特殊需求出发，认为老年人社会福利是根据老年人特殊需要和老年人自身的特点，由社会提供给老年人的物质帮助和社会服务。具体而言，老年人由于身体原因，在经济、生活、心理方面都存在一些单靠自身和家庭无法解决的特殊问题，需要社会和政府在这方面的有所作为。

老年人社会福利的主要目的是满足老年人口特殊的生活需求，帮助老年人提高和改善生活水平。通俗地说，就是解决好一个社会的养老问题。

老年人社会福利的实施主体是国家(通过政府有关职能部门)和社会(通过社会福利事业的社会团体)，客体或者说享受对象是达到一定年龄(通常有65岁和60岁两种标准)的老年人。

因此，老年人社会福利是根据老年人的特殊需求和老年人自身特点，以改善老年人物质

---

① http://money.163.com/16/0401/08/BJI8QSRN00253B0H.html.

生活和精神生活为目的，由政府和其他各种社会组织所提供的福利项目、设施和服务的总称。

老年人社会福利是养老保险的延续和提高，在保障老年人基本物质生活需要、解决好"养"的基础上，进一步满足老年人物质和精神文化生活的需要。同时，相对于养老保险而言，老年人社会福利的覆盖范围具有普遍性，其对象是全体老年人，而不仅仅是退休劳动者；服务项目具有广泛性，除养老的基本物质生活保障外，还包括老年人的医疗、护理、休闲娱乐、生活照顾等各个方面的内容；责任主体具有社会性，政府和志愿者队伍、民间组织等社会力量共同构成老年人社会福利的服务主体。

三、老年人社会福利的主要内容

老年人社会福利所包含的内容与现代工业社会的发展程度密切相关。传统社会的老年人社会福利局限在物质帮助，现代社会则更加强调宽泛的社会服务性及满足个人全面发展；发达国家老年人社会福利发展水平高、服务全面，发展中国家老年人社会福利则是剩余型或补缺型的。随着经济社会的不断发展、人们生活水平的不断提高以及医疗卫生事业的不断进步，老年人社会福利的内容也将不断充实和扩展。从理论上来说，老年人社会福利应该包括以下一些内容：

(一)老年人收入福利

收入来源的大幅减少使得相当一部分老年人没有购买所需物品和服务的经济能力，特别是随着年龄的增长、身体功能的下降而导致医疗开支的增加，使得老年人的生活极易陷入经济困境。因此，如何避免这个问题是老年人福利的一个重要目标。在这方面，政府承担的主要责任就是向老年人提供必要的、以现金形式支付的、用于保障老年人基本生活支出的福利供给，这种福利通常被称为"老年人津贴"或"补充保障收入"。此外，"老年人生活补贴"、针对高龄老人而发放的"长寿补贴"等也属于收入福利的范畴。

(二)老年人医疗保健福利

生理方面的变化往往导致老年人易患上各种慢性疾病，如风湿症、中风后遗症、眼疾和耳疾等，严重影响老年人晚年生活的质量。因此，针对带有这些问题人口的保健不但要强调治愈，还要强调通过治疗和护理，使患者能够调整自己以适应在某些症状长期存在的情况下生活，这就是人们通常谈到的"长期保健护理"(Long Term Care，LTC)。同时，老年人医疗保健福利还包括为老年人定期组织体检、举行健康保健、疾病康复咨询和讲座等。

(三)老年人社会福利服务

老年人除了收入保障、医疗服务方面的需求外，还有许多其他需求，如老年人的生活照顾、生活不能自理时的护理以及社会交往的需求。老年人社会福利服务主要是满足老年人这方面需求的，它主要分为两种类型的服务内容：一种是院舍服务，另一种是社区照顾。

院舍服务是一种以入住方式提供给老年人的综合服务，通常分为三个层次：一是老年公寓，主要面对生活能自理的人，公寓主要提供一些辅助性服务，日常生活由老年人自行料理；二是老年福利院，主要面对能够自理或半自理的老年人，福利院提供完整的照顾服务；三是老年人护理院，主要面对生活不能自理或半自理的老年人，护理院提供完全的生活照顾和护理。在实际工作中，这三个层次并不十分清晰，大多数福利院都是综合性的。

但是，院舍机构要么服务费用较高，要么服务质量较差、床位不足，更为重要的一点是，老人通常觉得被送去养老院是遭到遗弃，对于离开儿女很难接受。因此，院舍服务越来越不受欢迎。目前，老年人福利服务组织过程中的社区照顾受到了人们的普遍赞同，为许多国家所大力推广。社区照顾是指在国家宏观指导和政策扶持下，以社区为依托，为满足日常生活自理有困难的城市老年人的照顾需求而提供的养老服务，包括建立和发展老年福利设施、开展社区居家照顾、社区日间托老服务、社区内机构照顾等一系列的照顾项目。它包含两层含义：(1)不使老人脱离他所生活、所熟悉的社区，在本社区内进行服务，以满足老年人亲情慰藉的需要；(2)动员社区力量，运用正规照顾资源与非正规照顾资源(包括政府部门、家人、亲戚、朋友、邻居、志愿者队伍和民间组织)，即社区支持体系开展服务，终极目标是协力让受助者尽量维持在社区内，过最大限度地独立自主的生活。

(四)老年人发展性福利

帮助老年人提高知识水平、娱乐老年人身心、增强他们的社会参与能力也已经成为老年人福利所要考虑的一个重要问题。终身教育主张教育应该贯穿在人的一生中进行。老年大学的举办给老年人提供了一个学习培训、终身教育的机会。世界卫生组织指出："人们在进入老年以后，还可以通过收入性的和非收入性的活动为社会继续做出生产性的贡献。"现代社会为老年人发挥自己的余热提供了一个良好的宽松的环境，老年人可以参与政府部门、群团组织和公司的顾问咨询服务；可以到机关学校、企事业单位兼职，继续发挥专长；可以担任老年学学会、书画研究会、老年体协等社团组织的领导职务或其他职务；可以参与唱歌、书画、下棋以及文艺演出等文娱活动。这些文化娱乐活动极大地丰富了老人的晚年生活，满足了老年人继续社会化、自我实现的需求。

此外，老年人住房福利也经常被发达国家纳入老年人福利项目。它主要指国家为老年人买房提供各种优惠，以及制定关于老年人住房的特定标准等内容。

最后，通过社会优待为老年人提供福利也是许多国家和地区通行的做法。如我国的《老年人权益保障法》中就规定："地方各级人民政府根据当地条件，可以在参观、游览、乘坐公共交通工具等方面，对老年人提供优待和照顾等。"

可见，老年人社会福利的服务内容是为满足老年人的特殊需求而设立的，涵盖了老年人基本的福利需求。表13－1比较直观地反映了老年人需求与老年人社会福利内容的对应关系。

表13－1　　老年人需求与老年人社会福利内容对照

老年人需求		老年人社会福利内容	
经济需求	经济收入	老年人津贴、长寿补贴等	收入福利
医疗保健需求	健康保健	长期保健护理、老人疗养院等	医疗保健福利
生活照料需求	生活照料护理	家政服务、社区照顾等	社会福利服务
心理需求	文化娱乐	老年大学、老年活动中心等	发展性福利
自我实现需求	社会参与	老年人兼职、再就业培训等	

四、老年人社会福利的意义和作用

现代社会福利体系的广泛性和特定性，体现了社会福利对社会的稳定与发展的重要作用，老年人社会福利也不例外，这一点已经为许多发达国家的实践经验所证实。老年人社会福利开支在社会福利总开支中比例的不断增长，说明老年人社会福利在整个社会福利制度中占据了非常重要的位置，是推动整个社会福利制度不断发展的一个重要因素，其意义和作用主要表现在以下几个方面：

(一)促进了现代福利项目的多样化

老年人口既是整个社会人口的一部分，又是一个有别于其他年龄群体的人口，他们有和年轻人类似的福利需求，又有老年人的特殊需求，同时老年人群体内的异质性又使得每个老年人有着与众不同的个人需求。老年人社会福利与一般社会福利的不同之处在于，老年人福利项目需估计到老年人需求的特点。以老年保健为例，老年人社会福利中的健康计划最初的目标是“老有所医”，即在收入受到一定限定的情况下，老年人仍能获得必要的医疗保健服务。随着老年人口寿命的延长和日益增多的高龄老人的出现，老年健康保健计划的内容也从获得必要的医疗保健服务，扩展到维持日常身体功能的长期照护服务，以及心理保健服务等在形式和内容上更加丰富的服务计划。这些计划有些在内容上是很新的，完全是针对老年人口的特殊需求制定的，如长期保健护理等；有些则是早已存在的针对全体人口的福利项目，如基本医疗保健服务等。这两类需求的发展，丰富了社会福利的整体内容和形式，使得社会福利从内容到形式更加多样化。

(二)扩大了社会福利组织管理和资金筹集的范畴

老年人社会福利不但在内容和形式上推动了社会福利的多样化，而且，在组织管理和资金筹集方面扩大了社会福利的范畴。

老年人口迅速增长和社会福利需求的不断增加，使得单靠政府支持的社会福利供给越来越难以满足老年人的福利需求。在政府无法满足新增老年福利项目的情况下，对各种非政府组织、非营利组织、慈善机构、志愿者组织、宗教团体、商业机构、公司或企业以及市场资源的开发和利用就成为必然趋势。

世界各国普遍存在非政府组织和机构提供福利服务来补充政府社会福利的不足现象。这样，非政府组织在社会福利方面就有了很大的发挥作用的空间。如在一些发展中国家，由于政府对老年人社会福利投入的严重不足，老年人得到的帮助就有很多部分来自慈善机构、志愿者组织或宗教组织，尽管这些组织提供的帮助并不充分，但仍然是当地老年人社会福利的一个组成部分，有时甚至是当地所存在的主要社会福利。由非政府组织和机构提供的老年社会援助往往推动了这些地区社会福利的整体发展。

在老年人口对社会福利的需求日益增长的情况下，非政府组织和机构承担了越来越多的老年人社会福利的责任，特别是在策划管理和资金提供方面，政府部门承担一切的局面正在迅速消失，非政府组织和机构在起着日益重要的作用，其结果便是老年人社会福利多元化的出现，同时也推动着整个社会福利朝着多元化的方向发展。

(三)推动了社会福利服务的专业化

当今，医学、生物学、经济学、心理学、社会学等学科领域对老年问题的研究取得了许多显著的成果，使人们对老龄问题有了更加科学的认识，社会福利因此开始在科学研究的基础上更加合理地计划和提供对老年人的服务，使得越来越多的福利项目走向专业服务的轨道。例如：(1)老年人对慢性疾病、职业病的治疗，以及老年营养学等方面的专家有越来越高的要求；(2)老年人需要建筑师和设计师设计适合各类老年人生活的住房；(3)老年人退休住所、老年人活动中心、成人日间托管中心、家庭保健照顾和临时性照顾等诸多领域需要策划者、发展商和管理者发挥作用；(4)老年人也需要各种设计人员以及专家制造出尽可能长久地帮助他们维持独立生活的产品等。

随着新的服务领域不断涌现，老年人社会服务市场越来越专业化，而老年人社会福利服务专业化程度的增加促进了整个社会福利专业化的发展。

第二节　外国的老年人社会福利

一、丹麦的老年人社会福利

老年化是丹麦面临的一个颇为严重的社会问题，为此，丹麦政府做出了极大努力，通过税收的方式，向老年人提供各种福利。

(一)主要内容

丹麦的老年人社会福利主要有三个基本内容：老年人津贴、老年人住房和院舍服务以及老年人医疗保障和家庭服务(关怀政策)。

1. 老年人津贴

政府给予老年人的津贴包括基本津贴、追加津贴、单身老人特殊追加津贴以及在其他情况下申请的个人津贴。它是丹麦福利政策的核心，其宗旨是保障丹麦人终生维持基本生活标准。丹麦实行弹性退休政策，允许就业者在60～67岁之间逐渐减少部分工作时间，由半退休状态渐渐过渡到完全退休，政府对由此而减少收入的老年人予以补贴。每一个丹麦公民年满67岁即开始领取老年人津贴，不管本人收入多少，也没有任何附加条件。

2. 老年人住房和院舍服务

丹麦制定了专门的老人住房法案。老人住房由各市政府修造和管理。这种住房形式是多种多样的，包括养老院、小型疗养院、供给伙食并有佣工服务的公寓及地方政府老人收容院等。

丹麦养老院多为独门独户，老人有自己的厨房和卫生间，一般环境都优雅舒适。养老院设有食堂和娱乐中心，并有良好的紧急服务系统，生病或受到意外伤害时，可立即得到服务人员的救助。

疗养院是比较传统的形式，它提供基本的医疗服务，主要收留体弱多病的老年人。由于越来越多的老年人喜欢住在自己家中，所以疗养院近年来已很少兴建。

尽管政府提供的各种住房设施条件十分优越，但目前的趋势是大多数老年人喜欢住在自己家中。其根本原因在于丹麦政府的政策是鼓励老年人继续享有有利于身心健康的家庭生活，根据老年人的需要提供各种社会服务，老年人无论住在何处都可获得快捷便利的服务。

3. 老年人医疗保障和家庭服务

丹麦的老年政策是面向全社会的，所有老年人不论经济状况、身体状况，也不论住在何处，均享有一视同仁的服务。

服务的基本内容是医疗护理和家庭服务。医疗护理包括普通全科门诊、专科门诊和家庭护理。普通全科门诊是家庭式的，每个老年人和所有公民一样可选择一位固定的普通全科医生看病。家庭服务包括日常家务、个人卫生和照顾病人等。

为了确保老年关怀政策的落实，丹麦建立了24小时医疗护理和家庭服务制度。它主要通过两种途径实现：一是各市政府都设有专门服务机构，提供24小时昼夜服务；二是各地区建立家庭呼叫系统，由市政府聘用的护士和家庭服务人员昼夜值班。

所有从事老年人服务的医护人员和家庭服务人员受雇于各市政府，是市政府领导下的一个统一的整体。各项服务费用均来源于政府税收，老年人接受服务全部免费。

(二)基本特征

老年人社会福利作为丹麦福利制度的一个重要组成部分，相对于许多国家而言，起步早，发展也比较完善，具有以下一些特点：

1. 普遍性

普遍性是丹麦福利政策的基本原则，即保障全体丹麦人民都享有富足的生活。全体公民在失业、疾病或年迈的情况下仍能享有住房、服务、社会安全等基本权利。今天，丹麦的老年人福利则面向全体公民，不分阶层和经济状况，老年人津贴基本数额是相等的。

2. 制度化

丹麦老年福利政策建立在高度制度化的基础上。一方面，丹麦订立了一系列老人住房法案、老年人津贴方案等，把老年人福利纳入社会立法，使其在制度上合法化；另一方面，丹麦的老年人福利早已不再是政府对老年人有限的社会帮助，而是从国家到地方形成了完整的运作体系，从组织、管理到提供具体服务实现了制度化的全方位保障。

3. 公共积累方式

丹麦社会向全体公民免费或基本免费提供各种福利保障，从摇篮到坟墓无所不包，这无疑是一笔巨大的开支，单靠政府显然是无法承受的。丹麦采取公共税收积累的方式，几乎所有的社会福利都来源于直接或间接的税收。

4. 权力下放

丹麦通过法律和组织机构实现了中央政府和地方政府的分权与集中。社会立法的一个重要特征就是地方政府有权制定具体福利政策。丹麦行政上划分为 14 个郡和 275 个市，丹麦的地方政府被称作“全能政府”，无论大小均有同样广泛的权力，担负着完成社会政策的责任，可以具体制定福利政策的方方面面。中央政府则没有相关的法律和经济机构。所以，除了养老金政策是固定的以外，各市老年福利政策有所差别是不足为奇的。

5. 多样化的社会服务

丹麦的老年服务覆盖面极广，除了基本的医疗护理和家庭服务外，各地方政府的重点是为老年人提供就餐的食堂。不仅如此，丹麦还为老年人提供食品专送服务，称为“车轮上食堂”，不仅有热菜、热饭和半成品食物等，还可根据老年人要求代为购买副食品。此外，老年人经常使用的轮椅、拐杖、浴凳等都可以免费租用。此类日常服务多种多样，而且随着计算机技术的开发和利用，正在变得更加广泛和便捷。

值得一提的是，丹麦老年服务的要旨是重视老年人的身心健康，增强老年人参与社会的能力，提高生活质量。为此，各地政府大力开展老年文体活动，保障老年文化服务，从戏剧、音乐到文学、绘画无所不包，其经费全部或大部分由政府支出。

二、荷兰的老年人社会福利

荷兰是一个典型的高福利国家，政府每年从财政支出中拨出大量经费用于社会福利。在共济原则下，老年人享受着广泛的社会福利保障。

(一)主要内容

1. 老年人医疗保健福利及社会福利服务

在荷兰，对老年人的照顾牢牢植根于其福利国家传统。拥有 1 702 万人口的荷兰，每年在健康医疗上的花费占 GDP 的 9%左右，其中 1/3 花在老年人医疗照顾上(其人口只占总人口的 1/8)。在经济合作与发展组织成员国中,享受家庭护理服务的老年人比例之高首推荷兰。在需要照顾的老年人群体中,有 50%～70%享受了政府提供的公共服务。

荷兰的老年人福利政策宗旨是鼓励老年人尽量参与公众生活,老年人要自力更生,在需要之时社会给予适当的帮助。当老年人丧失自我照顾的能力后,可以进入各种养老院或为老年人设置的公寓。

荷兰的养老设施主要有三种:老年公寓、老年照料院、老人护理院。老年公寓主要供生活自理的老人居住,机构向老年人提供一些相应的服务,如家务整理、护理服务和送餐服务等;老年照料院主要收住需要日常照料的老年人,机构对老年人进行穿衣、洗浴、用餐各项日常照料;老人护理院主要为那些需要日常大量护理服务的老年特殊群体服务,这些服务是家居照料服务组织所无法涵盖的。

除了政府资助的"老年人之家"外,还有各种私人服务机构和当地的社会组织为老年人提供各种活动和服务,主要有住院型照顾服务和上门照顾服务两种。住院型照顾或称为院内照料,主要满足即使有社区看护,但仍然无法在家中生活的老年人的需要。一般来说,疗养院和老年人护理院都提供了此类高级护理服务,但要获得这种照顾,必须向当地"看护申请审核委员会"提出申请。上门照顾服务或称为院外照料,为减轻护理服务的压力,政府一方面鼓励老年人继续生活在家中,另一方面提供社区护理和非正式护理来为老年人改善生活条件。为家庭设置的社区专业服务包括各种照顾、护理、监管和指导,如提供钟点工服务、帮助日常生活料理等。

2. 老年人住房福利

在住房方面,荷兰政府为老年人提供一系列的优惠待遇。凡 65 岁以上生活在家中的老年人,不管是否有伴侣、亲戚或护理人员的照顾,只要没有特殊的护理要求,都有资格申请"高级住房"。申请人有大量的住房选择,居住条件良好,适宜因生理机能衰减生活有困难的老年人生活。目前,荷兰政府在进行一些住房改革试验,目标是改善老年人的住房条件和居住环境,以鼓励老年人(和残疾人)独立生活。

(二)基本特征

1. 较高的老年人社会福利保障水平

荷兰的老年人享有较高的社会福利保障,政府为老年人设计了多项福利服务和保险计划,使老年人在社会福利照料和医疗保健方面获得低价优质的服务。政府将照料服务的补贴费直接发给老年人,由老年人自己选择服务方式和服务机构组织。此项计划的实施,将原有的供求驱动改变为需求驱动,更好地发挥了经费的效率,使老年人在选择养老服务方面有了更多的自由空间。

2. 规范的老年人社会福利运作机制

荷兰的老年人福利事业是在战后逐步发展起来的,但由于它的起点高、发展快,又有较好的法律支撑和经济背景,目前已经形成了较为规范的运作机制。主要表现在:第一,成熟的社会福利政策法规体系。荷兰的社会福利是严格按照法律规定的内容和程序开展的。第二,政府的宏观管理与非政府组织的具体运作。在荷兰,政府社会福利部门的主要职责是制定政策和发展规范,提供经费资助等,而几乎所有的社会福利机构都是由私人运作的,政府只对它们进行指导,不进行任何干涉。第三,严格统一的教育培训制度。在荷兰社会福利几十年的发展过程中,已经建立和形成了一套严格统一的教育培训制度,确保了社会福利的不断发展。第四,良好的评估机制。凡是接受政府经费资助的机构和个人需要按照法律的规定进行严格的评估，通过评估判定机构和个人是否有资格接受经费的资助。

三、英国的老年人社会福利

第二次世界大战结束以后，英国进一步实行了“福利国家的社会福利制度”，对于老年人的生活保证、健康维护、公共救济和社会服务增添了新的内容。

(一)主要内容

1. 老年人收入补助

在保障老年人生活方面，除了较为充实的养老金以外，对老年人还有其他一些补助：政府对超过 65 岁以上的老年纳税人给予适当的纳税补贴，住房税相应减少；66 岁以上老年人可以享受国内旅游车船票减免的权利，电视、电灯、电话费和冬季取暖费也有相应的优惠待遇；延期退休的工人（男性 65～70 岁、女性 60～65 岁），每周增发养老金的 0.143%作为补助；对于 80 岁以上的“高龄老人”，每周发给“高寿补助”0.25 英镑。

2. 老年人医疗健康福利

英国有专门为老年人设置的“老年人医院”，这是社区老年人医疗服务的一个重要组成部分。由于人多床少，老年人医院对长期患者采取“轮换住院”制。实践证明，“轮换住院”制一方面可以提高病床的周转率，使更多地需要住院治疗的老年病人有住院的机会；另一方面对于患者也可以免除长期住院所带来的生理和心理压力，有利于康复。

为了解决病人与家属的临时困难，英国的一些社区还为老年人设有“周日医院”和“日诊医院”。周日医院是指患病的老年人星期一入院，星期五出院，周末在家里由子女护理。日诊医院是指医院每天清晨用救护车把患病老年人接到医院接受治疗，晚上送回家，可以按照病人的实际需要每天去医院就诊，也可以隔日或定期前往。

英国的医疗机构还和社区结合，配备老年人健康访问员，负责探视各个社区的老年人，特别是独居、残疾或出院不久的病人。健康访问员在医师的建议和指导下定期到老年人家中探视，并提供治疗、康复、营养等方面的建议。健康访问员的职责有四项：一是维护老年人的身心健康，对探视对象的饮食、运动、休息、起居等提供建议；二是辅导探视对象按规定申请各项有关的服务与补助；三是对未愈老年人提供康复性医疗服务；四是及时与医院和社区保持联系，汇报被探视者的情况与需要，共同为老年人的健康服务。

3. 老年人社会福利服务

(1)院舍服务。英国的院舍服务主要有老年人公寓、老年人院和托老所三种形式。其中，老年人公寓是对那些有生活自理能力但身边无人照顾的老年夫妇或单身老年人提供的一种照顾方式，老年人在公寓内过着自在的生活。老年人院是收住那些生活不能自理又无人照顾的老年人，老年人院是分散在社区中的小型院舍，老年人可以不必离开他们熟悉的生活环境。托老所一般是暂托性质。因家人临时外出等原因导致无人照料的老年人可以送到托老所，由工作人员代为照顾，时间可以是几个小时或几天，最长一般不超过一个月。

(2)社区照顾。英国有关社区照顾的法令明确指出，要在社区内对老年人提供服务和供养，以便使他们能尽可能过上独立的生活。其目标是在他们自己家或“像家似的”环境中得到帮助。

①居家服务。它是指对居住在自己家中，有部分生活能力，但又不能完全自理的老年人提供的一种服务。具体包括上门送饭、做饭、打扫居家衣物、洗澡、理发、购物、陪同上医院等项目。从事居家服务的工作人员有志愿服务者和政府雇员，这些服务或免费或收费低廉，收

费一般由地方政府决定。目前英国约有 13 万人从事这一服务。

②家庭照顾。它是指对生活不能自理、卧病在床的老年人,采取在家中接受亲属全方位照顾的形式。政府发给老年人与住院同样的津贴,这样使家庭照顾老年人有了一定的经济保证。

③医护、心理服务。保健访问者上门为老年人传授养生之道,如保暖、防止瘫痪、营养及帮助老年人预防疾病等。另外政府还规定了为老年人提供视力、听力、牙齿、精神等方面的特殊服务。

4. 老年人发展性福利

由政府出资兴办的具有综合服务功能的社区活动中心,为老年人提供一个娱乐社交场所。行动不便的老年人则由中心定期派车接送,并为老年人提供力所能及的钟点场所——老年人工作室,每日 2 小时左右。另外,还有一些志愿者工作可供老年人参加。目前约有 20%的老年人参加了各类志愿者组织。各地还经常举办各种联谊会,提出带老年人到乡间郊游的口号。人们自愿组织起来和老年人交朋友,利用休息日和他们谈心,带他们去郊游,或请到家中喝茶等。

(二)老年人社会福利改革

随着人口老龄化的加速,英国的老年人社会福利已面临着巨大的压力。

英国老年人口的增加,一是使国家的老年人生活补助增多,二是由于高龄老年人在老年人中所占的比重加大,造成医疗保健费用大幅上升。英国政府为了应对这一严峻局面,不得不在“经常性开支”一栏中净增加 2.2 亿～2.5 亿英镑,以应急需。

鉴于上述问题,英国对老年人社会福利制度积极进行改革。

1. 削减福利开支,缓解政府的财政困难

英国政府改革福利制度的计划主要是削减多种福利,如住房补助、供暖补贴和死亡补贴。政府公费医疗是一项较大的开支。有些老年人把看病作为消遣和排除寂寞的一种手段,看病不取药、取药不服用的现象相当普遍。为了减少浪费,卫生部决定把完全免费改为酌收药费和材料费。

2. 加强老年科学研究,鼓励学术界为制定有关政策提供咨询和建议

英国老年学学会是一个旨在研究人口老龄化和晚年生活的社会与行为科学的学术团体,其宗旨是促进研究人员、学术专家为一方,政策制定者和实践者为另一方的交流与合作。

四、法国的老年人社会福利

1865 年,法国 65 岁以上人口占总人口的比重超过 7%,成为世界上第一个步入老年型的国家,到 2017 年这一比重已经上升到 19.72%。作为有着近一个半世纪的老年型国家,法国在世界上一直保持着中上地位,其老年人社会福利也得到了很好的发展,显得相当成熟。法国老年人社会福利主要有以下内容:

(一)老年人收入福利

法国的老年人享受着广泛的退休金保障。作为对退休金的补充,政府还对老年人及其家属提供以下福利:享受退休金人员的遗孀、离婚或遭遗弃的妻子,以及年满 55 岁或伤残的鳏夫,符合家庭经济调查所规定条件者,可领取受保人退休金的 50%作为抚恤金,最低金额为一年 8 500 法郎;对于贫穷老年人,可以领取老年补助津贴。

(二)老年人医疗保健福利

法国的医疗补助制度起源于1930年的劳工疾病保险。1967年8月修改自由投保办法，把全国公民一律纳入医疗保障制度中。这项保障制度对老年人采取优惠办法：一般投保人缴纳的保险费为收入的5.5%，退休人员缴纳退休金的1%，低收入的退休人员完全豁免。而疾病保障又分为现金补贴和医疗补贴两种。前者为发给投保人因患病无法工作，以致工资中断或工资减少时的生活补贴；后者为医疗费报销，按医疗或住院时间的长短、药费金额的大小，报销实际支出的70%～100%，并专门设有中、长期医疗医院，收治对象为经治疗后可能恢复的老年病人。

(三)老年人院舍服务

法国人把养老院称为公共机构。这种为老年人提供居住方便的福利设施，大体上可以分为四类，即收容所、老年公寓、护理院和中、长期医疗医院。收容所有公办和私办两种，是为那些生活能够自理的老年人设立的，收费较低，除食、宿外，只提供一般的医疗和文化生活服务，房费自理，低收入者由国家福利费予以补贴。收容所附设于居民区，使入住的老年人不脱离社会。老年公寓有如一般公寓，入住的老年人不受共同生活的约束，且有比较完善的多种服务。护理院收住半身不遂与丧失自理能力的老年人，有比较完善的医疗服务和生活服务。中、长期医疗医院主要指为患有慢性病和精神障碍的老年人提供的特殊医疗设施，拥有更加完善的医疗服务。

(四)老年人家庭保健服务

法国对老年人提供家庭保健服务，为住在家里的病人提供药品、护理和预防服务，为重病或慢性病老年患者提供是否住院治疗的咨询。保健机构设有家庭病床、日间医院和日间护理中心。家庭保健服务队由一名护士长、一名管理人员和若干护士组成。家庭保健服务费用全部由医疗保险机构支付。

此外，法国为老年人提供的社会性服务还有大量廉价的社区膳食中心。膳食中心还为体弱多病、行走不便的老年人送饭上门。修理服务、洗衣房、交通运输等行业都有为老年人服务的业务。

(五)老年人发展性福利

在促进老年人就业方面，法国鼓励企业雇用老年工人。为了防止公司企业任意解聘和不愿雇用老年工人，法国政府规定不准任何单位张贴歧视老年人的招工广告，并对一些经济困难地区雇用老年人的雇主给予经济补贴或减税优惠。与此同时，鼓励退休工人从事非全日制工作，积极发展老年教育，为老年人的再就业提供职业培训。法国政府还协助退休专业人员组成海外服务团，将一部分退休的专家、学者、技术人员向国外输出。

法国还十分重视有关老龄问题的情报交流与培训工作。由社会机构、地方老龄部门、各省的老龄委员会和老年基金会设立的情报中心，把工作重点放在促进开展老龄工作以及老年人彼此间的联系与情报交流上。出版老年书刊，举办有关老龄问题的电视和广播节目。由地方、大学和培训中心组成培训网，开设老年医学课程，为退休人员及老年人服务。

为了增进政府与社团组织和民间机构的合作与交流，法国还定期召开“全国老年工作联系会议”，对老龄工作总结和未来工作计划的拟定，进行认真的探讨、论证，并提出建议。

第三节 我国的老年人社会福利

一、古代传统社会的老年人福利

我国传统社会的老年人福利主要是与家庭相关联的。传统社会的家庭作为社会结构的核心,发挥着全方位的社会功能,既是生产单位,又是供养、教育、保护、休闲和宗教单位。家庭的养老功能是以普遍的孝文化为基础的。“孝”作为一个主要的传统观念在一代又一代人中得到传承,培养了子女对父母和家庭中的其他长辈的尊敬态度,保证了家庭成员中晚辈对父母和其他长辈的物质与感情的供养。

传统社会家庭养老不但受到孝文化价值观的维护,而且是以传统社会经济结构为基础的。当家庭是经济生产的基本单位时,家庭中的长者对家庭财产具有直接控制权,即使他们由于身体状况不得不放弃对家庭财产的直接控制,他们也会通过继承权作为交换条件来确保未来的生活资源和所需的照料。因此,家庭对老年人的生活是至关重要的。

虽然传统社会中家庭是老年生活的主要依靠,但是一定形式的社会养老是始终存在的。对于没有子女的老年人来说,晚年的生活主要依靠的便是家庭的延伸——家族组织的照顾来度过晚年。除了一些无子女老年人的照顾之外,统治者也在法律和礼仪方面对老年供养做出过规定。这些社会化的助老活动作为家庭养老的补充,推动了社会伦理规范的普及,促进和维护了家庭养老方式的世代延续。

传统社会老年人福利的基本特征具体表现在:

第一,从实施福利的目的来看,传统社会对老年人的福利更多的是一种道德教化。通过对老人的定期或不定期赏赐、供给,表现国家或君主“敬老爱老”“敬耆德”“礼高年”的道德政治形象。

第二,从实施老年人福利的主体来看,一方面是政府的全面包办,而政府之所以为老年人提供这些福利,主要出于要证明自己的政治合法性。另一方面,没有社会力量参与,也不鼓励社会力量参与。如唐初由佛教寺庙主持的“悲田养病坊”,后被国家“置使专知”,设官管理并提供经费,变成官办的“养病坊”,使宗教力量退出。这在一定程度上阻碍了老年人福利的社会化发展。

第三,从福利的内容来看,传统社会实行的福利或救济的方式和途径是多样化的。直接用于福利的手段包括:赏赐或发放生活必需品,提供栖身之所,提供生产工具或资料,提供侍丁或保姆服务,减免赋税,售卖平价或低价粮食,发放药品和医疗指导书籍,提供免费医疗等。这几乎包括了我们现在所能想到的所有老年人的福利内容。

第四,从福利所需资金的来源看,传统社会老年人福利奉行通过特项收入以解决福利经费的原则。对于不同的项目,有着不同的资金来源,多数是特支特收。用于老年人福利的钱物,要么来自临时动用皇室经费或国库一般库存,要么开列专项税收,要么特设官办产业或放贷或流通服务。

二、现代社会的老年人社会福利

(一)中华人民共和国成立后我国老年人社会福利的发展历程

老年人社会福利的发展演变与时代情景下的政策理念、经济条件、道德伦理观念密切相关。新中国成立后,根据中国社会的变迁和转型,以改革开放为分水岭,可以将我国老年人社会福利的发展演变分为两个阶段:计划经济时期的老年人社会福利(20 世纪 50 年代~70 年代中后期)和经济市场化过程中的老年人社会福利(20 世纪 80 年代至今)。

1. 计划经济体制下的老年人社会福利

中华人民共和国刚刚成立时,经济凋敝,存在大量的贫困、需要救济的人员,社会救助任务繁重。因此,这一时期老年人社会福利遭遇到了福利理念等同于救济的尴尬境地,其服务对象局限于无劳动能力、无生活来源、无法定赡养人的"三无"老人和部分生活不能自理的老人。在"一五"计划成功实施、社会主义制度稳固建立及国家初步工业化的宏观背景下,我国政府采取了与高度集中的政治经济体制相适应的"集体福利"政策,国家承担着老年人社会福利的投资与服务提供的责任。1966~1976 年"文革"期间,福利的功能被扭曲,管理社会福利事业的内务部被撤销,社会福利事业停滞不前,老年人失去了福利保障。

计划经济时期我国老年人社会福利的特点主要表现在:(1)国家在老人社会福利安排中占有绝对的主导地位。社会福利由国家统包统揽,国家承担着完全和无限的福利责任。(2)老人社会福利主要以集体福利为主,主要由各单位来组织传递与提供福利服务,社会化程度水平极低。(3)低水平运行的特殊福利。由于国家经济水平的落后,在民政部门负责的老人社会福利方面,财政只给予极有限的支持;在单位提供的社会福利下,老人都是"某单位"的老人,因而享有的福利也只会在本单位内实现。(4)在农村,国家采取分散供养为主、集中供养为辅的方式对"五保户"老人提供低供养水平的福利服务。

总之,受当时经济发展水平低、政府包揽一切的执政理念的影响,我国计划经济体制下的老年人福利是特殊的选择性的福利,不是普遍福利,是国家统包统揽的福利,而不是社会化的福利,而且老人社会福利制度在低水平、低层次上运行。

2. 市场化改革进程中的老年人社会福利

自 20 世纪 80 年代开始,我国进入了改革开放阶段。经济制度由计划经济向市场经济转变,国家在政治经济中的地位开始重新定位,这使得国家一元主导的性质渐渐地发生了改变,单位福利功能也逐渐退化。在这一时期,老年人服务的需求和供给产生了矛盾。一方面,由于快速增加的老年人口和人口老龄化,老年人对护理照顾、健康维护、娱乐健身等都提出了新的要求。另一方面,由于市场经济下人们的生活节奏和工作压力日益增大,使得照顾老年人的时间和精力受到限制,以及家庭结构的变化使得空巢老人、独居老人增加,传统的家庭养老受到挑战。而国家在计划经济时期兴办的老人社会福利机构也已经不能适应新条件下老年人的福利需求。

在这样的背景下,我国对社会福利制度包括老年人福利制度进行了适应新形势的探索。在民政部门的管理服务范围内,社会福利服务逐渐走上了独立于社会救济的发展之路。我国福利政策改革的历程大致如下:20 世纪 80 年代,民政部开始探索调动多方面的力量兴办社会福利事业,提出"坚持社会福利社会办"的方针;90 年代《农村五保供养工作条例》《农村敬老院管理暂行办法》《农村敬老院管理暂行办法》《中华人民共和国老年人权益保障法》的颁布实施,进一步丰富、健全了我国现行的法律体系,也使得我国的老年人福利工作走上了法制化和规范化的轨道;2000 年居家供养、社区福利服务和福利机构相结合的福利服务体系正式提出; 2005 年民政部制定了《关于开展养老服务社会化示范活动的通知》,加快推进社会福利社会化进程,促进老年社会福利事业的发展;2006 年又颁布了《关于加快发展养老服务业的意见》,要求进一步发展老年福利事业、大力发展社会养老服务机构、鼓励发展居家老人服务机构、支持发展老年护理。

2017 年 3 月国务院发布《"十三五"国家老龄事业发展和养老体系建设规划》,为提升我国新时期老龄事业发展水平、完善养老体系进行了顶层制度设计。规划提出要制定实施老年人照顾服务项目,鼓励地方丰富照顾服务项目、创新和优化照顾服务提供方式。着力保障特殊困难老年人的养老服务需求,确保人人能够享有基本养老服务。在全国范围内基本建成针对经济困难的高龄、失能老年人的补贴制度。对经济困难的老年人,地方各级人民政府逐步给予养老服务补贴。完善农村计划生育家庭奖励扶助和特别扶助制度。

从以上社会福利的改革历程可以看出一条清晰的脉络:我国社会福利政策正从完全由政府配置资源向社会化配置资源的方式转变,由政府作为社会福利服务的唯一提供主体向提供主体多元化改变,正在走一条"社会福利社会化"的道路。在养老服务方面,也相应地走"社会化养老"的道路。可以看到,这一时期社会福利政策的理念是社会福利社会化,并提倡以社区服务为实现社会福利社会化的途径之一,弥补政府在老年人福利提供中的缺失。

具体而言,市场经济体制下的老年人福利与计划经济时期相比,主要有以下几个方面的特点:

(1)国家主导责任有所减轻,单位的福利功能开始弱化,强调多元主体的参与,实行社会化养老的发展策略。

(2)老人福利的对象扩大。改革开放以后,由于人民生活水平提高,老年人对福利服务的需求在数量上和质量上都有所提高,传统老年人社会福利已经不能适应新形势的需求,社会福利的对象必然要扩展。

(3)老人社会福利社会化。主要体现在:落实老人社会福利的主要职能部门已经由原先的各系统(单位、组织)移交给各个社区组织单位,原有的福利服务及设施也开始向社会敞开;同时,社会福利的提供主体趋向多元化,集体或个人的老年人福利服务是社会福利事业与老龄事业的有机统一。

此外,我国还通过 1982 年修订的《宪法》,以及此后颁布的《中华人民共和国老年人权益保障法》《老年人建筑设计规范》《社会福利机构管理暂行办法》《社会福利机构基本规范》《社会福利机构区域设置规划》等一大批相关法律法规,为老年人合法权益保护提供法律依据。

(二)当前我国老年人社会福利的主要内容

1. 老年人物质生活福利

我国老年人的物质生活福利措施主要包括: 老年人补贴制度即高龄津贴、养老服务补贴和护理补贴,为老年人增加再就业的机会,并对生活困难的老年人给予物质帮扶;开展向老年人送温暖活动;建立福利院和敬老院,收养没有生活保障的老年人,并扩大对社会一般老人的收养安置;为老年人提供特殊的优惠服务措施,如为老年人发放乘坐公共汽车和进入公园的免费凭证等。

2. 老年人医疗保健福利

我国老年人的医疗保健福利主要体现在两个方面:一是医疗机构和设施的可获得性,二是医疗费用的支出来源。

从医疗机构和设施条件来看，国家和政府兴办的各类医院、医护人员和医疗设施的普及率在全国已达到相当高的水平，即使在比较偏僻的农村地区，诸如卫生院、村卫生所等机构也能基本满足人们就近看病的需求。作为公立医疗机构的补充，由社区、私营单位和个人兴办的医疗机构也呈现逐年增长的态势。除了这些一般性医疗机构之外，专门针对老年人的老年病医院以及各医院开设的老年门诊也在不断增加，以满足老年人的特殊需求。虽然目前我国的医疗机构和设施条件还存在一定的城乡差异和地区差异，城市地区的条件普遍优越于农村地区，大城市的条件又要好于中小城市，但医疗网基本上覆盖全国，能满足老年人对医疗的基本需求。

医疗费用的来源主要有三种途径：一是以国家公费医疗形式为代表的国家支付，能够最大限度地保证老年人医疗费用的获得；二是以自费医疗的形式为代表的家庭支付，取决于老年人家庭的经济实力和子女的、亲友的资助程度；三是以统筹、保险等形式为代表的综合支付。

3. *老年人社会福利服务*

自中华人民共和国成立以来，我国的老年人社会服务体系在很长一段时间内以院舍服务机构为主要场所，对“三无”老人的生活起居进行照顾；1984 年后开始突破“三无”范围，面对其他老人开展自费收养。截至 2017 年，全国各类养老服务机构和设施 15.5 万个，其中，注册登记的养老服务机构 2.9 万个，社区养老机构和设施 4.3 万个，社区互助型养老设施 8.3 万个；各类养老床位合计 744.8 万张(每千名老年人拥有养老床位 30.9 张)，其中社区留宿和日间照料床位 338.5 万张。

但随着院舍机构的弊端逐渐暴露，以社会化为导向、以社区服务为重点的老年人社会福利服务逐渐得到确立。虽然我国的社区养老服务仅有十几年的发展历史，但其内容和形式仍得到了长足的进步，并体现在以下几个方面：

第一，综合化与专业化相结合。一些社区依托强大的社会力量和民间组织，建立了集医疗保健、生活照顾和发展性福利于一体的各种综合化的老年服务。另外一些社区则瞄准专业化市场，建立起一些更加专业化的养老服务，例如，生活照料型、精神娱乐型和权益维护型等专业化组织，以期更有效率地实现养老目标。

第二，公益性与低费性相结合。针对“三无”老人、特困老人、高龄无保障老人及生活不能自理的残疾、孤寡老人，我国部分城市的社区组织起互帮互助团体及志愿者队伍，为这些老人提供福利性公益性服务；针对生活(部分)能够自理、物质条件较为富裕的老年人，一些社区则举办了老年学校、开展老年人旅游等服务项目以活跃这部分老年人的精神文化生活，并合理地收取一定的服务费用，以维持社区组织的收支平衡。除此之外，由专业的家政服务公司提供、政府买单的养老服务也日渐盛行。

第三，居家与社区相结合。在我国目前的老年人社会福利服务中，政府公共部门、非营利性机构、志愿者队伍和慈善、互助组织等，一方面提供各种形式上门的“菜单式”服务，或者建立“白天入托、晚上回家”的日托服务中心；另一方面又为老年人提供全方位的社区机构照顾，使老人不用离开熟悉的社区环境。

4. *老年精神文化服务设施*

我国为老年人提供的精神文化服务设施，大致包括老年大学、老年活动中心、老年活动站、老年心理支持、老年再就业咨询介绍所等。截至 2017 年，全国共有老年学校 4.9 万个，在校学习人员 704.0 万人，各类老年活动室 35.0 万个。目前，不仅城市有老年大学，农村也有老年学校；不仅政府办，企业、部队、大专院校、科研单位也兴办老年教育事业；有些地区已经形成省、市、县、乡、村五级教育网络；有些城市还建立了空中老年大学、网上老年大学。

三、存在的问题

尽管我国老年人社会福利的发展取得了一定的成就，但仍然存在一系列问题。特别是在我国经济转型、社会转型、人口老龄化迅速发展的情况下，我国现阶段的老年人福利事业无论从量的规模上还是从质的结构上，都不能适应经济和社会发展的需要。目前我国的老年人社会福利主要面临以下几个问题：

（一）发展严重不平衡，城乡差距、地区差距较大

经济发达与欠发达地区在社会福利机构的资金投入、人员素质和管理水平、服务质量等方面相差甚远。城乡二元分割现象明显，仍未有一所全面的社会福利机构负责在农村生活的80％老人的社会福利问题。

（二）覆盖面小，供需矛盾突出

随着经济发展和社会进步，特别是人口老龄化、家庭小型化、农村城市化进程的加快，使人民群众对老年人福利需求急剧增加。而目前我国的福利供给严重不足，属于典型的补缺型、残余型的福利制度。目前我国老年人福利事业单位整体数量少，且设施、设备普遍比较陈旧落后，服务水平低。国家对福利保障和福利服务的资源投入增加少、比重低，福利服务的增加远赶不上社会需求的增长。

（三）社会化程度较低，尚未完全摆脱计划经济下的管理机制

我国的老年人社会福利机构多由国家、集体包办，真正社会兴办的福利机构的比例少、规模小。一方面，导致老年人社会福利资金不足，致使其发展缓慢；另一方面，由于占主导地位的国家和集体办的福利单位与政府依然保持领导与被领导的关系，形成了一种端铁饭碗、吃大锅饭的体制，福利事业单位不在适应市场、改善经营和努力提升服务上下功夫，使得本来就有限的资源未能得到充分发挥和利用。

（四）服务队伍的专业化水平较低

从社会福利服务工作的岗位职责和专业技能要求来看，现有的服务队伍还远不能适应老年人社会福利发展的客观需要，专业水平较低，专门技术人员、专业社会工作者和管理人员严重缺乏。据不完全统计，我国现有的社会福利单位服务队伍为4.1万人，集体办的社会福利服务单位服务队伍为11.8万人，但其中的专业技术人员（有技术职称）的比例还不到5％。社区服务工作也存在类似的问题，这已严重影响了社会福利服务内容、项目的扩展和服务质量的提高。

（五）政府对老年人社会福利资金投入少

由于我国财政紧张，对于社会福利的投入较少，仅占国民生产总值的1.1％，不仅低于发达国家水平，而且也低于一般发展中国家水平，所以当前的社会福利机构，尤其是老年人社会福利机构的资金严重不足。近年来，许多社会福利机构为增加自身的发展能力，开展多种经营活动，走“以副养院”的道路，但由于缺乏相应的扶持保护政策，特别是经济包干政策和税收优惠政策在许多地方还未落实，因而影响了社会福利机构自我发展的能力。

本章小结

1. 随着社会工业化和人口老龄化进程，老年人社会福利从无到有，逐渐发展成一国社会福利制度的最重要内容。老年人社会福利是根据老年人的特殊需求和老年人自身特点，以改善老年人物质生活和精神生活为目的，由政府和其他各种社会组织所提供的福利项目、设施和服务的总称。

2. 与老年人的经济需求、医疗保健需求、生活照料需求、心理需求和自我实现的需求相对应，老年人社会福利一般包括老年人收入福利、医疗保健福利、社会福利服务和发展性福利等。由于各国国情、经济发展阶段、综合经济实力、社会文化传统和风俗习惯的不同，各国的老年人社会福利又有着各自的特点。

3. 我国传统社会在老年人福利方面有着明显的道德教化特点。我国现代社会老年人社会福利以中华人民共和国成立为起点，经历了计划经济和市场经济改革两个时期。目前，我国老年人社会福利面临着城乡地区差距过大、供需矛盾突出、社会化程度低、专业化程度不高和资金短缺等问题。

思考题

1. 什么是老年人社会福利？老年人社会福利是在怎样的背景下产生的？

2. 老年人社会福利的主要内容有哪些？

3. 如何理解老年人社会福利在整个社会福利发展过程中的作用？

4. 试述传统中国老年人社会福利的特点。

5. 阐述中华人民共和国成立后我国老年人社会福利的发展历程及各自特征。

6. 当前我国老年人社会福利制度存在哪些问题？与一些老年人社会福利制度发达的国家相比主要有哪些差距？说说你对解决这些问题的思路。

第十四章

妇女儿童社会福利

学习目的

通过本章的学习，在了解我国妇女儿童社会福利制度的基础上，借助于国外相关制度的比较，对这项福利的内容能有一个更深刻的理解和认识，以对我国妇女儿童社会福利未来的发展方向提出更有意义的见解。

第一节 妇女儿童社会福利概述

一、妇女儿童社会福利的基本概念

(一)妇女社会福利概念

妇女在政治、经济、文化、社会和家庭生活等各方面，享有与男子平等的权利，这是男女平等所追求的目标。但是，由于妇女在生理、心理上有与男子相区别的特点，使得她们面临着许多特殊的困难。正是由于自身特殊的情况，妇女应该享有特殊的利益，社会应给予特殊的照顾和服务，由此产生了妇女社会福利事业。妇女社会福利是国家和社会为保障妇女生理和职业特殊需要、特殊利益而制定的各项福利政策和开展的社会福利事业。

世界各国在宪法、婚姻法、劳动法、行政法、民法和刑法等许多法律文件中，都设立专门条款，来保护妇女的合法权益，打击侵犯妇女权利的各种违法犯罪行为，切实保障广大妇女的特殊需要和特殊利益。

(二)儿童社会福利概念

与成人一样，儿童具有独立的人格和相应的权利。但是，由于他们年龄小、单纯天真，辨别是非和区分良莠的能力差，自我保护能力弱，对世界和生活环境的认识还停留在幼稚的阶段，所以是一个易受侵害的群体，更易受到各种违纪、违法、犯罪行为的侵害。儿童的这些特点决定了他们在社会上属于需要特别保护的一个群体——弱势群体。

儿童社会福利有狭义和广义之分。狭义的儿童社会福利是指有特定形态的机构向特殊的儿童群体提供的一种特定的服务。服务的对象主要指处于不幸境地的儿童，而服务功能则相应地倾向于救助、矫治、扶助等恢复性功能。可见，此类福利并不包括在家庭中已获得充分的需求满足的儿童，本身具有残补性取向，是一种消极性的儿童福利。广义的儿童社会福利的对象是所有的家庭和儿童，并不单纯局限于处于不利境地、需要帮助的儿童群体。这种观念实质上是基于这样一种假设，即认为在瞬息万变的现代社会生活中，单凭一个家庭无法面对所有的问题，根本不存在完全自给自足的自然型家庭，而每一个家庭都需要外力的帮助，社会对每一个儿童都负有责任。显然，这一类型的儿童社会福利具有发展取向，是一种积极性的儿童福利。

在现今社会条件下，人们已开始更多地认同广义的儿童社会福利。鉴于此，我们本章所讲的儿童社会福利，是指由国家或社会为立法范围内的所有儿童，普遍提供的旨在保证正常生活和尽可能全面健康发展的资金与服务的社会政策和社会事业。

二、妇女儿童社会福利的主要功能

(一)妇女社会福利的功能

妇女社会福利不单是她们个人的事情，而是牵涉儿童社会福利、家庭成员福祉状况和社会质量的社会问题。换言之，妇女社会福利状况在相当程度上决定着儿童社会福利、家庭成员福利状况和社会整体的质量。妇女社会福利在社会生活中发挥的作用表现在以下几个方面：

1. 妇女社会福利是实现男女平等的重要条件

传统观念把妇女定位在家庭，养家糊口的丈夫和家庭主妇的妻子是标准的家庭结构，在政治经济领域妇女很少“抛头露面”。女性参与政治经济活动受到各方面的阻力和压力，其政治经济地位受到严重影响。实现男女平等的关键，是女性有平等参与社会活动的权利和平等的发展机会。国家在这方面立法，保障了妇女的劳动权利和参与政治的权利。劳动市场中反歧视的立法，女工劳动保护的实施，高质量的儿童照顾服务的提供，妇女接受高等教育的比例的不断提高，男女之间工资收入差距的日趋缩小等，都为妇女的解放、参与政治经济生活、提高社会地位铺平了道路，为妇女与男子平等竞争创造了条件。

2. 妇女社会福利有利于提高人口质量

国家的强盛依靠高素质的劳动力资源，依靠优质的人口。通过对妇女提供特殊的照顾和服务，保证人口质量，是很多国家人口战略的重要组成部分。国家通过立法，禁止女性从事有碍下一代健康的工作，在经济承受力可能的水平下对妇女孕育过程提供帮助和服务，保证优生，从基础上提高全民族人口质量，为国家参与全球竞争奠定了基础。

3. 妇女社会福利对维护家庭和睦幸福和社会安定具有重要的作用

家庭是社会的细胞，承担着孕育未来公民的重任，是儿童接受教育的第一站。社会保护家庭，就是维护儿童的身心健康。传统观念和女性的母亲职能决定了妇女在家庭中负有比男子更多的责任。妇女进入劳动力市场后，与男子一样参与社会劳动，她们在家庭生活和社会生活中处于母亲、妻子与挣工资者、劳动者双重矛盾角色，以及家庭照顾责任与有竞争力生产者冲突责任之间的两难境地。在这种情况下，妇女容易出现身体和心理失衡，影响个人健康和家庭生活。社会通过对家庭责任给予支持，既能缓解妇女的工作生活压力，又有利于家庭和睦幸福和下一代的健康成长，也有利于社会安定。

4. 妇女社会福利有利于妇女的潜能在社会活动中得到充分发挥。

一项研究指出，如果需要妇女在家庭以外进行经济活动，社会就必须担负一半家务和母亲的责任。妇女社会福利的提供为职业妇女在家务劳动和养育子女方面减轻了负担，为妇女从家务中解脱出来，投身于社会活动，施展她们的才华提供了条件。

(二)儿童社会福利的功能

儿童社会福利在实现促进儿童健康全面发展的基本功能外,同时还具有重要的社会功能。

1. 促进儿童全面发展的功能

儿童社会福利在促进儿童全面发展方面,大致有三项功能:恢复性功能、预防性功能和发展性功能。

恢复性功能主要指对处于困难境地的儿童进行解困和救难,也称治疗性功能,如对处于贫困、战乱、家庭残缺不全、疾病等状态下的儿童,儿童社会福利制度的建立,能够帮助他们脱离危险和困难境地,融入社会主流,顺利成长。

预防性功能是针对所有适龄儿童的。儿童作为未来社会的建设者,是成长中的人、发展中的人,他们尚缺乏独立自主的能力,但并不缺乏自我发展的潜能和愿望。他们与成人一样,具有独立的人格和相应的权利,需要给予基本的尊重。但是由于他们年龄小,自我保护能力差,特别需要成人的支持和扶助。儿童社会福利赋予了儿童生命权、娱乐权、教育权、发展权等诸多有权利的保障,从而增强了儿童适应社会的能力。

发展是儿童的本质特征,儿童的问题是发展中的问题。儿童社会福利发展的观念,能够调动、启发儿童发展的潜能,帮助儿童消除发展的障碍,矫治儿童在发展过程中可能出现的偏差,从而促进儿童的全面健康发展。

2. 促进社会安全的功能

儿童社会福利有利于维护社会的稳定。社会稳定是社会结构各组成部分之间关系的相对平衡状态。社会混乱和动荡的出现,是与社会上相当数量的社会成员的正当需求得不到满足相联系的。儿童也是社会的一分子,在他们身上也存在各种各样的需求,而这些需求一旦被成人社会置之不顾,就容易促成社会不安定因素的形成。由于儿童群体的特殊性,他们无力运用剧烈的暴动或类似的形式进行主动反击,但会通过各种层面对社会安全产生消极的影响。

首先,儿童是家庭的重要成员,是社会的重要组成部分,儿童的健康发展,会促进家庭的稳定,减小其分裂的可能,这无疑会使社会的稳定有了进一步的保证。反之,儿童出现问题,往往会造成整个家庭的危机,这会直接影响社会安定,而且会影响未来社会的安全。

其次,由于儿童是发展的个体,他们终归会成为社会的主体力量。儿童社会福利直接的结果就是减轻儿童目前的痛苦和问题,促进儿童的幸福和发展;间接结果则是防止将来社会问题的产生,增强未来社会的安全,做到防患于未然。

由于儿童问题可能对社会造成不安,我们自然可以看出儿童社会福利的功能恰是为了避免这些问题而出现的。

3. 儿童社会福利具有社会发展的功能

一个国家和社会儿童的状况如何,决定着未来这一国家和社会人力资源的状况。随着社会的发展,越来越多的国家政府认识到了人力资源在国家发展中的决定性作用。儿童社会福利为儿童的发展、成才提供了福利保障及精神支持,使儿童能在制度化的前提下,获得应有的社会福利和辅导帮助。这不仅可以稳定家庭乃至社会,更重要的是为未来社会提供了大批高素质的人才。

三、妇女儿童社会福利的主要内容

(一)妇女社会福利的主要内容

1. 特殊津贴和照顾

1952年国际劳工大会通过的《生育保护公约修正案》《生育保护建议书》和国际劳工大会此前通过的《生育保护公约》,在世界范围内提供了照顾妇女生育的政策框架,它的宗旨就是确保妇女在产前、产后使其本人及婴儿得到支持和照顾。许多国家的劳工立法亦规定雇主须支付产假工资,如果对妇女没有这种足够的保护,便由社会保障机构提供。

生育津贴,是指对职业妇女因生育或流产而离开工作岗位中断收入时,按照生育的法律、法规给予定期支付现金的一项生育待遇,又称现金津贴,在某些国家又被称为生育现金补助。许多国家把生育津贴纳入社会福利的范畴,但有的国家也建立专门的生育保险制度,面向工薪劳动者中的妇女。

在一些发达国家,围绕着妇女的生育而提供综合性的特殊福利,即除了生育津贴外,还提供其他项目的福利津贴,如育儿假和育儿津贴,它只在少数国家实行。它规定婴儿的母亲或父亲可以在休满产假后增加一段休假照顾婴儿,允许的育儿假期各国从6个月到3年不等。育儿假期间发给适当津贴,有些国家称为"母亲工资"或"父亲工资",其标准低于生育津贴。例如,意大利的"母亲工资"是原工资的30%,匈牙利是低收入女工平均工资的50%左右。也有的国家不补偿育儿假期间的收入损失,只为休假职工保留职位、计算工龄。各国都不同程度地为孕产妇女及新生儿设立的福利,还包括生育现金补贴、未婚母亲特别津贴、免费的婴儿用品、免费的奶品凭证等。

2. 妇女就业福利

妇女就业福利是保障妇女合法权益、照顾妇女身心特殊需要的重要方面,也是为了保护社会生产力、保护妇女及下一代身体健康所采取的必要措施。因此,各国的劳动法及相关法律,均有对妇女在就业及劳动过程中提供相应保护措施的规定,并要求用人单位严格执行,具体包括:

(1)对妇女就业权益的保护。第一,保障妇女享有同男子平等的就业权利。单位在录用职工时,除不适合妇女的工种或者岗位外,不得以性别为由拒绝录用妇女或者提高对妇女的录用标准。第二,保障妇女享有同男子平等的就业服务的权利。政府的劳动主管部门及各类职业介绍机构在提供就业服务时,不得歧视妇女。第三,为了保障妇女的就业权益不因生育和抚养子女而受到歧视或者侵害,任何单位不得以结婚、怀孕、产假、哺乳等为由辞退女职工或者单方面解除劳动合同。

(2)对妇女职业权益的保护。第一,实行男女同工同酬。任何工作岗位的男女职工,只要付出同等的劳动,就应当获取同等的报酬。不得因女职工怀孕、生育、哺乳而降低其基本工资。第二,在晋职、晋级、评定专业技术职务及职业培训等方面,坚持男女平等的原则,根据工作业绩给予男女职工平等的机会和待遇。不得歧视妇女,实行差别对待。第三,合理安排女职工的工种和工作。为了保护妇女的身体健康,根据妇女的身体和生理特点,女职工禁忌从事有毒、有害、危险和强体力劳动。

(3)对妇女特殊劳动权益的保护。在妇女经期、孕期、产期和哺乳期,不得安排其从事高处、低温、冷水、有毒有害等劳动;在孕期、哺乳期不得延长女职工的工作时间和安排其夜班劳动,并为其提供特殊保护设施;生育时享受一定天数的产假等。

3. 福利设施和福利服务

生育津贴与劳动保护，均是针对劳动妇女甚至是受雇劳动妇女设置的，并且只适用于特定的阶段，如生育津贴保障的是育龄妇女，劳动保护保障的是就业期间的妇女。不仅未参与社会劳动或未受雇的妇女无法享受到这种福利，而且妇女超过生育期间亦不能再享受这种保护。因此，真正具有普遍意义的妇女福利是国家和社会为全体女性提供的福利设施和服务。

提供良好的卫生保健服务，尤其是在生产的关键时刻，有助于确保生产过程的安全。孕产妇死亡率的降低，不仅关系到卫生服务的效应，而且关系到社会的公正。社会有责任通过政治、卫生和法律体制为生育妇女提供相关服务。我国《母婴保健法》正是基于此而制定的。而妇幼保健机构是实施《母婴保健法》、依法提供妇女保健服务和保证母亲健康的主渠道，如设立妇幼保健医院、妇产医院等。

女职工较多的单位还建立女职工卫生室、孕妇休息室、哺乳室、托儿所、幼儿园等设施，并妥善解决女职工在生理卫生、哺乳 、照料婴儿方面的困难。

另外，妇女活动中心、咨询服务中心、健美中心、妇女用品专门店等都是为女性提供福利服务的场所。在许多国家和地区，还设有专门的妇女庇护所，为受虐妇女或遭遇特殊困难的妇女提供特殊救助。

(二)儿童社会福利的主要内容

1. 儿童普通社会福利

(1)家庭保护。国家通过一系列的立法，对儿童所应受到的家庭保护做了规定，保护儿童的生命健康权。父母或者其他监护人应当依法履行对未成年人的监护职责和抚养义务，不得虐待、遗弃未成年人，不得歧视女性未成年人或者有残疾的未成年人，禁止溺婴、弃婴。父母或者其他监护人应当以健康的思想、品行和适当的方法教育未成年人，引导未成年人进行有益身心健康的活动，预防和制止未成年人吸烟、酗酒、流浪以及聚赌、吸毒、卖淫。父母或者其他监护人应当尊重未成年人接受教育的权利，必须使适龄未成年人按照规定接受义务教育，不得使在校接受义务教育的未成年人辍学。父母或者其他监护人不得允许或者迫使未成年人结婚，不得为未成年人订立婚约。父母或者其他监护人不履行监护职责或者侵害被监护的未成年人的合法权益的，应当依法承担责任。父母或者其他监护人有前述违法行为的，经教育不改的，法院可以根据有关人员或者有关单位的申请，撤销其监护的资格，另行确定监护人。

(2)医疗卫生与保健福利。卫生部门对儿童实行预防接种制度，积极防止儿童常见病、多发病，加强对传染病防治工作的监督管理和对托儿所、幼儿园卫生保健的业务指导。学生在校学习期间，卫生部门和学校应当为儿童提供必要的卫生保健条件，做好预防疾病工作。

国家还兴办专为儿童医疗保健服务的儿童医院，或者在全科医院中设立儿科；开展儿童保健工作，定期进行儿童健康检查、预防接种，防治常见病、多发病，使儿童健康成长。

(3)教育福利。儿童的受教育权和发展权是儿童权利的重要组成部分。20 世纪中叶以来，随着儿童权利意识的不断提高，“教育机会均等”“保证每个孩子都能享受到有效地促进其身心和谐发展的良好教育”成为一种社会需求。

在学前教育方面，许多国家根据 1989 年联合国通过的《儿童权利公约》的基本精神和本国的实际情况，纷纷采用立法的形式确立学前教育的地位。在一些发达国家，甚至出现了把学前教育纳入义务教育体系的倾向。各国还纷纷通过多种途径发展多样化的幼教机构，特别是适应各种文化背景的、单亲家庭和各种“社会处境不利”儿童的幼教机构，以“补偿”这些儿童因家庭照顾和教育不足而带来的发展缺失。

在义务教育方面，许多国家实行九年义务教育制度，有些国家的儿童还免费接受中小学教育，免费享有课本、文具和在校午餐等。

(4)文化福利。努力创造条件，建立和完善适合儿童文化生活需要的场所和设施。鼓励社会团体、企事业单位和其他社会组织、公民个人，开展多种形式有利于儿童健康成长的社会活动。博物馆、纪念馆、科技馆、文化馆、影剧院、体育场(所)、动物园、公园等场所，都对中小学生有适当的优惠。鼓励新闻、出版、广播、电视、文艺等单位和作家、科学家、艺术家等，创作或者提供有益于儿童健康成长的作品。出版专门以儿童为对象的图书、报刊、音像制品等出版物，国家给予扶持，等等。

2. 特殊儿童社会福利

特殊儿童是指残疾儿童、孤儿、弃婴和流浪儿童，他们除了与普通儿童享受同等待遇外，还应该受到特殊的保护。这是儿童社会福利工作的重要组成部分。

(1)残疾儿童的预防和康复。一般实行预防为主的方针，由政府颁布一系列的法规，采取一系列的政策措施来预防儿童的先天致残。比如《婚姻法》《母婴保健法》都会做出相关规定来控制有害遗传，加强婚育、孕产系统管理，搞好婚前检查、婚前教育、产前检查、遗传咨询、围产期保健、母婴保健、早期教育等服务工作。

为帮助残疾儿童恢复或者补偿功能，增强其参与社会生活的能力，各国建立儿童康复中心，开展康复工作。为残疾儿童提供门诊和家庭咨询，开展各种功能训练和医疗、教育、职业培训，以减轻残疾程度，恢复自理生活和从事劳动的能力，为他们走向社会创造条件。

(2)残疾儿童的教育。许多国家都制定了《教育法》《义务教育法》《残疾人保障法》《残疾人教育条例》等法律法规，对残疾儿童教育的职责、特点、发展方针、办学渠道、教育方式等做出全面、系统的规定。

以往人们总是把残疾儿童与健全儿童进行分类教育，让残疾儿童长期生活在专门为之安排的特殊环境中，处于一种与健全儿童和社会生活相对隔离的状态，容易导致对残疾儿童的歧视，使之得不到正常的社会经验，不利于残疾儿童身心健康发展。通过把特殊教育融入普通教育中的一体化教育，让残疾儿童进入普通学校随班就读，可使他们更多地接触社会，逐渐学会一些被社会所认可的行为，掌握社会规范和道德准则，最终适应社会生活。

(3)社会环境。各国政府动员社会采取多种方式关心和帮助残疾儿童的成长，大力弘扬残疾儿童自强不息的精神，倡导团结、友爱、互助的社会风尚。大众传媒积极反映残疾儿童生活，报道残疾人事业发展情况。广播、电视普遍开办残疾儿童专题节目，并配制手语、字幕。逐步实行方便残疾人的城市道路和建筑物设计规范，采取无障碍设施等措施，为残疾儿童的生存和发展创造良好的社会环境。

(4)特殊儿童的监护养育。各个国家都会有具体的部门负责孤儿和被遗弃的病残儿童的监护养育和安置工作。收养这些特殊儿童的社会福利设施有儿童福利院、康复中心、孤儿学校、儿童村等。此外，城市的社会福利院、农村敬老院以及优抚社会福利设施，也会收养部分孤儿和病残儿童。

第二节　外国的妇女儿童社会福利

一、瑞典的妇女儿童社会福利

早在19世纪末，瑞典已经通过了一些与儿童福利直接相关的重要法令，例如，1881年，瑞典政府就通过童工违法，旨在保护童工的权益。20世纪瑞典加强儿童福利方面的立法，例如颁布儿童立法、禁止雇用童工等法律。在2017年的国家财政框架内，针对少年儿童的拨款包括儿童公共津贴，家长保险，生活扶持费用，儿童抚恤金，伤残补助，儿童照顾年金和有孩家庭住房补助。同时对妇女权益也颁布法律进行保护，如怀孕女工有权享受假期，要求女工上夜班属违法行为等。在这些法令和政策的推动下，瑞典的妇女儿童社会福利进入了初步发展时期。

目前瑞典有关妇女儿童补贴的主要内容有以下几个方面：

1. 对有子女的家庭实行补贴

凡有未满16岁子女的家庭，不论其收入多少，全部可以免税得到对每个孩子的年度津贴，额度一般每人一年6 800克朗。年满16岁后，一般性的儿童补贴为延展性儿童补贴所取代。后者一般支付到儿童享受法定义务教育期满。有三个以上的孩子家庭，除获得单个儿童补贴外，还可以得到大家庭补贴。20世纪90年代经济陷入不景气时，瑞典大举削减福利开支，减少儿童补贴。

2. 对新生儿父母实行补贴

新生儿父亲或母亲可享受一年的假期，假期前9个月可领取原工资的90%，后3个月没有工资，但可得到少量补贴。

3. 双亲津贴

父母为照顾刚出世的小孩子而离开工作岗位，可获得高达450天的假期和相关双亲津贴。双亲津贴的时间在双亲身上是平均分配的，30天可轮换，但单一的法定和监护人有权享受所有的时间。在家照顾不满12岁生病的孩子，可获得临时性双亲津贴。那些长期照料病孩子的人亦可以获得此类津贴。

4. 对需要入托的孩子实行补贴

例如，一个月收入在13 700克朗以上的家庭，一天只需为小孩缴入托费3克朗，主要费用由国家补贴。

5. 怀孕补助

担负较重工作的孕妇可要求雇主调换较轻的工作，或者可以获得最高达150天的怀孕补助。根据怀孕期工作能力下降程度，孕妇可获得全额、3/4额、半额或1/4额的补助。如果工作环境会危及腹中婴儿而不得不停止工作，孕妇亦可获得怀孕补助。

二、英国的妇女儿童社会福利

(一)初步发展阶段(1914年～20世纪40年代初期)

两次世界大战之间，英国社会要求建立有效的国民保健制度的呼声不断高涨。妇女与儿童保健是这一时期英国国民保健制度的主要内容，1918年的《妇女儿童福利法案》对促进英国母婴医疗保健的发展产生了重要影响。法案规定，地方政府有职责为产妇提供牛奶等营养品、家庭服务以及产妇用品，还应建立产妇与婴儿福利中心、托儿所和产前诊所，并由当时的卫生部核发补助费，对孕妇、产妇及五岁以下儿童提供保健服务。根据这一法令以及以后的一些法令，英国建立了全国性的母婴保健制度。

(二)快速发展阶段(1942年～20世纪70年代)

1942年12月发表的《贝弗里奇报告》，把家庭补贴制度纳入其社会保障计划中。贝弗里奇所提出的家庭补贴制度是免费的。为了不使家庭补贴方面的支出超过政府所能承受的限度，贝弗里奇还认为，只有一个孩子对家庭生活的影响不太明显，所以，他主张家庭补贴不应该向第一个孩子提供，而应该从第二个孩子开始提供，家庭补贴的标准随着年龄的变化而变化。

1943年2月，英国财政部决定实施家庭补贴制度。1945年英国颁布《家庭补贴法》。法令规定：从第二个孩子开始，向每个孩子提供平均每周5先令的家庭补贴。1956年，英国政府再次颁布新的《家庭补贴法》，将家庭补贴的适用范围扩大，标准提高，但这种提高又导致政府用于家庭补贴方面的支出增加。为了控制支出，到1959年，英国又不得不对《家庭补贴法》进行改革，不仅取消了对第一个孩子所提供的补贴，而且降低了补贴标准。

在医疗保健服务方面，1948年开始实施的《国民保健法》规定，16岁以下儿童、孕妇和有不满1周岁婴儿的母亲可以免交处方费。儿童配眼镜可以免费。地方健康当局建立了健康中心，提供母婴关怀、接生、健康访问、家庭护理、接种牛痘等服务。母婴关怀包括提供产前及产后婴儿福利诊所、孕妇牙科保健及母婴护理。

20世纪60年代英国进入经济发展高峰时期，社会保障项目不断增多，逐渐形成了一个巨大的、覆盖全社会公民的社会保障网络。这一阶段，妇女问题受到重视，如对孕妇、产妇、寡妇、离婚妇女都规定相应津贴。

1974年工党执政后，儿童社会福利受到重视。1975年5月，有关儿童补贴的新法案正式提出，同年8月得到议会批准，法令以儿童补贴代替以往的家庭补贴，规定儿童补贴向第一个孩子在内的所有孩子支付。

(三)完善阶段(20世纪80年代至今)

自《贝弗里奇报告》发表以后，英国社会保障制度一直遵循普遍性原则，但随着社会的发展，它越来越成为英国社会保障支出持续增长的一个土要原因。后来保守党改变了普遍性原则，推行了选择性原则。

保守党执政后，开始着手减少社会保障开支。例如，从1980年起，保守党政府不再要求地方政府官员提供免费午餐；1988年起，收入补贴不再对16～18岁的人有效，同时，儿童津贴也不再对处于全日制教育之中的儿童有效；1990年颁布的儿童法对单身父母的家庭责任做出强调，要求父亲必须为养育自己的子女以及以前的伴侣承担责任与义务。保守党政府的社会保障制度改革，在减少政府用于社会保障的开支方面取得了一定的成效，但是在缓解社会问题方面效果并不理想。

在1996年的大选中，英国选民抛弃保守党，转而支持以布莱尔为首的工党，希望工党能在社会福利制度方面建立充分有效的制度。布莱尔提出了所谓的“第二代福利”，即给人以扶持，而不仅仅是施舍，它意味着多种服务，而不仅仅是现金。他主张扩大用于社会服务方面的支出，尤其是看护儿童、帮助父母等方面的支出，子女抚养和子女补贴也被包括在第二代福利中。

另外，儿童社会福利还包括对儿童提供服务。政府对于建造托儿所、幼儿园和儿童游乐场所提供方便和给予支持。对有儿童的家庭,给予抚育儿童的帮助和指导,重视儿童的健康卫生。对于任何17岁以下的丧失父母或者被遗弃或者监护人以及父母无力抚养的儿童,国家给予照管,包括为儿童寻找监护人(亲戚、朋友或志愿者),或者收养在"儿童之家"和训练学校,以防止儿童堕落或受到虐待。"儿童之家"和训练学校由有关当局与社会志愿工作者共同举办。

孕妇福利方面,从母亲怀孕开始,孕妇权益受到法律保障,怀孕期间享受特别的社会福利,包括法定怀孕工资和孕妇津贴。若申请人存款低过五百镑的还可申请社会基金孕妇补贴金和孕妇拨款,补助金的金额最高为一百英镑,拨款的金额最高为二百英镑。

三、日本的妇女儿童社会福利

20世纪30年代是日本妇女儿童社会福利制度的初步发展时期,后来随着"福利三法""福利六法"的颁布出台,日本的妇女儿童福利在法制方面逐渐完善。1964出台了《母子福利法》,1971年政府首次颁布《儿童津贴法》,规定国家对每个家庭第三个及以后年龄不满6岁的子女支付儿童津贴。目前,日本关于未成年人的法律法规名目众多,除《教育基本法》《儿童福利法》和《日本少年法》等内容宽泛的法律,也有内容具体全面的法律法规,如《学校营养午餐法》,几乎涵盖了未成年人生活的各个方面。90年代以来,日本经济逐渐走下坡路,而社会福利开支却不断增加,家庭津贴制度也日益成为沉重的政府负担。2012年,日本儿童津贴的对象是至初中毕业为止的儿童,按年龄层次进行不同金额的支付。同时,儿童津贴的支付还有一定的收入限制条件(夫妇两人加两个儿童的家庭超出960万日元的年收入)。日本对残疾儿童采取的福利措施,大致包括以下几个方面:

1. 预防发生,早期发现,早期治疗

日本利用各种机会普及母子保健知识,推行母子综合保健措施,对孕妇、产妇和哺乳儿进行健康检查,给予保健指导和访问指导。为能及早发现,日本实行"1岁6个月儿童健康检查""3岁儿童健康检查"及以后进行的"精密检查"等措施,努力保障儿童接受诊断的机会。至于早期治疗,除采取各种医疗措施之外,还进行育儿院的整备工作,以保证幼儿有接受治疗、养育和训练的场所。这种设施,既似幼儿园,又似医治所,残疾儿童按期定时接送,接受养护、治疗和训练。

2. 在家福利服务

向残疾儿童提供假肢、轮椅等用具;对于重度残疾儿童,不仅提供浴池、训练用床等日常生活用具,还实行登门服务,帮助料理生活。为了减轻养育残疾儿童家庭的经济负担,国家还支付特别儿童抚养津贴或残疾儿童福利津贴。

3. 福利设施服务

并不是所有的残疾儿童都能在家里得到有效的治疗和养护,因此,日本创办了许多福利设施。按其功能划分,有对儿童进行积极治疗和训练的,有适应其残疾程度而供其生活的,还有促进其参与社会、帮助其就业的。按对象来分有:弱智者的福利设施、身残者的福利设施和身心严重残疾者的福利设施等。

4. 残疾儿童的教育

众所周知,日本是一个非常重视教育的国度,对于残疾儿童也不例外,特别强调通过教育,在幼儿期和少年期最大限度地发挥和发展他们的潜力,为将来自立于社会打下基础。

在日本,针对残疾儿童的特殊教育是由盲人学校、聋哑学校、养护学校及在中小学校里开设的特别班级具体实施的。国家对残疾儿童的保护人提供特殊就学奖励金，以便减轻保护人的经济负担，鼓励残疾儿童入学。另外，在改善残疾儿童的教学内容、加深教师和儿童对残疾儿童的理解和认识、提高从事特殊教育的教职员工的素质、加强残疾儿童的就业指导和培训等方面，日本政府都做了大量的工作。

四、澳大利亚的妇女儿童社会福利

澳大利亚是世界上实行社会福利制度最早的国家之一，1910年已经开始建立。在妇女儿童福利方面，于1912年设立了产妇津贴。20世纪40年代，社会福利发展更快，诞生了家庭补贴、寡妇抚恤金等。目前，完善的妇女儿童福利体系包括了名目繁多的福利津贴，如家庭津贴、青年津贴、子女津贴、单身母亲津贴、牛奶津贴、生育津贴、免疫津贴、家长补助、子女补助、托儿津贴、残疾儿童津贴、土著青年助学金、偏远地区儿童补助、健康护理卡、孤儿养育津贴、领津贴者的教育补助，等等。

具体内容包括以下几个方面：

1. 妇幼保健方面

澳大利亚提供多种妇幼保健服务，如家长教育、营养建议、支持与咨询、孕产妇访视、儿童体检和免疫接种、青春期保健、青年卫生、儿童健康评估、妇女子宫检查等。澳大利亚有比较完善的三级儿童保健网络，即儿童保健中心、家庭保健中心和提供住宿的家庭保健中心。儿童保健中心以社区为基础建立，规模较小，与地方政府和农村妇女组织共同合作提供服务。

2. 家庭补贴方面

凡养育一个或一个以上子女的人可以得到补贴，但取得这笔补贴必须经过对家庭收入和财产情况的调查。家庭补贴通常每两个星期发放一次，一般都交给孩子的母亲。收入稍低的家庭在进行更为严格的收入调查和财产情况调查后，可以得到更多的资助。单亲家庭还可以得到监护人津贴。

3. 儿童照料方面

澳大利亚的做法是对0～12岁的孩子提供服务，无论是孤儿还是有父母双亲的孩子。非正式的照料还包括一些付费服务，如社会上开办的“婴儿姐姐”和“奶母”服务。儿童照料可以为他们的父母减轻负担，使他们能安心从事工作。澳大利亚在支持儿童照料机构的政策上有所变化，在2001年7月1日前，政府资金主要是流向那些非营利性照料机构，但此后，资金对营利性机构也有一定的帮助。对那些照料有特殊需求的儿童的福利机构，政府更是提供特别基金予以资助。所谓“有特殊需求的儿童”主要指单亲家庭的孩子、父母有残疾的孩子、当地土著后代、众多文化背景中成长起来的儿童和有可能被家庭忽略照顾的儿童。应该说，在社会变迁中，这类儿童的数量比较大，约占澳大利亚儿童的35%，所以需要政府的特别重视。

第三节　我国的妇女儿童社会福利

一、我国妇女儿童社会福利的主要内容

(一)妇女生育津贴

在我国，生育津贴原称产假工资。为了与国际通用术语衔接，1994年改称生育津贴，其

适用范围、享有津贴的资格条件以及津贴支付期限，均与改革后的产假制度相一致。

生育津贴的计发基数已改革了两次，改革充分体现了社会公平原则。但近几年计发基数多元化的格局日益明显：

(1)在实行生育保险社会统筹的地区，按本企业上年度职工月平均工资为基数计发生育津贴，期限不少于90天；而没有开展生育保险社会统筹的地区，生育津贴由本企业或单位支付，标准为女职工生育之前的基本工资和物价补贴，期限一般为90天，形成了"双轨"制。

(2)由于生育津贴具体实施办法可结合本地区实际情况制定，生育津贴计发基数出现了"本企业上年度职工月平均工资""当地社会平均工资""本人养老保险缴费工资""本人上年度月平均工资""本人生育前12个月平均工资"等多种形态。

2008年，根据《中华人民共和国个人所得税法》有关规定，经国务院批准，有关部门就生育津贴和生育医疗费有关个人所得税政策做出了明确规定。对于我国生育妇女按照县级以上人民政府根据国家有关规定制定的生育保险办法，取得的生育津贴、生育医疗费或其他属于生育保险性质的津贴、补贴，可以免征个人所得税。

(二)妇女劳动保护

根据我国的劳动法律、法规，在劳动过程中保护妇女的安全健康的特殊保护措施主要有以下几个方面：

(1)凡适合妇女从事劳动的单位，不得拒绝招收女职工。保障妇女享有与男子平等的劳动权利，实行男女同工同酬。在分配住房和享受福利待遇方面男女平等。在晋职、晋级、评定专业技术职务等方面，应当坚持男女平等的原则，不得歧视妇女。

(2)禁止妇女从事井下采掘等笨重体力劳动和接触特别有害妇女生理机能的有毒有害物质的工作。

(3)已经从事笨重劳动和有害健康工作的妇女，享受提前退休的照顾。

(4)实行"四期"保护，在月经、怀孕、生育、哺乳期内，给予特殊保护。

女职工产假是98天，其中产前休假15天。难产的，增加产假15天。多胞胎生育的，每多生育1个婴儿，增加产假15天。女职工怀孕未满4个月流产的，享受15天产假；怀孕满4个月流产的，享受42天产假。晚育产假，由各省、自治区、直辖市根据本省计划生育条例规定。《妇女权益保障法》还规定：国家发展社会保险、社会救济和医疗卫生事业，为年老、疾病或者丧失劳动能力的妇女获得物质资助创造条件。需要指出的是，2016年国家实行全面二孩政策，对于符合政策的二孩，妇女享受的所有福利待遇和一孩是一致的。

(三)普通儿童社会福利

儿童是人类的未来和希望。中国政府历来关心和重视儿童的生存、保护和发展，以认真负责的态度努力为他们的生存和发展创造良好条件。

1. 托幼事业

国家设立托儿所、幼儿园，鼓励和支持国家机关、社会团体、企事业组织和其他社会力量兴办哺乳室、托儿所、幼儿园，提倡和支持举办家庭托儿所。各级人民政府和有关部门采取多种形式培养和训练幼儿园、托儿所的保教人员，加强对他们的政治思想和业务教育。

2. 义务教育

我国实行九年义务教育制度，凡年满6周岁的儿童均应就近接受义务教育。条件不具备的农村地区，可以延迟到7周岁上学。国家对接受义务教育的学生免收学费。实施义务教育的学校可以收取杂费。对家庭困难的学生，应酌情减免杂费。

3. 保护儿童的个人隐私

任何单位和个人不得披露未成年人的个人隐私，不得隐匿、毁弃、擅自开拆未成年人的信件；公安机关、人民检察院、人民法院办理未成年人犯罪案件时，都要照顾未成年人的身心特点，并根据需要设立专门机构或指定专人办理。

4. 就业保护

任何组织和个人不得招用未满 16 周岁的未成年人，国家另有规定的除外。若招收了已满 16 周岁不满 18 周岁的未成年人的，须在工种、劳动时间、劳动强度和保护措施方面执行国家有关规定，不得安排其从事过重、有毒、有害的劳动或危险作业。企事业单位、个体工商户若非法招收了未满 16 周岁的未成年人的，劳动部门将责令其改正，处以罚款，情节严重的还会吊销其营业执照。

5. 保护儿童的智力成果和荣誉权

国家、社会、家庭、学校为有特殊天赋或者有突出成就的儿童的健康发展创造有利条件，激发他们的积极性。

6. 对违法犯罪的儿童的保护

1991 年全国人大常委会审议通过了《中华人民共和国未成年人保护法》，国家实行教育、感化、挽救的方针，坚持教育为主、惩罚为辅的原则，对犯罪儿童加以保护。如已满 14 周岁的儿童犯罪，因不满 16 周岁不予刑事处罚的，责令其家长或其监护人加以管教；必要时还会由政府收容教养。尊重犯罪儿童的人格尊严，保障其合法权益。

(四)特殊儿童社会福利

处于特殊困境下的儿童在我国主要指残疾儿童、孤儿、弃婴和流浪儿童，对他们提供保护是我国儿童工作的重要组成部分。根据我国现行的儿童社会福利制度，特殊儿童社会福利事业，专指以社会福利为保障手段的社会收养、社会服务机构和设施，向孤儿、残疾儿童提供的社会福利型服务。

1. 残疾儿童的预防与康复

我国政府也实行预防为主的方针，大力开展计划免疫工作，有计划、大规模地给儿童少年补碘，并进一步治理地方病，控制环境污染，对地甲病、克汀病、大骨节病流行地区，采取补碘、改土净水等措施。

在康复方面，建立社区康复服务体系。我国利用城乡三级医疗预防保健网开展社区康复，使城乡基层的大多数残疾儿童能够享有基本的康复服务。同时，在各级地方政府领导下，成立了由卫生、民政、残联等有关部门参加的社区康复领导小组，相互协调、分工合作，共同制定社区康复规划，并组织实施。2018 年 6 月国务院印发《关于建立残疾儿童康复救助制度的意见》，提出按照兜底线、织密网、建机制的要求，着力保障残疾儿童基本康复服务需求，努力实现残疾儿童“人人享有康复服务”，使残疾儿童家庭获得感、幸福感、安全感更加充实、更有保障、更可持续。

2. 教育

根据有关法律法规，我国政府将残疾儿童教育纳入义务教育。我国在普通学校附设特殊教育班和随班就读为主体、以特殊教育学校为骨干的残疾儿童义务教育格局已经形成。

3. 社会环境

我国政府规定，自 1991 年起，每年 5 月的第三个星期日，为全国助残日。少年儿童积极开展“红领巾助残”活动；青年积极开展“志愿者助残行动”。社会各界也通过各种方式广泛参加各种形式的助残活动。残疾儿童在全社会的关心下，得到了多方面的实际帮助和服务。

4. *残疾儿童保护*

我国高度重视残疾儿童的保护，努力为残疾儿童的生存和发展创造良好条件。宪法和有关法律对保护包括残疾儿童在内的残疾人的合法权益有明确的规定。《残疾人保障法》对保障残疾人合法权益做了全面、系统的规定，这些规定都适用于残疾儿童。该法还对残疾儿童的特殊保护问题做了专门规定。

中国残疾人联合会的一项重要任务就是保护残疾儿童的合法权益。在地方，建立了省(自治区、直辖市)、地、县残联，对本地包括残疾儿童在内的残疾人事业实施服务和管理。

5. *监护养育*

在我国，由民政部门具体负责孤儿和被遗弃的病残儿童的监护养育和安置工作。除政府和社会建立儿童福利院抚养孤儿和被遗弃的病残儿童外，我国还积极开展公民收养工作，使这些丧失家庭的儿童重新得到家庭的温暖，健康成长。为了保护合法的收养关系，维护当事人的合法权利，有利于被收养的未成年人的抚育、成长，全国人民代表大会常务委员会制定了《收养法》，根据该法，经国务院批准，司法部、民政部发布施行了《外国人在中华人民共和国收养子女实施办法》。我国的孤儿收养工作有法可依，也完全符合联合国《儿童权利公约》提出的原则。

在中国政府的关心支持下，在社会各界的积极参与下，我国在孤残儿童的生存、保护和发展方面做出了巨大努力，取得的成就受到联合国儿童基金会、联合国教科文组织和世界卫生组织等方面的积极评价。

二、我国妇女儿童社会福利的发展过程

(一)形成阶段

从中华人民共和国成立到 20 世纪 60 年代是我国妇女儿童社会福利制度的形成阶段。中华人民共和国成立后，我国开始着手社会保障制度的创建工作，妇女儿童社会福利也包括其中。国家一方面制定社会福利的方针政策，一方面通过各种措施为举办福利事业提供资金。

1. *妇女生育方面*

1952 年政务院发布《关于各级人民政府、党派、团体及所属事业单位的国家工作人员实行公费医疗预防的指示》，其中规定：女工作人员生育费用纳入公费医疗项目。1955 年国务院颁发《关于女工作人员生育假期的通知》，其中各项规定与《中华人民共和国劳动保险条例》中的生育待遇规定相同，只是没有生育补助费。1956 年全国人民代表大会一届三次会议通过《高级农业合作社示范章程》，其中规定：特别注意使女社员在产前产后得到适当休息。女社员生育时，酌量给予物质帮助。与此同时，国家为保护母亲和婴儿的健康，在城乡广大地区推广“新接生法”，大量培训新法接生员，并免费提供新法接生工具。由此，妇女生育得到了不同程度、不同水平的社会福利。

2. *女工劳动保护方面*

女工劳动保护是 20 世纪 50 年代初开始的。1956 年国务院通过的《工厂安全卫生法规》规定：工厂应根据需要设置更衣室、妇女卫生室等生产辅助设施。同年商业部制定的《商业部所属各级国营商业企业及其附属单位工作时间暂行办法》规定：怀孕满七个月或产后未满六个月的女职工，不得从事夜班工作。女职工怀孕期间，担任现职工作不适宜时，应调换轻便工

作，无轻便工作可调时，应缩短工作时间，其间工资照发。到60年代，我国女工劳动保护工作和妇女劳动卫生研究都有了很大进展。1956年颁发了《中华人民共和国女工保护条例（草案）》，对女工怀孕期、小产生育、哺乳等方面的待遇又做了进一步的规定。

3. 儿童福利

20世纪50年代由北京、上海、天津等大城市开始，其他城市陆续建立妇幼保健机构，负责妇女儿童的保健工作。到60年代以后，儿童保健逐步扩展到农村地区。

为减轻母亲负担、保证儿童健康成长，政府还积极推动托幼事业发展。1954年、1955年全国总工会女工部两次召开全国重点城市托儿所工作会议；1956年，教育部、卫生部、内务部联合通知就积极发展托儿所、幼儿园问题提出意见。

对于孤儿、弃婴、伤残儿童这些特殊儿童，民政部承担了他们的照顾工作。1949年后，各地民政部门接收、改造了外国在我国开办的儿童慈善机构和国民党政府及旧社团办的儿童慈善机构，又兴办了多种类型的婴幼儿福利机构，收养孤儿、弃婴。国家给儿童福利事业单位拨出专项经费，并配备了工作人员和生活、教育、医疗等设备，使孤儿、弃婴受到保育教育，使伤残儿童得到照顾和医治。

（二）改革与完善阶段

1. 健全女工劳动保护制度，扩大实施范围

1986年5月，《女职工保健工作暂行规定》下发试行。该规定对女职工经期、怀孕期、哺乳期、更年期、婚前、产后等阶段的保健都做出了详细规定。1988年，国务院颁布了中国历史上第一个有关妇女劳动保护的法规——《女职工劳动保护规定》，这个规定是包括女职工就业权、劳动保护、生育保障等诸多方面的综合性法规，适用于我国境内一切国家机关、人民团体和企事业单位的女职工。后来颁发的《女职工保健工作规定》《中华人民共和国妇女权益保障法》《中华人民共和国劳动法》中，对妇女在劳动和工作时的安全和健康应受特殊保护均做出了相应的规定。

2012年4月28日，国务院常务会议审议并原则通过《女职工劳动保护特别规定》，调整了女职工禁忌从事的劳动范围，将女职工生育享受的产假由90天延长至98天，并规范了产假待遇。

2. 完善妇幼保健制度

1994年，我国政府颁布了《中华人民共和国母婴保健法》。这是我国第一部保护妇女、儿童健康权益的专门法律，标志着我国在依法治国的方针指导下，开始从法律高度维护妇女儿童的健康。这部法律对于发展我国的妇幼卫生事业，保障母亲和儿童健康，提高出生人口素质，促进经济繁荣和社会进步，都具有十分重要的意义。

在全面二孩政策实施后，国家相继出台了诸多政策法规切实保障母婴安全，保障全面两孩政策实施，推进健康中国建设。2017年1月，国家卫生计生委发布《"十三五"全国计划生育事业发展规划》，指出要提升妇幼健康计划生育服务水平和提高计划生育家庭发展能力。2017年7月国家卫生计生委出台《关于加强母婴安全保障工作的通知》，提出要从源头严防风险全面开展妊娠风险筛查与评估，紧盯重点人群严格进行高危专案管理，同时严守安全底线着力加强危急重症救治。着力保障妇女儿童生命安全、提高出生人口素质、预防控制妇女儿童疾病、健全妇幼卫生服务网络等。

在机构设置上，大中城市里有妇幼保健院、妇产医院、儿童医院、妇女保健所、儿童保健所，以及各级医院的妇产科。在农村有县、乡、村三级妇幼保健院（所、站），妇女可以在遍布城

乡的妇幼保健网络中得到基本医疗服务、基本药物供给、计划免疫、新法接生、孕产期保健等医疗保健服务。2016 年，经过卫生系统广大妇幼工作者和全社会的共同努力，基本完成了国务院颁发的《中国妇女发展纲要(2010～2011 年)》和《中国儿童发展纲要(2010～2011 年)》中确定的妇幼卫生保健目标。随着妇幼保健水平的提高，婴幼儿和孕产妇死亡率大幅度下降。2016 年婴儿死亡率为 7.5‰，五岁以下儿童死亡率为 10.2‰，分别比 2010 年下降 5.6 和 6.2 个千分点。2016 年孕产妇城市和农村死亡率分别为 19.8/10 万和 20.2/10 万，比 2010 年均降低近 10 个十万分点。

此外，政府还加大力度普及妇幼保健知识。全国城乡广泛开展了孕产期保健、高危孕产妇系统管理，这个系统还担负了妇科常见病普查普治，宣传计划生育知识，开展青春期、新婚期、孕产期、更年期健康咨询和保健等多项工作。各地大力培训基层卫生人员，推广妇幼适宜保健技术，保证母婴安全。

3. *加强妇幼家庭保护*

从 1995 年中国首部《中国妇女发展纲要》中第一次提出“坚决制止家庭暴力”，到最终的专门法律出台，反家暴立法酝酿筹备了 20 余年。2015 年 12 月全国人大通过《中华人民共和国反家庭暴力法》，明确规定对未成年人、老年人、残疾人、孕期和哺乳期的妇女、重病患者遭受家庭暴力的应当给予特殊保护。

4. *设立子女补贴*

1979 年为配合推行计划生育的基本国策，设立了独生子女保健补贴，独生子女补贴随着经济发展有所提高，例如上海目前的独生子女补贴提高到 60 元/月。2016 年二胎政策开放后，国家提倡按政策生育。对自愿生育一个孩子的夫妻，不再发放“独生子女父母光荣证”，不再享受独生子女父母奖励费等相关奖励优待政策。但是之前已经领取“独生子女父母光荣证”的，继续按规定的条件、标准、年限，享受各项计划生育奖励优待政策。

5. *注重儿童教育*

(1)注重儿童早期教育。2003 年国务院办公厅转发了教育部等部门《关于幼儿教育改革与发展的指导意见》，提出今后 5 年幼儿教育发展的目标，注重发展儿童早期教育。2012 年教育部办公厅又颁布了《关于开展 0～3 岁婴幼儿早期教育试点工作有关事项的通知》，以发展公益性婴幼儿早期教育服务为目标，重点在早期教育管理体制、管理制度、服务模式和服务内容等方面进行试点探索，总结经验，从政策宏观层面突出了对儿童早期教育的重视。

(2)义务教育。1986 年 4 月，六届人大四次会议通过的《义务教育法》规定：国家实行九年义务教育制度，凡年满 6 周岁的儿童，不分性别、民族、种族，应当入学接受规定年限的义务教育。

6. *关心儿童的权利与发展*

1989 年联合国大会通过《儿童权利公约》，中国成为缔约国之一。1992 年，我国参照世界儿童问题首脑会议提出的全球目标和《儿童权利公约》，从中国国情出发，发布了《九十年代中国儿童发展规划纲要》，这是我国第一部以儿童为主体、促进儿童发展的国家行动计划。各级政府和有关部门坚持“儿童优先”的原则，加强领导，强化责任，制定政策，采取措施，认真实施，基本实现了纲要提出的主要目标，使我国儿童生存、保护和发展取得了历史性的进步。

7. *发展孤残儿童福利*

2001 年民政部发布《儿童社会福利机构基本规范》，明确了举办儿童福利机构的硬件标准、服务质量标准和从业人员的标准。各类儿童福利院、儿童村、残疾儿童康复中心、收养性为一体的孤儿学校。目前,为了提供对孤儿、弃婴的救助和保护,全国已形成了以国家办的儿童福利机构为骨干,分散供养为基础,城乡结合,社会参与的格局。

随着我国国民经济和社会的快速发展,以及儿童社会福利事业的改革发展,孤残儿童家庭寄养模式日益凸显并形成趋势。家庭寄养是儿童福利事业社会化的一条重要途径。修订后的《中华人民共和国收养法》1999 年正式实施。2003 年,民政部进一步探索和规范了孤残儿童的家庭寄养和送养方式,出台了《家庭寄养管理暂行办法》,确立了开展孤残儿童和弃婴家庭寄养工作的发展思路,对于推进儿童福利社会化进程,进一步发展儿童福利事业,促进孤残儿童家庭型养育模式全面、持续的健康发展,具有重要意义。

另外,2003 年,民政部加强了对涉外收养的规范和管理,制定、下发了《关于社会福利机构涉外收养工作的若干规定》。目前,我国已同美国、加拿大等 15 个国家建立了收养关系。为充分体现"以国内收养为主,适量涉外收养"的方针,满足和优先国内收养,在广泛征求各地意见的基础上,民政部拟吸收有关国家的做法,在全国各地建立、推行社会福利机构儿童信息公开系统。

三、我国儿童社会福利机构

儿童福利机构的服务宗旨是:以科学的知识和技能维护儿童基本权益,帮助儿童适应社会、促进儿童自身发展。

目前,我国儿童社会福利事业单位基本分为三类:第一类是收养性的儿童社会福利事业单位,如儿童福利院、儿童村等,它们的主要职能是对孤儿进行收养,并使其享有受教育的权利,成为对社会有用的人才;第二类是康复型的儿童社会福利事业单位,如聋儿康复中心、弱智儿童康复中心等,它们的主要职能是对那些可以康复的残疾儿童实施治疗和康复,使其减轻残疾程度,回归社会;第三类是教育性的儿童社会福利事业单位,如残疾儿童寄托所、残疾儿童学前班、特殊教育学校等,它们的主要职能是使各类残疾儿童受到足够的教育,增强他们的生活和劳动能力,使之做出对社会有益的贡献。以上这些社会福利设施给孤儿、弃婴提供了良好的收养、医疗、康复和教育服务,直至他们长大成人,给他们安排工作,帮助他们成家立业。对痴呆和重残儿童则实行终身供养。

(一)儿童福利院

儿童福利院工作是我国儿童工作的特殊组成部分。儿童福利院监护养育的儿童主要是因天灾和不可预测事故失去双亲的孤儿,同时也监护、养育因身患难以完全康复的智残、肢残等重残或因严重疾病而被父母遗弃的儿童。目前,这类在院监护养育的儿童共有 2 万名左右,约占我国未成年人总数的十万分之五。

1. 经费

我国儿童福利院的经费,以国家和地方财政拨款为主,集体集资、发行福利彩票和社会捐助为辅。其中财政拨款列入当年财政预算,实行全额拨款。

2. 管理制度

我国的儿童福利院已形成一套较完善的系统性管理制度。例如,规定入院的儿童需经观察期,在为时 2～3 个月的观察期里,由有关部门寻找其父母或进行身份认定,做体格检查,实行医护隔离,使儿童入院后身体健康,不带传染病。各个儿童福利院都制定了规章制度,各项工作规程有十分严格的要求,这些制度和规程涉及福利院内部管理及儿童生活的各个方面,如养育、护理、医疗、康复、科研、培训、社区康复、后勤保障等。为了监督这些管理办法的执行，民政部门经常进行检查。

3."养、治、教"相结合的方针

我国的儿童福利院实行"养、治、教"相结合的办院方针，重养、重治、重教。羸弱无助的孤儿和被遗弃的病残儿童在福利院得到精心照料和养育，他们中的许多人在这里长大成人后走上了社会。

福利院的儿童，大部分入院时身患重病或有严重的先天性残疾。儿童福利院均配有医生、康复师、营养师，设置医务室、康复室、抢救室、化验室和药房，对监护养育儿童所患疾病及时进行医治。从1995年起，民政部与卫生部在全国实施了残疾孤儿康复工程，大型医院对施行手术的孤儿免费住院，半费收取手术费和治疗费。在儿童福利院，智力健全的儿童，无论是否身体残疾，均与正常儿童一样接受义务教育。对盲、聋、弱智的儿童，由福利院负责把他们送到特殊教育学校学习。

（二）残疾儿童康复中心

康复中心的主要工作包括以下几个方面：

第一，开展残疾儿童普查。一般是选择本市的一个区，或一个县，或一个有20万人口的区域，对残疾儿童的数字、年龄、性别、残疾类别、致残原因等基本情况进行调查，为开展当地残疾儿童康复活动提供可靠依据。

第二，开展康复专业医护人员培训。北京、南京、上海、湖北省残疾儿童康复中心，主要任务是筹办全国性的培训班，其他城市残疾儿童康复中心负责筹办地区性的培训班。各地康复中心培养的康复专业医护人员对残疾儿童康复专业队伍的形成起到积极的推动作用。

第三，开展残疾儿童家长培训。家长参与，是残疾儿童康复训练持之以恒并取得成效的关键。

第四，开展舆论宣传。各地残疾儿童康复中心普遍利用电台、电视台、报纸杂志等宣传工具，向社会宣传残疾儿童早期预防、早期发现、早期干预的基本知识，使残疾儿童得到早期康复。

第五，开展残疾儿童康复训练。各地残疾儿童康复中心不仅为儿童福利机构内的残疾儿童实施各种康复训练，而且还为有家的残疾儿童提供各种康复服务。

第六，开展残疾儿童康复科研活动。有不少残疾儿童康复中心采用以体疗为主，结合推拿、按摩等中西医结合疗法，积极探索残疾儿童康复事业的新路子，并取得显著成效。

（三）中国SOS儿童村

SOS儿童村是一个国际性的民间慈善组织，其办村宗旨是以家庭方式抚养、教育孤儿，并用SOS这个国际上通用的求救信号，呼吁全社会都来关心和帮助那些在灾难中幸存的孩子。

中国SOS儿童村于1984年开始在天津、烟台两地创建，由当地政府出资征用建村用地，国际SOS儿童村提供筹建SOS儿童村的基建费用和SOS儿童村孩子的生活、学习费用。30年来，相继在天津、山东烟台、北京等建立了10个SOS儿童村及其他SOS附属设施。几十年来，中国SOS儿童村协会认真贯彻执行国际SOS儿童村组织的宗旨，积极参加国际SOS儿童村开展的各项活动，为强化SOS儿童村的管理做了大量工作。根据我国国情，制定了一系列的规章制度和管理办法，使我国SOS儿童村的管理工作走上规范化轨道。

SOS儿童村是拯救社会孤儿的社会福利、慈善组织机构。其任务是它以家庭的形式收养社会上丧失父母，又无亲友抚养或亲友无力抚养的健全孤儿。每个SOS儿童村设有12～

18 个家庭，每个家庭由按严格条件招聘的妈妈和 7～8 名儿童组成。SOS 儿童村的宗旨是使这些孤儿重新获得母爱和家庭温暖，身心得到健康的发展，将来能够自立于社会。SOS 儿童村的特色在于其采用家庭模式管理、抚养、教育孩子们。儿童村以及其青年设施为孩子们提供了一个家庭式的生活环境，并努力让他们逐步学会自立，为将来的独立生活做好准备。

四、我国妇女儿童社会福利存在的问题

(一)妇女社会福利问题

妇女对家庭的和谐、社会的稳定发展至关重要。妇女的权益得不到切实有效的保障、妇女的社会福利措施得不到有效的实施，就不能有效凝聚妇女的人心意志，不能充分发挥妇女的积极性和创造性，社会的创造活力就会受到影响，构建和谐社会的进程就会大大减缓。所以，从这个角度上说，妇女社会福利问题不是妇女个人的问题，而是一个关涉社会和谐的大问题。我国的妇女儿童社会福利已取得了巨大的成就，但仍存在着一些不完善的方面。

1. 女职工劳动保护问题

女职工劳动保护水平下降、女职工劳动保护法律法规落实难等问题都愈加突出地显现出来，给女职工劳动保护工作带来了新的挑战。而现行的女职工劳动保护法规中的有些内容、措施和要求落后于时代，不适应形势发展的需要，难以保障女职工的合法权益和特殊利益。

2. 妇幼保健问题

妇女卫生保健条件和妇幼健康状况在地区之间、城乡之间和不同人群之间还存在较大的差距，妇幼卫生事业滞后于经济社会发展的问题比较严重，特别是在中西部农村，卫生保健事业不适应妇女儿童健康需求的问题相当严重。这要求加大政府投入，加强对农村和边远贫困地区妇幼卫生工作的支持力度，采取各种措施，加快这些地区妇幼卫生工作的发展。

(二)儿童社会福利问题

由于我国是一个人口众多的发展中国家，经济基础较薄弱，人均收入在世界各国中仍处于比较落后的位置，城市与农村之间、地区之间发展水平还很不平衡，儿童工作还存在着许多困难，不少方面的情况还需要继续改善。例如，在儿童的医疗保健方面，我国农村儿童的疾病发生率还较高；在儿童的教育方面，一些边远和贫困地区学校教学条件困难；在残疾儿童的保护方面，国家在较短的时间内还难以筹集到更多的经费，以充分满足保护残疾儿童的实际需要。因此，随着国家经济和社会的发展，不断改善中国儿童的状况，促进儿童事业的发展，仍然是政府面临的一项重要任务。

本章小结

1. 妇女社会福利是国家和社会为保障妇女生理和职业特殊需要、特殊利益而制定的各项福利政策和开展的社会福利事业。儿童社会福利，是指由国家或社会为立法范围内的所有儿童普遍提供的旨在保证正常生活和尽可能全面健康发展的资金与服务的社会政策和社会事业。

2. 妇女社会福利包括特殊津贴、就业福利和相应的福利设施与服务等内容。儿童社会福利包括儿童普通福利和特殊儿童的社会福利两个方面的内容。

3. 从发展沿革及主要内容入手，对瑞典、英国、日本、澳大利亚的妇女儿童社会福利做了详细的阐述。

4. 具体介绍了我国妇女儿童社会福利的内容、发展过程及儿童社会福利机构，并简要分析了一些存在的问题。

思考题

1. 简述妇女儿童社会福利的内容和功能。
2. 简述改革开放以来，我国妇女儿童社会福利事业所取得的主要成就。
3. 比较各国在实施妇女儿童社会福利过程中存在的差异。
4. 联系实际，指出目前我国妇女儿童社会福利还存在的问题。
5. 就我国妇女儿童社会福利制度的发展方向谈一下自己的观点。

第十五章

残疾人社会福利

学习目的

通过本章的学习，了解残疾人社会福利体系意义，以及其建立与完善过程；理解关于残疾人社会福利的理念；掌握残疾人社会福利体系所包含的内容；了解国外残疾人社会福利发展过程以及实践中存在的差异；了解我国残疾人社会福利事业所取得的成就、存在的问题及其改革。

第一节 残疾人社会福利概述

一、残疾人社会福利的基本内涵

（一）残疾人的内涵

关于"残疾人"一词的定义较多。国际劳工组织通过的《残疾人职业康复和就业公约》这样定义：残疾人指因经正式承认的身体或精神损伤在适当职业的获得、保持和提升方面的前景大受影响的个人。联合国大会通过的《残疾人权利宣言》中将残疾人定义为：残疾人是指任何由于先天性或非先天性的身心缺陷而不能保证自己可以取得正常的个人生活和社会生活中一切或部分必需品的人。为了比较确切地判定什么样的人是残疾人，世界各国都根据本国的情况制定了"残疾人评定标准"。

我国 1987 年公布了《中国残疾人评定标准》。该标准于 1996 年修改后，又以《中国实用残疾人评定标准》公布实施，对包括视力残疾、听力残疾、言语残疾、肢体残疾、智力残疾、精神残疾、多重残疾和其他残疾人在内的各类残疾人的分级和标准做出了具体规定。我国 2008 年 4 月修订的《中华人民共和国残疾人保障法》第二条规定：残疾人是指在心理、生理、人体结构上，某种组织功能丧失或者不正常，全部或部分丧失以正常方式从事某种活动能力的人。具体残疾标准由国务院规定。中国是人口大国，也是残疾人口大国，当前有各类残疾人 8 500 多万，其中持证残疾人近 3 000 万。

（二）残疾人社会福利的含义

残疾人是社会中最特殊的群体，应该受到社会的特殊照顾，残疾人社会福利体系的建立与完善对于一个国家的政治、经济、文化的发展都产生深远影响。残疾人社会福利可以从狭义和广义两个角度去理解。从狭义的角度看，残疾人社会福利与老人社会福利、儿童社会福利、妇女社会福利并列，都是社会福利体系中的一个不可或缺的子系统。从广义的角度看，残疾人社会福利是国家或社会根据社会的经济、文化发展水平，通过制定相关的法律和政策，给予残疾人相应的康复、教育、劳动就业、文化生活、社会环境等权益保障，以改善残疾人及其家庭的生活条件，不断提高他们的生活质量，维护社会稳定，实现残疾人“平等、参与、共享”的目标。

二、残疾人社会福利的基本原则

残疾人由于智力、身体或心理方面的缺陷而不能与普通公民一样平等地参与社会生活，但残疾人也有做人的尊严和权利，有参与社会生活的愿望和能力。因此，国家和社会要创造良好的物质条件和精神条件，对这个特殊而困难的群体给予特别扶助，通过发展残疾人事业使他们的权利得到更好的实现，使他们以平等的地位和均等的机会，参与社会生活和国家建设，共享社会物质文化的成果。因此，残疾人社会福利应遵循以下原则。

（一）机会均等原则

机会均等是指整个社会体系能为人人所利用，诸如物质和文化环境、住房和交通、社会服务和保健服务、教育和就业及包括体育运动和娱乐设施在内的文化和社会生活，要保证残疾人获得与其他公民平等的机会。机会均等原则体现在以下几个方面：

1. 立法上的平等

国家在制定法律、法规和各项政策的时候，要注意避免对残疾人行使公民的各项权利和自由产生不利影响，消除对残疾人的任何歧视，确保残疾人获得与其他公民平等的机会。保障残疾人权益的立法，从20世纪初开始至第二次世界大战后逐步得以发展。目前，已有132个国家和地区制定了有关残疾人的法律。

2. 就业机会的平等

劳动是公民的基本权利，残疾人与健全人一样，享有法律赋予的平等就业的权利。残疾人同样是社会物质文明和精神文明的创造者，就业是残疾人改善生活状况、提高社会地位、参与社会生活的基础，是实现其人生价值的关键。

3. 平等地享有环境

残疾人应该和其他公民一样享有社会环境。为残疾人提供通行安全和使用便利，是保障他们平等参与社会生活、共享经济社会发展成果的必要条件，是现代社会发展的必然要求和社会文明进步的重要标志，关乎一个国家尊重和保障人权的国际形象。国家应当制定政策，确保残疾人能够进出和享用所有新建的公共建筑和设施、公共住房和公共交通工具。在实现物质环境无障碍的同时，还要实现信息和交流的无障碍。

4. 教育和培训机会的平等

残疾人与健全人一样，有着强烈的求知欲望和要求。残疾人接受教育的权利是残疾人人权保障的重要组成部分。教育是残疾人充分参与社会生活并实现其人生价值的重要条件，是残疾人通往享有平等人权社会的必由之路。残疾人同样是国家的有用之才，在受教育的机遇上不应该有先后之分、在教育程度上不应该有厚薄之别，恰恰相反，这一“弱势群体”需要更多的关爱与政策倾斜。

5. 平等地履行义务

由于残疾人享有同等的权利，他们也应当承担同等的义务。我国《残疾人保障法》规定，残疾人必须遵守法律，履行应尽的义务，遵守公共秩序，尊重社会公德。残疾人应当发扬乐观进取精神，自尊、自信、自强、自立，为社会主义建设贡献力量。

(二)特别扶助原则

对残疾人来说，仅给予他们参与社会生活的机会是不够的，他们毕竟是有特殊困难的群体，需要国家和社会的帮助才能实现其平等的权利。

为了改变残疾人在社会生活中的不利地位，相关法律在重申残疾人享有与其他公民平等的权利和同等机会的同时，普遍规定通过辅助方法、优惠政策和保护措施，给残疾人以特别扶助，以弥补其残疾带来的不利影响，保证其平等权利的实现。

联合国一系列决议重申，会员要通过各种措施扶持残疾人，必须制定特别方针，保障残疾人权利的实现。日本规定，给予残疾人特别关照，推进医疗、教育、训练、雇佣、养老等福利政策的兑现。美国规定给残疾人以优先权和资助。我国人大常委会批准的国际劳工大会公约中特别指出：为残疾人制定积极的特别措施，不应认为是对其他人的歧视。我国的《残疾人保障法》规定：国家采取辅助方法和扶持措施，对残疾人给予特别扶助，减轻或消除残疾影响和外界障碍，保证残疾人权利的实现。

三、建立残疾人社会福利制度的重要意义

国家和社会为了维护残疾人合法权益，尊重残疾人的价值，发挥残疾人的潜能，使他们以平等的权利、均等的机会充分参与社会生活，共享改革发展成果，而建立了残疾人社会福利制度，这具有深刻的意义。

(一)反映了一个国家的经济、政治、文化发展水平和文明程度

残疾人社会福利事业是在经济发展的基础之上，伴随着人类社会文明与进步的进程而发展壮大起来的。在现代化工业经济状态下，残疾人社会福利内容更加丰富，功能更加完备，福利水平进一步提高，人们认识到了残疾人的价值和保障残疾人权利的国家责任、社会责任。这充分显示了残疾人社会福利与一个国家经济、政治、文化的发展水平和文明程度的紧密联系。我们无论如何也不能把一个残疾人流离失所、生活得不到保障的社会和一个高度发达的社会联系起来。

(二)能够维护社会的团结稳定

残疾人社会福利事业对整个国家的稳定能够起到“安全阀”的作用，全社会重视残疾人，给残疾人温暖，是社会安定团结的重要内容。

每个国家都会或多或少地存在残疾人，他们是一个需要得到特别关心和帮助的群体。在一个存在竞争的社会里，残疾人在起点上就处于劣势，他们本身就遇到比正常人更多的困难，而随着经济的发展，社会分化的加速，加大了他们的贫富差距。如果国家、社会甚至个人对残疾人遇到的困难置之不理，他们的生活势必会更加步履维艰。在这样的情况下，很容易滋生社会的不稳定因素。相反，如果努力发展残疾人社会福利事业，化解矛盾，对这个弱势群体加以足够的重视，并给予充分的保护，他们就会融入到社会这个大家庭中，成为建设和改造社会的一分子，共同维护社会的团结和稳定。

(三)能给残疾人以安全感和尊重感，有利于实现他们的自身价值

每一个社会成员都希望自己在社会结构中发挥应有的作用，希望凭借自己的知识与能力获得他人和社会的承认，这一点对残疾人来说尤为重要。单纯地给残疾人以人道主义的同情是不够的，更重要的是解除残疾人自身及其家庭的心理压力，调整其因残疾而带来的社会心理失衡。这种失衡一旦得到调整，必然会给残疾人及其家庭带来自强不息的动力，其效果要

比单纯给予物质上、生活上的帮助更为显著。

(四)能够保证残疾人生活和福利水平的不断提高

残疾人是社会中有特殊困难的群体,他们的生活、教育、就业状况仍然落后于社会的平均水平,相当一部分残疾人还没有得到维持其生活的基本收入。随着国民经济的发展、社会财富的增加和社会平均生活水平的提高,残疾人的生活和福利水平也应该随之改善。残疾人社会福利制度的建立和完善,有助于使社会更加关注残疾人的生活,保证其生活和福利水平。

四、残疾人社会福利的基本理念

在不同的国家或在同一国家的不同时期,人们对于为什么实施残疾人社会福利或实施什么样的福利制度都有不同的看法,这源于有不同的价值理念。具体来说,关于实施残疾人社会福利的价值理念主要有以下三种:

(一)供养理念

在各种社会中,对于残疾人,特别是失去劳动能力的残疾人的最初的、甚至认为是最好的办法就是把他们养起来。他们的家人或社会通过对残疾人的供养来表示对残疾人的责任和爱。在经济不发达的社会,这种供养几乎只限于完全丧失劳动能力的残疾人;在发达社会,对残疾人供养的范围会扩大一些。尽管不同社会对残疾人供养的内容和水平有所不同,但是一般来说,这种供养的最大特点是大多限于经济方面或者物质方面,而对他们的精神需求、对他们的能力估计不足。尽管对于残疾人,特别是严重丧失劳动能力的残疾人来说,经济上的供养是完全必要的,但这并不是对残疾人进行关照的全部。仅从社会工作的基本价值观念——人的需要是多样化的、人是有潜能的——来看,简单的供养理念就有不少缺点。以经济、物质提供为主的残疾人工作的实践就是在供养理念的指导下产生的。

(二)回归社会理念

回归社会理念是一些学者针对将残疾人封闭起来进行供养和照顾所产生的弊病而提出来的。20 世纪 50 年代,美国社会学家戈夫曼在研究关护精神病患者的庇护所后指出,由于庇护所中精神病患者处于不良的同伴关系和“关护”关系之中,精神病患者的病情没有好转,有的反而加重了。这里所指的不良同伴关系是精神病患者之间的长期的共同生活、他们之间具有强烈刺激性的互动。“关护”关系是指庇护所的管理人员、医护人员对精神病患者的消极的、冷漠的态度和严格管制精神病患者的行为。这种关系之所以被认为是不良关系,是因为它们常常不能使精神病患者的情况好转,相反,由于这些互动的刺激,精神病患者的病情可能会加重,而这种加重是将精神病患者封闭起来的结果。在戈夫曼看来,对精神病患者的服务应该检讨上述庇护所式的做法,而应使精神病患者处于积极的社会关系之中,其基本方法就是走出封闭。让残疾人回到他们熟悉的社区中去接受照顾的模式普遍得到各个国家的广泛响应。社区照顾是使残疾人福利服务对象回归社会的典型模式。

(三)增能理念

许多关于残疾人的供养及照顾理论在把服务对象看作脆弱的一群时,忽视了人是有潜能的、是可以改变的这一社会工作的基本价值观念。增能理念则站在人的发展的立场上,认为通过一定的方法残疾人可以在一定程度上恢复他失去的机体的、社会的功能,并有助于他们进入一般的、正常的社会生活。增能不但在于增强其原本丧失的机体的功能,而且可以增强他们的生活信心,甚至可以减轻他们对社会的“拖累”。增能理念是以人的发展理论为基础的,它关注于人的基本价值的实现。按照增能理念的理解,增能的方式也是多种多样的。比如康复可以使残疾人已丧失的功能得以恢复,教育和培训可以发掘他们的潜能,外界生活、活动条件的改善可以减少他们表现自己能力的障碍,等等。

在上述三种关于残疾人社会福利的基本理念中,供养理论是个体型残疾的理论,强调残疾人的个人责任,即某个人的残疾是由于其个体的原因造成的,虽然社会承担其供养责任,但这只是一种消极意义上的帮助,这一理念往往忽视了引起残疾的社会环境的原因以及人的潜能的发展。回归社会和增能理念是社会型残疾的理论,注重残疾的社会责任,即认为某个人的残疾是由于社会原因导致的;社会在结构上、制度上存在的问题使得某些个人受损,因此,社会应该为受损的个人承担责任。

五、残疾人社会福利的主要内容

近年来,“康复重于救助”“机会均等”“全面参与”“共享发展成果”成为残疾人社会福利的发展趋势。在尊重残疾人的人格及确认其有获得和参与正常社会生活的权利的理念下,许多国家的残疾人社会福利逐渐减少了救助意义上的救济金的发放,而扩大了对残疾人维持有尊严的生活内容的广泛援助。残疾人的社会福利涉及他们的家庭生活和社会生活的诸多领域。概括起来,大体上涵盖以下内容:

(一)医疗康复

对于残疾人而言,最迫切需要国家和社会帮助的莫过于使其缺损的组织与功能得到康复,以增强其参与社会活动的能力。任何一个残疾人都希望自己能够得到全面的康复,早日脱残,回归社会,因此,面向广大残疾人的康复事业就成了残疾人社会福利的重要内容。

康复有广义和狭义两种。广义的康复是指综合、协调地应用医学的、教育的、职业的、社会的和其他措施,对残疾者进行治疗、训练和辅助,尽量补偿、提高或者恢复其丧失或被削弱的功能,使他们达到和保持生理、感官、智力、精神或社交功能上的最佳水平,增强其自立能力,促进其适应或重新适应社会生活。可见广义的残疾人康复是一种全面康复,其康复的目的在于使残疾人恢复和改善由于身体和精神障碍而丧失的行使自己权利的能力和机会,使他们能和健全人一样有平等的机会参与社会生活和家庭生活。狭义的康复仅指医学康复,是残疾人全面康复的基础。我们所讲的是广义上的残疾人康复。

康复过程包括的措施和活动范围广泛,从一般性康复,如为改进或弥补某项受损害的功能而提供的基本技能培训,到针对具体目标的活动,如职业方面的康复。康复一般包括下列几种服务:(1)及早发现、诊断与处理;(2)医疗护理;(3)社会、心理和其他方面的咨询与协助;(4)进行自理训练,包括行动、交往及日常生活技能,并为听觉、视觉受损者和弱智者提供所需的特殊器材;(5)提供辅助器械、行动工具及其他设备;(6)专门教育服务;(7)职业技能训练(包括职业指导)、职业培训、公开招聘的和保护性的就业安置;(8)后续工作。当然,康复活动,无论是其内容还是精神都在不断变化之中。

康复服务往往是通过专门机构提供的,但是现在有一种越来越强的趋势,即更加强调把各种服务归并到一般公共设施中去。在一切康复工作中,要强调残疾人所具备能力的一面,要尊重他们的人格和尊严。现在,在提供合格康复服务的同时,也使家庭和社区能够支持其残疾成员所做的努力,以使他们能在正常的社会环境中克服对其能力的不利影响。康复工作应在自然的环境中进行,辅之以社会康复服务和专门的康复机构。在制定康复方案时,最好是使残疾人参加设计和组织他们本人和家庭认为必要的各种服务。

(二)劳动就业

残疾人的劳动就业问题是一个世界性的社会问题。每个残疾人都希望自己同健全人一样,以平等的姿态走向社会、参与社会。而他们走向社会、参与社会的重要标志之一,就是劳动就业。残疾人劳动就业福利,就是国家通过政策扶持,采取必要措施,为达到法定劳动年龄,有一定的劳动能力且要求劳动就业的残疾人安排力所能及的工作或提供就业的机会,使他们通过自己的劳动,获得收入和生活保障。

为了解决残疾人劳动就业问题,全世界许多国家都进行了有益的探索。从目前国外解决残疾人就业的情况看,大体可分为以下几类:一是以日本、美国、英国等国家为代表,通过国家立法的形式,保证政府机关和企事业单位中有一定比例的残疾人就业;二是以苏联、波兰、南斯拉夫等国家为代表,采取国家投资兴办残疾人工厂的形式,解决残疾人就业问题,并且通过立法在税收、信贷、物资、产业等方面对这些工厂给予一定的照顾;三是如瑞典、芬兰等一些北欧的高福利国家,虽然通过社会企业基金会等机构安排了部分残疾人就业,但更多的是采取发放残疾金的形式,由政府将残疾人养起来。

各国普遍实行税收减免和其他优惠扶持政策,采取集中与分散的多种形式安排残疾人就业。许多国家法律规定,所有单位必须按比例雇用残疾人。《关于残疾人的世界行动纲领》综合各国做法后提出:会员国要通过各种措施,扶持残疾人参加劳动,诸如受保护的车间、场地,由残疾人建立和为残疾人建立的合作企业,给予奖励的保障名额和保留、指派的职位,采用按比例雇用残疾人的办法,给残疾人企业和雇用残疾人的企业减税、独家合同、优先生产权、合同优待和其他技术、财政援助。

(三)教育

残疾人教育是指运用特殊的方法、设备和措施,对视力、听力言语、智力、肢体有残疾的人实施的教育,包括学前教育、基础教育、高等教育、职业技术教育和成人教育。教育福利是国家和社会保障患有残疾的儿童、青年和成年人享有平等的初等、中级和高等教育机会,使残疾人教育成为教育系统的一个组成部分。

许多国家在义务教育阶段给予残疾少年儿童比健全人更优惠的待遇,除免收学杂费外,还发给生活费。例如,苏联发给残疾学生服装、文具和零用钱,并免费提供食宿。有些国家还给在大学和职业学校学习的残疾人特别扶助,如发给盲人雇用一名助手的“帮助金”(苏联称陪读费)。为了节省经费并促进残疾人与健全人的融合,在教育方式上,国际社会强调:凡可以接受普通教育的残疾人,尽量进入普通学校,也可以在普通学校设置特教班;同时举办为残疾人服务的特殊学校,如聋校、盲校、弱智学校和其他专门机构;对不具有接受普通教育能力的残疾人进行特殊教育和培训。

近年来,许多国家,尤其是发达国家的教育家、社会学家、心理学家分析认为,让有条件的残疾学生随班就读,不仅不影响他们获取知识,而且和正常学生在一起读书,会增强和培养他们的回归意识,会消除他们的自卑和消沉,是一种对残疾人行之有效的教学方式。例如,德国推广“蒙太索里教学法”,让残疾学生与健全学生混合编班,并对盲童、聋童进行个别辅导,注意培养他们的独立生活能力和劳动技能。

另外,为了保障残疾人的受教育权,文化部门应出版适合残疾人阅读的书籍,为残疾人编写专门的教学计划和教材,按照不同的残疾特点去施教。国家教育部门要明确规定各类学校招收残疾学生的办法,不能让有资格就读的残疾学生流在校外。对残疾学生的学费、住宿费要做出合理规定,使他们不致因交不起学费而辍学。

(四)文体生活

残疾人体育是指个体的人在生理、肢体等方面有功能障碍，通过参加体育锻炼，改善身体机能的运动。随着残疾人社会福利事业的进步，残疾人文化体育活动积极开展，并成为丰富残疾人生活的重要内容。

积极组织残疾人参加文化生活，对于丰富残疾人的精神生活，提高残疾人的审美观点、艺术修养，发挥他们的潜力，促进残疾人的身心健康，以及对整个社会的精神文明建设都有着非常重要的意义。残疾人文化活动的领域包括舞蹈、音乐、文学、戏剧和造型艺术等。积极组织残疾人参加文体活动，有利于残疾人身体和精神康复，有利于使他们形成集体观念。残疾人在文体活动中表现出的顽强拼搏精神，对健全人是一种很大的激励，可以帮助他们理解、尊重残疾人，从而在社会上形成一种良好风尚。《关于残疾人的世界行动纲领》中提出："会员国确保残疾人有机会充分发挥他们创造性的、艺术上的和智慧方面的潜力，这不仅是为了他们本身的利益，而且也是为了造福社会。为此目的，应确保他们参与文化活动。必要时，应做出特别安排，满足心智或感官受损者的需求，如聋人助听器、盲人点字印刷书籍和盒式录音带以及适应个人智力的阅读材料等。"许多国家电视台开办了手语专题节目，建立了残疾人图书馆、俱乐部和活动站，公共文化、体育和娱乐活动场所免费或优惠向残疾人开放。

为了丰富、活跃残疾人的文化生活，国际上定期举办伤残人奥林匹克运动会、特殊奥运会（弱智人）、世界聋人运动会、国际特殊艺术节、国际残疾人职业技能竞赛。残疾人体育运动逐步走向规范化、正规化。许多国家把残疾人体育事业的发展视为本国体育发展、政治经济发展和文明程度的标志，并予以高度重视。

(五)无障碍环境

残疾人由于自身的障碍而增加了参与家庭生活和社会生活的难度，其中环境的不利因素对他们的影响极大，因此改善社会环境就成为残疾人工作的一项重要内容，也体现出社会福利的性质。无障碍环境主要包括物质环境、信息和交流的无障碍。

实现物质环境的无障碍，要求城市道路、公共建筑物和居住区的规划、设计、建设应方便残疾人使用和通行，如城市道路应铺设盲道、坡道、设置交通音响信号装置等以方便坐轮椅者、拄拐杖者及视力残疾者通行，建筑物应考虑在出入口、电梯、扶手、房间、厕所等处设置残疾人可使用的设施。在物质环境无障碍设计上，世界各国都制定了相应的法律、法规，并在实际的建筑设计中实施，努力为残疾人创造了开放、方便、安全的行动空间。实现信息和交流方面的无障碍，要求公共传播媒介应使听力语言和视力残疾人无障碍地获得信息，进行交流，如影视作品、节目字幕、解说，电视手语，盲人有声读物等。此外，互联网信息技术的发展也对信息和交流无障碍环境建设提出了新的要求，政府和社会必须关注残疾人信息获取的平等机会以及使用网络的无障碍问题。

第二节 外国的残疾人社会福利

由于各国的社会保障制度发展状况、综合经济实力、社会文化传统等因素的不同，不同国家残疾人社会福利制度实践存在一定的差异。英国、瑞典、美国、日本等国家社会福利制度建设具有一定的特色，其先进经验和教训都值得我国借鉴。

一、英国的残疾人社会福利

(一)发展过程

英国早期的残疾人社会福利是教会及慈善机构工作的一部分。工业革命后,英国的社会问题日趋严重,残疾人问题引起了政府的注意,政府开始关注残疾人社会福利问题。1942 年发表的《贝弗里奇报告》设计了一整套“从摇篮到坟墓”的社会福利制度,提出国家将为每个公民提供 7 个方面的保障,其中包括残疾人补助。

现阶段英国的残疾人社会福利已由预防开始做起,按个人的需要在有计划、有组织并有法律依据的前提下提供残疾人的医疗、康复、职业训练、指导就业和公共救助的服务。

(二)主要内容

英国社会福利制度的建设时间较早,而且较完善,其残疾人社会福利也较完善,主要包括以下内容。

1. 残疾人医疗康复

医疗康复包括对身体残疾人的医疗康复和精神残疾人的医疗康复。英国对身体残疾人的治疗及其在医学意义上的康复,是由国民保健服务提供的。康复中心为残疾人配备了各种训练器具、生活用品及厨房设备等,指导身体残疾者进行适应日常生活的训练,还负责用专车接送来康复中心接受训练的残疾人。康复中心作为残疾人的聚会场所发挥着重要的作用,有时还组织舞会、体育比赛等文娱活动。国民保健服务还免费为残疾人提供假肢、轮椅和其他辅助用具。地方政府负责保护身体残疾人,为此,他们需要了解残疾人的人数及其需求,并有义务向残疾人及其家属说明他们可以提供的服务。与老人福利服务相同,人们也利用地方政府经营的设施、委托民间办的设施以及在地方政府登记的民间设施来收容保护残疾人,并在社区中为残疾人提供适当的帮助和护理服务,尽量丰富和方便他们的生活。为此,福利机构组织了各种俱乐部和旅行会,还为残疾人提供社会工作者、保健人员、家庭护士和家庭助手的帮助。

对于精神残疾人,按其症状的轻重缓急,在医院的门诊部、短期住院部、中期疗养部和长期疗养部接受治疗。较重的病人可送到社会事务部经营的机构进行治疗。地方政府还设立了训练设施和残疾人设施,收容那些不能在自己家中生活的人,这些收容设施往往起着从医院向社区转移残疾人的作用。

2. 残疾人就业

英国残疾人社会福利强调为残疾人的就业创造条件,以便残疾人能与正常人一样自立地生活。英国颁布了《残疾人就业法》《就业及职业训练法》等法律,明确规定了国家及地方政府对残疾人就业和康复及职业训练的责任,也标志着英国残疾人社会福利开始从以前的经济协助转向尊重残疾人人格并确保其有就业机会和就业能力的全面协助。《残疾人就业法》规定,凡雇用 20 人以上的企业,有义务雇用企业职工总数的 3%的残疾人。英国政府还对残疾人进行登记分类,根据就业的可能性,将登记的残疾人分为两类。英国的就业部负责残疾人的就业安排,残疾人就业指导官负责残疾人的就业指导。残疾人经本人申请可在职业介绍所登记。在职工总数中,各企业汽车场管理员和电梯管理员,是残疾人的对口工种。就业部、地方政府和民间团体还为超过上学年龄的残疾人提供职业训练场所,并对就业困难的残疾人提供技术培训设施。

另外,英国还提供了残疾人职业康复福利服务。《就业及职业训练法》规定,各地政府应举办职业训练及就业服务。英国在劳工部内设有训练司及伤残人员司策划监督全国就业辅导业务，并设有伤残重建院。地方政府则于各地设立残疾人训练所或康复中心，并开设专门的机构，办理职业训练或补助经费委托各种企业或职业学校、社会团体等办理各种训练，并于训练后予以就业安置与辅导。

3. 残疾人教育

英国制定了《初等教育（盲聋儿童）法》《教育法》《学校保健服务及身心残疾儿童规程》等法律，以保护残疾人受教育的权利，要求为残疾儿童提供独立的特殊教育机构。英国在1971年将重度残疾儿童纳入教育范围。英国从儿童到青少年阶段各类残疾儿童的特殊教育都由政府教育单位负责。从1971年起，英国将重度残疾人纳入正式教育及福利系统中，对重度残疾人提供特殊教育及残疾与随护补助。

英国是世界上盲聋教育发展最早也是最具影响的国家之一。英国盲聋教育的安置形式主要有三种，即随班就谈、普通学校附设聋班、聋校，这三种与我国的情形类似。还有一种是我国没有的，就是聋校在普校里面设一个分部，学生有些课程在聋校上，有些课程就分散到普校的相应班级去上。伦敦的布兰奇维尔聋校就是这类学校，它不同于附设班，它在管理、课程、教学等方面有相对的独立性，但与普通学校又有较大的融合性，普通班级的学生也要学习聋人手语。

英国政府不仅通过制定政策，给残疾人提供了平等受教育的机会，而且还提供了大量的资金、人力和物力，使残疾人教育的质量得到了一定的保障。政府提供了各种先进的设备、理疗室、信息网络设备等。这些现代化设施或手段在残疾人教育中应用，不仅能够补偿他们身体上或心理上存在的严重缺陷，而且还可以拓展他们的知识和能力，打开其发展的空间，促使其最大限度地发展。

4. 其他福利项目

（1）家庭援助。由已婚女性充当家庭助手，他们通过每周2～3次的家庭访问，帮助残疾人做一些难以料理的事。家庭援助对象需支付一些费用，但除残疾年金以外无其他收入的低收入者免费。福利机构还为残疾人提供保健人员、家庭护士的帮助。

（2）改善住宅环境。政府给予财政援助来改善残疾人的住宅环境。改善的内容包括提供或改善暖气设备、装栏杆把手、在床边和浴室安升降机、改造厨房及其设备、改造厨房用品特别是炊事用具、配备餐具（刀、叉、勺）、配备替换用品、改装厕所等。另外，还根据各人残疾情况，配置或贷给电话、无线电收音机，并发放其他生活用品。

（3）伤残津贴。英国政府为65岁以上残疾人提供照料津贴；为因工伤或工业性疾病不能工作的人设立工作意外伤残福利和伤残生活津贴；为超过16岁且不能工作达到28个星期的人提供严重伤残津贴；为每星期花至少35个小时照料一名严重伤残人士的人提供伤残照料津贴。

二、瑞典的残疾人社会福利

瑞典是典型的福利国家，其残疾人社会福利也非常成熟和完备。瑞典法律规定，每一个市政府有义务帮助每一个残疾人过与正常人一样的生活。政府负担残疾儿童的照顾和服务，残疾儿童上学，如选择正常人学校，政府须配备一名专门护理人员，负责残疾人生活辅助设备地提供和交通、住房等设施的建设。残疾人成年后，可以住进政府提供的集体宿舍（拥有各自独立的厨房、洗手间和一名专门护理服务人员）。如果残疾程度较高，可以领取残疾人补助金。瑞典残疾人社会福利具体包括以下内容：

（一）残疾人医疗康复

在瑞典，帮助残疾人恢复正常生活的康复训练是各省的责任，而残疾人辅助用具的费用由健康保险部门和省负担。残障险对16～55岁的残疾人发放，以保障其能享有正常的物资和文化生活。由于瑞典的社会工作比较发达，一般每个残疾人都有相应的社会工作者为其服务。例如，以老人和身体残疾人为对象的家庭服务员，已经成为身体残疾人日常生活中不可缺少的帮手。

（二）残疾人就业

瑞典就业政策的目标是"全员就业"，政府要求就业能力发展学院和就业服务中心联合负责帮助有职业性残疾和其他困难的就业人员，在基础技能、工作能力和工作场所适应性方面进行培训。推行实习培训项目以及发放相应的补助等形式来推进残疾人和困难失业人员的劳动技能提高。瑞典政府高度重视残疾人就业，通过出台并实施《残疾人就业促进法》，推进残疾人就业；通过颁布《就业安全法》，保障残疾劳工免遭无理的解雇，并规定雇主有责任开发适合残疾人能力的新工作。除了开放性、保护性的就业，瑞典还替残疾人在公办、民营企业和工厂中安排半保护性工作。这些机构提供残疾人提高工作能力的机会，既有助于在普通就业市场受雇，又为重度生理残障者推行"家中就业"的计划。

瑞典规定，如果因工致伤者无法康复返回工作岗位，可获残疾养老金，最高等级的残疾养老金相当于伤者受伤前的工资。对那些缺乏技能难以就业的残疾人，政府负责提供劳动机会、收入保障和技能训练等方面的相应帮助。

（三）残疾人教育

瑞典对残疾人教育十分重视，通过普及基础教育，发展特殊教育和政府的特别扶助等有效手段，保障残疾人人人都享有受教育的权利和机会。瑞典法律规定，实行全民免费教育，尽可能不让残疾儿童进入收容设施或与其他儿童隔离，而让残疾儿童与普通儿童一起接受教育，绝大多数残疾人都能参加普通教育项目或普通学校的特别班。瑞典根据残疾类别和残疾程度，重视发展特殊教育，专设瑞典特殊教育学院负责监督和发展残疾人特殊教育事业。在瑞典教育主要由当地政府负责，但对残疾人教育国家提供特别资助，国家成立的援助服务委员会专门为残疾人教育提供支持。

（四）无障碍环境

瑞典政府要求城市建设符合无障碍设计标准。在瑞典的大城市里，走道和车道都除去阶梯、公共建筑物附设坡道以便于轮椅的通行，在交通信号灯处设有盲人用的声音信号机；在其他地方，有为残疾人提供方便的交通输送服务；对用于往返工作场所、医疗机构以及公共机构的交通费用，中央政府予以35%的补助。

三、美国的残疾人社会福利

（一）发展过程

美国是世界上残疾人事业开展较早的国家之一，全世界第一个为残疾人提供服务的组织于1919年诞生在美国。经过80多年的演变，美国残疾人事业的重点也从最初的以提供福利为主转变为在日常生活、经济和社会等各个方面为残疾人创造与健全人享有同等机会的条件和无障碍社会环境。美国残疾人社会福利政策大致可以分为三个阶段：

第一阶段（20世纪初～20世纪60年代）：20世纪初，美国开始建立残疾人收入、健康福利等方面的政策。1918 年,美国以《职业重建法》为基础,向残疾人提供福利服务。在社会福利服务方面,主要是协助残疾人获得自主自立的生活,如重新就业、生活保障、公共设施无障碍、交通工具的改善等。美国 1935 年实施的《社会保障法》,确立了社会保险、社会救助与社会福利三大体系,在社会福利体系中有三方面的内容涉及残疾人社会福利:给予因双目失明造成收入损失的盲人以补助;对残疾而又无人抚养的儿童给予补助;为跛脚儿童提供服务等。同时还规定,联邦政府对州政府为残疾人重新就业而进行的培训给予财政援助。到 20 世纪 50 年代,工伤残疾人和退伍军人也可以享受社会福利。

第二阶段(20 世纪 70 年代):在这期间,对残疾人的工作更为关心,加大了残疾人社会福利的立法工作,为残疾人各方面权利的实现提供了更有利的保障。制定了《城市公共交通法案》《联邦援助高速公路建设法案》,在公共交通方面对残疾人提供特殊照顾。《残疾人康复法案》要求每一个联邦机构采取肯定行动,雇用或扶持残疾人员;从联邦得到超过 2 500 美元以上合同的雇主,必须优先雇用残疾人;禁止接受联邦基金援助的任何项目歧视残疾人。康复法案有助于唤起公众对数以百万计的残疾青少年和成年人的关注,是美国历史上向残疾人提供服务的里程碑。1975 年制定的残疾人法案以及人权法案,要求接受援助的受益人在这项法案下实行肯定行动,以雇用和扶持残疾人,建立一个保护和帮助残疾人发展的制度。同年对全体残疾儿童实行的教育法中,要求在尽可能少的限制条件下,保证所有残疾儿童享受免费的和适当的公共教育的权利。

第三阶段(20 世纪 80 年代至今):美国残疾人政策开始转向关注残疾人的人权,并用立法的形式固定下来。为确保残疾人在日常生活中的各种权利不受损害,1992 年 1 月,美国政府颁布实施了美国残疾人法案(ADA),这部法案涵盖了各种生活细节,明确规定了反对就业歧视、禁止公共服务中对残疾人的歧视、禁止公共建筑中的歧视性行为。同时,在环境无障碍、信息无障碍和交通方面,美国都有相应的立法明确加以规定。在这一时期,更多残疾人自己直接加入到争取自身权益的队伍中来。

(二)主要内容

1. 残疾人医疗康复

(1)身体残疾人康复。美国的身体残疾者福利集中体现在康复计划上,美国政府在对残疾人提供帮助的同时,还提供详细周到的康复服务。1973 年国会通过的《残疾人康复法》,强调对重度残疾者进行康复治疗。以联邦康复服务署为法定主管机关,地方政府则设职业康复机构以执行各种计划,80%的经费由中央补助。美国残疾人康复资金来源多样化,许多康复部门或康复机构,都设有"发展办公室",配备专职人员,负责筹款。

此外,美国还有专门对肢体不自由儿童提供的服务。这项服务基本上属于公共卫生范围内的医疗服务。各州对残疾儿童的早期发现进行预防服务,服务年龄从出生之日起到 21 岁为止。

美国以残疾人为对象的医疗服务基本上是根据医疗保险及其他有关立法,由普通医院、某些设施、访问护理机构等提供的。这些服务项目妥善与否及享受条件因州和地区而异。医院及长期疗养设施,只收容最需要医疗护理的人,多数人都是在家接受护理。访问护理机构或保健局负责提供护理人员,护理人员的工作通常在医生的全面指导下进行。

残疾人进行康复训练期间,社会福利工作人员有责任利用精神医学的方法对患者和家属进行心理治疗。从患者离开亲人进入康复中心时起,到训练结束,社会工作者始终要对其提供帮助。

(2)精神病人康复。美国对精神病人的护理，最初是由社区负责的，后来改成隔离保护，现在重又改为社区护理。目前，随着精神卫生服务资金的增加，各州的州立精神病医院制度都得到了不同程度的发展。与此同时，提供综合而且容易被人接受的治疗服务的社区精神卫生中心也得到了一定程度的发展。精神卫生中心主要提供住院治疗、门诊治疗、急救等服务。各地的精神病患者治疗由精神卫生中心、州立精神病院、普通医院、康复中心以及其他有关机构协作进行。

2. 残疾人就业

美国1990年颁布的《残疾人法》规定，在工作方面，残疾人和正常人拥有同等的被雇用的权利，雇主不得拒绝雇用残疾人；被雇佣者不应因“身体检查”而受到差别待遇。

美国在联邦政府卫生教育福利部下设立职业康复委员会，负责指导监督全国9个职业康复区分会工作。美国在各地设置80个以上的州立职业康复机构，雇用受过专业训练的康复指导员及社会工作者以个案辅导的方式进行辅导、职业训练、职业安排等服务。每个重要城市都有公立或私立的康复训练中心提供职业训练及安置的服务。凡在康复中心接受职业康复的残疾人，其所需费用由政府或劳工保险机构支付。每年联邦政府将把各州职业教育补助金额总数的1/10划为帮助残疾学生的学业补助及工作预备训练之用。办理成绩优良的职业康复机构可经过州政府向联邦职业康复委员会提出扩展或创立计划与预算，申请补助或特别奖金。

3. 残疾人教育

1973年颁布的《残疾人康复法》规定，所有残疾儿童不论其残疾种类及程度都有接受免费及适当教育的权利，从而确立了残疾人教育机会平等的特殊教育基本原则。1985年颁布的《残疾儿童教育法》也规定，从学前教育到高级中学有义务为每一个合格的残障儿童提供免费适当教育，这些机构受联邦政府资助。同时要求各教育机构必须做评估方案，对每一个残障儿童的安置计划及教育效果加以评估，并将测验及评估计划书提供给学生家长，家长有权调阅其子女在校的档案资料，以防止歧视。美国《高等教育法》第904条规定：凡因残疾原因歧视学生或拒绝其入学的高等教育机构，联邦政府将不给予其学校设施补助，以保障残疾人在接受高等教育机会上不受歧视。目前美国大学新生中有9%是残疾人，残疾人接受高等教育的比例日益提高。

另外，公私立图书馆还为残疾人提供特殊设备及供阅读的仪器。例如，美国国会图书馆本馆及分布各地的分馆就设有专门为残疾人服务的部门，并提供免费服务。以盲人为例，图书馆备有凸字及有声图书杂志、特别改装的录音机，以免邮资、免租金的方式借给盲人用。

4. 无障碍环境

美国无障碍实际上既有“硬环境”，又有“软环境”，允许符合条件的残疾人驾驶汽车出行，并在公共场所为残疾人提供优质服务。美国是世界上第一个制定“无障碍标准”的国家，其无障碍环境建设既有多层次的立法保障，又进入了科研与教育的领域；各种无障碍设施既有全方位的布局，又与建筑艺术协调统一，同时给残疾人带来了方便与安全，堪称世界一流水平。1961年，美国标准协会制定了世界上第一个方便残疾人的设计标准，题目为“便于残疾人出入、使用建筑物及有关设施的设计标准”。1977年联邦政府做出规定：修建的所有公共设施，都要便于残疾人利用。

为了从根本上转变观念，美国许多高等院校建筑系已专门设立无障碍设计技术课程，作为必须训练的一项基本内容。现在新建道路和建筑物基本能做到无障碍建设，旧建筑物的改造也能考虑无障碍，尤以残疾人居住的建筑最为突出。这些建筑针对使用者的特殊要求，采取了更多措施，包括建筑设施的灵活调整等，以使残疾人通行安全和使用方便。为了达到建筑的无障碍设施标准，美国华盛顿的国会大厦、白宫、最高法院、国家图书馆、美术馆、林肯纪念堂都进行了相应的改造。在纽约，举世瞩目的联合国大厦，残疾人可以优先到达各个展厅、大小会堂和制高点，眺望和领略各种风光。

四、日本的残疾人社会福利

(一)发展过程

日本在第二次世界大战前的残疾人社会福利制度，主要是带有救济性。战后，日本的经济陷入极度的混乱，生产停滞、失业大增、生活必需品严重缺乏，国民生活难以为继，社会福利制度几乎瘫痪。1946 年 2 月，一些学者组成了“社会保障研究会”，并提出了《社会保障法案》。经过几年的努力，日本政府于 1950 年 10 月提出了《社会保障制度建议书》，阐述了社会保险、社会救助、社会福利和公共卫生四个体系，通常称为“1950 年体制”。这个体制是适应战后日本的国情提出的，在残疾人福利方面的体现是，它强调了残疾人有平等获得社会保障的权利，并对残疾人的医疗保障给予了重视。1949 年制定的《残疾人福利法》规定，国家和地方政府有责任提供并决定体残人士应享受的各种福利性服务。

1960 年，日本颁布了《残疾人雇佣促进法》，保障了残疾人的利益。但这只是保障了轻度残疾人的就业，中度、重度的残疾人就业仍面临着很多困难。因此，1970 年提出了主要以就业困难的中、重度残疾人为对象，建立身心残疾人职业中心的方针。1979 年修订了《特殊儿童扶养补助金给予法》，规定了身心障碍儿童可领取“扶养补助金”；重度残疾人则领取“福祉津贴”，金额多于前者。此后，日本还在 1988 年颁布了《精神保健法》，1993 年颁布了《障碍者基本法》，并在《精神保健法》的基础上，1995 年颁布了《精神保健福祉法》。2000 年对《残疾人福利法》进行了修改，这次修改为日本新的社会福利体系设置了一个基本框架，同时与其相关的 8 部残疾人保障法律在此基础上也进行了相应的修改，为建立并完善日本的“个人社会服务体系”奠定了基础。2003 年，日本执行支援费制度，为残疾人发放年金帮助其参与社会生活，同时对重度智障者和重度残疾人并存的家庭发放特别的福利津贴。

(二)主要内容

1. *残疾人医疗康复*

日本残疾人医疗康复福利的相关法律有《体残人士福利法》《智障人士福利法》《精神康复和精神障碍人士保护法》。日本身体残疾人员的福利措施由地方政府，尤其是通过福利办公室与身体残疾人员康复咨询中心管理，由专业知识和技术人员回答其管辖区内身体残疾人员的咨询。这些专业人员可以得到被授权的福利志愿人员以及由市町村政府任命的身体残疾人员顾问的协助。

被确认为有身体残疾的人员可以享受几种公共福利服务项目，包括咨询与指导、特殊康复与医疗服务、残疾人辅助设备与器械的更换和维修以及在几种康复设施里接受治疗等。对于那些特别严重的残疾人，服务项目还可以包括购买澡盆、便壶、特别设计的床、文字处理机以及雇家政服务人员、请医务人员登门体检等。残疾人领取助听器、义肢等医疗用品的自费比例极低，在公立医院看病也能享受低的自费比例。

另外，“正常化”的概念也越来越受到人们的关注。“正常化”的目标是建立一个没有藩篱的社会。在这个社会里，残疾人可以自力更生，在当地的社区里自由地参与社会活动。为完成这一任务，日本政府将“残疾人政府行政计划”与“七年正常化战略”合二为一。该计划通过增加诸如福利家庭的数量、增加有严重精神或身体残疾儿童去幼儿园及其他设施的次数以及训练精神残疾人员应付日常生活的设施的数量，扩大残疾人参与社会活动的基础。

2. 残疾人就业

日本实行按比例就业制度，政府机构和民间企业、特殊法人等必须招收一定比例的残疾人，达不到要求要向国家缴纳补偿金。1960 年 7 月 25 日制定的《残疾人雇佣促进法》(1976 年修正)规定，企业团体的雇主对身体障碍者有提供适当工作场所的共同责任和义务，并详细制定了身体障碍者职业介绍、适应训练、政府与雇主的责任、雇佣调整金、雇佣缴纳费以及身体障碍者雇用促进协会的设置等。为了全面促进残疾人的社会福利，以专项经费发展残疾人事业，日本 1971 年发放残疾人就业准备金，1972 年筹建残疾人福利中心和福利工厂……

日本政府对于雇用一定数量残疾人的工厂、企业也给予许多优惠条件。企业为改善残疾人的工作条件而对企业的设施、设备进行改造时，国家负担所需费用的 1/3。从 1988 年起，凡雇用残疾人的企业，为克服残疾人上下班途中的困难，购买、租用残疾人宿舍或购买、租用专门用于接送残疾人上下班的班车时，政府帮助企业支付购置费或租赁费的 3/4。对于雇用残疾人担任计划、会计、管理工作的企业，政府要求企业必须为残疾人配备专门的助理人员，帮助残疾人克服因残疾而造成的工作上的困难。配备助理人员的费用，国家负担 3/4，企业负担 1/4。从 1988 年起，连续 3 年以上雇用弱智残疾人的企业，从第 4 年起，每个残疾人每月可以获得 15 000 日元的特别补助。对于雇用残疾人的企业的产品，政府优先予以收购，以国家扶持的方式促使这些企业在商品经济的激烈竞争中始终保持一定的活力。

3. 残疾人教育

1947 年，日本在《学校教育法》中将盲校、聋校及养护学校纳入义务教育范围，同时规定各县市有设置盲校、聋校及养护学校的义务。1973 年起实施《身心残疾人志愿全面就学制度》，并于 1979 年实施《全国特殊儿童全员就学》(包括重度残障者和多重残障者)的义务教育制度。日本残疾儿童不分类别及程度都有权接受 12 年制义务教育。自学前教育起，设置障碍儿童教育中心，并与养护学校的幼稚部实施残障儿童幼稚教育，同时为儿童家长提供教育培训。日本各地区都设有专门针对残疾人的“特别支援学校”，日本中央政府还编列预算补助地方政府普设启智、启能、病弱等特殊学校、特殊班及职业学校，保障残疾人的入学机会。为了培养师资，在师范大学普遍开设特殊教育课程，并与特殊教育综合研究所开设长期和短期研习班。1979 年起，多重残障及重度残障儿童开始在特殊学校、特殊班或在家中接受并实施教育巡回指导制度，政府以定额经费补助。日本特殊教育是由中央文部省初等、中等教育局所设的特殊教育课负责全国特殊教育的规划及审议，并每年对各地兴建特殊学校及其设备、就学奖励、研究发展等编列预算专款补助。区、市、县及镇教育局、科则配备特殊教育专门指导员，指导地方特殊教育工作。

4. 无障碍环境

日本为残疾人增设的无障碍设施比较普及，国家所制定的统一建设法规中就包括残疾人无障碍设计。每一幢建筑物竣工时，有专门部门验收其是否符合残疾人无障碍设计标准。高层公共建筑大多备有残疾人专用的升降电梯，电梯的按钮也比较低，里面还有方便盲人使用的盲文版块。在一些公共设施中，尤其是在商店，要按商业建筑面积大小实现不同等级的无障碍设计，建筑面积大于 1 500 平方米的大中型商业建筑要为残疾人提供专用停车场、厕所、电梯等设施。日本城市的大商厦和娱乐场所都有无障碍坡道，停车场对残疾人也有特殊照顾,一般可以开进指定留给残疾人车辆停放的车位。

日本的交通比较发达,无障碍设施建设得也比较好。机场连着车站,各条路线的车站又是相近连接着的;平行的路面没有台阶,而且都铺有盲道。在日本,公共场所的厕所总是有三种,除了男女厕所之外,还有残疾人专用的厕所,在便桶和洗手池周围都装着扶手架,还装有残疾人专用求助装置,各种设施考虑得很周到。

第三节　我国的残疾人社会福利

一、发展历程

(一)初创阶段(1949～1965 年)

20 世纪 50 年代,我国政府开始关注残疾人的生活,使之普遍得到了收养和帮助,残疾人获得了基本的生活权利和政治权利。政府设置了各种社会福利机构,如 1953 年成立了中国盲人福利会,协助政府关心、扶助广大盲人群众,为盲人福利服务。50 年代中期,残疾人福利工厂、伤残人福利院、荣军疗养院、精神病院等相继出现,盲童、聋哑儿童教育也有所发展。

五六十年代的残疾人工作与中华人民共和国成立前相比,有了很大的进步。那个时期的残疾人工作,是适应当时的经济、社会环境和精神文明建设而开展的,虽仍处于安养帮扶阶段,但在康复、教育、就业方面已有良好开端,为后来的工作打下了基础。自此,我国残疾人社会福利事业在中国大地上拉开了序幕。

(二)停顿阶段(1966～1976 年)

"文革"期间,由于多方面的原因,残疾人社会福利遭到严重破坏。当时,唯一的残疾人社会组织——中国聋哑人协会也被扣上了"推行修正主义"的罪名。这十年内,协会工作完全中断,残疾人生产自救组织被强行合并、拆迁或撤销,盲聋哑学校被迫收缩或停办。在此期间,我国残疾人社会福利事业陷于停顿。

(三)再创阶段(1977～2012 年)

党的十一届三中全会的召开,是我国经济、社会发展的转折点,也是残疾人社会福利事业的转折点。在这个时期,中国残疾人事业随着国家经济腾飞而走上了稳健发展的道路,残疾人社会福利事业进入了历史上最好的时期。

改革开放后,国家出台了一系列政策促进残疾人福利事业的发展。1982 年全国人大修改后的《宪法》首次规定:国家和社会帮助安排盲、聋、哑和其他有残疾的公民的劳动、生活和教育;之后,又有一系列措施促进我国残疾人福利事业的发展,使我国残疾人得到社会的尊重和帮助,使之能以平等的权利和义务参与社会。我国民政部设置专门的残障人福利处,以处理残障人士的社会福利事务。每年 8 月 25 日为我国的"残疾预防日";每年 5 月的第三个星期日为全国助残日。

《残疾人权利公约》是联合国历史上第一部全面保护残疾人权利的国际法律文件,其从研究制定以来一直为世界各国所关注。2006 年 12 月 13 日《残疾人权利公约》由联合国大会通过,其宗旨是促进、保护和确保所有残疾人充分和平等地享有一切人权和基本自由,并促进对残疾人固有尊严的尊重。我国也于 2007 年 3 月 30 日成为了该公约的签署国。2008 年 4 月第十一届全国人民代表大会常务委员会第二次会议修订通过《中华人民共和国残疾人保障法》。新修订的《中华人民共和国残疾人保障法》是与国家经济社会整体发展相协调、保障残疾人利益、发展残疾人事业的基本法律，旨在保障残疾人以平等的权利、均等的机会，充分参与社会生活，共享社会物质文化成果。该法对残疾人迫切需要解决而又能做到的基本问题，做出了刚性规定，既保护了残疾人的权益，又指导着残疾人事业的不断发展。《中华人民共和国残疾人保障法》修订及颁布实施，使我国的残疾人社会福利发展到一个新的水平。残疾人保障法在保障残疾人康复权、教育权、劳动权、社会保障权和享有无障碍环境等方面的制度设计上，立法意图明确，符合宪法原则和我国经济社会发展实际，基本实现了与《残疾人权利公约》相衔接。

为了促进残疾人社会福利的发展，我国先后制定了国家发展残疾人事业的"五年计划"以及与其配套的残疾人康复、教育、就业、文化、体育、生活保障、扶贫、辅助用具等具体实施方案，每个五年计划都完成或超额完成各项任务指标，使我国残疾人状况日益改善。国家修订《中华人民共和国残疾人保障法》，制定实施《残疾人就业条例》和残疾人社会保障、特殊教育、医疗康复等领域的一系列政策法规，为发展残疾人事业、保障残疾人权益奠定了法律制度基础。完成第二次全国残疾人抽样调查，为规划和发展残疾人事业提供了科学依据。

(四)全面发展阶段(2012 年至今)

十八大以后，在全面建成小康社会的背景下，党和政府对残疾人工作格外关心、格外关注。"全面建成小康社会，残疾人一个也不能少。"推动新时代残疾人事业发展、促进残疾人全面发展和共同富裕，是完成决胜全面建成小康社会的关键任务，也是全面建成小康社会的一个重要方面。为帮助残疾人共享我国经济社会发展成果，党中央、国务院对残疾人工作做出一系列重要部署，推动残疾人事业迈上新台阶，残疾人生活发展状况得到新改善，为广大残疾人实现人生价值、创造美好生活提供更多更好的机会和条件。当前，我国残疾人基本民生得到稳定保障，残疾人基本公共服务得到全面拓展，残疾人社会参与越来越广泛，残疾人就业创业渠道不断拓展，残疾人事业得到全面发展。

2017 年，国务院先后公布修订后的《残疾人教育条例》和《残疾预防和残疾人康复条例》。一方面从残疾人教育的发展目标和理念、入学安排、教学规范、教师队伍建设以及保障和支持等方面进行修改、完善。另一方面明确了残疾人康复服务的基本要求，和对康复机构及其工作人员的法定条件及要求，以规范康复服务行为、保障康复服务质量。在精准扶贫的背景下，中国残联联合中央组织部等 26 个国家部门联合印发《贫困残疾人脱贫攻坚行动计划(2016～2020 年)》，提出到 2020 年，实现贫困残疾人及家庭不愁吃、不愁穿，义务教育、基本医疗、住房安全有保障，基本康复服务、家庭无障碍改造覆盖面有效扩大。在提高残疾人收入方面，进一步创新残疾人扶持项目，确定产业扶持助残扶贫行动、电商助残扶贫行动、百村千户乡村旅游助残扶贫行动、"妇女编织"助残扶贫行动等重点行动。

二、主要内容

中华人民共和国成立数十年来，过去单一的以社会帮扶为主的残疾人工作，已发展为领域广阔、独具特色的综合性社会福利事业。中国政府遵循《残疾人权利公约》的宗旨和原则，努力推动以《中华人民共和国残疾人保障法》为核心的残疾人法律法规的不断完善，保障残疾人的各项权益。残疾人康复、教育、就业、扶贫、文化体育、无障碍建设等方面取得了很大的进步，残疾人社会福利事业持续健康发展。

(一)残疾人康复

1. 主要内容

《中华人民共和国残疾人保障法》规定:“国家和社会采取康复措施,帮助残疾人恢复或者补偿功能,增强其参与社会生活的能力。康复工作应当从实际出发,将现代康复技术与我国传统康复技术相结合;以康复机构为骨干,社区康复为基础,残疾人家庭为依托;以实用、易行、受益广的康复内容为重点,并开展康复新技术的研究、开发和应用,为残疾人提供有效的康复服务。”同时还规定:“政府和有关部门有计划地在医院设立康复医学科(室),举办必要的专门康复机构,开展康复医疗与训练、科学研究、人员培训和技术指导工作。各级人民政府和有关部门,应当组织和指导城乡社区服务网、医疗预防保健网、残疾人组织、残疾人家庭和其他社会力量,开展社区康复工作。”《关于促进残疾人事业发展的意见》指出:加强残疾人医疗康复和残疾预防工作。保障残疾人享有基本医疗卫生服务,将残疾人纳入城镇职工基本医疗保险、城镇居民基本医疗保险和新型农村合作医疗制度,落实和完善残疾人医疗保障有关政府补贴政策;健全残疾人康复服务保障措施。将残疾人康复纳入国家基本医疗卫生制度和基层医疗卫生服务内容,逐步实现残疾人人人享有康复服务。大力开展社区康复,推进康复进社区、服务到家庭。制定和完善残疾人康复救助办法,对贫困残疾人康复训练、辅助器具适配等基本康复需求给予补贴。优先开展残疾儿童抢救性治疗和康复,对贫困残疾儿童康复给予补助,研究建立残疾儿童康复救助制度。支持开展残疾人康复科学技术研究和应用,提高康复质量和水平。

2. 实施状况

我国残疾人康复工作的兴起始于20世纪50年代。当时,为了改善在革命战争中负伤的伤残军人的健康状况,国家设立了伤残军人疗养院、康复医院等。到1980年,全国共有各类康复医疗机构400多个,其中康复医院20余所。许多普通疗养院设康复病区,部分综合医院设康复部,共有康复床位3万多张。中国盲人聋哑人协会配合卫生部门在部分盲病高发区开展防盲治盲工作。这些都为后来的康复工作打下了一定的基础。

我国残疾人康复事业的蓬勃兴起是20世纪80年代以后。中国残疾人康复协会成立后,坚持全面康复的观点,除研究医疗康复外还研究教育康复、职业康复、社会康复和康复工程等。协会广泛团结各界康复工作者,引进、传播、推广国内外残疾人康复新理论与新技术,开展理论、技术研究和学术交流活动,发挥咨询和指导作用,广泛宣传残疾人康复工作的社会意义,普及康复知识和技术,组织编写有关的技术资料,如高、中、初级康复专业培训教材和康复科普读物,为中国残疾人的康复事业做出了很大贡献。中国残疾人联合会成立后,协助国务院和政府有关部门制定实施了残疾人康复的一系列计划,开始有组织开展大规模的抢救性康复工作。

十八大以来,残疾人健康管理和社区康复纳入国家基本公共服务清单,社区医疗康复纳入社区卫生服务,建立了0～6岁儿童残疾筛查工作机制。对符合条件的贫困残疾人参加基本医疗保险的个人缴费部分给予补贴。健全多元化的残疾人康复服务体系,实施残疾人精准康复服务,提升残疾人康复服务专业化水平。

当前,残疾人康复服务体系建设初见成效。一是康复服务覆盖面不断扩大。由康复机构、教育机构、残疾人服务设施以及社区卫生站、康复站等组成的,集康复管理、技术指导和服务为一体的康复服务网络体系正在形成。全国已有残疾人康复机构8 334个,康复机构在岗人员达 24.6 万人，其中，管理人员 3.1 万人，专业技术人员 16.5 万人，其他人员 5.0 万人。①二是康复服务水平逐步提高。“十一五”期间，中央财政安排残疾人康复专项补助资金 8.46 亿元，用于贫困残疾人的视力残疾康复、听力语言残疾康复、肢体残疾康复、智力残疾康复、精神病防治康复、残疾人辅助器具供应服务等。2017 年，854.7 万残疾儿童及持证残疾人得到基本康复服务。

（二）残疾人教育

1. 主要内容

残疾人教育又被称为特殊教育。我国《残疾人保障法》中对于残疾人的教育问题做出了明确规定，其中包括对政府、社会、学校、家庭职责的规定，也包括依特性施教的原则、发展方针、办学渠道与经费、普通教育方式、特殊教育方式、成人教育方式、师资培养及辅助手段等方面的规定。其核心内容是：国家保障残疾人受教育的权利、对残疾人教育给予特别辅助；各级人民政府要将残疾人教育作为国家教育事业的组成部分，统一规划，统一部署，加强领导；要遵循依特性施教的原则，分别通过普通教育方式或特殊教育方式实施。特殊教育是对有特殊需求的人实施的教育，在教育过程中，需要有特殊的教具、学具和特殊的教学方式。目前，在我国，特殊教育是指对视力、听力、言语、智力有残疾的人和有多重残疾的人实施的教育。残疾人教育的重点是发展义务教育和职业技术教育。我国在残疾人教育的立法方面，先后制定了《残疾人教育条例》《关于发展特殊教育的若干意见》《特殊教育学校暂行规程》《关于高等院校招收残疾考生的规定》《关于中等专业学校招收残疾考生的规定》《关于技工学校招收残疾考生的规定》以及《关于加快发展残疾人职业教育的若干意见》等政策。这些政策、法规和实施方案的制定，使残疾人教育有了一套比较完善的法规和政策，为特殊教育健康、稳步发展提供了可靠保障。

另外，国家还设立了专项补助款，由中国残疾人联合会与政府有关部门共同筹集经费，用以扶持地方发展特殊教育；设立残疾人教育机构，鼓励社会力量办学、捐资助学，通过开展“扶残助学项目”，采取减免杂费、在学习和生活费用上给予补贴，使接受资助的贫困失学残疾儿童少年完成义务教育；国家组织和扶持盲文的研究与应用，特殊教材的编写和出版，特殊教学用具及辅助用品的研制、生产和供应等。

2. 实施状况

改革开放以后，由于政府重视、社会支持，残疾人教育获得了前所未有的迅猛发展，教育的规模、人数均超过我国自有特殊教育历史以来百余年的总和。《关于加快发展残疾人职业教育的若干意见》要求，以中等职业教育为重点不断扩大残疾人接受职业教育的机会；加快发展残疾人高等职业教育，改进残疾人职业教育的办学条件，加大对残疾人职业教育的投入，加强残疾人职业院校基础建设，加大对接受职业教育残疾学生的资助保障；同时，加强残疾人的就业指导和援助。政府不断明确了残疾人教育的方向、措施和政策，残疾人素质和平等参与社会的能力进一步得到提高，残疾人接受教育的权利得到了更好保障。

当前，残疾人教育稳步发展，残疾人受教育权得到了更好保障，残疾人受教育水平逐步提高。一是残疾人义务教育发展较快。残疾人保障法实施以来，我国义务教育阶段的特殊教育，在机构数量、在校生人数和专任教师人数三个方面逐年增加。二是残疾人学前教育取得一定发展。我国 3～6 岁残疾儿童接受学前教育的比例为 43.9%，仅略低于全国 3～6 岁儿

① 《2017 年中国残疾人事业发展统计公报》，中国残疾人联合会官方网站，www.cdpf.org.cn.

童人园率(50.9%)。各地试点探索特教学校、特教班、随班就读三种残疾儿童义务教育形式。三是高级中学以上残疾人教育发展态势较好。中国残联、教育部等部门制定实施《第二期特殊教育提升计划(2017～2020年)》,与教育部正式印发《残疾人参加普通高等学校招生全国统一考试管理规定》,开展残疾人高等融合教育试点工作,将《国家通用手语常用词表》《国家通用盲文方案》纳入国家语委语言文字标准体系。[①] 四是残疾人受教育程度有所提高。政府颁布实施《"十三五"残疾青壮年文盲扫盲行动方案》,让更多残疾青壮年文盲接受了扫盲教育。

(三)残疾人就业创业

1. 主要内容

发挥有部分劳动能力的残疾人的潜能,使其自食其力,减轻国家、社会及其家庭的负担,具有重要的意义。国家针对残疾人建立的一系列就业福利制度,为残疾人的顺利就业提供了可靠的保证。我国的残疾人劳动就业,实行集中与分散相结合的方针,采取优惠政策和扶持保护措施,通过多渠道、多层次、多种形式,使残疾人劳动就业逐步普及、稳定、合理。国家对残疾人就业的福利政策体现在很多方面:

(1)按比例安排残疾人就业。残疾人按比例就业是指依据《中华人民共和国残疾人保障法》的有关规定,机关、团体、企业事业组织、城乡集体经济组织,应当按照一定比例安排残疾人就业,并为其选择适当的工种和岗位。按比例安排残疾人就业,是国家为适应社会主义市场经济规律要求,借鉴国际上普遍采取的做法,结合我国实际,依法推行的一项解决残疾人就业问题的战略性举措。根据《残疾人就业条例》,用人单位应当按照一定比例安排残疾人就业,并为其提供适当的工种、岗位,用人单位安排残疾人就业的比例不得低于本单位在职职工总数的1.5%。具体比例由省、自治区、直辖市人民政府根据本地区的实际情况规定。依法征收的残疾人就业保障金应当纳入财政预算,专项用于残疾人职业培训以及为残疾人提供就业服务和就业援助。

(2)集中安排残疾人就业。集中就业是指民政部门、企事业单位、残疾人组织、乡镇、街道等举办福利企业和其他经济实体集中安排残疾人劳动就业。福利企业是指依法在工商行政管理机关登记注册,安置残疾人职工占职工总人数25%以上,残疾人职工人数不少于10人的企业。申请福利企业资格认定的企业,应当具备下列条件:企业依法与安置就业的每位残疾人职工签订1年(含)以上的劳动合同或者服务协议,并且安置的每位残疾人职工在单位实际上岗从事全日制工作,且不存在重复就业情况;企业提出资格认定申请前一个月的月平均实际安置就业的残疾人职工占本单位在职职工总数的比例达到25%(含)以上,且残疾人职工不少于10人;企业在提出资格认定申请的前一个月,通过银行等金融机构向安置的每位残疾人职工实际支付了不低于所在区县(含县级市、旗)最低工资标准的工资;企业在提出资格认定申请前一个月,为安置的每位残疾人职工按月足额缴纳所在区县(含县级市、旗)人民政府根据国家政策规定缴纳的基本养老保险、基本医疗保险、失业保险和工伤保险等社会保险;企业具有适合每位残疾人职工的工种、岗位;企业内部的道路和建筑物符合国家无障碍设计规范。

(3)扶持残疾人个体就业和自愿组织起来就业。《残疾人保障法》规定:"政府有关部门鼓励、帮助残疾人自愿组织起来从业或者个体开业。"近十年的实践证明,残疾人个体就业和自

① 《2017年中国残疾人事业发展统计公报》,中国残疾人联合会官方网站,www.cdpf.org.cn.

愿组织起来就业，可以因地制宜、因人而异、机动灵活，这是社会主义市场经济条件下残疾人就业的一种有效形式，要大力扶持。大量事实表明，市场经济为发展个体就业带来了新的机遇，也给残疾人带来了新的困难。由于面临激烈的竞争，残疾人又不能与健康人站在同一起跑线上，所以就个体就业来说，残疾人需要政府的特殊关怀。工商行政管理、税务等有关部门要根据残疾人保障法和有关税收法律、法规的规定，制定、完善扶持残疾人个体就业和自愿组织起来就业的优惠政策，在核发营业执照、办理有关手续、减免税费和落实经营场地等方面给予优先和照顾。

(4)在职业培训方面。大力开展职业培训，提高残疾人职业技能，提高残疾人职业技能和生产技术，是残疾人实现就业的重要条件。劳动和社会保障部曾下发文件，通知地方各级人民政府的有关部门，要重视残疾人的职业培训工作，将残疾人的职业培训纳入整体职业教育和职业培训计划，加强领导，大力支持，努力提高培训质量。政府各有关部门所办的职业培训机构，应将残疾人纳入培训计划随班培训，可根据市场需要和残疾人的具体情况单独开设培训班；残疾人职业教育培训机构应具备特殊的培训手段和条件，为在普通培训机构中难以接受培训的残疾人提供培训；其他职业培训机构，也应接收残疾人参加培训。各类职业培训机构对生活困难的残疾人，应酌情减免培训费。政府各有关部门及企事业组织和社会团体，要切实抓好本部门、本系统、本单位在岗与转岗残疾职工的职业培训，并为其在培训或进修期间的学习、生活提供保障。农村残疾职业培训以乡(镇)为单位，依托当地各种形式的实用技术培训和科技扶贫活动，随班培训或单独设班培训。

2. 实施状况

我国政府历来非常重视残疾人参加社会劳动和就业的权利，通过给予税收减免等优惠政策，鼓励社会福利企业集中安置残疾人就业。贯彻多渠道、多层次促进残疾人就业的方针，加强就业培训力度，强化就业服务与指导，积极开发就业岗位，使残疾人就业领域不断扩大。

残疾人就业状况得到改善。一是残疾人就业服务体系建设进展较快。二是城镇残疾人就业总量保持基本稳定，就业方式日益多样化。目前，我国各地普遍建立了残疾人就业服务机构，残疾人就业状况得到进一步改善。通过建立完善政策法规、强化培训与服务、积极开发新的就业岗位等多种措施，推进了残疾人就业工作，促进了残疾人就业权利的实现。截至2010年底，全国共有残疾人就业服务机构3 019个，基本覆盖了全国县级以上的行政区域，初步形成了省、地、县三级就业服务体系。其中，省级残疾人就业服务机构31个，地区(州、盟)残疾人就业服务机构55个，市(含地级市、县级市)残疾人就业服务机构634个，县残疾人就业服务机构1 506个，市辖区残疾人就业服务机构793个。

此外，残疾人社会保障体系初步形成，社会保障状况得到改善。一是包含社会保险、社会救助、社会福利和特别扶助措施等内容的多层次残疾人社会保障体系初步形成。二是残疾人参加社会保险的比例有所上升。三是残疾人城乡最低生活保障覆盖率不断提高。

(四)残疾人文化生活

1. 主要内容

我国鼓励、帮助残疾人进行文学、艺术、教育、科学、技术和其他有益于人民的创造性劳动。采取的措施主要有：

(1)深化开展文化助残活动。文化、科技、卫生等部门，在“三下乡”活动中，增加对农村残疾人的特别扶持和切实帮助；在城市社区广泛开展“助残帮教”及“爱心赠书”等志愿者文化助残活动；公共图书馆要积极开展盲文及盲人有声读物借阅服务；社会公众文化生活要尽可能鼓励和吸纳残疾人参加;社区各类公共文化活动场所定时、优惠为残疾人开放并提供相关服务;文化及影视、音像部门努力出版、制作反映残疾人工作、生活情况和残疾人创作的读物、影视及音像作品,满足残疾人的精神文化需求。

(2)活跃群众性残疾人文化活动。在残疾人相对集中的社区、企事业单位和特教学校,积极组织开展残疾人文化娱乐活动;举办全国残疾人美术、书法、摄影作品展,扶持残疾人文学艺术创作,组织笔会等文化艺术活动。

(3)积极发展残疾人特殊艺术。各级文化主管部门要加强对残疾人特殊艺术工作的指导和扶持,发挥各级残疾人特殊艺术委员会的作用,鼓励专业艺术团体进行对口支援;建立中国残疾人特殊艺术培训基地,艺术院校有计划招收、培训残疾学生;抓好中国残疾人艺术团的建设,有条件的省可成立业余残疾人艺术团,积极参加国内外交流演出活动。

(4)采取特别扶持和奖励措施。各级政府和有关部门对残疾人文化事业应予以特别关照和扶持;加大盲文出版和残疾人特需图书、音像、报刊出版的政策、资金扶持力度;对举办残疾人文化艺术活动,优惠提供场所并给予减免税照顾;对于在残疾人事业宣传文化工作中做出突出贡献的单位和个人给予特别奖励和表彰。

(5)发展残疾人体育事业。残疾人体育兼有群众性体育和竞技性体育的特点。群众性体育以帮助残疾人融入社会,增强体质、康复健身为目的;竞技体育以挖掘残疾人体能潜力,表现其特殊体育才华,创造优异成绩为国争光为目的。政府和社会应该组织和扶持残疾人开展群众性文化、体育、娱乐活动,举办特殊艺术演出和残疾人体育运动会,参加国际性比赛和交流;文化、体育、娱乐和其他公共活动场所,要为残疾人提供方便和照顾,有计划地兴办残疾人活动场所。

2. 实施状况

我国残疾人文化生活蓬勃发展,全国建立市级以上残疾人文化场所近 3 000 处,各地公共文化场所为方便各类残疾人,提供了特别扶助和优惠照顾。公共文化事业积极面向残疾人,出版发行了《中国残疾人》《盲人月刊》《华夏时报》等大批残疾人报刊及《启明星》等影视作品,许多城市和地区在广播和电视中开设“残疾人专栏”,逐步满足残疾人日益增长的文化需求。残疾人文化生活更加丰富活跃,残疾人受到社会的广泛关注并更加全面地参与到社会生活之中,组织开展并参与了一系列文化活动。截至 2017 年底,全国共有省级残疾人专题广播节目 25 个、电视手语栏目 31 个;地市级残疾人专题广播节目 198 个、电视手语栏目 254 个;全国省、地、县三级公共图书馆共设立盲文及盲文有声读物阅览室 959 个,共开展残疾人文化周活动 6 740 场次;全国省地两级残联共举办残疾人文化艺术类的比赛及展览 640 次,共有各类残疾人艺术团 281 个。[①]

继 1987 年成立中国残疾人体育协会之后,中国弱智人体育协会、中国聋人体育协会及全国各省、自治区、直辖市残疾人体育协会也相继成立;在福利企事业单位、社区、特教学校广泛开展了形式多样的群众性体育活动;举办了各级残疾人体育业务培训班。中国残疾人体育协会已相继加入了国际残疾人奥林匹克委员会(IPC)、国际残疾人体育组织(ISOD)、国际盲人体育协会(IBSA)、国际脑瘫人体育协会(CPISRA)、世界聋人体育联合会(CISS)、国际轮椅运动联合会(ISMWSF)、国际特殊奥林匹克委员会(SOI)、远东及南太平洋地区残疾人运动会联合会(FESPIC)等。中国残联与冬奥组委建立了常态化工作机制,无障碍、市场开发、新

① 《2017 年中国残疾人事业发展统计公报》,中国残疾人联合会官方网站,www.cdpf.org.cn.

闻宣传等专家分别深度参与了相关工作。

(五)无障碍设施建设

1. 主要内容

无障碍环境建设是随着我国改革开放、社会经济的快速发展，以及我国残疾人事业、老龄事业等各项社会事业不断发展的进程，而引入我国城市公共设施建设中的一个全新概念，其重要性已经被越来越多的人所认识。国家和社会逐步实行方便残疾人的城市道路和建筑物设计规范，建成了一批无障碍设施，为残疾人出行、参与社会生活提供了便利；同时重视发展信息交流无障碍，将残疾人无障碍信息交流建设纳入信息化建设规划中。

《中华人民共和国残疾人保障法》规定：国家和社会逐步创造良好的环境，改善残疾人参与社会生活的条件。中国残联联合民政部、建设部制定并实施了《城市道路和建筑物无障碍设计规范》，其中 24 条被纳入工程建设标准强制性条文。中国民航总局开始试行《民用机场旅客航站区无障碍设施设备配置标准》。我国 1989 年 4 月正式实施的《方便残疾人使用的城市道路和建筑物设计规范》中，对城市中非机动车车行道、人行道、人行天桥、人行地道以及公园、广场、游览地、商业街、道路交叉路口等人流集中地区，都规定了手摇三轮车、轮椅、拄拐杖残疾者和视力残疾者通行方便的措施；对机关、纪念性建筑、文化娱乐建筑、体育建筑、商业服务建筑宿舍和旅馆建筑、医疗建筑、交通枢纽建筑等，分别规定了使用的席位、床位、电梯、通道、便道、坡道和其他设施。2012 年 6 月国务院颁布实施《无障碍环境建设条例》，为城乡无障碍环境建设开展提供法规保障。住房城乡建设、交通运输(民航、铁路)、工业和信息化、广播电视、金融、公安、教育、旅游等部门出台实施了一系列推进无障碍环境建设的政策措施、标准。各地积极采取措施，不断落实《无障碍环境建设条例》和《国家新型城镇化规划(2014～2020 年)》，推进无障碍设施规范化、系统化建设，加快推进政府机关、学校、社区、旅游景区、社会福利、公共交通等公共场所和设施的无障碍改造，深入开展信息交流无障碍建设，稳步推进农村地区无障碍环境建设。

2. 实施状况

过去十多年来，在各级政府的重视、各有关部门的努力和社会各界的大力支持下，我国的无障碍设施建设从无到有、由点到面、逐步推开，取得了积极的进展。总的来看，城乡无障碍环境建设水平进一步提升。通过开展示范城创建活动，各创建城市的无障碍设施分布范围明显扩大、数量明显增加、规范化程度和建设质量明显提高、城市无障碍设施建设的总体水平明显提升。

城市无障碍化基本格局初步形成，无障碍环境有所改善。一是我国大中城市初步形成了无障碍化的基本格局，残疾人服务设施建设得到全面发展。截至 2017 年底，全国已竣工并投入使用的各级残疾人综合服务设施 2 340 个，总建设规模 533 万平方米，总投资 154.9 亿元；已竣工并投入使用的各级残疾人康复设施 833 个，总建设规模 261.4 万平方米，总投资 80.8 亿元；已竣工并投入使用的各级残疾人托养服务设施 649 个，总建设规模 161.2 万平方米，总投资 44.3 亿元。① 二是信息交流无障碍逐步发展。中央、省级和部分地市电视台在节目中配备了字幕、开办了手语新闻栏目；部分城市的银行、邮局等行业推出了手语服务；图书馆为盲人读者配备了有声读物；一些企业开发了盲人上网软件和聋人专用通信设备。中国残联门户网站、各级民政部门门户网站、中国残疾人福利基金会网站等多层级服务网站开通，并适时

① 《2017 年中国残疾人事业发展统计公报》，中国残疾人联合会官方网站，www.cdpf.org.cn.

发布稿件。同时完善全国残疾人人口基础数据库建设、开展残疾证电子证照建设，积极推动残疾人证(智能化)工作，为“互联网＋残疾人服务”应用奠定技术基础。三是残疾人无障碍服务网络初具规模。目前，全国残联系统在每个省会城市都建立了省级服务中心；50%以上的县级残疾人综合服务设施内有无障碍设备、产品和服务；发达地区的社区和乡镇，无障碍设备、产品和服务开始进入残疾人家庭。无障碍设施建设，不仅方便了广大社会成员参与社会生活，也完善了城市功能，提升了城市形象，增添了新的城市品牌和发展资源，展示了城市政治文明、物质文明和精神文明建设的丰硕成果。

(六)残疾人维权

1. 主要内容

政府和全社会已经越来越认识到残疾人事务是一个人权问题，必须全面促进和保障残疾人的人权，从而保证残疾人得以在平等的基础上，有均等的机会参与社会生活和发展。《残疾人保障法》规定残疾人在政治、经济、文化、社会和家庭生活等方面享有同其他公民平等的权利。国家采取辅助方法和扶持措施，对残疾人给予特别扶助，减轻或者消除残疾影响和外界障碍，保障残疾人权利的实现。

2. 实施状况

各级残联维权组织建设进一步加强，残疾人事业法律法规体系更加完善，残疾人维权工作全面开展。截至2017年，制定或修改了关于残疾人的专门法规、规章省级11个、地市级10个；制定或修改保障残疾人权益的规范性文件省级12个、地市级53个、县级152个。全国县级以上人大开展《中华人民共和国残疾人保障法》执法检查和专题调研290余次。①

三、存在的问题

改革开放以来，我国残疾人社会福利内容逐渐丰富，形式日趋多样，但随着社会文明程度和人民生活水平的不断提高，残疾人的需求也发生了变化，其需求层次由单一的渴求温饱向多层次的发展需求转变。与残疾人社会福利需求的变化相比，我国残疾人社会福利还存在着一些问题，主要表现在以下方面：

(一)服务水平低，滞后于经济、社会发展的总体水平

1. 残疾人的生活水平普遍低于社会平均水平

相对于我国的经济社会发展水平来说，目前残疾人获得的社会福利还远远不够。在竞争日益激烈的市场经济下，出现“僧多粥少”的局面，残疾人的就业面临着更加窘迫的境地，很多有劳动能力的残疾人却无力与普通劳动者竞争来参与就业。残疾人由于自身难以通过参与生产劳动改善生活状况，加之对家庭护理的需求迫切，导致这些残疾人家庭劳动力减少，缺乏稳定的收入来源。同时，由于经常性康复医药支出大，个人支付能力有限，残疾人因残致贫返贫的情况比较普遍。

2. 残疾人教育与健全人教育相比还存在较大差距

残疾人接受教育的机会少，程度低，残疾人中文盲和半文盲比例仍然很高。目前，我国普通儿童少年的义务教育入学率已达99.1%，而三类残疾儿童少年的平均入学率仅有77%，两者相差20多个百分点。全国视力残疾儿童少年的入学率仅为健全儿童少年入学率的一半。而在宁夏、甘肃、新疆等地，视力残疾儿童的入学率更是在20%～30%徘徊。

① 《2017年中国残疾人事业发展统计公报》，中国残疾人联合会官方网站，www.cdpf.org.cn.

3. 残疾人的康复医疗保障不足

我国残疾人康复工作起步晚,工作基础薄弱,康复保障制度不完善,服务体系不健全,服务能力不强的问题依然突出,残疾人的基本康复服务需求仍未普遍满足。全国残疾人基本服务状况和需求专项调查(2015 年)显示,我国仍有大量有康复需求的持证残疾人、残疾儿童未得到康复服务。未来仍需继续构建与经济社会发展相协调、与残疾人康复需求相适应的多元化康复服务体系、多层次康复保障制度,满足城乡残疾人的基本康复服务需求。

4. 残疾人高层次发展的需求难以得到满足

随着经济、社会尤其是残疾人教育事业的不断发展,残疾人越来越多地参与社会生活,追求自身更高层次的发展,而目前我国大多数残疾人只能追求基本生活资料的满足。他们要求同健全人一样具有从生理、精神到自我实现的多方面、多层次的需求。未来,我国现行的残疾人社会福利制度需要从兜底型向发展型转变。

(二)筹资渠道单一,资金的管理和运用较为混乱

目前,我国残疾人社会福利的资金主要是由政府财政拨款,基本上是国家包揽,民间福利机构发展缓慢。残疾人社会福利资金由各级主管部门管理,各级管理部门从中提取一定的管理费用。由于残疾人社会福利中的行政色彩较浓,致使各级主管部门提取的管理费用比例过高,浪费严重;而且,各级管理部门在资金管理时只是充当保管员的角色,资金的保值增值率较低;另外,资金的挪用现象也时有发生。财政投入不足,福利机构特别是中西部地区残疾人福利机构中的重度残疾人生活水平普遍偏低,有的甚至达不到当地的最低生活保障标准。

未来应尽快形成政府主导、职能部门牵头、其他相关部门配合、社会组织和个人共同参与的工作格局,鼓励和动员社会力量广泛参与残疾人事业,包括残疾人组织在内的社会各界共同参与和支持发展残疾人事业,帮助和促进残疾人参与社会生活,共享物质和文化发展的成果。

(三)尚未走上规范化与法制化的轨道

我国《残疾人保障法》的制定,初步奠定了我国残疾人社会福利的法律基础。但是,我国残疾人社会福利主要还是靠行政手段与道德力量推动实施的,行政帮助色彩重,福利服务水平低;而且《残疾人保障法》的权威性和有效性也没有充分显示出来,残疾人社会福利工作中的随机性仍不可避免。

在我国经济转型、社会转型的特殊时期,市场经济所要求的竞争机制、效率原则等将使处于不利地位的残疾者面临新的更严峻的挑战。在此背景下,如何在遵循市场经济规律的前提下改革现行的残疾人社会福利制度,已经刻不容缓。

(四)机构保障不足,组织建设仍需完善

当前,中国有 60 万残疾人工作者,承担着 8 500 万残疾人的社会福利工作,家庭供养仍是主要的照料途径,接受日间照料等各种形式托养服务不足,相当一部分残疾人仍处于与社会生活完全隔离的状态。残疾人康复、托养等福利机构的数量少,床位短缺,专业人才缺乏。许多福利机构设施简陋、功能单一,难以为残疾人提供照料护理、医疗康复、精神慰藉等有效服务。此外,残疾人组织体系仍有待进一步完善,干部队伍结构有待优化,基层残疾人工作人员综合能力有待提升。

未来,各级残联组织和残疾人工作者队伍要继续发挥好桥梁纽带作用,真诚真心为残疾人服务,统筹推进贫困残疾人脱贫攻坚、残疾人基本公共服务托底补短和加快推进残疾人全面小康进程,努力让广大残疾人更加充分地共享改革发展成果。

本章小结

1. 残疾人社会福利包括康复、劳动就业、教育、文化生活、无障碍环境等方面。

2. 从发展沿革及主要内容入手，对英国、瑞典、美国、日本的残疾人社会福利做了系统的阐述。

3. 具体介绍了我国残疾人社会福利的发展历程及主要内容，并简要分析了现存的主要问题。

思考题

1. 阐述残疾人社会福利的内容和意义。
2. 比较各国在实施残疾人社会福利过程中存在的差异。
3. 简要回答改革开放以来，我国残疾人社会福利事业所取得的主要成就。
4. 联系实际，指出目前我国残疾人社会福利存在的主要问题。
5. 谈一下我国残疾人社会福利制度的改革方向。

第十六章

公共社会福利

学习目的

通过本章的学习，熟悉公共社会福利的一般理论，理解公共社会福利的内涵、特征、作用和内容；掌握公共教育、公共卫生、公共设施和社区服务的基本知识与理论；了解外国公共社会福利的内容；熟悉我国公共社会福利的现状及发展趋势。

第一节　公共社会福利概述

一、公共社会福利的基本内涵和外延

公共社会福利又称公共福利，是社会福利的一个重要项目。它是国家和社会为满足全体社会成员的物质及精神生活基本需要而兴办的公益性设施和提供的相关服务。公共社会福利的内容十分广泛，涉及人民生活的诸多方面，主要包括公共教育、公共卫生、公共设施和社区福利等内容。公共社会福利通常被认为是一种福利接受对象普遍、福利内容广泛、福利形式多样、福利功能突出的"公共产品"供给。

公共社会福利是社会进步的产物。随着社会的发展，各个国家都不同程度地发展公共社会福利，并提高了公共社会福利上的财政支出，以便满足广大民众越来越多的各种需求。随着社会经济的发展以及民众对自身生活质量要求的提高，公共社会福利的基本内涵和外延也在不断变化。

二、公共社会福利的主要作用

目前，公共社会福利是一项关系到广大民众的重大工程，也是政府工作中的一个重要组成部分，公共社会福利支出已经成为政府财政支出中的一个不可忽视的项目。这与公共社会福利支出对经济的重要作用是分不开的。

（一）对经济的稳定作用

这种作用主要表现在两个方面：第一，给普通国民中低收入阶层提供基本生活保障，促进国民生活的稳定；第二，对经济周期起到一种自动稳定器的作用。因为在经济萧条时期，公共福利支出的增加在一定程度上弥补了萧条时期个人消费支出的不足；而在经济繁荣时期，公共福利支出减少，在一定程度上又抵消了个人消费支出的膨胀并由此抑制了全社会的通货膨

胀，从而对经济周期起到一种调剂作用。

（二）使得收入分配更加平等

市场以个人对生产所做的贡献大小来分配收入。由于个人所拥有的体力、智力、天赋和资本在量上有很大差别，这就使得按市场规则进行分配造成贫富差距，而且，这种差距本身就会成为差距进一步扩大的原因。政府的公共福利支出可以减少这种贫富差距，它表现在以下两个方面：其一，是产生垂直收入的再分配效应；其二，是产生水平收入的再分配效应。一般而言，由政府负担经费支出的社会福利事业产生垂直再分配均等化效应，即国民收入由高收入阶层向低收入阶层转移；由社会成员负担经费支出的社会保险事业产生水平再分配效应，即国民收入在不同阶层的人们之间进行转移，例如，由在业人员向失业人员转移，由健壮者向老弱病残者转移。

（三）经济体制变化的需要

公共社会福利支出总是与一定的经济基础相适应的。随着社会经济的发展，公共社会福利活动的地位与作用变得越来越突出和重要。如何建立与社会经济发展水平相适应的公共社会福利支出，是关系到一个国家和社会发展成败的一个关键因素。

（四）满足各种较高的生活需求

随着社会的发展，人民对美好生活日益向往。公共社会福利的根本目的，是提高广大人民群众的生活质量，满足他们多种物质文化需求；而且随着公共社会福利制度的不断完善，这种作用日益明显。

三、公共社会福利的基本特性

（一）外部性

公共社会福利是一种特殊机制，它具有外部性。在公共社会福利制度中存在着广泛的外部性。公共社会福利的外部性体现在会影响一个国家或地区居民的健康、犯罪率和受教育程度。长期以来，许多国家之所以热衷于完善公共社会福利制度，一个主要原因就在于公共社会福利与健康等因素之间存在着密切的关系。在我国，大量的农民工进城，但他们所能享受的公共社会福利比较差，这会影响到他们对社会的不满。城市居民同样会受到重大社会事件的影响，也在很大程度上与公共社会福利制度不完善有关。因此需要政府制定政策，完善公共社会福利制度，以提高它的外部收益，降低由于不完善所带来的外部成本。

（二）公共物品特性

公共物品具有两个特性：非排他性和非竞争性。公共社会福利显然具备这两个特征。有些公共社会福利之间不存在竞争性，许多都是向公众免费提供的；同时，它所服务的对象是一般社会成员，不存在排斥其他社会成员，因而具有非排他性。公共社会福利还涉及周围的环境，例如，空气、绿化、生活设施、交通条件等。

（三）社会性

公共社会福利的社会性区别于一般商品。首先，获得适当的公共社会福利是公民的基本人权。当这种权利无法依靠市场的力量得以实现时，政府有必要干预市场，保障公民的基本人权。并且，公共社会福利建设是社会经济发展的重要因素，在人们对自身生活质量要求越来越高时，就会造成公共社会福利的严重短缺，这就需要政府介入市场，在分配资源时优先考虑公共社会福利建设，增加它的供给。此外，公共社会福利与其他公共设施的配套也需要政府的统筹规划，政府可以通过规划、环境保护等措施，从中长期的角度规划一个地区的发展，从而提高社会资源的有效利用率。

(四)供求的非均衡性

对于公共社会福利而言,其主要目的是满足公众的各种需求。虽然公共社会福利主要是由政府和社会提供的,价格往往很低廉甚至是免费的;但有时对享受公共社会福利的人也可以收取一定的服务费用。

但总体上来说,公共社会福利往往是供不应求的。这是因为人们的需求越来越呈现多样性,需求水平越来越高;但另一方面,公共社会福利的建设往往由于工程庞大而投资大,建设周期长,供应量的增加速度往往跟不上需求。因此,在许多国家,公共社会福利表现出一种供不应求的关系。

四、公共社会福利的主要内容

(一)公共卫生福利

1. 基本概念

公共卫生福利是由政府部门向社会群体提供的卫生服务方面的公共产品。"公共卫生服务"则是一种成本低、效果好的服务,是一种社会效益回报周期相对较长的、效益非即时显现且评价复杂的、政府主导的服务。由于公共卫生涉及群体健康,所以公共卫生经费主要依靠政府或社会筹集,私人筹资是辅助的。在市场经济条件下,公共卫生归纳为由政府及公共部门向社会群体提供的卫生服务方面的公共产品。公共卫生是以预防医学观念、理论和技能为基础,针对预防疾病、促进人群健康所采取的社会性实践的总称,是卫生执法监督的载体。

公共卫生具有非常广泛的内涵和外延,如个人的卫生习惯、环境卫生、室内卫生、传染病的监控与控制等,一个完整的公共体系包括公共卫生服务体系、医疗保障体系和卫生的执法监督体系等。在《WTO与公共卫生协议案》中,公共卫生分为八大类:一是传染病的控制,二是食品的安全,三是烟草的控制,四是药品和疫苗的可得性,五是环境卫生,六是健康教育与促进,七是食品保障与营养,八是卫生服务。在全球不同的国家,每年都有新的传染病发生,传染病是公共卫生防治的重点之一。

2. 基本属性

有些公共卫生服务是纯粹的公共产品,它关系到社会人群健康,不具有排他性和竞争性,市场机制无法对这类服务的供给和消费施加影响,是市场完全失灵的领域。主要包括:(1)卫生监督执法:食品和药品、职业劳动卫生、环境卫生、学校卫生、公共场所卫生等监督监测;(2)重大疾病控制与预防:性病、艾滋病、结核等传染病、地方病监测与报告,疫情处理以及健康教育等。纯粹公共产品适宜由政府直接出资并承办,但是,非政府的慈善机构也可以帮助提供此类服务。

有些公共卫生服务属于准公共产品,这些服务不仅给个人和家庭带来好处,更重要的是给他人和社会带来明显的外部正效应。这种正效应对预防疾病流行,保护弱势人群,提高人口素质有着深远影响,关系到国家和社会长远利益。属于此类的公共卫生服务包括:计划免疫和免疫接种、传染性疾病、地方病防治与管理、妇幼保健与计划生育、从业人员健康检查等。这些卫生服务可以由政府出资、民间部门承办,同时对弱势群体提供补贴。比如可以对贫困人口提供医疗券,而由患者自己选择医疗机构提供的服务。

有些医疗服务比如一些基本的医疗服务尽管属于私人产品,但是由于属于健康的基本需求,如果社会成员普遍认为得到这部分医疗服务是公民的基本权利,那么政府就应该对此进行干预和鼓励。政府可以采用强制的方式或鼓励的方式，前者如制定基本的安全生产标准、食品卫生标准，对产生污染的行业加征税收，后者体现在对某些行业和服务给予优惠政策扶植，比如社区医疗、卫生保健、环境保护等。

最后一类医疗服务属于纯粹的私人产品，而且不属于基本的需求，因此政府应该退出该领域，允许私人资本经营，鼓励医疗机构之间的竞争，同时维护整个市场竞争的秩序。属于这方面的例子有允许民间资本和外资进入医药销售行业，开办专科医院、牙科医院、疗养院等。

3. 主要作用

公共卫生为人们提供卫生服务(如传染病的防治)，逐步促进健康行为的改变，以及不断完善健康环境，范围很广，从传染病防治到社区卫生，几乎覆盖了我们生活中的每一个方面。公共卫生是一个国家或地区群体健康的基本保障，是国家公共安全体系的重要组成部分。快速的工业化和城市化，促进了经济活动及人口的集中，公共卫生问题影响着整个社会的公共安全。

首先，公共健康与社会紧密联系。公共健康的风险是影响全社会的问题，必须运用群体性手段来解决，通过建立新的规章制度和体制，把公共健康永久性地制度化为各级政府部门特别是国家的责任。公共健康是社会经济、政治制度、文化对于健康或者不健康生活的建构，是社会对于预防疾病产生和传染的机制的创立，也是个人和群体在促进健康或者避免疾病方面的努力。

其次，公共健康也与我们的生态环境密切相关。伴随着社会、经济和科技的发展，人类也加速了资源消耗、环境污染和生态平衡破坏的进程，越来越多的国际组织和有识之士开始强调自然与社会环境、健康与发展相互依存的复杂关系，结合自然、社会、行为和生态看待健康问题，形成对于公共健康的新理解——生态公众健康概念。

最后，公共健康也与我们对于身体的认识和体验相关，它记录了每一时代的人们对于健康和疾病的体验，比如我们如何想象自己的身体、如何饮食、如何活动、如何生活、如何构成整个公共健康的历史。身体并不是一种纯粹的生物学存在，而是一种社会历史存在，所以公共健康的概念也随着社会历史的发展而不断丰富着自身的内涵。世界卫生组织提出分析国家卫生系统的新框架主要考虑三项指标，即健康目标、人民满意目标和卫生费用支出的公平合理目标。

(二)公共教育福利

1. 基本概念

公共教育是由政府设置、实施，所有公民皆应享受的减免费的教育。公共教育是以提供具有纯公共产品性质的教育服务为目标的教育。从这一概念可以看出，公共教育有其内在规定性：一是公共教育的举办者是政府；二是接受公共教育是免费的；三是公共教育实施的是普通教育。其中免费是核心，三者缺一不可，因为公共教育是以提供具有公共产品性质的教育服务为目标的教育，其受教育的权利和机会不可让渡，更不得用于交换。

公共教育福利的主要内容有：(1)国民基础义务教育构成教育福利的主体；(2)社会团体、社会热心人士捐助以及慈善机构设立的教育基金或直接为学校出资构成社会福利的补充。

2. 主要特征

公共教育是历史的产物，是时代和社会发展的结果。它适应了社会化大生产和民主化的需要，也极大地推动了社会的进步。经过几个世纪的努力，公共教育已经在世界上大多数国家生根，并日渐成熟。它主要具有以下几个鲜明的特征：

第一,公共教育的免费性质。免费是公共教育的首要特征,也是公共教育得以实施的基本保证。它依靠政府的强制力量,通过公立学校这一主要形式,实现教育成本的社会负担。公共教育是社会的平衡器,有利于促进社会公平。当然,公共教育的免费程度和实施阶段与社会经济发展条件、人们的认识水平等密切相关。

第二,公共教育的平等取向。法国教育家阿兰早就指出,教育应该是平等的,学校应使人们得到自我发展,不管他们在社会中的位置如何;应该反对那种"人人寻找天才,人人为天才鼓噪"的做法,坚持教育面前人人平等的原则。

第三,公共教育的全民性。由于公共教育的成本由社会负担以及平等的价值取向,决定了其必须是面向全体社会成员。政府也有权采取措施,甚至强制措施保证适龄学生接受公共教育,以实现公共教育的目标。另外,从全球范围看,公共教育的全民性,既顺应了未来教育的发展趋势,也是社会对人才需求的必然。

上述特征以及接受公共教育的权利和机会的不可让渡性,使公共教育与其他教育,如私立教育,有着质的区别,同时也与市场的要求有着质的冲突。事实上,公共教育的对象,比如大部分义务教育阶段的学生、特殊教育中的聋哑人等,从趋利的角度,市场在这里很可能"失灵"。政府应该义不容辞地承担起这一职责。

(三)公共福利设施

公共设施是指由政府或其他社会组织提供的、供社会公众使用或享用的公共建筑或设备。由公共设施的定义可知,空间利用的"公共性"是公共设施概念的核心,而公共性这一富含政策含义的概念,代表了诸多利益的交织。公共设施乃是为提供公众生活便利乃至更美好生活而设,有一定程度的必要性,在现代福利国家更成为政府实现其积极功能的具体表现。但这种响应人民需求的价值,同时可能与其他价值产生冲突,例如附近居民的意愿(尤其在避邻设施)、对环境等公共设施的外部性等。

当一项公共设施具有外部性,以至于私人企业无法做最适地提供时,政府提供公共设施或是制定规范将外部性内部化均是解决问题的方法。以工业区为例,若政府能从选定地点到做好完善的软硬件设施均以地区整体为目标,考虑经济发展带来的繁荣与环境保护的成本,追求效益极大,就可以保障资源有效率地使用。

公共设施是市政、公用设施,是满足居民的生活需要,为经济运行、产业发展、居民生活提供交通、通信、能源、水务、教育、医疗、文化体育等公共性服务的一种设施。公用设施包括道路、公交站场、环卫设施、各类公用管线(自来水、电力、电信、燃气、热力、有线电视、雨水、污水等)及相应的建筑物、构筑物。公共设施主要包括教育、医疗卫生、文化体育、商业服务、行政管理和社区服务和绿地(包括公园、小游园、组团绿地及其他块状、带状绿地)等设施。

(四)社区社会福利

社区服务主要包括三个方面的内容:一是福利性服务。这是社区服务的出发点和归宿,它的对象既是社区中有困难的人又是一般居民,其目的是要满足这一部分人的基本生活需求,主要提供无偿服务。这项服务是整个社区工作的核心部分。二是行政事业性服务。这也是社区服务的主要内容,它的对象是全体社区成员,目的是帮助本社区的居民解决生活中碰到的难题,主要提供非营业性的低偿服务。三是商业性服务。这是社区服务的扩展和辐射,它的对象不限,目的是拾遗补阙,方便居民,主要提供营业性的有偿服务。

第二节　外国的公共社会福利

一、加拿大的公共社会福利

加拿大是一个福利制度非常完善的国家，社会福利制度结构比较合理，政府制定全面的福利政策为国民的生活提供了重要保障，同时又较为重视社会福利支出和资源利用效率。

(一)教育福利

加拿大十分重视教育，对教育的投入一直是加拿大政府最大的一笔开支。加拿大建立了包括学前教育、义务教育和高等教育在内的一整套教育福利制度。

1. 学前教育福利

加拿大政府为了促进学前教育的发展，提高幼儿成长的质量和水平，制定了一整套针对幼儿的福利政策，其中包括家庭津贴制度、托儿补助金、日托津贴制度和单身母亲津贴制度以及免费的医疗制度。

家庭津贴又称牛奶金，婴儿一出生就可以领取，一直可以领到 18 岁，各省或地区对家庭的津贴数额略有差异，但基本能够满足儿童饮食和营养的需要。

托儿补助金是补助低收入家庭支付 6 岁儿童之前的学前教育费用。加拿大 6 岁小孩的学前教育是自费的，而且费用较贵。很多低收入家庭因此无力把小孩送去接受早期教育，因此政府就专门拨款解决此事。政府根据家庭的情况，补贴一半或全额补助。

日托津贴是政府为父母双方都工作的家庭提供的津贴，减轻父母因放弃工作带来的经济压力，在一定程度上刺激了学前教育的发展。

单身母亲津贴是为单身妈妈提供的幼儿津贴，为的是保证单亲家庭幼儿的健康成长，减少单亲家庭的经济压力。

2. 义务教育福利

加拿大法律规定了本国的任何一个公民或移民必须接受从小学 1 年级(或幼儿园)直到 10 年级(相当于高中一年级，一般为 16 岁)的义务教育，11～12 年级(相当于高中二、三年级)为普及教育，由政府免费提供。

在这 12 年制义务教育中，学生不需要向学校交任何费用，学费、教科书都由政府承担。不仅如此，政府还为学生提供免费的交通服务和午餐服务，以及为完成教学大纲所需要的试验费、空调费等。

3. 高等教育福利

加拿大中学后的教育是自费的。为了鼓励青年学生接受高等教育，学得一技之长，也为了确保学生家长能够提供学生接受高等教育的费用，政府出台了一种鼓励家长为孩子做教育储备的教育基金制度。

自 1998 年开始，政府对每个儿童每年最多提供 400 加元的储蓄补贴，家长要想得到这笔补贴，也必须为孩子做储蓄。由于政府只提供 20%的教育储蓄补贴，家长要想得到最高补助，必须在孩子的教育账户上每年存入 2 000 加元。这笔钱不能做别的用途，只能用来供孩子接受高等教育。家长无法将这笔钱提出来，只能由银行转入学生就读的高等教育机构。这就是所谓的“加拿大教育储蓄奖金计划”(Canada Education Savings Grant，CESG)。粗略估算一下，如果家长从孩子一出生就购买教育基金，每年就可以为孩子的教育基金账户存入2 000加元，加上政府的补助每年400元。累积到18岁，再加上利息，这笔钱足够学生接受完高等教育。

除此之外，自2005年开始的对中低收入家庭每个小孩每年最多100加元额外储蓄补贴的加拿大教育储蓄奖金加强计划（Enhanced Canada Education Savings Grant），以及自2005年 开始的对低收入家庭中2003年12月31日后出生的小孩第一年一次性500加元储蓄补贴的加拿大学习奖励券计划（Canada Learning Bond，CLB）为保障这些孩子长大后接受高等教育起到了重要作用。

（二）医疗卫生福利

在加拿大众多的福利政策中（低收入免税政策、事业救济金、养老退休金、儿童和家庭福利），医疗卫生福利是重要组成部分。加拿大提供的医疗服务具有非营利性，其资金主要来源于国家财政税收。

加拿大实行全民免费医疗，每一个加拿大人，不论是公民还是永久居民，都可以领取一张带有照片的医疗磁卡，英文称“Health Card”。在一般情况下，有了这个卡，加拿大居民便可以到自己选择的任何医疗机构（医院、私人诊所）就医，而无“定点医院”一说。并且就医者看病时只需要出示这个医疗保障卡，而不必直接向医院或诊所缴纳治疗费，医院会根据卡上的号码，向政府卫生部收取费用。除牙医外，常见病的治疗费和住院费、住院期间的伙食费、免费的仪器检查费（如CT、MRI、PET等）、化验费、手术费等都涵盖在政府卫生部提供的公共卫生福利项目中。

（三）社区服务

1. 服务对象

加拿大大部分居民处于中产阶层，有稳定的收入和富裕的生活。但是，也有一小部分贫困群体因收入低下而无法享受许多基本的生活保障。社区服务便是针对这部分群体，为这部分人群提供各种免费服务，主要包括为社区居民（主要是贫困群体）提供从老年妇女儿童保护、合作建房、避难所、精神健康、就业指导、法律咨询到新移民服务、预约乘车、多元文化服务等各种服务。

2. 服务主体

政府并不直接对社区居民提供服务，而是通过签订合同、定向购买等方式，将大量服务项目交给中介组织、社会团体、志愿者等社会力量来提供。提供专业化服务的社会中介组织对从业人员的素质要求较高，专职工作人员通常需要获得相关的大学专业学历，并经过政府有关部门注册才能进入到社区服务行业工作。

各类社区服务机构中有大量义务工作的志愿者。他们来自社会各个阶层，在社区服务机构承担的工作与职业社会工作者完全相同，只是不取报酬和不是全职工作，其工作时间从每周几小时到十几小时。社区服务志愿者的义务工作以点数累积计算，并作为重要的人生经历受到社会尊重和崇尚。

3. 资金来源

加拿大社区服务中心的资金主要来源于五个方面，即联邦政府、省政府、市政府、市区政府以及其他私人或社会团体的资助和捐赠。资金筹集过程中，明确各级政府的责任，保障资金来源的多样化和资金使用效率。

二、英国的公共社会福利

(一)公共卫生体系

1. 国民健康服务系统

英国实行全民免费医疗保健制度,国民健康服务系统(National Health System,NHS)是英国最大的公立健康卫生组织,为全体英国公民提供国家健康服务,它有一个核心原则是人人享受统一标准的医疗服务。国民健康服务系统主要由正规医院和社区医疗保障系统两部分组成。英国是世界上社区医疗保障体系最发达的国家之一。国民健康服务系统覆盖了全国各个角落,它分为两级:第一级为社区保健员,是国民健康服务系统的初级保健单位。社区保健员由具有一定医学知识的社区人员担任,在社区中进行医疗巡诊,主要起到预防疾病、普及卫生保健常识的作用。第二级为社区诊所。该机构有固定的建筑,配备正规医护人员和基础医疗设施,负责对社区居民进行国民健康服务系统登记和进行正规体检,对常规病例进行诊治,并为需要入院检查治疗的患者安排预约、诊治、院外监护等事项。家庭诊所和社区诊所是 NHS 的主体,按人口分布构成保健网,基本没有死角,极大地扩展了国民健康服务系统的覆盖范围。英国正规医院收治的病人都是经过社区诊所初诊和分流过的,大大缓解了正规医院的工作压力。

2. 公共卫生突发事件应对体系

英国卫生部"突发事件计划协作机构"(EPCU)颁布的"国民健康服务系统突发事件应对计划"构成了英国突发公共卫生事件应对体系的综合框架。这一应对体系包括战略层面和执行层面两部分。战略层面的应对指挥由卫生部及其下设机构负责,还包括地区公共卫生行政机构和公共卫生应急计划顾问委员会;执行层面的突发事件应对则由国民健康服务系统及其委托机构开展。根据 2002 年 4 月修改的国民健康服务系统突发事件应对计划,英国更多的公共卫生突发事件应对职能从国民健康服务系统的卫生局转向基本医疗委托机构(PCTs)。新计划构建了更为完善的公共卫生应对网络,包括基本医疗委托机构、卫生局、健康和社会保健理事会以及卫生部门医药官员、执行官员等。

英国于 2003 年 4 月 1 日成立健康保护机构(HPA),隶属于卫生部。其主要职能是通过提供一个整合的系统,保护国民健康,减少传染病、化学制剂危害,降低生物病毒及放射性威胁;向公众提供公正权威的信息和专业建议,向政府提供独立的政策建议;在传染病等领域支持国民健康服务系统的运作,监测公共卫生领域的威胁,提供快速应对;开展研发、教育和培训等活动。需要强调的是,在突发公共卫生事件中,公众需要独立、清晰、有权威、值得信赖的信息,健康保护机构尽管目前仍作为卫生部的分支机构,但其目标是成为独立的公共部门。

(二)公共教育福利

英国的中央教育行政部门是不直接设立任何学校的,但国家补助全部大学经费的 80%,并且对一部分私立学校提供补助费。地方教育行政当局负责设置和管理 90%以上的初等学校、中等学校、大学以外的多数高等学校和继续教育机关,并负担这些教育机关的全部经常费用(包括教职员工资),但其教育经费的 60%是由国家拨给的,其余不足部分由地方税收支付。从 20 世纪 70 年代前半期来看,一些发达国家教育经费的绝对数字是逐年增加的,一般是增加 2～3 倍,而日本增加最多。各发达国家教育经费之所以增加,是因为受教育投资论的影响。

在英国,为 16 岁以下的儿童设立儿童福利金,所有人在 5～16 岁期间均要接受义务教育，如果16～18岁的儿童仍在非高等教育机构就读，也有资格领取。目前，越来越多的儿童在三四岁时上幼儿园，而年满16岁的青少年继续求学的人数也在逐年上升。无论你收入多少或者交多少保险金，只要你有照顾儿童的责任，你便有资格领取儿童福利金。在英国学校体系实行双轨制：公立学校提供免费教育；私立学校一般由家长负担学费。

（三）社区服务

在英国，社区服务被称作社区照顾。英国的社区照顾是当代发达国家社区服务工作的一个范例，包括老年人照顾、残疾人照顾、儿童照顾和家政服务等内容。

1. 老年人照顾

在英国社区服务使用者中，老人占最高比例。20世纪50年代，英国开始酝酿在社区中照顾老人，倡导老人在社区中生活。老人照顾开始由住院式照顾转向社区式照顾，至70年代，社区照顾在英国已相当普及。1978年，英国健康与社会安全部发表"快乐老年"(A Happy Old Age)报告，指出在发展社区内照顾时，需要由亲人等非正式照顾者来照顾老人。因此，英国的老年人照顾主要是社区内照顾，具体形式主要有：

(1)对于生活自理十分困难的老人，地方政府的社会服务局提供护理津贴，安排免费的家政照顾，内容包括到宅协助、送餐、日间照顾、穿衣、训练、社会工作服务、交通、辅具、修缮等。此外，由地方政府社会服务局提供的到宅照顾，包括陪伴、交谈与倾听的社会性照顾、用药喂食等个人照顾与烹调购物等家事工作，这种照顾要酌量收费。

(2)居住照顾之家、护理之家为老人在社区内提供具备协助照顾的公共居住场所。居住之家提供居住照顾，在英格兰(英格兰人口占全英80%)一般由志愿组织或非营利组织、营利组织提供，在苏格兰则大多数由地方政府提供。护理之家在英格兰一般由志愿组织或私立单位提供，但其必须向所在地的地方健康单位注册并接受其监督。

(3)庇护住宅是指针对老人独立居住的住宅。这类住宅由地方政府住宅部门或营利组织、非营利组织、志愿组织提供，老人自炊，住宅中有24小时随叫随到的监护工提供必要性协助。

2. 残疾人照顾

根据英国审计委员会报告，除了老人是社区照顾的主要使用者外，其次是成年智障者和残疾人。残疾人和智障者所能享受到的服务包括诸如穿衣、个人卫生、如厕和上下电梯的帮助。目前英国智障者的社区照顾主要由中央政府和地方政府共同负责，即中央政府的健康与住宅部门，以及地方政府的社会服务局与住宅局。经费来源是中央政府的健康部、住宅部、社会安全部，少部分来自地方政府。

3. 儿童照顾

关于儿童照顾，英国没有形成统一规范的幼儿照看体系，各地差异性大。英国设立托儿所补贴，所有3～4岁的孩子可免费享受。为儿童提供社区之家，即非机构教养院模式，让儿童住在社区，政府鼓励非营利组织与社区组织提供社区资源，支持儿童之家，确保"儿童人托权利"的实现。

4. 家政服务

在英国和北欧国家，家政服务早已成为一种由市政府当局组织的法定服务，服务内容包括购物、清洁、洗浴、做饭、洗衣及其他辅助服务，属于公共服务，因而其收费很低。在这一公共服务体系设立之初，服务对象主要是那些有着许多孩子的贫困家庭，随后带小孩的工作母亲也逐渐成为服务的基本受益者。此外，病人和残疾人也是该服务"传统的"目标群体，而随着老龄社会的到来，老年人已逐渐成为该服务的主要对象。在人员组织上，家政服务者大多为市政府所雇用。

三、美国的公共社会福利

(一)公共卫生服务

美国实施的是市场导向的公共卫生系统，也设有专门为穷人提供医疗服务的医疗救助(Medicaid)系统，为买不起医疗保险的低收入家庭提供优质的医疗保障，由政府支付费用。公共卫生危机管理系统以疾病防治中心(CDC)为核心，构筑了强大的公共卫生防护网。疾病防治中心是一个全国性的组织，不仅每一个州，而且每一个市、每一个县都有一个相应的机构。总之，美国的公共卫生是由中央政府作为指导，而且他们的费用主要依赖中央支付，地方则与中央通过网络进行协调，有时也有经费方面的支援。

美国的疾病控制工作主要由国家及地方的卫生机构负责。这些机构的工作包括发现、报告以及治疗病例。在出现重大公共卫生危机时，总统有权视危机的严重性决定是否需要宣布国家进入紧急状态，并启动 2003 年起用的联邦应急计划。但无论是否进入紧急状态，美国都有一整套系统，能使各州在面临危机时迅速得到联邦的援助，从而避免各州的危机影响到全国疾病的监控工作。疾病防治中心的主要目的是卫生预防，而不是问题出现后再做反应。为此，疾病防治中心采用大量的监控措施。这些措施包括：国家重点疾病监控体系负责报告一系列危险疾病的所有病例，全国监控体系防止卫生保健工作人员在职业中面临和感染疾病。此外，美国还有其他两个体系：危机 ID 网和全球新出现传染病预警网络。这两个体系直接从国内外许多主要医院取得资料，帮助疾病防治中心发现疾病发展趋势。

美国突发公共卫生事件应对系统是包括公共卫生、突发事件管理、执法、医疗服务、科研力量和第一现场应对人员(如消防员、救护人员)等在内的多维度、多领域的综合、联动、协作系统。出现重大公共卫生危机时，指挥系统由疾病防治中心提升到联邦应急计划，此时总统有权根据危机事态的性质和严重程度决定是否需要宣布国家进入紧急状态，并启动联邦应急计划。

(二)公共教育福利

美国的教育经费主要来源于征收教育税。美国地方学区是公立学校经费的主要负担者，而教育经费的主要财源是居民的财产税。美国以外的其他发达国家都没有独立征收教育税制度，没有独立的教育财政，教育行政机关只有对一般财政所分配的教育经费进行管理和支出。从教育经费的财源看，这些国家的公立教育，基本上都是公费支出，其他财源所占比例极少。在公共财源中，中央和地方的分担情况很不相同，有的是以地方负担为主，有的是以中央负担为主。美国的公共教育经费是由联邦、州和地方分担的，虽然近年来联邦和州的负担比率比过去有所增长，但地方学区仍是公立学校经费的第一位负担者，这是美国的传统。

(三)社区服务

美国社区服务的特点体现在以下几个方面：

1. 社会力量为提供服务的主体

从服务主体来分，它可以分为政府提供的服务和由社区志愿者与民间组织提供的服务。前者限于居民最基本需要的部分，主要由政府出资委托或承包给专业公司。严格的法律责任和由政府各个专业职能部门指派代表组成的社区顾问团，使居民经常可以得到快捷、负责任的服务。

社会力量是美国社区服务的主要提供者，包括社区志愿者和非营利组织。社区志愿者人员构成和提供服务范围十分广泛。志愿人员中不但有专业技术人员、离退休人员、普通市民，还有政府官员和大中学生，提供的服务囊括了社区居民生活的方方面面。美国政府十分重视志愿者服务，希望借此弥补市场经济成分的不足。他们对在校的大学生有严格的规定，必须参加社区的服务，获得足够的社会实践经验，如果达不到一定的服务时数是不能毕业的。

此外，美国政府还非常重视发挥民间组织在社区服务中的作用。社区发展合作组织就是介于市场与政府之间的一种民间组织。它以社区依托，向社区内中低收入者提供住房为主要职能，主要从事住房建设、住宅维修、供暖、公共住宅区管理以及买房、租房的咨询业务等。许多社区发展公司还发起并参与了社区就业和经济发展计划。社区发展公司的经营具有法律保障，可以享受免税待遇，为居民提供各种免费或低费的生活服务。其资金来源主要包括三部分：一是各级政府提供的款项；二是一些私人慈善基金会提供的资金；三是银行、公司和私人捐款及少数非营利机构收取的成员资格费。社区发展公司以董事会为最高机构，一般由居民代表、社区组织代表、政府官员、捐款者、地方银行、工商企业、专家和宗教领袖等组成。

2. 社区服务设施丰富

美国社区服务设施很多。仅以社区老年服务设施来说，有提供综合长期服务的养老院、托老所、荣誉公民社区中心，有提供饮食服务的食品供应所、荣誉公民营养室、上门送饭服务所，有为贫苦老人服务的收容所、暂住处、公营住所，有为体弱多病的老年人设立的服务性公寓、一般护理公寓、护士护理公寓，等等。由于美国非政府组织非常庞大，在开拓社区服务过程中，带来了许多服务业的就业岗位。据统计，目前美国大约有 800 万人在社区从事各类服务工作，占全国就业人数的 10%。此外，每年还有 9 000 万人次的志愿者从事社区服务工作。

3. 重视社区教育服务

美国各州对社区教育的理解和做法并不一致，同一州内各社区学院之间也不统一，但无一例外地对社区教育服务非常重视。一般来说，社区教育是为整个社区各种年龄和各种职业以及退休和没有职业的居民提供服务。教育内容根据居民的不同需要组织安排，例如，音乐、绘画、保健、家政、家教知识，以及训练某种职业技能和应聘能力等。教学形式灵活多样，采取班级上课、专题论坛等方式，有的通过电视、广播等媒介进行教育，也有在校外进行活动。居民选读社区教育的各种课程，并不是为了获得某种学历，而是为了学会某项活动技能、提高阅读能力、提高持家能力、促进个人文化素养和人际交往的能力以及增加就业机会等。社区教育经费，有的以政府提供为主，如加利福尼亚、佛罗里达、伊利诺伊州等 68%以上经费由政府拨给；有的以学员学费收入为主，如华盛顿、得克萨斯、纽约等超过半数的费用由学员负担。另外，慈善机构和私人基金会的捐款，也提供社区教育的部分经费。

四、日本的公共社会福利

(一)公共卫生体系

在日本，突发公共卫生事件应急管理体系由主管健康卫生、福利、劳保的厚生劳动省负责建立并以之为核心。这一系统同时被纳入整个国家危机管理体系。日本突发公共卫生事件应急管理体系覆盖面很广，包括由厚生劳动省、8 个派驻地区分局、13 家检疫所、47 所国立大学医学系和附属医院、62 家国立医院、125 家国立疗养所、5 家国立研究所构成的独立的国家突发公共卫生事件应急管理系统；由都道府县卫生健康局、卫生试验所、保健所、县立医院、市村町及保健中心组成地方管理系统。这三级政府两大系统，通过纵向行业系统管理和分地区管理的衔接，形成全国的突发公共卫生事件应急管理网络。根据地方自治制度及传染病新法和健康保险法的相关规定，国家、地方政府及国民在应对突发公共卫生事件时有明确的义务和责任。需要强调的是，在日本突发公共卫生应急处理系统中，消防(急救)、警察、医师会、医疗机构协会、通信、铁道、电力、煤气、供水等部门，也按照各自的危机管理实施要领和平时的约定相互配合。中央主管机构突发公共卫生事件应急管理的最主要职责是收集信息并制定和实施应急对策。平时，国立传染病研究所感染信息中心进行法定的传染病发生动向跟踪监视调查，每周五前上报上周情况并在网上公开。

(二)公共教育福利

日本不仅是一个经济发达国家，也是一个教育强国。政府对基础教育非常重视，在财政上一直加大对义务教育的投入，并以教育法律法规的完善作为义务教育发展的支柱。

根据日本《教育基本法》《义务教育费国库负担法》和《义务教育诸学校设施国库负担法》等相关法令的规定，日本义务教育经费主要由国家财政负担，包括由国家财政直接出资部分和地方财政中以转移支付形式分担的部分构成。因此，所有公立学校的教育经费，尤其是义务教育经费实际上是由国库直接和间接负担的。

日本的义务教育不仅是免费的，而且办学条件很好，发展均衡，近年来又陆续实现了教科书的免费提供和“中小学给食”制度，为中小学生免费提供午餐。

(三)社区公共服务

日本社区公共服务法制健全，项目众多，组织严密，覆盖对象广泛。

1. 组织结构

日本市政府设立社会部全面负责此项工作，社会部下分设福利计划科、社会福利科、儿童福利科、老人福利科、保险医疗科、老人之家以及市民健康科。在市内各区域又分设区服务中心，在服务中心，有大量的保健师与护士进行具体的服务工作。市内各区域的老人、儿童、心身障碍者等人的健康状况、经济状况、日常活动等情况由社会部全面掌握。

2. 服务对象范围与服务方式

服务对象包括老人、儿童、孕妇、精神障碍者、身体残疾者、成年人、临终者以及出院未完全恢复者。

服务方式有两种：(1)服务人员到服务对象家中进行单独服务；(2)将服务对象集中到某一地点进行集中的服务。家庭服务经常进行，集体服务定期进行。

3. 服务内容

(1)对母亲与儿童的服务。每对母子都有1本健康手册，手册中详细记录母亲的健康与孩子的成长情况。对于孕妇，在产前与产后分别进行一次社区健康检查。服务内容有问诊、医师诊察、化验检查，有时也进行B超检查。对于妊娠6～8个月的孕妇及其丈夫要进行3次以上相谈指导，内容有：妊娠与生产的生理知识讲座，用小儿模型进行养育训练，先辈母亲们介绍养育婴儿经验，此外还有妊娠营养指导、录像观看等。对于产妇与新生儿给予家庭询问指导：测量血压、尿标本的采集与化验、观察母子身体状况、育儿指导、小儿身高与体重的测量、发育程度评估、乳房护理以及如何断奶。对于乳幼儿，在其4个月、10个月、1岁半、3岁时分别进行社区健康检查，一般以集体方式进行。同时，对儿童的预防接种也是社区服务的工作内容之一，一般以集体方式进行。

(2)对成年人的服务。成年人服务一般指对19～65岁人的服务，此项工作有较多医生参与，以集体方式进行，主要体现在健康保健方面的服务上。健康检查：对于成人，各地区服务中心每年组织多次健康检查。内容包括诊察、血压测量、化验、心电图检查、体重测量、骨密度测量、视力检查、牙齿检查。健康教育：日本的市民健康教育内容丰富，形式多样。各种常见疾病的知识讲座，例如，脑血管疾病讲座、肝脏病讲座、心脏疾病讲座、高血压病讲座以及女性病讲座等，每年举办5次。各种保健指导包括模拟老人体验、救护练习、保健体操训练、饮食指导和更年期指导等。

(3)对精神障碍者的服务。对轻度精神障碍病人、弱智者有大量的服务工作，目的是促进实现社会复归和生活自理。服务内容有两方面：一是生活训练，包括穿衣、系扣、料理的制作、如厕、沐浴等；二是社会训练，包括社区常识学习、与他人应对、心理状态的调整、各种工作技能训练、各种体育活动以及作业训练。

(4)对老年人的服务。日本的社区老年服务工作由福利计划科、社会福利科、老人福利科、保险医疗科、老人之家负责实施。为帮助老年人健康、愉快地度过晚年生活，提高他们的生活质量，解除年轻人的后顾之忧，日本的社区开展了多样化的老年服务，有上门服务、日托服务、短期托付服务、长期服务、老年保健和咨询服务等多种形式。

第三节　我国的公共社会福利

一、公共卫生服务

(一)发展情况

自20世纪50年代实施大规模的公共卫生计划以来，我国的医疗保健服务的内容不断丰富。改革开放以来，我国不断加强公共卫生服务体系建设，基本建成了覆盖全国城乡的疾病预防控制体系和应急医疗救治体系，形成了范围极广的公共卫生管理体制，包括突发公共卫生事件预警及应对机制、疾病预防及控制、农村卫生、妇幼保健、社区卫生、健康教育、医政管理、医疗监管、食品安全、卫生监督、药政管理等诸多体系(见表16—1)。通过向城乡居民提供疾病防控、计划免疫、妇幼保健、健康教育等基本公共卫生服务，大规模传染病、寄生虫病和地方病等严重危害人群健康疾病得到基本控制，从而极大地改善了我国城乡居民的健康状况。

表16—1　　当前我国公共卫生主要的服务内容

序号	项目名称	项目内容
全人群健康服务		
1	健康档案管理	1. 管理居民健康档案 2. 健康档案计算机管理 3. 建立健康档案，确定主要健康问题及影响因素，制定并落实干预措施
2	健康教育	1. 卫生保健知识，实施重点人群及重点场所的健康教育 2. 社区健康教育专栏，定期更换 3. 开展健康知识讲座和发放宣传资料 4. 做好动员婚前检查等健康教育工作
3	利民服务与便民服务	1. 每年上门开展健康管理、健康指导、医疗咨询等服务 2. 加强食品药品安全监管
4	卫生信息管理	1. 定期收集、报告辖区内户籍人口和流动人口、卫生状况等基本信息 2. 规范报告传染病、突发公共卫生事件等卫生信息

续表

序号	项目名称	项目内容
重点人群健康服务		
5	妇女保健	1. 婚前咨询、产前检查、产后访视等孕产妇系统保健服务，并按规范记录存档 2. 高危孕产妇管理和孕产前筛查的追踪、随访及转诊 3. 协助做好传染病母婴阻断传播的干预工作，协助有关单位开展妇女病筛查和预防等工作
6	儿童保健	1. 提供 7 岁以下儿童保健服务，并建立系统管理档案落实体弱儿童管理和儿童疾病筛查的追踪、随访协助做好集居儿童管理工作 2. 向适龄儿童提供国家和省规定的一类疫苗接种服务
7	老年保健和残疾人康复	1. 落实社区责任医生，对 60 岁以上老人和困难群众实行健康管理 2. 协助开展肢体、智力残疾等社区康复指导和康复训练
8	流动人口管理	流动人口儿童免疫规划、妇幼保健实行居住地管理
9	利民服务与便民服务	1. 开展高血压、糖尿病等筛查，实施病例登记、随访、干预指导等社区规范化管理，落实 35 岁以上首诊病人测血压制度 2. 开展精神病康复防治和综合管理 3. 发现结核病病人及时登记报告并督导服药，复查 4. 开展艾滋病宣传教育与咨询，协助做好艾滋病自愿检测和抗病毒药物治疗 5. 开展肝炎病人咨询服务和用药指导 6. 落实血防地区查、灭螺和血吸虫病查治工作
10	卫生监督协助管理	1. 配合卫生监督机构对辖区内学校、医疗机构、健康相关产品(场所)生产经营单位进行卫生监督协管 2. 收集并上报卫生监督相关信息
11	预防保健协助管理	1. 协助开展突发公共卫生事件应急处置工作 2. 协助开展传染病及密切接触者的现场流行病学调查 3. 协助落实传染病病人的消毒隔离等社区防控措施 4. 协助开展传染病及相关危险因素的监测工作 5. 协助开展妇幼个案调查和漏报调查 6. 协助开展四害密度监测和消毒、杀虫、灭鼠工作
12	计划生育技术指导	1. 向育龄妇女提供避孕、节育等计划生育技术指导和咨询服务 2. 配合做好避孕药具发放

(二)存在的主要问题

我国的公共卫生体系仍存在着很多的不足，这突出体现在以下几个方面：

第一，政府主体责任的缺失。一方面资金投入不足，公立医疗机构趋利明显、公益性弱化，医药费用迅速上涨，老百姓自付医疗费用比例加重；另一方面，管理主体责任不明确，政府部门在卫生信息管理中存在着懈怠的心理，对公共卫生突发事件没有建立完备的应急系统，存在着极大的公共卫生事件的安全隐患。

第二，卫生资源分布严重不均。我国公共卫生服务不仅仅是投入不足和水平不高的问题，更主要的是医疗卫生资源配置不合理，卫生服务的提供严重不均等，特别是农村和城市社区卫生服务落后的状况十分严重。据有些学者的估算，占全国 70%以上的农村人口仅拥有全国大约 30%的卫生资源，而占全国 30%的城市人口却拥有全国 70%以上的卫生资源。少数人过度消费医疗保健，而相当部分农民却难以享受到基本的医疗保健。

第三，公共卫生环境、劳动安全和食品药品安全导致的健康问题日益严重。在建立社会主义市场经济体制的过程中，由于少数个体经营者道德责任的缺失而导致的食物中毒事件时有发生。特别是近年来,“苏丹红”咸鸭蛋、“三聚氰胺”奶粉、毒鸡蛋等多起引起社会广泛关注的食品安全事件给人民群众的健康造成严重损害。

二、公共教育福利

我国的教育体制包括幼儿教育、初等教育、中等教育、高等教育、职业教育、特殊教育、社区教育等内容。2010 年 7 月颁布的《国家中长期教育改革和发展规划纲要(2010～2020 年)》明确指出:“建成覆盖城乡的基本公共教育服务体系,逐步实现基本公共教育服务均等化,缩小区域筹距。”

(一)义务教育制度

我国实行九年义务教育制度。义务教育是国家统一实施的所有适龄儿童、少年必须接受的教育,是国家必须予以保障的公益性事业。2006 年颁布的新《义务教育法》规定,义务教育经费要由中央和地方财政共同保障。

对于农村义务教育的经费保障而言,2005 年国务院颁发了《深化农村义务教育经费保障机制改革的通知》,提出全部免除农村义务教育阶段学生学杂费,对贫困家庭学生免费提供教科书并补助寄宿生生活费;建立农村义务教育阶段中小学校舍维修改造长效机制。

城市义务教育阶段经费保障机制的改革则要更晚。2008 年,国务院颁发了《关于做好免除城市义务教育阶段学生学杂费工作的通知》,规定从 2008 年秋季学期开始,全部免除城市义务教育阶段公办学校学生学杂费。进城务工人员随迁子女同样可享受免除学杂费、不收借读费政策,且可以在公办学校就读。

(二)教师福利待遇

1. 工资待遇

关于教师工资和津贴、补贴部分,《教师法》规定:“教师的平均工资水平应当不低于或者高于国家公务员的平均工资水平,并逐步提高。建立正常晋级增薪制度,具体办法由国务院规定。”

2. 住房保障

根据教师住房的实际需要,《教师法》规定:“地方各级人民政府和国务院有关部门,对城市教师住房的建设、租赁、出售实行优先、优惠。”“县、乡两级人民政府应当为农村中小学教师解决住房提供方便。”

3. 医疗保障

为了使教师医疗保健有保障,教师除享受城镇职工医疗保险外,《教师法》还特别规定:“教师的医疗同当地国家公务员享受同等的待遇;定期对教师进行身体健康检查,并因地制宜安排教师进行休养。”“医疗机构应当对当地教师的医疗提供方便。”

4. 退休退职

为增强教师队伍的吸引力,鼓励教师尤其是中小学教师安心本职工作,终身从事教育事业,《教师法》规定:“教师退休或者退职后,享受国家规定的退休或者退职待遇。”“县级以上地方人民政府可以适当提高长期从事教育教学工作的中小学退休教师的退休金比例。”“社会力量所办学校教师的待遇,由举办者自行确定并予以保障。”

(三)存在的主要问题

我国教育改革发展虽然取得了显著成就,但尚不能完全适应人的全面发展和经济社会发展需要,仍存在一些突出问题,主要表现为以下几个方面:

1. 教育资源和机会不均等

当前,我国义务教育财政资源分布严重不均等。公共教育资源分布不均,城乡、区域之间教育差距仍较大,优质教育资源总量不足,导致公民的受教育机会差异巨大,严重地妨碍了教育机会公平的实现。

首先表现在地区之间的不均等。由于各地经济发展极不平衡,东中西部地区之间的教育水平差距不断拉大。目前我国东部某些地区和大城市的教育水平已接近发达国家的水平,而西部还有大面积贫困地区尚未完全普及九年制义务教育。

其次表现在城乡之间的不均等。在教育资源分配上,政府教育经费主要投资于城市教育部门;在教学设施和教学质量的比较上,城市中教育资源相对集中,师资素质较高,各种教育设施比较完备,而一些农村中小学,不仅师资素质较低,而且几乎谈不上什么教育设施。在教育机会均等方面,城乡差别严重,我国广大农村地区绝大多数人口没有学前教育机会,在升学率和升学的可能性方面,农村学生远远比不上城市学生。

再次表现在学校之间的不均等。重点学校与非重点学校之间的差距拉大,这主要表现在初中和高中阶段。全国各地几乎把所有的教育资源都向重点学校倾斜,而非重点学校则因政府不重视、投入少,留不住优秀教师等原因,教育质量普遍存在一些问题。

最后表现在居民之间的不均等。在城市居民和农村居民内部也存在因收入和财富差异导致的教育机会的不平等。

2. 教育经费总量不足,缺口巨大,基础教育发展不足

我国的公共教育支出包括四个部分:各级财政对教育的拨款;城乡教育费附加;企业用于举办中小学的经费;校办产业减免税部分。相对于高等教育的经费投入而言,国家对于基础教育经费投入更加不足,政府预算内中等、初等教育经费所占比例有逐年下降趋势,这对于正处在努力学习知识基础阶段的中小学生而言非常不利。

3. 留守儿童及进城务工人员随迁子女的教育权益的缺失

随着社会流动的加剧,越来越多的农村青壮年劳动力流向城市务工经商,导致其子女要么留守在农村,由祖父母或其他亲戚照顾,要么随父母迁入城市。这些留守儿童或民工子女面临着教育权益的缺失或不能充分享受的处境。留守儿童普遍存在着学习成绩偏差的问题,家庭教育更是令人担忧。而进城务工人员随迁子女若要在流入地接受义务教育,则需要缴纳高额的借读费、赞助费等各种不合理费用,并且还面临着升学难的制约,不享有高中阶段就读或参加当地高考的权利。

4. 教育管理和教师队伍建设仍有待加强

教育行政部门创造了一套方便自己管理和获益的教育标准和模式。这使得中国在高考的指挥棒下统一行动,成就了一大批标准化、模式化、缺乏创造力的学生。教师队伍素质和结构不能适应提升质量与促进公平的新要求;学校办学活力不强,促进和规范社会力量参与举办教育的法律制度和政策体系亟待完善,多方参与教育治理和评价的体制机制还不健全;教育对外开放的水平不够高;教育优先发展地位需进一步巩固。

三、公共福利设施

(一)发展状况

公共设施是指由政府或其他社会组织提供的、供社会公众使用或享用的公共建筑或设备。空间利用的“公共性”是公共设施概念的核心,因此公共设施的布局重视社会效益。城市

公共设施不同于农村公共设施,具体来说,城市公共设施是指城市污水处理系统、城市道路、城市桥梁、港口、市政设施抢险维修、城市广场、城市路灯、路标路牌、城市防空设施、城市绿化、城市风景名胜区、城市公园等。

这些公共设施多是百姓共有的最基本的"消费品",本来就该为民所用,免费只是还公共设施于民,以使百姓使用起来更方便、更自由。比如公共厕所,免费之后,人们就不会因为没带零钱又一时"内急"而望厕兴叹等。市民接受这样的免费服务,感受的是现代文明城市的温馨,强化的是一种公共意识。

(二)存在的主要问题

政府在推进公共设施领域的改革过程中,应明确自己的角色定位问题,并做出相应的政策选择。

第一,政府定位不明确,政府的角色定位应是总体规划者、法规政策制定者、补贴资金提供者、行业监管者,但当前政府责任界限不清晰。

第二,公共设施项目的投资管理体制不健全,当前政府社会管理职能与投资职能没有完全分开,投资信息发布制度不完善,公用事业监督管理体制尚未建立,政府投资决策咨询制度、公众参与和专家评议制度尚未健全,政府投资的科学化、民主化、法制化水平不高。

第三,可经营项目的投资主体多元化尚未建立,没有坚持谁投资、谁所有、谁受益、谁承担风险,尚未建立投资风险约束机制,尚未实现投资决策科学化、融资渠道多元化和商业化。

第四,城市公共设施建设项目运营的收费机制不完善。

第五,没有制定合理的 BOT 模式、BT 模式、TOT 模式[①]等模式的招商政策。

第六,没有建立和完善工程咨询制度。

四、社区公共服务

社区福利服务主要是指以社区为单位,以一定层次的社区组织为依托,以群众的自我互助服务为基础,突出重点对象,面向全体社区居民的,以提高社区居民生活质量的专业性社会服务活动。也包括为便利社区居民生活、满足社区居民身心健康发展需要而提供的公共建筑及其配建设施等。社区福利服务主要是指为老年人、残疾人、精神病患者、儿童以及贫困优抚对象等特殊群体提供的带有福利性质的服务。自 1984 年民政部"漳州会议"提出"社区服务"的概念以来,社区服务实践已有 20 多年的历史。2000 年中共中央办公厅、国务院办公厅转发《民政部关于在全国推进城市社区建设的意见》,明确把"以拓展社区服务为龙头,不断丰富社区建设的内容,增加服务的发展项目,促进社区服务网络化和产业化,努力提高居民生活质量,不断满足人民群众日益增长的物质文化需要"作为今后五到十年城市社区建设的主要目标之一。

(一)产生的背景

社区公共服务是在中国社会转型时期,城市社会发展中出现的新生事物,其产生有深刻的社会和经济背景。

1. 我国是一个由后发外生型正逐步走向现代化的国家

在现代化过程中,城市化的步伐越来越快。1949～2017 年,中国人口从 5.4 亿增长到

---

① BOT 模式(Build-Operate-Transfer),意即"建设－经营－转让"模式;BT 模式(Build-Transfer),意即"建设－移交"模式;TOT 模式(Transfer-Operate-Transfer),意即"移交－经营－移交"模式。

13.9亿，城镇化率由10.64%上升到58.52%。随着城市化的发展，社区形成了具有特定地缘经济、政治、文化和社会需求的现代社会单元。

2. 市场经济体制的建立，单位人逐步转变为社区人，需求发生转移

在计划经济体制下，城市人基本上分属于全民或集体所有制单位，不仅工资由单位发给，住房、交通等都由单位提供，甚至个人和家庭方方面面的社会需求也由单位解决，城市人是一个单位人。建立市场经济体制后，企业和大部分事业单位逐步成为了市场主体，原来由企事业单位承担的社会事务逐步剥离出来，交由社会承担，个人和家庭的相当部分社会需求转移到了社区。努力提高居民生活质量、不断满足社区居民日益增长的物质文化需要，成为今后城市社区发展的重要内容。

3. 社会转型，贫富差距拉大，最低需求下沉社区

以市场为基础的资源配置，讲求的是经济效率。由计划经济转变为市场经济，贫富差距拉大是一个普遍的社会问题。失业和下岗人员队伍扩大，相对贫困人口增多，最低生活需求在社区集中体现。

4. 老龄化社会的到来，社区养老需求上升

我国进入老龄化社会的时间较晚，但人口老龄化速度相当快。民政部统计数据显示，截至2017年底，全国60周岁及以上老年人口24 090万人，占总人口的17.3%，社区养老需求急剧上升。

5. 政府转变职能，社会事务下沉社区

随着城市经济体制改革的深入发展，国家政治体制的改革也逐步推开。政、企分开，政、事分开，政府职能转变，“小政府、大社会”的改革已成为国家行政体制改革发展的趋势。城市管理体制由“两级政府，两级管理”，向“两级政府，三级管理，四级网络”发展，社会事务下沉社区，“费随事转”，社区需求和供给规模及水平大大提高。

6. 农村劳动力进城，国企职工下岗，住宅私有化、商品化，社区资源总量扩大

随着经济的发展，农村大量剩余劳动力涌入城市。经济结构的调整，大量国企职工下岗，沉积在社区。社区劳动力供给规模不断扩大，劳动力资源非常富裕。这给社区服务的开展和低成本运行提供了便利条件。城市职工住宅私有化、商品化改革，居民小区的开发，既有利于社区意识、社区认同感的形成，又有利于社区资源的积累。

(二)实施现状

国家建设部在《城市居住区规划设计规范》[GB50180－93(修订本)]中将城市居住区公共服务设施按其使用功能分为教育、医疗卫生、文化体育、商业服务、金融邮电、社区服务、市政公用和行政管理及其他八类。具体而言，社区公共服务设施包括三类：一是生活服务设施，指在社区层面上配置的，通过市场提供的商业性、便民利民性日常生活用的服务设施，如商店、超市、餐厅、洗衣店、美容美发店等；二是社会管理设施，指为实现社区的社会管理功能的设施，包括社区组织用房、社区警务室等；三是社会福利设施，指为居民提供基本福利服务功能的设施，包括社区服务中心、养老院、幼儿园(托儿所、学前班)、老人护理照料室、再就业培训中心、医疗卫生服务站、文体活动设施、公共活动场所、公共图书室等。

从城市社区公共服务的建设进展来看，我国城市社区公共服务设施的配建较为规范，设置项目越来越齐全，并且大多数项目相同或相似。依据国家建设部对城市社区公共服务设施配建项目和面积的指标，配建项目和面积要与其服务的人口规模相对应，如为满足3万～5万居民要有一整套完善的日常生活需要的公共服务设施，应配建派出所、街道办、综合百货商

场、理发店、综合修理部、文化活动中心、门诊所等；为满足0.7万～1.5万居民要有一套基本生活需要的公共服务设施，应配建托幼、学校、粮油店、菜店、综合副食店等；为满足300～700户居民要有一套基层生活需要的公共服务设施，应配建居委会、居民存车处、综合服务站、综合基层店、早点小吃、卫生站等。

从农村社区公共服务的建设进展来看，我国农村社区服务设施的配建并不完善，除社区组织（如村委员会、村党组织等）办公用房等社会管理设施相对健全外，生活服务设施和社会福利设施的配置率均较低。与城市社区公共服务设施相对照，则缺少诸如超市、餐厅、菜市场、洗衣店、美容美发店等生活服务设施，以及社区服务中心、劳动保障服务站、再就业培训中心、健身设施等社会福利设施。由于这些设施在农村很少存在，因此城乡之间的比较也显而易见，城市社区在这些服务设施的配置上要远远好于农村社区。除此之外，城乡社区公共服务设施的配置不均等还表现在以下两方面：

第一，社区文化服务设施。城市社区除了拥有文化中心（文化站）、图书室等基础的文化服务设施外，还拥有艺术表演场所、剧场、影剧院、音乐厅、图书馆、美术馆等文化服务设施，而农村社区则只拥有少量的乡镇文化中心和文化站，很少拥有社区图书室等其他文化服务设施；即使拥有少量的文化服务设施，也一般位于乡镇政府所在地的社区，居民的可获得性较低。

第二，社区教育服务设施。在农村适龄幼儿逐步减少、举办正规幼儿教育存在一定困难的情况下，尽管政府调整了发展农村幼儿教育的基本策略，在举办了幼儿园、学前班等主要教育形式之外，还配建或举办了季节性幼儿园、幼儿活动站、游戏小组、巡回辅导站、“大篷车”服务等灵活多样的非正规教育形式，但农村幼儿园资源还远不能满足农村幼儿的入园需求，且数量和质量上远远不及正规化的城市幼儿园。

本章小结

1. 公共社会福利的内容十分广泛，涉及人民生活的诸多方面，主要包括公共教育、公共卫生、公共设施和社区福利等内容。

2. 公共社会福利的主要作用体现在稳定经济、使得收入分配更加平等和满足各种较高的生活需求等方面。

3. 公共社会福利具有外部性、社会性、公共物品特性和供求的非均衡性等基本特性。

4. 我国公共福利水平不断提高，但存在着基本公共服务不均衡现象。

思考题

1. 简述公共社会福利的含义、特点、作用和主要内容。
2. 试述外国公共社会福利的特点及其比较。
3. 试述我国公共卫生服务的内容和作用。
4. 试述社区服务的内涵及国内外发展状况。
5. 试述我国公共社会福利制度的现状和发展趋势。

参考文献

1. 郭士征:《社会保障学》,上海财经大学出版社 2009 年版。

2. 李珍:《社会保障理论》(第二版),中国劳动社会保障出版社 2007 年版。

3. 郑功成:《中国社会保障改革与发展战略(救助与福利卷)》,人民出版社 2011 年版。

4. 劳动和社会保障部社会保险研究所:《贝弗里奇报告——社会保险和相关服务》,中国劳动社会保障出版社 2004 年版。

5. 古川孝顺:《社会福祉原论》,诚信书房 2006 年版。

6. 钟仁耀:《社会保障概论》,东北财经大学出版社 2009 年版。

7. 杨燕绥:《社会保障》,清华大学出版社 2011 年。

8. 郑功成:《社会保障概论》,复旦大学出版社 2005 年版。

9. 陈良瑾:《 社会救助与社会福利》,中国劳动社会保障出版社 2009 年版。

10. 胡晓义:《社会保障概论》,中国劳动社会保障出版社 2012 年版。

11. 王文素:《社会保障》,北京大学出版社 2010 年版。

12. 钟仁耀:《社会保障学教程》,北京大学出版社 2010 年版。

13. 邹东涛:《社会保障:体系完善与制度创新》,社会科学文献出版社 2011 年版。

14. [美]迪尼托著,何敬、葛其伟译:《社会福利:政治与公共政策》(第五版),中国人民大学出版社 2007 年版。

15. 郑春荣:《英国社会保障制度》,上海人民出版社 2012 年版。

16. 丁建定、杨凤娟:《英国社会保障制度的发展》,中国劳动社会保障出版社 2004 年版。

17. 李超民:《美国社会保障制度》,上海人民出版社 2009 年版。

18. Robert East:*Social Security Law*,中国劳动社会保障出版社 2003 年版。

19. 夏庆杰:《劳动就业与反贫困问题研究》,中国经济出版社 2010 年版。

20. 国务院扶贫办贫困村灾后恢复重建工作办公室:《灾害对贫困影响评估指南》,中国财政经济出版社 2010 年版。

21. 王永红:《美国贫困问题与扶贫机制》,上海人民出版社 2011 年版。

22. 劳动和社会保障部书刊发行中心:《新编就业与培训政策问答》,中国人事出版社 2004 年版。

23. 范小建:《完善国家扶贫战略和政策体系研究》,中国财政经济出版社 2011 年版。

24. 张琦、曲波:《怎样让人人住有所居——如何理解住房制度改革》,人民出版社 2008 年版。

25. 常华堂:“社会政策视角下的城市弱势群体住房保障问题探析”,载《中国农业大学学报(社会科学版)》2006 年第 2 期。

26. 郭玉坤:《中国城镇住房保障制度设计研究》,中国农业出版社 2010 年版。

27. 沈卫平:“我国住房保障制度建设:经验、问题与发展”,载《现代经济探讨》2009 年第 10 期。

28. 卫欣、刘碧寒:“国外住房保障制度比较研究”,载《城市问题》2008 年第 4 期。

29. 陆志斌:“澳大利亚、新西兰住房保障制度考察报告”,载《广西城镇建设》2006 年第 1 期。

30. 卫欣、刘碧寒:“美国城市中低收入者的住房保障模式”,载《国外房地产》2008 年第 4 期。

31. 张晰、张宇祥:“典型国家和地区住房保障政策的经验与启示”,载《宏观经济研究》2008 年第 3 期。

32. 任洁琼、陈阳:“教育救助”,载《社会福利》2002 年第 11 期。

33. [美]科恩、盖斯克著,范示伟译:《教育经济学》,格致出版社 2009 年版。

34. 吴碧英:《城镇贫困——成因、现状与社会救助》,中国劳动社会保障出版社 2003 年版。

35. 国家发改委教育投资研究课题组:“调整投入结构　促进我国教育事业发展”,载《经济要参》2004年第54期。

36. 中国人民银行研究局课题组:“我国助学贷款制度存在的问题及建议”,载《经济要参》2004年第23期。

37. 吴碧英:《中国城镇经济弱势群体救助系统构建研究》,中国财政经济出版社2006年版。

38．陈成文、胡书芝:《社会救助与建设和谐社会》,湖南师范大学出版社2007年版。

39. 李海文:“美国联邦应急管理署集成救灾体系对我国灾害防救工作的启迪”,载《安全、环境与健康》2003年第3卷第11期。

40. 穆怀中:《社会保障国际比较》(第二版),中国劳动社会保障出版社2007年版。

41. 孟醒:《统筹城乡社会保障——理论、机制、实践》,经济科学出版社2005年版。

42. 王雨林:《中国农村贫困与反贫困问题研究》,浙江大学出版社2008年版。

43. 蒋道鼎:“日本防灾救灾活动一瞥”,载《光明日报》2000年8月9日。

44. 李慷:《中国民政事业发展报告》,http://www.china.com/aboutchina/data/O8mz5y/node_7047444.html.

45. 钟仁耀、查建华:《上海社会保障和谐发展研究》,上海财经大学出版社2007年版。

46. 戴卫东:“解析德国、日本长期护理保险制度的差异”,载《东北亚论坛》2007年第1期。

47. 张奇林:《美国医疗保障制度研究》,人民出版社2005年版。

48. 丁纯、瞿黔超:“德国护理保险体制综述:历史成因、运作特点以及改革方案”,载《德国研究》2008年第3期。

49. Centers for Medicare and Medicaid Services. http://www. medicare. gov/LongTermCare/Static/Home. asp[EB/OL].

50. 李旺:《国际民事诉讼法》,清华大学出版社2011年版。

51. 谢石松:《国际民事诉讼法概论》,武汉大学出版社2001年版。

52. 徐宏:《国际民事司法救助》,武汉大学出版社1996年版。

53. 李艳:“完善我国司法救助制度的几点建议——与日本司法救助制度的比较”,载《河南省政法管理干部学院学报》2006年第2期。

54. [法]让·文森等:《法国民事诉讼法要义》(下),中国法制出版社2001年版。

55. 邹国勇、甘雯:德国的诉讼费用救助制度。http://rmfyb.chinacourt.org/ public/ detail. php? id=123775.

56. 法治中国30年:司法救助让贫弱者跨过通向正义之槛。http://www.law-star.com/cacnew200808/190021347.html.

57. 张弘:《民事诉讼法》,武汉大学出版社2010年版。

58. 陈银娥:《社会福利》(第二版),中国人民大学出版社2009年版。

59. 王莉莉、郭平:《日本老年社会保障制度》,中国社会出版社2010年版。

60. 周弘:《30国(地区)社会保障制度报告》,中国劳动社会保障出版社2011年版。

61. 曹立前:《社会救助与社会福利》,中国海洋大学出版社2006年版。

62. 周良才、赵淑兰:《社会福利服务》,北京大学出版社2012年版。

63. 周弘:《国外社会福利制度》,中国社会出版社2002年版。

64. 张良礼:《应对人口老龄化(社会化养老服务体系构建及规划)》,社会科学文献出版社2006年版。

65. [英]苏珊·特斯特:《老年人社区照顾的跨国比较》,中国社会出版社2002年版。

66. [日]一番ヶ濑康子:《护理福利学探究》,中国社会出版社2009年版。

67. 张暄:《国外城市社区救助》,中国社会出版社2005年版。

68. 尚晓援、王小林、陶传进:《中国儿童福利前沿问题》,社会科学文献出版社2010年版。

69. 郑功成:《中国社会保障制度变迁与评估》,中国人民大学出版社2002年版。

70. 蒋月:《社会保障法概论》,法律出版社 2004 年版。

71. 贺颖清:《福利与权利——挪威儿童福利的法律保障》,中国人民公安大学出版社 2005 年版。

72. 韩晶晶:《儿童福利制度比较研究》,法律出版社 2012 年版。

73. 杨立熊、兰花:《中国残疾人社会保障制度——中国残疾人事业发展研究系列》,人民出版社 2011 年版。

74. 蒋月:《社会保障法》,厦门大学出版社 2004 年版。

75. 唐忠新:《迈向和谐社会的社区服务》,中国社会文献出版社 2005 年版。

76.[美]弗雷德:《公共物品与私人社区——社会服务的市场供给》,经济管理出版社 2007 年版。

77. 孙晓莉:《中外公共服务体制比较》,国家行政学院出版社 2007 年版。

78. 陈昌盛、蔡跃洲:《中国政府公共服务:体制变迁与地区综合评估》,中国社会科学出版社 2007 年版。

79. 解亚红:《中国城市社区卫生服务创新探索》,中国社会文献出版社 2008 年版。

80.[美]克拉特:《社区福利与公共福利》,东北师范大学出版社 2008 年版。